管理会计
(第 2 版)

刘智英　张雪飞　赵菊茹　主　编

清华大学出版社
北京

内 容 简 介

本书根据 2016 年财政部发布的《管理会计基本指引》明确了管理会计的目标与原则，结合 2017 年财政部发布的《管理会计应用指引》进一步确定了基本内容，主要包括管理会计概述、成本性态与变动成本法、本量利分析、作业成本管理、预算管理、短期经营决策、长期投资决策、标准成本管理、责任会计、战略管理会计。本书具有现实性、前瞻性，可以更好地为企业管理提供有用的管理理论与方法。

本书可作为高等本科院校会计及金融类学生的专业教材，也可作为企业管理人员和研究人员的参考用书。

本书封面贴有清华大学出版社防伪标签，无标签者不得销售。
版权所有，侵权必究。举报：010-62782989，beiqinquan@tup.tsinghua.edu.cn。

图书在版编目(CIP)数据

管理会计/刘智英，张雪飞，赵菊茹主编. —2 版. —北京：清华大学出版社，2021.5（2025.1 重印）
ISBN 978-7-302-58163-5

Ⅰ.①管… Ⅱ.①刘… ②张… ③赵… Ⅲ.①管理会计—高等学校—教材 Ⅳ.①F234.3

中国版本图书馆 CIP 数据核字(2021)第 088819 号

责任编辑：孟　攀
封面设计：杨玉兰
责任校对：李玉茹
责任印制：曹婉颖

出版发行：清华大学出版社
　　网　　址：https://www.tup.com.cn, https://www.wqxuetang.com
　　地　　址：北京清华大学学研大厦 A 座　　邮　编：100084
　　社 总 机：010-83470000　　邮　购：010-62786544
　　投稿与读者服务：010-62776969, c-service@tup.tsinghua.edu.cn
　　质量反馈：010-62772015, zhiliang@tup.tsinghua.edu.cn
　　课件下载：https://www.tup.com.cn, 010-62791865

印 装 者：涿州市般润文化传播有限公司
经　　销：全国新华书店
开　　本：185mm×260mm　　印　张：18.75　　字　数：456 千字
版　　次：2012 年 3 月第 1 版　2021 年 7 月第 2 版　印　次：2025 年 1 月第 4 次印刷
定　　价：59.00 元

产品编号：087475-01

前　言

国家财政部 2017 年发布消息，为了贯彻落实《关于全面推进管理会计体系建设的指导意见》，经部领导批准后，财政部设立"中国管理会计发展规划"专项，对管理会计理论建设、指引方向建设、信息架构建设三个子项目的研究工作予以高度支持。2018 年 3 月 18 日，中国会计学会在《中国会计报》提出了在习近平新时代中国特色社会主义思想指引下，会计研究的重要组成部分就是要贯彻创新、开放、共享、发展的新理念，持续协调推动会计理论在新时代的新发展，使会计理论研究具有时代性。

财务活动和管理活动作为企业经营管理的核心环节，也必须跟随时代转型升级，从传统的管理会计转型为新时代下业财融合的管理会计。管理会计和财务会计同样需要完善科学、有效的体系结构，以便有效地指导、管理会计实务。

管理会计是旨在通过一系列专门方法，利用财务会计提供的资料及其他资料进行加工、整理和报告，使企业各级管理人员能据以对日常发生的各项经济活动进行规划与控制，并帮助决策者作出各种专门决策的一个会计分支。

在管理会计的核心理念中，价值的创造与维护是最为重要的两点。基于此，管理会计是企业的战略、业务、财务一体化最有效的工具。

本书具有如下特色：

本书是根据《管理会计基本指引》及《管理会计应用指引》编写的管理会计学教材。它对管理会计所涉及的基本内容进行了清晰的论述，力求既把有关实务操作讲透，又对有关问题作一定的理论分析，使读者不仅知其然，更知其所以然，掌握其精神实质。本书具有现实性、前瞻性，可以更好地为企业管理者提供有用的管理信息。本书在借鉴《管理会计》第 1 版教材经验的基础上，适当增加了案例分析及阅读资料，以拓宽学生视野。

本书可作为高等财经院校、综合性大学的会计学及相关专业的本、专科学生学习"管理会计学"课程的教材，也可以作为广大经济管理人员自学或进修"管理会计学"专业的参考用书。

本书由刘智英、张雪飞、赵菊茹担任主编。具体编写人员分工如下：刘智英编写第 2、3、4 章，张雪飞编写第 1、6、7、10 章，赵菊茹编写第 5、8、9 章。全书由刘智英定稿，张雪飞、赵菊茹审稿。

我们在编写过程中虽然尽了最大的努力，但由于水平有限，难免存在疏漏和错误，敬请广大读者批评、指正，以便进一步改进和提高。

编　者

目 录

第一章 管理会计概述 1

 第一节 管理会计的概念和职能 3
  一、管理会计的概念及特征 3
  二、管理会计与财务会计的
   联系和区别 5
  三、管理会计的职能 8
 第二节 管理会计的产生和发展 9
  一、管理会计的产生 9
  二、管理会计的发展 10
 第三节 管理会计信息及其质量要求 14
  一、管理会计的信息 15
  二、管理会计信息的质量要求 16
  三、管理会计师及其行为准则 17
 第四节 管理会计的任务和内容 21
  一、管理会计的任务 21
  二、管理会计的内容 21
 本章小结 23
 案例点击 24
 复习思考题 25
 练习题 25

第二章 成本性态与变动成本法 28

 第一节 成本分类 29
  一、成本分类概述 30
  二、固定成本与变动成本的
   相关范围 35
 第二节 混合成本的分解 36
  一、历史成本法 36
  二、账户分析法 40
  三、工程分析法 41
 第三节 变动成本法与完全成本法 42
  一、变动成本法与完全成本法的
   特点 43
  二、变动成本法与完全成本法的
   区别 44
  三、对变动成本法和完全成本法的
   评价 46
  四、两种成本计算方法下营业
   利润的差额分析 49
 本章小结 53
 案例点击 53
 复习思考题 54
 练习题 54

第三章 本量利分析 57

 第一节 本量利分析概述 59
  一、本量利分析的含义 59
  二、本量利分析的基本假设 59
  三、本量利分析的基本模型 59
  四、贡献毛益及相关的指标计算 60
 第二节 单一品种条件下的本量利分析 62
  一、保本分析 62
  二、经营安全程度分析 63
  三、保本图 66
  四、保利分析 68
 第三节 多品种条件下的本量利分析 69
  一、综合贡献毛益率法 69
  二、联合单位法 70
 第四节 利润敏感性分析 71
  一、使盈利转为亏损的因素 71
  二、各因素变化对利润的
   敏感程度 72
 本章小结 73
 案例点击 74
 复习思考题 74
 练习题 74

第四章 作业成本管理 78

第一节 作业成本法概述 79
一、作业成本法的背景 79
二、作业成本理论的产生与发展 80

第二节 作业成本法的基本原理 82
一、作业成本法的基本概念 82
二、作业成本计算法的理论基础与基本原理 83
三、作业成本法的基本步骤 84
四、作业成本法计算举例 88

第三节 作业成本法与传统成本计算法 89
一、作业成本法与传统成本计算法的比较 89
二、作业成本法的特点 91
三、作业成本法的使用范围 92

本章小结 92
案例点击 92
复习思考题 93
练习题 93

第五章 预算管理 97

第一节 预算管理概述 99
一、预算管理的概念 99
二、预算管理的意义 99
三、预算管理的分类 100
四、预算管理的原则 101

第二节 预测分析 102
一、预测分析的意义 102
二、预测分析的基本方法 102
三、销售预测 103
四、成本预测 107
五、资金需要量预测 108

第三节 全面预算管理 111
一、全面预算的编制程序 111
二、全面预算管理的编制方法 112
三、营业预算的编制 115
四、财务预算的编制 122

本章小结 125
案例点击 125
复习思考题 126
练习题 126

第六章 短期经营决策 130

第一节 决策分析概述 132
一、决策分析的含义 132
二、决策分析的特点 132
三、决策分析的程序 132
四、决策分析的分类 133
五、短期经营决策的重要概念 134

第二节 生产决策 137
一、产品品种选择决策 137
二、新产品是否开发决策 138
三、亏损产品是否停产决策 140
四、半成品是否深加工决策 141
五、零部件自制或外购决策 143
六、不同生产工艺技术方案的决策 143

第三节 定价决策 144
一、定价决策的基本目标 144
二、影响定价决策的主要因素 146
三、以成本为导向的定价决策 147
四、以市场需求为导向的定价决策 148
五、定价策略 151

第四节 存货控制概述 152
一、存货 152
二、存货控制 155

第五节 存货经济批量模型 156
一、存货经济批量模型的基本内容 156
二、再订货点、保险储备与储存期控制 159
三、影响存货批量的其他有关因素 162
四、对经济批量方法的评价 162
五、经济订货批量模型的扩展 162

第六节 存货管理方法 165

一、定量订货控制 …………………… 165	二、直接人工差异的计算与分析 …… 223
二、定期订货控制 …………………… 166	三、制造费用成本差异的
三、ABC 分类控制 ………………… 166	计算与分析 ……………………… 223
四、及时存货制 ……………………… 167	第三节 标准成本系统的账务处理 ……… 225
本章小结 ……………………………… 168	一、标准成本差异的账户设置 ……… 226
案例点击 ……………………………… 168	二、标准成本差异的账务处理 ……… 226
复习思考题 …………………………… 169	本章小结 ……………………………… 228
练习题 ………………………………… 169	案例点击 ……………………………… 228
	复习思考题 …………………………… 229
第七章 长期投资决策 ………………… 172	练习题 ………………………………… 229
第一节 长期投资决策概述 …………… 174	
一、长期投资决策的含义 …………… 174	**第九章 责任会计** ……………………… 232
二、现金流量 ………………………… 175	第一节 分权管理与责任会计 ………… 233
三、货币时间价值 …………………… 179	一、分权管理的概念 ………………… 234
第二节 长期投资决策评价指标 ……… 184	二、责任会计的含义 ………………… 235
一、静态评价指标 …………………… 184	三、责任会计的特点 ………………… 235
二、动态评价指标 …………………… 186	四、责任会计的核算原则 …………… 237
第三节 长期投资决策分析方法 ……… 187	第二节 责任中心 ……………………… 238
一、静态决策方法 …………………… 187	一、责任中心的分类 ………………… 238
二、动态决策方法 …………………… 189	二、责任中心的业绩考评 …………… 240
第四节 典型的长期投资决策 ………… 192	第三节 内部转移价格 ………………… 244
一、固定资产是否更新的决策 ……… 192	一、内部转移价格的意义和作用 …… 244
二、固定资产租赁与购置决策 ……… 194	二、制定内部转移价格的方法 ……… 245
三、互斥项目的优选问题 …………… 197	三、制定内部转移价格的原则 ……… 247
第五节 证券价值评估 ………………… 200	四、机会成本法与内部转移价格 …… 249
一、债券价值评估 …………………… 200	本章小结 ……………………………… 251
二、普通股价值评估 ………………… 205	案例点击 ……………………………… 251
三、优先股价值评估 ………………… 208	复习思考题 …………………………… 252
本章小结 ……………………………… 209	练习题 ………………………………… 252
案例点击 ……………………………… 209	
复习思考题 …………………………… 210	**第十章 战略管理会计** ………………… 255
练习题 ………………………………… 210	第一节 战略管理概述 ………………… 257
	一、企业战略的含义及特征 ………… 257
第八章 标准成本管理 ………………… 213	二、企业战略管理的原则与内容 …… 259
第一节 标准成本控制 ………………… 215	第二节 战略管理会计概述 …………… 261
一、成本控制概述 …………………… 215	一、传统成本管理的局限性 ………… 261
二、标准成本控制概述 ……………… 217	二、战略管理会计的含义与特征 …… 262
第二节 标准成本差异的计算与分析 …… 222	三、战略管理会计的应用 …………… 263
一、直接材料成本差异的	四、柔性战略管理会计 ……………… 270
计算与分析 ……………………… 222	

第三节　平衡计分卡 273
　　一、平衡计分卡的基本内容 273
　　二、平衡计分卡的发展历程 275
　　三、平衡计分卡的作用 276
　　四、平衡计分卡的设计流程 277
　　五、平衡计分卡与企业战略的
　　　　关系 278
　　六、平衡计分卡的优缺点及
　　　　应用范围 279
第四节　关键绩效指标 280
　　一、关键绩效指标的概念及其
　　　　相关概念 280
　　二、关键绩效指标的特点 281
　　三、关键绩效指标的作用 281
　　四、关键绩效指标的
　　　　SMART 原则 282
　　五、确定关键绩效指标一般
　　　　遵循的过程 282
　　六、关键绩效指标设计的
　　　　基本思路 283
本章小结 284
案例点击 284
复习思考题 285
练习题 286

附录 288

参考文献 290

第一章

管理会计概述

本章导读

管理会计(management accounting)又称"分析报告会计",是一个管理学名词。管理会计是从传统的会计系统中分离出来,与财务会计并列,着重为企业进行最优决策,改善经营管理,提高经济效益服务的一个企业会计分支。为此,管理会计需要针对企业管理部门编制计划、作出决策、控制经济活动的需要,记录和分析经济业务,"捕捉"和呈报管理信息,并直接参与决策控制过程。

学习目标

在掌握管理会计概念的基础上,了解管理会计产生与发展的根本原因,并结合管理会计的特点,重点掌握管理会计与财务会计的关系,熟悉管理会计信息质量的要求,熟悉管理会计的主要职能、任务和内容。

核心概念

会计信息(accounting information) 财务会计(financial accounting) 管理会计(management accounting) 预测(predict) 决策(budget) 控制(control)

引导案例

华为的管理会计应用：这样减员增效加薪

瞬息万变的互联网时代，催生了互联网思维。但著名的华为公司不仅没有被互联网思维颠覆，还一直保持着乌龟一样的慢跑精神，每年都能持续增长。其中的一个关键性秘诀就是：在慢跑中推进增量绩效管理。那么，华为有着怎样的独特方法论呢？

让一个企业实现员工减少50%，人均劳动力增长80%，而销售收入增长20%，办法其实很简单，核心就是"减人、增效、加薪"。企业一定要牢记这六个字。

一、由工资倒推任务

很多企业做预算的时候，总是给下面的人安排任务，这等于"逼着"他们去做。

华为的做法则截然相反。就一个规定：首先，给员工一个工资包，员工拿多少工资，按比例倒推他的任务。

企业最核心的管理问题是，一定要把公司的组织绩效和部门的费用、员工的收入联动。这样一来，最重要的是将核心员工的收入提高。而给核心员工加工资，可以倒逼他们的能力增长。每年完成任务，给前20名的员工加20%工资，中间20%的员工加10%的工资。此外，即使部门做得再差，也要涨工资，不过可以减人。

总之，要留住核心员工，给少数优秀的员工涨工资，来倒推员工的任务，这就是增量绩效管理。

二、提高人均毛利

华为首先将毛利分成六个包：研发费用包、市场产品管理费用包、技术支持费用包、销售费用包、管理支撑费用包、公司战略投入费用包。而且要找到这六个包的"包主"，让这个"包主"去根据毛利来配比下面需要几个人。

任何一个企业，人均毛利是唯一的生存指标。人均毛利35万元，是一个企业最低的收入水平。华为之所以一定要实现人均毛利100万元的目标，是源于华为规定，员工必须拿到28万元的固定工资。

这个问题对于中小企业同样适用，一定要注意将人均毛利提上去。人均毛利率的增长，决定着工资包的增长。如果中小企业的工资包上不去，一定会成为大企业的"黄埔军校"，掌握优秀技能的人才就会被别人挖走。

三、减人也要增效

一个企业最好的状态是，让一个人干很多事，不养闲人。比如，四个人的活儿，由两个人来干，能拿3倍的工资。这就涉及一个问题：要减人增效，这是绩效管理的首要目标。

华为人力资源部制定招聘需求的时候，经常考虑三个问题：第一是一定要搞明白为什么要招这个人；第二是他独特的贡献是什么；第三是能不能把这个岗位给别人做，给别人加点工资。

（资料来源：中国管理会计网）

第一章　管理会计概述

第一节　管理会计的概念和职能

一、管理会计的概念及特征

(一)管理会计的概念

西方学术界对管理会计所下的定义可以分为两类：一类属广义定义，以1981年美国全国会计师联合会(NAA)对管理会计所下定义为代表；另一类属狭义定义，以1988年国际会计师联合会对管理会计所下定义为代表。

原NAA下设管理会计实务委员会于1981年发布的管理会计公告《SMA1A：管理会计的定义》中，将管理会计定义为："管理会计是向管理当局提供关于企业内部计划、评价、控制以及确保企业资源的合理使用和经营责任的履行所需财务信息的确认、计量、归集、分析、编报、解释和传递过程。管理会计还包括为诸如股东、债权人、规章制定机构及税务当局等非管理集团编制财务报告。"这将管理会计视为囊括一切的大会计体系，财务会计等只是其中的分支系统，并且这个大体系仍然将管理会计作为一个分支系统嵌套其中。关于这一点，可以从1982年6月该委员会发布的公告《SMA1B：管理会计的目标》中进一步得到印证，其中有这样一段说明："管理会计师负责完成管理会计的目标……管理会计师是广义的，它包括从事主计、司库、财务分析、计划与预算、成本会计、内部审计及普通会计等工作的各种人员。"

1988年国际会计师联合会(IFAC)对管理会计下的定义与1981年NAA所下定义的最大区别在于：其一，明确了管理会计信息的来源是广泛的，不仅包括财务信息，而且包括经营信息，从而为管理会计理论与技术方法的创新拓展了空间；其二，明确了管理会计信息的使用者是唯一的，是企业内部的管理人员，不包括企业外部的相关组织和人员。这就将财务会计作为一个系统独立于管理会计之外，从而有利于管理会计与财务会计理论与实务的发展。

事实上，IFAC所下定义是对20世纪50年代有关管理会计定义的继承与发展。例如，1958年美国会计学会(AAA)对管理会计作了如下定义："管理会计是运用适当的技术和概念来处理某个主体的历史的和预期的经济数据，帮助管理当局制订具有适当经济目标的计划，并以实现这些目标、作出合理的决策为目的。"这就是将管理会计作为一门分支学科服务于企业内部管理。英国、加拿大等国对管理会计也作了类似于IFAC的定义。这种狭义的定义被学术界与实务界广为接受。需要指出的是，从实务的角度看，这种狭义的定义所包含的内容仍然是广泛的，并且管理会计自身同样作为一个子系统嵌套其中。

我国财政部在《关于全面推进管理会计体系建设的指导意见》中指出：管理会计是会计的重要分支，主要服务于单位(包括企业和行政事业单位，下同)内部管理需要，是通过利用相关信息，有机融合财务与业务活动，在单位规划、决策、控制和评价等方面发挥重要作用的管理活动。管理会计工作是会计工作的重要组成部分。这是官方的比较学术化的定义。

在企业创造价值的过程中，管理是全员、全方位、全过程的。管理会计实践首先就是要在群众中去普及管理会计知识，学会用通俗的语言与领导、部门经理以及员工进行沟通，否则，管理会计就成了财务部门自娱自乐的事情。管理会计，是用会计的信息、数据来做管理，会计为"管理"而用，"管理"应当用会计。

1. 管理会计是帮助企业赚钱的会计

企业的财务目标是创造价值，通俗地说，就是要赚钱。传统的记账型会计是数钱的会计，企业各部门做完事情以后，财务部门来数数到底是赚了还是亏了。按照网络流行语来说，不管会计记账还是不记账，编表还是不编表，企业的资产、利润、现金流就这么多。管理会计则不仅仅要数钱，还要告诉企业各部门怎么做才能赚更多的钱，不管是降成本，还是拓展业务，或者是提升效率。

帮助企业赚钱的会计，才是管理会计，如此才能让领导和员工意识到管理会计的重要性和意义。同时，财务部门也要思考：我们目前的工作有多少是帮助企业赚钱的工作？有价值的工作越多，管理会计的实践程度越高；反之，则管理会计的实践程度越低。

2. 管理会计是过程的会计

企业要赚钱，是不可能坐在办公室里面等着天上掉馅饼的。赚钱是一个过程。比如，大多数企业的赚钱过程，是从研发设计到采购、生产到销售、收款。因此，管理会计师如果只是在财务办公室苦思冥想，是无法实现前面讲的赚钱的目标的。管理会计师必须与各个业务部门打成一片，形成鱼水关系，参与到企业的赚钱过程中，以会计的专业知识和能力帮助大家出谋划策或者实施必要的控制，才能实现管理会计帮助企业赚钱的目标。因此，管理会计是过程的会计，如图1-1所示。

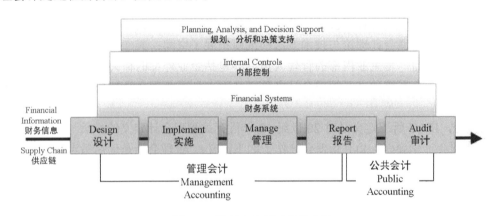

图1-1　管理会计是过程的会计

管理会计参与过程，不是要求管理会计师去做过程中的具体工作(研发设计、采购、生产、销售)，而是要求管理会计师帮助他们出谋划策或者实施必要的控制。在管理会计实践中，可能有些领导或者部门认为财务部门管得过多、手伸得太长——其实有这种感觉就对了，企业要赚钱，就是事事要算账，时时要算账，人人要算账。如果每个部门、每个人都以负责任的方式、精打细算地花钱、尽可能地提高收入和现金流，那么，这个企业想不赚钱都不可能。

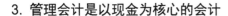

3. 管理会计是以现金为核心的会计

管理会计是在过程中帮助企业赚钱的会计。管理会计必须有其专业性，否则，管理会计就失去了其意义。那么，管理会计的最大专业性是什么？与一般人对赚钱的理解有什么不一样呢？管理会计的最大专业性体现为以现金为核心。基于现金这一核心，管理会计建立了货币时间价值、现值、终值、净现值、资金成本、资金结构以及相关性、敏感性和安全边际分析等一整套管理会计的专业体系。

4. 管理会计是影响力会计

管理会计运用专业知识，在过程中帮助企业赚钱。然而，在过程中，管理会计师并非直接操作者和执行者，而是规划者、指导者、协作者、参谋员或者控制者，是业务人员的伙伴，因此，需要让业务人员能够接受自己的观点、想法、建议或意见，管理会计才能真正发挥作用。所以，管理会计是影响力会计。如果财务部门和会计师在企业中无法施加影响力，则管理会计就成了无本之木、无源之水，只能是空中楼阁，望而兴叹。因此，管理会计师除了专业知识，还需要掌握沟通、协调、人际关系处理、领导力、跨职能团队等多方面的软技能。运用这些软技能和专业知识，管理会计师通过其影响力，一是引导领导正确而深入地认识管理会计及其实践；二是引领全体员工在工作中持续不懈地开展管理会计实践。

(二)管理会计的特征

(1) 管理会计是现代会计的一个分支，是一个服务于企业内部经营管理的信息系统。

(2) 管理会计的主体是多层次的，既要反映企业整体的经营活动，又要反映企业内部各责任主体的经营活动。

(3) 管理会计主要是为管理部门提供信息服务的工具。

(4) 管理会计的职能侧重于对未来的预测、决策和规划，对现在的控制、考核和评价。

二、管理会计与财务会计的联系和区别

管理会计和财务会计作为现代会计的两个分支，两者既存在密切的联系，又各自具有明显的特征。因此，为了更全面地把握管理会计的特点，就需要了解两者的联系与区别。

(一)管理会计与财务会计的联系

1. 财务会计与管理会计都是一种管理活动

会计自产生以来就是为企业管理服务的。只是由于客观条件及技术水平所限，会计的功能被局限于核算上。本质而言，会计是一种管理活动会计，作为企业管理的重要组成部分，是通过收集、加工处理和利用经济信息，对经济活动进行组织、控制、调节和指导，促使人们权衡利弊、讲求效果的一种管理活动。在这个过程中，财务会计侧重于实际运行状态的记录和总结；管理会计则是利用经济数据通过各种方法来帮助企业管理当局作出决策，侧重于过程控制，运用预测、决策和预算编制等技术方法完成其设定的管理目标。但是作为会计的两个分支，都是为企业管理服务。

2. 财务会计与管理会计的对象相同

会计对象就是会计是什么的问题，要探讨会计的对象，首先应解决"现代会计的对象是什么""现代化管理的对象又是什么"的问题。因为从系统理论的角度来看，现代会计是现代化经济管理这个大系统的分系统，而财务会计与管理会计则是现代会计这个分系统的两个子系统。由于财务会计与管理会计是现代会计分系统的两个子系统，因此财务会计与管理会计的对象从总体上来说也应该是一致的，即以物资运动和价值运动为基础，以信息运动为纽带，体现人与人之间社会生产关系的社会再生产过程。只不过由于分工的不同，二者在"时""空"两方面各有侧重而已。财务会计的对象以企业的生产经营情况为主，时间上侧重于过去的、已经发生的经济及其发出的信息，在空间上侧重于经济活动主体的全部经济活动及其发出的信息；而管理会计则是对财务会计的客体"情况"进行再加工，在时间上则侧重于现在的以及未来的(预期的)经济活动及其发出的信息，在空间上则侧重于部分的、可供选择的或特定的经济活动及其发出的信息。

3. 最终奋斗目标一致

现代管理会计和财务会计都处于现代经济条件下的现代企业环境中，它们的工作对象从总的方面来看基本相同，都是企业经营过程中的资金运动，都统一服从于现代企业会计的总体要求，共同为实现企业内部经营管理的目标和满足企业外部有关方面的要求服务，因此，它们的最终奋斗目标是一致的。

4. 财务会计与管理会计共同组成一个耦合的开放系统

从系统论的原理来看，系统是由各个组成部分按照一定的方式结合而成的有机整体，各部分间有着密切的联系，共同完成系统应当达到的功能或目的。会计是管理系统的一个子系统，会计系统又是由财务会计和管理会计两个分子系统耦合而成的。这两个分子系统有着"你中有我、我中有你，相辅相成"的天然联系。管理会计要受到财务会计工作质量的制约；而财务会计的发展与改革也应当充分考虑到管理会计的要求，以扩大信息交换处理能力和兼容能力，避免不必要的重复和浪费。尽管在实务中财务会计与管理会计对会计对象的具体处理方法与技术不同，但管理会计所采用的多种科学理论和方法只不过是为了更好地对财务会计所生成、提供的信息进行加工、改制和延伸。

(二)管理会计与财务会计的区别

1. 工作的侧重点不同

财务会计的侧重点在于根据日常的业务记录，登记账簿，定期编制有关的财务报表，向企业外界的经济利害关系团体、个人报告企业的财务状况与经营成果，其具体目标主要为企业外界服务，财务会计又可称为"外部会计"。而管理会计的侧重点在于针对企业经营管理遇到的特定问题进行分析研究，以便向企业内部各级管理人员提供预测、决策、控制和考核所需要的信息资料，其具体目标主要为企业内部管理服务，管理会计又可称为"内部会计"。

2. 工作主体的层次不同

财务会计的工作主体往往只有一个层次，即主要以整个企业为工作主体，从而能够适应财务会计所特别强调的完整反映监督整个经济过程的要求,并且不能遗漏会计主体的任何会计要素。

管理会计的工作主体可分为多层次,它既可以是整个企业的主体,又可以将企业内部的局部区域或个别部门甚至某一管理环节作为工作的主体。

3. 作用时效不同

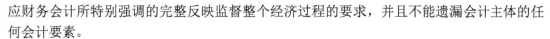

财务会计的作用时效主要在于反映过去,无论从强调客观性原则,还是坚持历史成本原则,都可以证明其反映的只能是过去实际已经发生的经济业务。因此,财务会计实质上属于算"呆账"的"报账型会计"。

管理会计的作用时效不仅限于分析过去,而且还在于能动地利用财务会计的资料进行预测和规划未来,同时控制现在,从而横跨过去、现在、未来三个时态。管理会计面向未来的作用时效摆在第一位,而分析过去是为了控制现在和更好地指导未来。因此,管理会计实质上属于算"活账"的"经营型会计"。

4. 遵循的原则与标准不同

财务会计工作必须严格遵守《企业会计准则》和行业统一会计制度,以保证所提供的财务信息报表在时间上的一致性和空间上的可比性。

管理会计不受《企业会计准则》和行业统一会计制度的完全限制和严格约束,在工作中可灵活应用预测学、控制论、信息理论、决策原理等现代管理理论作为指导。

5. 信息的特征及载体不同

财务会计能定期地向与企业有利害关系的集团或个人提供较为全面的、系统的、连续的和综合的财务信息。财务会计的信息载体是有统一格式的凭证系统、账簿系统和报表系统,统一规定财务报告的种类。

管理会计所提供的信息往往是为了满足内部管理的特定要求而有选择的、部分的和不定期的管理信息。管理会计的信息载体大多为没有统一格式的各种内部报告,而且对报告的种类也没有统一规定。

6. 方法体系不同

财务会计的方法比较稳定,按照特定的会计准则和制度核算经济事项,数字运算相对简单。

管理会计可选择灵活多样的方法对不同的问题进行分析处理,即使对相同的问题也可根据需要和可能而采用不同的方法进行处理。

7. 工作程序不同

财务会计必须执行固定的会计循环程序。无论从制作凭证到登记账簿,直至编报财务报告,都必须按规定的程序处理,不得随意变更其工作内容或颠倒工作顺序。同类企业的财务会计工作程序往往是大同小异的。

管理会计工作的程序性较差,没有固定的工作程序可以遵循,有较大的回旋余地,企业可根据自己的实际情况设计管理会计工作的流程。这样会导致不同企业间管理会计工作的较大差异。

8. 体系的完善程度不同

财务会计就其体系的完善程度而言，已经达到相对成熟和稳定的地步，形成了通用的会计规范和统一的会计模式，具有统一性和规范性。

管理会计体系尚不够完整，正处于继续发展和不断完善的过程中，缺乏统一性和规范性。

9. 观念和取向不同

财务会计将其重点放在如何真实、准确地反映企业生产经营过程中人、财、物要素在供、产、销各个阶段上的分布及使用、消耗情况上，十分重视定期报告企业的财务状况和经营成果的质量。

现代的管理会计不仅着重实施管理行为的粗放型结果，而且更为关注管理的过程，即事前、事中、事后控制，目的是总结过去、控制现在、规划未来。

10. 对会计人员素质的要求不同

鉴于管理会计的方法灵活多样，又没有固定的工作程序可以遵循，其体系缺乏统一性和规范性，所以，在很大程度上管理会计的水平取决于会计人员素质的高低。同时，由于管理会计工作需要考虑的因素比较多，涉及的内容也比较复杂，也要求从事这项工作的人员必须具备较宽的知识面和果断的应变能力，具有较强的分析问题、解决问题的能力。

上述管理会计与财务会计的区别体现了管理会计的主要特点。当然，上述区别并不是绝对的，管理会计与财务会计既相互独立，又相辅相成。管理会计是利用会计资料对经营活动进行预测、决策，而这种预测、决策是否正确，最后还要通过财务会计进行检验。管理会计不能离开财务会计而单独存在。

三、管理会计的职能

管理会计的建立和发展，大大扩展了会计的职能，使会计为企业最优化管理服务。管理会计的主要职能有以下五个方面。

(一)预测

预测是指采用科学的方法预计、推测客观事物未来发展必然性或可能性的行为。管理会计预测职能，就是按照企业未来的总目标和经营方针，充分考虑经济规律的作用和经济条件的约束，选择合理的量化模型，有目的地预计和推测未来企业销售、利润、成本及资金的变动趋势和水平，为企业决策提供第一手信息。

(二)决策

决策是指为达到一定目标，在若干个可供选择的方案中选取一个最优方案的过程。正确的决策是实现既定目标的保证，会使企业兴旺发达。管理会计在决策方面的职能，不是代替企业领导决策，而是就某一个问题对有关资料进行整理分析研究，提出不同方案及其评价意见,供领导判断。如企业在编制计划和预算时,常遇到某项指标存在几种可能性,企业在经营活动过程中也存在需要领导作出决断的各种问题。管理会计工作应对各种可能性和各种问题加以分析、计算、评价,供领导选择。

(三)计划

计划是指通过决策程序选定有关方案所确定的目标并具体落实各项指标,以及达到目标的进程和方法。一般以计划或预算的形式表示。

(四)控制

妥善的决策、计划与预算一旦成立,就应付诸实施,这时控制即告开始。控制不是消极的事后检查,而是积极地把握进程,要促进、约束、指导和干预企业的经济活动。计划和预算是控制的标准,管理会计主要以价值形式进行控制,如成本控制、利润控制等,通过计划实施报告的反馈取得信息进行控制。

(五)考核

考核是企业管理工作中的重要组成部分,做好这一工作,不仅有利于控制工作,而且有利于调动群众的积极性。考核的对象包括整个企业、部门、班组和每个人的业绩。为了做好考核工作,充分发挥考核的作用,必须建立健全的企业经济活动信息系统,保证信息的正确性和及时性,并应将考核和奖励制度与人事选拔制度相结合。

第二节 管理会计的产生和发展

管理会计萌芽于 20 世纪 20 年代,正式形成于第二次世界大战时期,在 20 世纪 70 年代得到迅速发展,前后大致经历了产生和发展两个阶段。

一、管理会计的产生

管理会计的形成,可以追溯到 20 世纪初。当时西方资本主义国家完成了工业革命,机械化的大生产取代了作坊式的小生产,企业主以经理人的身份直接从事经营。但在一般企业的管理工作中,以经验和直觉为核心的传统管理仍占统治地位,导致企业经营粗放,资源浪费严重,生产效率和管理水平低下。显然,传统的经验管理已越来越不适应经济发展和企业抵御经济危机、提高竞争能力的要求。因此,如何用先进的科学管理代替落后的传统管理,使企业各级的管理工作得到较大的改善,以适应经济发展的需要,就成为一个非常迫切的现实问题。于是,集中体现科学管理精神的"泰勒制"应运而生。1911 年,科学管理之父——美国的泰勒(Taylor)出版了《科学管理原理》一书,对生产工人的操作过程进行了具体和细致的时间和动作研究,在此基础上制定出各种定额和标准,并按事先确定的定额和标准对生产过程进行管理和控制,大大强化了管理的计划和控制职能,使企业管理向标准化、制度化的方向发展。为配合"泰勒制"的实施和推广,要求传统的会计由单一的事后核算向事前规划和事中控制转变,在会计实务中出现了标准成本计算(standard costing)

和预算控制(budget control)。它们的共同特点是：事先制定标准数或预算数，随后按此执行和加以控制，到一定时期将实际数与标准数或预算数进行比较并计算差异，通过差异分析，揭示产生差异的原因，并提出消除差异的建议和措施。

会计领域中这些新观念、新方法的出现，不仅给传统的会计增添了若干新内容，而且使会计开始突破单纯的事后核算而进入科学的事前预测，并将事前预测与事后分析紧密地结合起来，从而为会计更好地服务于企业管理开辟了一条新的途径。尽管由于当时历史条件的限制，这些理论没有被充分地认识和广泛地应用，但是处于初级阶段的管理会计在事实上已经形成。此时，管理会计的总目标是提高企业的生产效率和经济效果；具体目标是制定标准成本，并以此对企业的成本进行控制。

可见，以泰勒的科学管理理论为基础形成的管理会计，是在企业的战略、方向等重大问题已经确定的前提下，协助解决在执行中如何提高生产效率和经济效果的问题。其主要缺陷在于，企业管理的全局、企业与外界关系的有关问题没有在会计体系中得到应有的反映。因而，总的来说，初级管理会计还只是一种局部性、执行性的管理会计。

1922年，H.W.奎因斯坦撰写了第一本管理学著作——《管理会计：财务管理入门》，在书中，他第一次明确地提出了"管理会计"的概念。J.Q.麦金希对早期管理会计的发展作出了巨大的贡献，1924年他出版的《管理会计》是第一本较系统地论述管理会计的概念和理论的著作。这两本著作的诞生标志着"管理会计"这门学科在西方真正兴起。

二、管理会计的发展

自从会计学科产生之后，管理会计得到迅速发展。

(一)西方管理会计的发展

20世纪初到20世纪50年代，是追求效率的管理会计时代。20世纪管理会计发源于1911年西方管理理论中古典派的代表人物发表的《科学管理原理》一文。伴随着泰罗科学管理理论在实践中被广泛应用，标准成本、预算控制和差异分析等这些与泰罗的科学管理直接相关联的技术方法开始被引进到管理会计中来。与此同时，学术界也开始涉及管理会计有关问题的研究。

20世纪50年代至80年代，是追求效益的管理会计时代。从20世纪50年代开始，西方国家进入战后期，这时西方国家的经济发展出现了许多新的特点。现代管理科学的形成和发展对管理会计的发展在理论上起着奠基和指导作用，并在方法上赋予现代化的管理方法和技术，使其焕然一新。50年代，为了行之有效地实行内部控制，美国各企业建立了专门行使控制职能的总会计师制。到60年代，电子计算机以及信息科学的发展，产生了业绩会计和决策会计，使管理会计的理论方法体系进一步确定。70年代末，美国学术界对管理会计理论体系的研究达到高峰，以成本(管理)会计命名的专著和教科书就有将近百种之多，可谓群芳竞香、百花争艳。在这时期，管理会计追求的是效益。它强调的是首先把事情做正确，然后再把事情做好。至此，管理会计形成了以决策与计划会计和执行会计为主体的管理会计结构体系。

20世纪80年代，是管理会计反思时代。到80年代，通过"信息经济学"和"代理理论"的引进，管理会计又有新的发展。但面对世界范围内新技术蓬勃发展并广泛在经济领域中应用，管理会计又显得过时。管理会计的理论与实践脱节等类似的呼声很高。在西方管理会计的发展过程中，管理会计的研究存在两大流派：一是传统学派；二是创新学派。传统学派主张从早期的标准成本、预算控制以及差异分析的立场出发，以成本为中心，重视经验的积累，在总结经验的基础上加以发展，就如何提高企业经营管理水平和提高经济效益提出新课题。70年代至80年代初期，传统学派指责创新派理论脱离实践，复杂的模型远离现实世界。而创新学派指责传统学派视野狭隘、观念陈旧、方法落后，很难适应新经济环境的要求。但管理会计理论与实践脱节是西方管理会计理论研究共同关注的问题，这场纷争促使西方管理会计研究进入反思阶段。

战略管理会计诞生于20世纪80年代，在其后的十几年中，许多学者对战略管理会计进行了定义及描述。直到2000年，Guilding等人首次对战略管理会计方法进行了研究，并将产品属性成本计算等12种方法作为战略管理会计的方法。

纵观20世纪90年代以前管理会计的发展历程，现代管理会计沿着"效率—效益—价值链优化"的轨迹发展，这个发展轨迹围绕"价值增值"这个主题而展开。

20世纪90年代，是管理会计主题转变的过渡时期。进入90年代，当今世界经济环境的主要特征是变化。基于环境的变化，管理会计信息的搜集任务从管理会计人员转移到信息的使用者，保证企业能以一种及时的方式搜集相关的信息，并且据此作出反应。管理会计已经突破了管理会计师提供信息、管理人员使用信息的旧框，而是由每一个员工直接提供和使用各种信息。因此，管理会计信息提供者和使用者的界限逐渐模糊。这一时期管理会计的主题已从单纯的价值增值逐步转向企业组织对外部环境变化的适应上来。所以，20世纪90年代可以视为管理会计的主题转变时期。20世纪90年代管理会计理论研究的发展趋势体现在如下三个研究领域：一是管理会计在组织变化中的地位与作用；二是管理会计与组织结构之间的共生互动性；三是管理会计在决策支持系统中的作用。

这一时期，企业绩效考评中财务指标与非财务指标的融合现象更为普遍。西方一些大公司发现依赖于传统财务指标作为主要绩效衡量方法导致了很多问题，并已成为妨碍企业进步与成长的主要原因。因而，一种新的绩效衡量方法应运而生，这就是"平衡计分卡"。平衡计分卡填补了大多数管理系统中所存在的空缺——缺乏一个系统性的过程来实施战略和获得相关反馈，以该卡为核心所制定的管理过程使组织团结一致，共同实施长期战略，这样一来，平衡计分卡就成为信息时代企业的管理基础。它主要用于衡量企业在财务、客户、内部营运与技术及学习、创新与成长四个各具特色方面的绩效，这四个方面使一种平衡得以建立，这就是兼顾短期目标和长期目标、客观目标和主观目标。

随着网络经济的到来和信息技术的发展，企业内外部环境都发生了根本性变化，并给管理会计带来了前所未有的冲击与反思。目前，将网络、信息与管理会计手段相结合已初露端倪，将管理会计信息转化为适时决策系统的方法也在研制之中。在企业的外部环境中，越来越多的企业通过网络从事各种商业活动及经济信息的交流。

案例1-1：平衡计分卡的萌芽

(二)我国管理会计的发展

很多研究者曾经一度认为，我国直到20世纪70年代末才开始引进西方管理会计。得到这样的结论的确有一定的依据可循。当时正值改革开放初期，国内许多学者对西方的管理会计产生了浓厚的兴趣，大量引进西方的理论，从而使我国的会计理论研究事业在管理会计这个领域有了空前的发展。然而，追根溯源，其实我国在新中国成立初期便有西方管理会计的"责任会计"，只是当时不称为"管理会计"。

1. 我国管理会计发展的第一阶段

在计划经济体制下，与国有企业相适应的是执行性管理会计。在新中国成立初期，我国实行计划经济体制，在该体制下，整个国家如同一个企业，而国有企业就如同巨型企业的一个生产车间，国有企业的生产计划由国家统一确定下达。从管理会计的角度看，国有企业充其量是一个"成本中心"，最多也就是一个"人为利润中心"。既然成本是一个效率指标，成本计划及其完成情况便成为国家考核国有企业完成生产任务的重要手段。成本及其考核是计划经济时代唯一可作为的事情。此外，在计划经济体制下，企业的产品由国家统一定价。国家以企业的成本为基础确定产品价格，即"产品价格=产品成本×(1+成本利润率)"，这也就使得国家必须重视企业成本管理制度建设，通过企业成本管理制度确定企业成本项目和成本开支范围。否则，一旦企业成本失控，将导致产品价格失控。国家自然重视以成本为核心的内部责任会计，以期最大限度地降低成本，提高稀缺资源的使用效率。这种对以成本为核心的内部责任会计的重视体现在国家颁布的各种成本管理制度上。

在这样一个特定阶段，我国管理会计具有鲜明的特色。主要体现在以下几个方面。

(1) 班组核算。

通过班组核算和劳动竞赛相结合，降低成本，提高劳动生产率，取得显著成效(姜开齐，1951)。

(2) 经济活动分析。

由于班组核算只能反映问题之所在，而要寻找问题之根源，必须借助于经济活动分析。只有将这两者相结合，才能达到发现问题、解决问题的目的。"班组核算"和"经济活动分析"可以说是当时我国企业管理会计的两大法宝(杜昂，1998)。"经济活动分析"实际上已经突破了单纯财务评价指标的局限性，强调采用多元化指标评价企业经营活动。20 世纪 60 年代初期，我国大冶钢厂推行的"五好"小指标竞赛(杜昂，1998)早已体现"平衡计分卡"的精髓。

(3) 在成本管理过程中，强调"比、学、赶、帮、超""与同行业先进水平比"。

其基本思想就是近年来美国很流行的"标杆制度"。此外，还有资金成本归口分级管理、生产费用表、成本管理的群众路线和厂内银行等都具有鲜明特色(胡玉明，2002)。

由此，我们可以得知，虽然当时没有使用"管理会计"这个名称，但很多理念却和西方的管理会计非常相似。总的来说，也是实行事前计划、事中控制和事后分析相结合，直接服务于企业，能较好地执行上级下达的各项数量和质量指标，因而基本上也属于执行管理会计。所以，它构成了我国管理会计发展历史中的第一个阶段——执行性管理会计阶段。

2. 我国管理会计发展的第二阶段——西方引进的决策管理会计

我国对管理会计产生广泛浓厚的兴趣，始于 20 世纪 70 年代末期，从此，中国管理会计的发展进入了第二个阶段。该阶段是以党的十一届三中全会为转折点的，特别是党的十四大的召开，在理论和实践上都具有划时代的意义。十四大明确指出：我国要建立社会主义市场经济体制，实行政企分开，企业成为独立的商品生产者和经营者。与这种新的环境和条件相适应，在管理会计方面也就自然而然地要求原有的执行性管理会计向决策性管理会计转变。

我国会计学术界也同时适应当时的经济背景，对西方管理会计的研究投入巨大的精力，出版了大量的管理会计教材，各高校会计学专业把管理会计作为主干课程学习，许多大中型企业也积极采用管理会计的一些技术方法(主要是预测分析、决策分析、责任会计和成本控制等)，形成了一个研究和推广应用管理会计的热潮。随着经济体制的转轨，一批能够适应市场变化并有一定活力的国有企业，把目光转向市场和企业内部，向管理要效益，在建立、完善和深化各种形式的经济责任制的同时，将厂内经济核算制纳入经济责任制，形成了以企业内部经济责任制为基础的责任会计体系。20世纪80年代末，与经济责任制配套，许多企业实行了责任会计、厂内银行，由此，我国责任会计进入一个高潮期(乔彦军，1997)。不过，与我国经济体制改革相适应，20世纪90年代以前的管理会计应用侧重于企业内部，没有明显的市场特征。进入20世纪90年代后，管理会计在我国企业的应用有所突破，作业成本计算也开始在我国企业运用。概括而言，我国管理会计发展史经历了以上两个阶段，从最初将管理运用于会计中，经历了执行管理会计阶段，到决策管理阶段。虽然历程并不长，但是其意义是深远的。

到20世纪80年代末，与经济责任制配套，许多企业实行了责任会计，但这一时期对管理会计的研究与应用侧向企业内部，缺乏市场视角。

到20世纪90年代，管理会计在我国企业中的应用有所突破，"模拟市场，成本否决"的成本管理制度在我国企业成功应用。

从1996年开始，战略管理会计在我国受到越来越多的关注，我国学者也对战略管理会计进行了大量的研究，并提出了自己的观点。我国早期对战略管理会计的研究主要集中于对战略管理会计的内涵、目标、地位、特征等进行介绍性研究。最近几年，一些学者进行了有关战略管理会计方法的研究，其中，比较具有代表性的研究有：余海宗将预警分析、目标成本管理法、作业成本法以及产品生命周期成本法作为战略管理会计的方法；谢琨和刘思峰将价值链分析、竞争对手分析以及质量成本分析列入战略管理会计的方法中，并加以论述。

21世纪初，同国际接轨和本土化发展相适应的管理会计开始创新。这一时期，西方国家所盛行的作业成本法、成本企划、经济增加值、准时制、标杆管理等先进的管理会计方法在我国部分企业得到应用，某些方法的本土化改良研究也已广泛开展。我国对管理会计的研究与应用进入了一个多视角、多内容、多学科的创新局面。

财政部2009年引入美国注册管理会计师协会旗下CMA证书，来进一步完善国内管理会计缺陷，提升行业整体水平。普及管理会计在企业中的运用。CMA资格认证面向范围十分广泛，企业财务总监、总会计师、注册会计师、成本会计师、内部审计师、风险投资经理、预算分析师、财务规划师、一般会计人员、大学高年级学生和研究生等都可以考这个证书。此外，由于管理会计注重企业经营决策，企业的中高层管理者以及信息管理方面的人士也都很适合学习CMA，如CEO、行政总监、董秘、市场营销人士、供应链管理人士等。

CMA 是美国管理会计师协会(IMA)出于适应管理会计发展和企业国际化经营的需要而推出的，这就注定了 CMA 始终与企业发展同步，学习了 CMA，可以胜任诸如成本会计师、管理会计师、高级会计师、财务分析师、预算分析师、财务经理、财务总监、CFO、CEO 等岗位。

全面推进我国管理会计体系建设，可以充分发挥管理会计在推动企业知识产权、防范风险、科学决策方面的基础作用；同时，强化管理会计应用是促进企业管理升级，增强企业核心竞争力和价值创造力，在激烈的国际竞争中不断做强做优的重要举措。

2013 年财政部印发了《企业产品成本核算制度(试行)》，规定自 2014 年 1 月 1 日起，在除金融保险业以外的大中型企业范围内施行，鼓励其他企业执行。该制度是财政部为加强管理会计工作的先行探索。

同时，财政部还从以下方面着手推进管理会计工作：引导理论界加强对国内外管理会计理论成果的系统研究；推动对国内外管理会计工具和方法的总结和提炼；选择有实践基础的企业，对其管理会计实践经验进行充分总结；将管理会计纳入大中型企事业单位准会计师和会计领军人才的培养体系，加强管理会计体系人才的培养等。

目前管理会计没有国际的通行标准，而管理会计源于实践，要做到有效指导企业，广大会计工作者应加快管理会计经验交流，从而推动管理会计理论方法转化为实践，推动管理会计的一些方法和经验上升到理论，通过管理会计理论实践上升到政策，以形成实践、理论、政策间的良性互动。

为促进单位(包括企业和行政事业单位，下同)加强管理会计工作，提升内部管理水平，促进经济转型升级，根据《中华人民共和国会计法》和《财政部关于全面推进管理会计体系建设的指导意见》(以下简称《指导意见》)等，2016 年 6 月，财政部发布了《管理会计基本指引》(财会〔2016〕10 号，以下简称《基本指引》)，总结提炼了管理会计的目标、原则、要素等内容，以指导单位管理会计实践。

2017 年 9 月，发布《管理会计应用指引第 100 号——战略管理》等 22 项应用指引；2018 年 2 月，印发《管理会计应用指引第 202 号——零基预算》等 7 项应用指引征求意见稿。至此，我国已经形成了战略管理、预算管理、成本管理、营运管理、投融资管理、绩效管理、风险管理和其他领域共 8 大领域管理会计应用指引。

与已发布的第一批、第二批应用指引相比，最新的第三批 5 项管理会计工具方法更具创新性，实践应用难度较大，起草难度相应增大。为此，财政部建立了各方专家组成的应用指引起草小组，深入开展实地调研和座谈研讨，并在起草过程中着力把握三大原则。一是遵循《基本指引》的原则；二是坚持融合与发展的原则；三是兼顾系统性与可操作性的原则。

案例 1-2：管理会计基本指引

财务机器人和智能化时代到来的大背景下，财务人员转型是唯一出路。

第三节　管理会计信息及其质量要求

管理上对信息的需求范围很大，覆盖财务、研究与开发、生产、市场和环境等问题。一般来说，企业越大，管理对信息的需求也就越大。管理会计是服务并参与企业内部管理的会计，其目标就是提供管理信息以满足实施各项管理职能的需要。

一、管理会计的信息

管理会计信息系统主要为企业管理人员提供下列四类信息。

(一)制定决策和计划的信息

企业决策的制定在很大程度上依赖于管理会计信息。为了保证企业各项决策的正确性，管理会计通过收集和分析同该项决策相关的信息，为企业各方面的决策提供客观可靠的依据，参与决策，影响、引导决策。例如，某企业拟投资一条新生产线，企业的管理人员在制订生产线的经营计划时就需要依赖管理会计资料。这些计划中最主要的内容是详细列示新生产线上马后的预计现金流入和流出。虽然关于生产线的最终决策由企业经理来决定，但管理会计人员不仅要提供有关资料，而且要对备选方案进行分析，并参与决策。

(二)指导和控制经营活动的信息

对日常经营活动的指导和控制需要各种有关生产经营成本费用的资料。管理会计通过追踪企业经营活动的预算执行过程，归集实际经营活动中的各项数据资料，并通过预算数据和实际数据的比较，揭示差异、分析差异，发现问题并调查分析其原因，帮助管理当局对预算实施过程进行控制，指导经营活动按既定的目标运行。例如，在指导企业的经营活动时，管理人员需要了解产品的成本，以便制定产品销售价格；在对经营的控制中，管理人员需要对实际成本和预算中的数据加以比较，并分析差异产生的原因。

(三)业绩评价和激励的信息

尽管企业有明确的目标，但是，企业的每个成员自身的目标各不相同，且并不总是与企业的目标相一致。管理会计的一个重要目标就是激励管理人员和其他职员努力完成企业的目标。激励职员达到企业目标的方式之一，是在实现这些目标的过程中计量他们的绩效，这种计量能够帮助员工了解其自身所能取得的最高绩效水平，同时，还可通过预算与实际执行情况的比较，对企业各部门和员工的业绩加以客观评价，运用激励机制产生激励效果，以调动员工的积极性。

(四)评价企业竞争地位的信息

日益加剧的竞争要求企业了解自身的市场和产品，致力于不断地改善产品的设计、制造和销售。管理会计的一个主要职能就是不断评价企业的竞争力，帮助管理者确定问题之所在，从而塑造企业的核心能力，实现企业的战略目标。新的生产信息技术、全球市场的增长及其他变化，需要管理会计提供评价企业竞争地位的信息，以便有效地维护自己在行业内的竞争优势。

二、管理会计信息的质量要求

管理会计为企业管理服务,对管理有用的信息应具备一定的质量要求,主要有准确性、相关性、可理解性、及时性和效益性。

(一)准确性

准确性(accuracy)也称为可靠性,是指所提供的信息在一定的范围内是正确的。不正确的信息对管理是无用的,甚至会导致决策的失误从而影响企业的经营业绩。管理会计是面对未来的,许多信息是建立在估计和预测的基础上的,主观因素不免要影响信息的准确性,然而管理会计的目的是在一定的环境和条件下,尽可能提供正确可靠的信息。

(二)相关性

相关性(relevance)是指管理会计所提供的信息应该具有对决策有影响或对预期产生结果有用的信息质量特征。现代管理会计的重要特征之一是面向未来决策,因此,是否有助于管理者正确决策,是衡量管理会计信息质量高低的重要标志。与决策相关的信息会导致决策的差别,提供不相关的信息会贻误决策时机,浪费决策时间,导致决策失误。然而相关性只是与特定决策目的相关,而与某一决策相关的信息与其他决策不一定相关。管理会计服务于企业的管理决策、内部规划和控制,其信息不受对外报告规范的约束,大量地使用预测、估计未来事项等信息。对于管理会计而言,信息的相关性价值要高于客观性和可验证性。

(三)可理解性

可理解性(understandability)也就是指简明易懂。如果提供的信息不为使用者所理解,就难以发挥其预期的作用,甚至无法为决策者所用。因此管理会计所提供的信息应以使用者容易理解为准则,以使用者容易接受的形式及表达方式提供。提高可理解性的途径就是管理会计师应与信息的使用者加强沟通和协商,在管理会计报告的形式和内容上进行讨论。

(四)及时性

及时性(timeliness)要求规范管理会计信息的提供时间,讲求时效,在尽可能短的时间内迅速完成数据收集、处理和信息传递,确保有用的信息得以及时利用。在现代的社会经济环境中,知识日新月异,管理者需要的信息越快越好,只有获得及时的信息才能作出正确合理的决策,进而把握机遇,抓住机会,获取成功。及时性和准确性往往难以两全其美,因此应根据具体情况权衡利害得失,在及时性和准确性之间进行折中,以满足决策者的需要。管理会计强调的及时性,其重要程度不亚于财务会计所看重的真实性、准确性。

(五)效益性

效益性(benefit)是指管理会计在对信息进行收集和处理时应考虑其发生的成本和产生的效益。效益性包括两层含义:第一,信息质量应有助于管理会计总体目标的实现,即管理会计提供的信息必须能够体现管理会计为提高企业总体经济效益服务的要求；第二，坚持成本—效益原则，即管理会计提供信息所获得的收益必须大于为取得或处理该信息所花费的信息成本。管理会计对信息资源的获取和利用应建立在效益性的基础上。

三、管理会计师及其行为准则

管理会计师是一种深度参与管理决策、制订计划与绩效管理系统、提供财务报告与控制方面的专业知识以及帮助管理者制定并实施组织战略的职业。管理会计师不同于传统的财务会计师，管理会计师服务于企业内部各级管理者，面向企业未来发展，通过分析解读财务数据，从财务角度为企业经营决策提供可行性方案。

(一)管理会计师认证制度

管理会计师证书，一般指的是美国注册管理会计师(CMA)，是面向管理会计领域的专业证书。

不同于传统的财务会计，管理会计 CMA 知识体系包含：财务、管理、业务、市场等内容，着力培养懂财务、懂管理、懂业务的财务精英。持证者能通过对市场的调查以及对企业部门、流程的把控，为企业的绩效管理、成本控制和风险评估等方面提供有效的管理，还能应用财务分析、财务管理和财务决策等方式来为企业的战略决策提供支持和依据，从而为企业创造财富。

1. 美国注册管理会计师

美国注册管理会计师(Certified Management Accountant，简称 CMA US 或 ICMA)，CMA 是美国管理会计师协会(Institute of Management Accountants，IMA)创立的专业资格，美国管理会计师协会是从美国成本会计师协会(NAA)衍生出来的。

2009 年，中国外国专家局培训中心与 IMA 签订战略合作协议，正式引进美国注册管理会计师(CMA)认证。

2010 年 3 月，国资委向下属各大央企和国企下发《关于举办注册管理会计师(CMA)职业资格认证培训的通知》，要求各企业选拔财务管理人员参与 CMA 培训，限额 100 人。

2010 年，总会计师协会发布了有关 CMA 学习培训的红头文件，并同时设立了 CMA 认证项目培训管理协调办公室，推荐其全国各地方会员单位选拔优秀职员参加 CMA 培训。

2010 年，IMA、对外经济贸易大学、海尔集团共同发起设立"管理会计研究中心"，旨在整合学术界、企业界的优势资源，构建管理会计理论与实践的全球多层次专家交流的平台，输出具有全球领先水平的研究成果，打造杰作频出、具有全球影响力的高端管理会计研究品牌。

美国注册管理会计师 CMA 的优势：CMA 认证适用于各行各业，支持那些从企业内部推动企业整体业绩的管理会计和财务专业人士。CMA 认证客观地评估了学员对管理会计和财务管理知识体系掌握的能力和技能。作为全球认可和推崇的认证，CMA 在登陆中国之初便确立了自己相对于其他财会认证的优势所在。

新的 CMA 考试是更高水平的考试，这意味着其通过标准是专家级水平，而非入门级的最低专业水平。因此，对所有主要考点，均会考核考生在信息综合、状况评估及提出建议等方面的能力。另外，还会考核考生对问题的理解与分析能力。新的 CMA 考试主要考核的内容一律是 Level C 的难度。考试内容不会脱离考试大纲的框架，但考核的是考试大纲中能体现管理会计师预期应具备的专业水平和专业能力的考点。

美国注册管理会计师 CMA 的考试科目及内容见表 1-1。

表 1-1　美国注册管理会计师 CMA 的考试科目及内容

科　目	章　节	题型及时间
Part1 财务规划、绩效评估和控制 Financial planning, performance and control (Levels C)	1.规划、预算编制与预测 Planning, budgeting and forecasting(30%) 2.绩效管理 Performance management(25%) 3.成本管理 Cost management(25%) 4.内部控制 Internal control(15%) 5.职业道德 Professional ethics(5%)	4 小时 100 道单项选择题 2 道简答题
Part2 财务决策 Financial decision making (Level C)	1.财务报表分析 Financial statement and forecasting(30%) 2.公司金融 Corporate finance(25%) 3.决策分析与风险管理 Decision analysis and risk management 4.投资决策 Investment decision(20%) 5.职业道德 Professional ethics(5%)	4 小时 100 道单项选择题 2 道简答题

CMA 考试由两部分组成，其目的是开发和考核思维能力与决策制定技能，以期实现以下目标：

（1）通过确认管理会计专业人员的角色、建立坚实的管理会计知识体系以及构建与管理会计相关的专门课程，使得管理会计和财务管理职业能获得普遍认可。

（2）鼓励在管理会计和财务管理领域实施更高的教育标准。

（3）确立一套客观指标，以度量个人在管理会计和财务管理领域的知识及技能。

（4）鼓励持续发展专业技能。

2. 中国总会计师协会颁发管理会计师专业能力证书

中国培养了大量的注册会计师(CPA)，但是既懂往后看、会记账，又懂往前看、能为决策服务的管理会计人才严重不足。按照当前全面深化改革的部署，结合建立现代企业制度和现代财政制度的要求，必须根据经济社会的发展需要和市场需求，加快发展中国特色管理会计，培养中国自己认证的管理会计师。

管理会计师证是中国总会计师协会根据《管理会计基本指引》(财会〔2016〕10 号)及《财政部关于全面推进管理会计体系建设的指导意见》(财会〔2014〕27 号)等文件要求，积极发挥"中总协"在推动管理会计应用推广方面的作用，自 2015 年 11 月开展"管理会计师专业能力培训"工作，为来自企业、行政事业单位的财务管理人员提供了系统规范的管理会计专业能力培训，帮助企业、行政事业单位财务管理人员了解并掌握管理会计最新理论工具方法，为促进企业转型升级，加强行政事业单位内部管理，提升财务管理人员的履职能力作出了有力贡献。管理会计师证考试也应运而生。

为进一步推动管理会计人才培养工作，满足行业发展需求，促进经济社会发展，在管理会计师专业能力培训项目试点工作成功开展的基础上，根据不同行业、不同层级的企业、行政事业单位财务管理人员以及各高等院校财经类相关专业在校生的不同需求，经"中总协"研究决定，开展"管理会计师(初级)专业能力培训项目"(以下称初级项目)试点工作，进而为《会计改革与发展"十三五"规划纲要》明确提出的"到2020年培养3万名精于理财、善于管理和决策的管理会计人才"的总体目标贡献力量。

其培训方式：管理会计师(初级)专业能力培训采用全程在线学习形式，学员能通过PC端和手机端(微信服务号)进行课程的学习。

(1) 充分利用学员的碎片化时间，打破时间和空间的桎梏，远程共享优质师资源。

(2) 根据中国企业管理实践特点定期更新相关培训内容，确保知识点、案例的科学性及前瞻性。

(3) 创建学员与学员、学员与老师之间的互动交流平台，及时答疑。

(4) 实时分析考核，检验学习成果，及时获取学习进步数据。

其课程设置：

(1) 《管理会计职业道德》，涵盖管理会计人员从业素质、思想、行为规范。

(2) 《管理会计概论》，涵盖管理会计基本概念、工具、方法，管理会计创新理念，中国管理会计能力体系与西方管理会计体系的差异。

(3) 《预算实务》(含预算编制、预算执行、预算控制与分析)，涵盖预算基本知识、年度预算编制与执行、预算制度设计与实施及其与战略联系的各方面知识点，包括程序性、实施指南、预算编制及预算执行和调整等内容，内容重点是全面预算的作用和编制实务。

(4) 《成本管理》(含成本控制方法、成本责任、标准成本系统、作业成本分配等)，涵盖标准成本系统的应用基本知识，成本管理责任体系的建立，成本控制方法和价值工程的基本知识，介绍作业成本法的基本思想和应用思路，内容重点是产品与交付性成本的体系化管理方法。

管理会计师(初级)专业能力考试安排(每年三次)见表1-2。

表1-2 管理会计师(初级)专业能力考试安排(每年三次)

考试时间	考试内容	考试形式	考试题型	合格标准
09:00—11:30	管理会计职业道德 管理会计概论 预算实务 成本管理	闭卷 机考	单项选择题，多项选择题	满分100分，60分及格

管理会计主要是利用有关信息预测前景、参与决策、规划未来、控制和评价经济活动，为企业和行政事业单位(以下简称单位)内部管理服务。

(二)管理会计师行为准则

管理会计师涉及会计、战略、市场、管理、金融和信息系统等多方面的知识和技能，能从商业的各个角度考虑问题，把财务数据与各种经济规律相结合，为企业的经营和发展提供全面预算、财务分析、绩效评估、风险防范、组织管理和商务策略等决策信息和切实方案。不同于财务会计，管理会计师的作用不仅仅在于衡量价值方面，更重要的是在创造价值。

美国管理会计师协会于 1982 年颁布的《管理会计师职业道德行为准则》，是目前世界上较为完整的关于管理会计师职业道德的规定。美国注册管理会计师(CMA)必须遵循这一职业道德行为规范。

1. 专业能力

(1) 不断加强自身知识和技能，使专业能力保持在一定水平。
(2) 依据相关的法律、法规和技术规范履行自己的职责。
(3) 在对相关的和可靠的信息进行分析后，编制完整、清晰的报告与建议书。

2. 保密

(1) 除法律规定外，未经批准，不得披露工作过程中所获取的机密信息。
(2) 告知下属应重视工作中所获取信息的机密性，并且监督下属的行为以保证保守机密。
(3) 禁止利用或变相利用在工作中所获取的机密信息为个人或通过第三方谋取不道德或非法的利益。

3. 诚实正直

(1) 避免事实上或表面上可能引起的利益冲突，并对任何潜在冲突的各方提出忠告。
(2) 不得从事道德上有损于履行职责的活动。
(3) 拒绝接受影响或将影响他们作出正确行动的任何馈赠、好处或招待。
(4) 不得积极地或消极地破坏企业合法的、符合道德的目标。
(5) 找出妨碍业务活动的可靠判断或顺利完成工作的限制与约束条件，并与有关方面进行沟通。
(6) 告知有利和不利的信息以及职业的判断及意见。
(7) 不得从事或支持各种有损企业的活动。

4. 客观性

(1) 公正而客观地交流信息。
(2) 充分披露相关信息，帮助使用者对所公布的报告、评论和建议获得正确的理解。

遇到与职业道德相矛盾时的解决措施：

(1) 上报讨论。管理会计师一旦遇到一些与职业道德相矛盾的问题，首先应想到自己的顶头上司，并坦诚地与其对问题进行讨论和交流。当然，如果此事涉及其顶头上司，则可直接向更高层的上司寻求讨论，甚至在有需要的情况下，可以直接到最高管理层那里获得帮助或者最终的答案。

(2) 求助顾问管理会计师。在遇到与职业道德相矛盾的问题时，还可以和那些相对来讲比较公正的顾问进行讨论，当然，讨论中必须说清楚所有的事项，从而既有利于其对事件始末的明确了解，也有利于帮助找到可以解决的办法或措施。

(3) 辞职。如果管理会计师在遇到与自己的职业道德相矛盾，并在尽了所有的能力之后仍然无法找到解决的办法，就一定要向组织提出辞职，同时，向接替自己工作人员做好工作交接。

管理会计师的职业道德标准，目前还主要是适用于一些经济发达的国家。其道德标准具有很高的抽象性，同时，概括性也很强，因而在具体的实施中往往会遇到一些问题，而必须结合具体的环境因素来进行解决。我国虽然在管理会计师方面起步晚，但是可以通过对国外的管理会计师的职业道德准则的学习，来帮助我国的管理会计师成长，从而为我国在这方面早日与国际接轨创造条件。

第四节　管理会计的任务和内容

一、管理会计的任务

管理会计的任务同管理会计的基本职能密切相关。其主要任务是为企业提供决策、计划、控制和考核的信息，为企业实行最优化管理服务。管理会计要根据现代企业管理的要求，按照特定的理论和方法，对各种不同渠道取得的信息进行加工、整理、改制，使之符合企业内部管理要求。如管理会计可根据财务会计提供的有关成本资料，按成本性态将其划分为固定成本和变动成本，同时还可利用本、量、利关系进行分析，提供有关资料，以便对企业未来的经营活动进行规划。

为加强企业的内部管理，实现预定目标，管理会计要根据控制的基本理论和方法，建立控制系统进行控制和考核，并为修订决策、调整计划提供依据。如利用标准成本、差量分析、责任会计等有关理论和方法进行分析，为控制和考核企业经营活动提供资料。

二、管理会计的内容

管理会计的基本内容可概括为规划未来、控制现在和评价过去。如前所述，管理会计可分为规划会计和控制会计两大部分。与规划密不可分的是决策，与控制紧密相关的是业绩评价。因此，规划与决策会计和控制与责任会计是管理会计的两大基本内容。

(一)规划与决策会计

规划与决策会计(planning and decision accounting)是在预测企业前景的基础上，规划未来并参与决策。它首先是利用企业的会计信息系统和其他管理信息系统所提供的信息和数据，在对这些信息和数据进行加工整理和"去伪存真"的前提下，运用特定的科学预测方法对企业未来的经营活动和各项经济指标(销售、成本、利润和资金等)进行预测分析，并利用专门的决策方法对与企业经营和投资有关的问题进行决策分析。然后，将预测和决策所确定的各项目标和任务，用数量化的形式加以汇总、平衡、编制企业的全面预算，以便对企业未来经营活动的各个方面进行全面规划，使企业的各种生产要素和经济资源得到最优配置和合理、有效的运用，从而取得最佳的经济效益和社会效益。规划与决策会计以决策会计为主体，主要是对各备选方案就其经济可行性方面进行分析评价，为管理者决策提供最优选择的信息。规划会计是事先计算，属于规划未来。规划与决策会计主要包括预测、短期经营决策和长期投资决策等。

1. 预测

管理会计从预测开始，根据短期预测和长期预测的资料，作出短期经营决策和长期投资决策，根据短期经营决策和长期投资决策的资料，就可以制定出企业的目标利润。预测一般包括：利润预测、销售预测和成本预测等。通过预测分析，可以了解企业生产经营前景和经济发展趋势，并在此基础上确定未来一定时期的各种经营目标。

2. 短期经营决策

短期经营决策是在确定企业未来经营目标的基础上，通过对有关可行性方案的经济效益进行计量、分析和评价，选取产品生产、设备利用、产品销售等方面的最佳方案。短期经营决策主要包括：销售定价决策、产品生产决策、产品成本决策等内容。在短期经营决策中，主要运用本量利分析的方法。

3. 长期投资决策

长期投资决策是在确定预期投资报酬水平和考虑货币时间价值的条件下，通过对有关可行性方案的经济效果进行计量、分析和评价，选取产品开发、技术引进、设备购置与更新等方面的最佳方案。长期投资决策主要是以现值法为基础的。

(二)控制与责任会计

控制与责任会计(control and responsibility accounting)是预防性控制、前馈控制和反馈控制的手段，是根据规划和决策会计所制定的目标利润编制全面预算，对企业正在发生或将要发生的经营活动施加影响和监控，使之能达到或符合预定的目标或标准。全面预算采用变动成本法，成本控制则采用标准成本法。根据预算、控制的资料，运用责任会计方法，将企业按职责范围划分责任单位(责任中心)，将预算确定的各项目标层层分解，在此基础上为每个责任单位编制相应的责任预算，定期进行业绩评价。控制与责任会计可以保证企业的各项经济活动能按预定的目标进行，为企业管理中的分析过去和对现在与未来的经济活动进行控制服务。控制与责任会计以责任会计为主体，主要是以计划或预算的形式来明确目标，并提供有关目标执行情况的信息，帮助管理者进行有效控制。控制会计是事中计算和事后计算，属于控制现在和评价过去。控制与责任会计主要包括预算管理、成本控制和责任会计等内容。

1. 预算管理

决策选定方案的实施和目标的实现，有赖于严密的计划和控制。计划包括长期财务计划、年度总预算和业务预算等。管理会计通过制订计划和编制经营预算和资本预算的方式，确定实施决策方案的步骤和目标。预算是将经营过程中的各项工作和目标逐步分解，使之数量化和具体化，并通过协作沟通层层落实，成为各执行部门的工作目标和依据。预算也是实施控制的重要环节。以变动成本计算法为基础的弹性预算是预算管理的有效工具。

2. 成本控制

由于企业的经营活动都涉及成本，因此成本控制是现代化企业管理的核心。成本控制根据历史成本资料和未来经济、技术测定，预先确定制造产品的标准成本，并通过与实际成本比较，分析各种成本差异，达到降低产品成本、加强成本控制的目的。成本控制一般采用标准成本制度。

3. 责任会计

责任会计是把经济责任同会计信息结合起来以评价、考核工作业绩的一种会计制度，其目的在于加强企业的内部控制。实施责任会计，定期进行绩效考核，是现代管理会计的主要职能之一，企业应健全各项定额标准，明确各级经济权责，实行全面经济核算，把责、权、利落实到各责任中心。责任会计的内容一般包括确定责任中心、落实责任预算、记录实际结果、比较执行情况、编制业绩报告、控制和调整经济活动等。

综上所述，现代管理会计以规划与决策会计和控制与责任会计为主体，并把规划与决策会计放在首位。

需要注意的是，企业经营活动的各个环节和经营管理的各个方面都离不开成本信息的运用。管理会计在参与企业决策、编制计划和预算、帮助管理部门指导和控制经营活动的过程中，都贯穿着成本的确定和成本的计算，因此管理会计是以成本为中心的。

本 章 小 结

管理会计利用财务会计及其他信息资料，采用一系列现代化管理的专门方法(会计的、统计的、数学的方法)，对未来经济活动进行预测和决策，确定目标，编制计划、预算，在执行过程中进行控制、考核和业绩评价，其目的是调动积极因素，取得最佳经济效益。

管理会计主要有：提供管理信息、直接参与决策和实行业绩考核三个职能。与财务会计相比，管理会计具有以下特点，如侧重于为企业内部管理服务、重点在于规划未来、兼顾企业生产经营的全局与局部、不受会计制度或会计准则的制约、提供的信息具有特殊性、提供的报告不具备法律责任、更多地应用现代数学方法等。管理会计信息系统主要为企业管理人员提供制定决策和计划、指导和控制经营活动、业绩评价和激励及评价企业竞争地位等方面的信息。管理会计信息应满足准确性、相关性、可理解性、及时性和效益性等质量要求。规划与决策会计和控制与责任会计是管理会计的两大基本内容。

案 例 点 击

美的置业的2019高质量发展——规模与利润均衡增长

从2019年3月开始,美的置业凭借着综合实力的增强,在一、二线的核心城市,从公开市场拍得多幅热门地块。令人惊叹的是,在热点城市土地市场价格向上的背景下,美的置业却能将整体土地成本控制在行业较低水平,展现出低成本拿地能力。截至2019年上半年,美的拥有土储5 251万m^2,总成本只有1 406亿元,仅占5 500亿元总货值的25%,平均土地成本约2 677元/m^2。

不仅土地成本低,美的置业还一直保持较低的融资成本。2019年中期业绩显示,公司的加权平均融资成本仅5.95%。低廉的土地成本和融资成本,有助于美的置业在销售高增长的同时,实现较高的利润率和股东回报率。此前,房地产行业的部分企业在冲击规模时,牺牲了利润,出现"增收不增利"的现象。但截至上半年毛利率已经接近36%的美的置业,却让行业看到了另一种模式,可以在扩大规模的同时,确保利润率。

一、低价优质的土储:平均成本仅2 677元/m^2

美的置业在2019年上半年拿下了11幅零溢价土地,以及7幅溢价率10%以内的低溢价土地。而在此之外,美的置业通过合作开发、城市更新、产业勾地等多种方式获取优质土地,且土地成本保持在低位,截至2019年6月30日,平均土地成本仅为2 677元/m^2。虽然上半年美的置业新进入了上海、杭州、天津、武汉等多个一线和新一线城市,布局城市等级明显提高,但其土地成本也仅仅略微上升。平均拿地成本约占当年销售均价的25%,这就为公司的发展创造了较大的利润空间。中期业绩显示,美的置业的毛利率达35.9%,位于行业领先水平,净利率也高达13.3%,利率水平不断提升。

二、便宜的资金:融资成本常年低于6%

较高的利润水平也和美的置业的资金成本有很大关联。截至2019年上半年,美的置业的加权平均融资成本只有5.95%,上半年新增融资成本为5.84%。克而瑞曾统计,TOP30房企的平均新增融资成本是7%,TOP的平均新增融资成本是7.7%。而美的置业2019年以来多次发债的成本多数都在6%以内,低于大多数民营房企。在融资收紧的大环境下,2019年7月,美的置业集团有限公司面向合格投资者公开发行2019年公司债券(第三期)完成发行,票面年利率也仅为5.2%。

而事实上,融资成本较低是美的置业一直以来的优势之一,其平均融资成本常年保持在6%以下。

一般而言,在房地产售价中,财务成本占比通常为10%~20%。在综合财务成本较低的情况下,企业的毛利就更有保障。

三、高效的流转:让资金带来更高收益

2019年上半年,美的置业的净负债率实现了一定幅度的下降,净负债率较去年底下降了1.81%,并获得了中诚信的AAA评级。这在很大程度上,要归功于公司对资金的高效运用,并由此获得非常可观的回报。截至2019年上半年,公司的整体净资产收益率达到

10.64%，位于行业前列。

对于房企而言，将借贷的资金快速投入到拿地、投资、建设、销售的资金循环，才能取得远高于成本的回报。在保持现金流健康的前提下，美的置业投入到生产销售环节，让美的置业常年都有大量的销售回款流入，这也使得公司的活期账户里的资金余额，会随着销售规模的增大而快速增加。

这在很大程度上反映了公司的资金运用效率的提升。也正是因为资金的利用效率大幅提升，美的置业才能在净负债率下降的情况下，实现规模和利润的双增长。

(资料来源：搜狐 https://www.sohu.com/a/337033547_124706)

复习思考题

1. 简述管理会计形成与发展的原因。
2. 简述管理会计的基本内容。
3. 简述管理会计与财务会计的联系和区别。
4. 管理会计的职能有哪些？

练 习 题

一、单项选择题

1. 下列各项中，与传统的财务会计相对立概念而存在的是（　　）。
   A. 现代会计　　　B. 企业会计　　　C. 管理会计　　　D. 成本会计学
2. 下列会计子系统中，能够履行管理会计"考核评价经营业绩"职能的是（　　）。
   A. 预测决策会计　B. 规划控制会计　C. 对外报告会计　D. 财务会计
3. 下列说法正确的是（　　）。
   A. 管理会计是经营管理型会计，财务会计是报账型会计
   B. 财务会计是经营管理型会计，管理会计是报账型会计
   C. 管理会计是对外报告会计
   D. 财务会计是对内报告会计
4. 下列各项中，属于划分传统管理会计和现代管理会计两个阶段时间标志的是（　　）。
   A. 19世纪90年代　　　　　　　B. 20世纪20年代
   C. 20世纪50年代　　　　　　　D. 20世纪70年代
5. 在西方，企业内部的管理会计部门属于（　　）。
   A. 服务部门　　　B. 生产部门　　　C. 领导部门　　　D. 非会计部门
6. 管理会计与财务会计的关系是（　　）。
   A. 起源相同、目标不同　　　　　B. 目标相同、基本信息同源
   C. 基本信息不同源、服务对象交叉　D. 服务对象交叉、概念相同

7. 在现代企业会计系统中，管理会计又可称为( )。
   A. 算呆账的报账型会计   B. 外部会计
   C. 算活账的经营型会计   D. 责任会计

8. 从服务对象上看，现代管理会计侧重服务于( )。
   A. 企业的投资人   B. 企业的债权人
   C. 企业内部各级经营管理者   D. A+B+C

9. 管理会计信息在质量上符合相关性和可信性的要求，则说明管理会计信息符合( )。
   A. 效益性原则   B. 最优化原则
   C. 及时性原则   D. 决策有用性原则

10. 管理会计正式形成和发展于( )。
    A. 20 世纪初   B. 50 年代   C. 70 年代   D. 80 年代

二、多项选择题

1. 管理会计属于( )。
   A. 现代企业会计   B. 经营型会计   C. 外部会计
   D. 报账型会计   E. 内部会计

2. 管理会计的职能包括( )。
   A. 参与经济决策   B. 控制经济过程   C. 规划经营目标
   D. 预测经济前景   E. 考核评价经营业绩

3. ( )属于现代管理会计的基本内容。
   A. 预测决策会计   B. 责任会计   C. 预算会计
   D. 规划控制会计   E. 以上都是

4. ( )的出现标志管理会计的原始雏形的形成。
   A. 标准成本计算制度   B. 变动成本法   C. 预算控制
   D. 责任考评   E. 以上都是

5. 下列项目中，属于在现代管理会计阶段产生和发展起来的有( )。
   A. 规划控制会计   B. 管理会计师职业   C. 责任会计
   D. 管理会计专业团体   E. 预测决策会计

6. 下列项目中，可以作为管理会计主体的有( )。
   A. 企业整体   B. 分厂   C. 车间
   D. 班组   E. 个人

7. 管理会计是( )。
   A. 活账   B. 呆账   C. 报账型会计
   D. 外部会计   E. 经营型会计

8. 下列关于管理会计的叙述，正确的有( )。
   A. 工作程序性较差   B. 可以提供未来信息
   C. 以责任单位为主体   D. 必须严格遵循公认会计原则
   E. 重视管理过程和职工的作用

9. 可以将现代管理会计的发展趋势简单地概括为( )。
   A. 系统化	B. 规范化	C. 职业化
   D. 社会化	E. 国际化

10. 西方管理会计师职业团体主要从事的工作包括( )。
    A. 组织纯学术研究	B. 组织专业资格考试	C. 安排后续教育
    D. 制定规范和标准	E. 推广管理会计方法

第一章 答案

第二章

成本性态与变动成本法

本章导读

现代管理会计认为,成本是指企业在生产经营过程中对象化的,以货币表现的,为达到一定目的而应当或可能发生的各种经济资源的价值牺牲或代价。显然,在管理会计中,将对成本进行更广泛的研究,以发挥管理会计的职能。

变动成本法是管理会计的基本方法之一。它是在成本按其性态分类的基础上,将变动生产成本计入产品成本,将固定生产成本作为期间成本处理的方法。本章把传统的完全成本法作为参照物来介绍变动成本法的特点和优点。

学习目标

本章要求理解成本性态及其分类,掌握成本性态分析和混合成本的分解方法,理解变动成本法的含义及特点,掌握变动成本法与完全成本法的区别,可以应用变动成本法进行利润表的编制,理解变动成本法与完全成本法下利润产生差别的原因。

核心概念

制造成本(production cost)　非制造成本(non production cost)　固定成本(fixed cost)　变动成本(variable cost)　混合成本(semi-variable cost; semi-fixed cost)　变动成本法(marginal costing)　完全成本法(absorption costing)

引导案例

格力电器 2018 年营业成本构成情况

格力电器 2018 年实现总收入 2 000.2 亿元，年增长率 33.3%，实现归母公司净利润 262.0 亿元，年增长率 17.0%。利润增长有点不及预期，即使按照空调业务营收 1 557 亿元，同比增长 26%，考虑原材料成本，归母公司净利润也不应该低于 20%。

2018 年研发费用 69.88 亿元，2017 年是 36.2 亿元，同比增长 93%。如果把格力电器多投的 32.6 亿元的研发费用加回去，归母公司净利润同比增长 30%(按 15%所得税后毛估，不算研发费用超额抵扣)。是不是好看多了？

看看年报中的描述：2018 年完成专利申请 13 683 项，其中发明专利申请 7 462 项，发明专利授权量达到 1 834 项，全国排名第六，连续三年成为中国发明专利申请量、发明专利授权量双进前十的唯一一家家电企业。公司拥有 24 项"国际领先"的核心技术，其中 2018 年新增 5 项，同时获得德国 IF 奖 8 项、德国红点奖 15 项、美国 IDEA 奖 2 项、中国外观专利银奖 1 项、中国设计红星奖 12 项、第九届省长杯设计奖 8 项、广交会 CF 奖 4 项。

研发投入硕果累累，但是董明珠大笔一挥，研发投入全部费用化，放在其他企业，必须资本化一部分啊，多 30 亿元利润，多 300 亿元市值啊。成本结构决定了格力电器具有很强的规模效应，利润结构具有很强的反脆弱性。2017 年和 2018 年格力电器营业成本构成如表 2-1 所示。

表 2-1　2017 年和 2018 年格力电器营业成本构成

行业分类	项目	2018 年		2017 年		同比增减/%
		金额/元	占营业成本比重/%	金额/元	占营业成本比重/%	
家电制造	原材料	95 511 355 520	87.23	71 864 269 596	86.72	32.91
	人工工资	4 988 975 648	4.56	4 480 357 735	5.41	11.35
	折旧	1 456 650 827	1.33	999 194 339	1.21	45.78
	能源	872 173 884	0.80	719 525 992	0.87	21.26

格力的营业成本中，家电制造这块原材料占比 87%，也就是说格力电器成本绝大部分是变动成本，在营收下降阶段，营业成本也会同步下降，净利润并不会断崖式下跌。

(资料来源：搜狐，"自由岛岛主"，雪球)

第一节　成 本 分 类

管理会计被西方某些会计学家称为"用于企业决策的会计"，或直接称为"决策会计"，不同的决策决定了不同的信息需求，而任何与会计相关的决策都离不开相应的成本信息，也就是说企业管理当局决策的多样化直接导致成本信息的多样化，即所谓的"不同目标，不同成本"。这样，一些新的成本概念出现了，人们按照决策不同也有了对成本的一些非传统性的分类。

一、成本分类概述

可以按照各种不同的标准对成本进行分类，以适应企业经营管理过程中的不同需要。

(一)按经济用途分类

在西方传统的财务会计中，通常把产品总成本按其经济用途分为两大类：制造成本和非制造成本。

1. 制造成本

制造成本也称生产成本，是指为生产产品或提供劳务而发生的支出。它由三种基本要素构成，即直接材料、直接人工和制造费用。

(1) 直接材料，是指在生产过程中用于构成产品实体的那部分材料成本。

(2) 直接人工，是指在生产过程中对材料进行直接加工使其变成产品所耗用的人工成本。

(3) 制造费用，是指为生产产品或提供劳务而发生的各种间接费用。从核算的角度讲，包括：直接材料、直接人工以外的为生产产品和提供劳务而发生的，无法直接归属于某一产品的全部支出。人们通常还将其细分为以下三种。

① 间接材料，是指在产品生产过程中被耗用，但不便归入某一特定产品的材料成本，如机器机油、油漆和清洁材料等。

② 间接人工，是指为生产服务但不直接进行产品加工的工人成本，如维修人员工资、设备养护人员工资。

③ 其他制造费用，是指不属于上述两种的其他各类间接费用，如设备的折旧费、维修费、保险费等。

2. 非制造成本

非制造成本也称期间费用，是指生产成本以外的成本，一般可以分成销售成本和管理成本两大类。

销售成本是指在流通领域为销售产品而发生的各项成本，如广告宣传费、送货运杂费、销售佣金、销售人员的工资、福利费以及销售部门的其他费用(办公费、差旅费、修理费)等。

管理成本是指企业行政管理部门为组织企业生产所发生的成本，如董事经费、行政管理人员的工资、福利费、办公费、邮电费、业务费、行政管理部门固定资产的折旧费等。

在财务会计中，非制造成本通常包括管理费用、销售费用和财务费用。

(二)按成本性态分类

成本性态也称成本习性，是指成本的总额对业务总量的依存关系。企业的全部成本按其习性进行分类，是管理会计这一学科的基石之一，可以将成本同生产能力联系起来，以便企业进行决策，特别是短期决策。成本按其性态可以分为固定成本、变动成本和混合成本三大类。

1. 固定成本

固定成本是指在一定时期、一定业务量范围内，其总额不受产量变动影响，始终保持不变的有关成本。例如，厂房、建筑物按直线法计提折旧，机器设备租金，管理人员工资等。也就是说，只要产量不超过某一特定范围，固定成本的数额将会稳定在某一既定的水平上。这里的一定时期、一定业务量范围又称为成本的相关范围。其主要特点如下。

(1) 在一定时期、一定业务量范围内，固定成本总额不受产量变动的影响，固定不变。
(2) 在一定时期、一定业务量范围内，随着产量的变动，单位固定成本呈反比例变动。

【例2-1】假设某厂生产过程中所用的某种机器是租用的，其月租金为4 000元，设该机器每月最大产量为400件。所以，当该厂每月产量为400件以内时，其租金成本一般不随产量的变动而变动，固定为4 000元，但当每月的产量分别为100件、200件、250件、300件、400件的时候，其单位固定成本将随产量的增加而呈反比例下降，详见表2-2。

表2-2 单位产品固定成本

产量/件	固定成本总额/元	单位固定成本/元
100	4 000	40
200	4 000	20
250	4 000	16
300	4 000	13
400	4 000	10

产量、固定成本总额和单位固定成本的关系如图2-1所示。

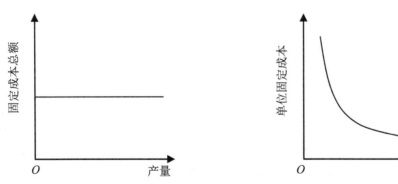

图2-1 固定成本的成本性态

在实际工作中，固定成本还可以根据其支出数额是否能改变，进一步分为酌量性固定成本和约束性固定成本两类。

酌量性固定成本又称选择性固定成本，是企业根据经营方针由高层领导确定一定期间的预算额而形成的固定成本。这些成本对提高企业的经济效益起着良好的促进作用，如扩大产品销路、提高产品的质量和增强企业的核心竞争力等。这类固定成本，在不影响生产经营的前提下，可以酌量减少其预算的总额。酌量性固定成本主要包括：新产品研究开发费用、科研试验费、广告宣传费和职工培训费、广告费、经营性租赁费等。

约束性固定成本又称拘束性固定成本、经营能力成本,是和整个企业经营能力的形成及其正常维护直接相联系的成本,一般不受管理当局短期决策的影响。由于企业的经营能力一旦形成,短期内不轻易改变,由此确定的固定成本也具有很大的约束性,在管理中往往不能采取降低这部分成本总额的措施,因为降低这类固定成本总额等于降低生产能力。所以,对这类固定成本只能通过充分利用生产能力,提高产品质量,来降低其单位固定成本。约束性固定成本主要包括:厂房、机器设备的折旧费,保险费,财产税,管理人员的工资等。

2. 变动成本

变动成本是指在一定时期、一定业务量范围内,随着业务量的变动,其总额呈正比例变动的有关成本,例如直接材料、直接人工、外部加工费等。

变动成本和产量之间的线性关系通常只在一定的相关范围内存在,在相关范围外就可能表现为非线性关系。其主要特点如下。

(1) 变动成本总额随产量变动呈正比例变动。
(2) 单位变动成本不受产量变动的影响。

【例 2-2】 假定例 2-1 中单位产品的直接材料成本为 50 元,当产量分别为 100 件、200 件、300 件和 400 件时,材料总成本(变动成本总额)和单位产品材料成本(单位变动成本)如表 2-3 所示。

表 2-3 单位产品变动成本

产量/件	材料总成本/元	单位产品材料成本/元
100	5 000	50
200	10 000	50
300	15 000	50
400	20 000	50

产量和变动成本总额以及单位变动成本的关系如图 2-2 所示。

变动成本进一步可以划分为:酌量性变动成本和技术性变动成本。

酌量性变动成本是指单位成本不受客观因素决定、企业管理当局可以改变其数额的那部分变动成本。如按产量计酬的工人薪金、按销售收入的一定比例计算的销售佣金。这些支出的比例或标准取决于企业管理当局的决策,当然,企业管理当局在作出上述决策时不能脱离当时的市场环境。

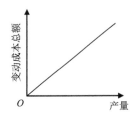 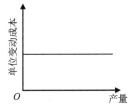

图 2-2 变动成本的成本性态

例如，在确定计件工资时就必须考虑当时的劳动力市场情况，在确定销售佣金时必须考虑所销产品的市场情况。

技术性变动成本是指单位成本由客观因素决定、数额由技术因素决定的那部分成本。如生产某种数控机床必须配套用外购的某种自动控制系统，在外购价格一定的情况下，其成本就是由设计技术决定的、与机床产量成正比例变动的技术性变动成本。这类成本只能通过技术革新或提高劳动生产率等来降低。

3. 混合成本

混合成本，顾名思义，是混合了固定成本和变动成本两种不同性质的成本。这类成本的特征是成本随业务量的变动而变化，又不呈正比例变化，如设备的维修费、机械动力费、检验人员工资、行政管理费等。

混合成本按其变动部分与业务量的依存关系可进一步细分为半变动成本、半固定成本、延期变动成本和曲线型混合成本。

(1) 半变动成本。

半变动成本是指在没有业务量的情况下仍然发生一定的初始量，当有业务量发生的情况下，其发生额随业务量成正比例变动的成本。这类成本由以下两部分组成。

① 基数部分。它不随业务量的变化而变化，体现着固定成本性态。这部分是为提供服务所必需的、基本的最低支出部分，不管当期是否使用或使用多少都必须支付。

② 基数以上部分。它随业务量的变化而成比例变化，呈现出固定成本的性态，是可根据实际耗用量的多少乘上单价而计算的部分，如企业的公用事业费、电话费、煤气费、销售人员的薪金等。

【例 2-3】 某企业在生产中租用一台设备，租约规定的租金的计算分两部分：按年支付固定租金 2 500 元，在此基础上，机器每运转一个小时支付租金 0.6 元。假定该设备今年累计运转 5 000 小时，则该设备的租金支出共计 5 500 元，其中固定成本 2 500 元，变动成本 3 000 元。该企业租用设备支出的固定成本和变动成本如图 2-3 所示。

(2) 半固定成本。

半固定成本是指在一定业务量范围内，其发生额是固定的；当业务量增长到一定程度时，其发生额跳跃式增加，并在新的业务量范围内保持不变的成本，如企业产品质量检验员、化验员等人员的工资。

【例 2-4】 某企业每个管理员每月工资为 3 000 元，每人最多可以管理 15 个工人，且每个工人可以产出 3 000 件产品。在此种情况下，管理员的工资支出在不同生产量下呈现阶梯式增长，如图 2-4 所示。

(3) 延期变动成本。

延期变动成本是指在一定业务量范围内，其总额保持固定不变，但若突破该业务量限度，其超额部分则随业务量的增加按正比例增长的成本。例如，企业支付给职工的工资在正常的情况下是不变的，属于固定成本，但当业务量超过正常水平后，则需根据超产数量支付加班费或超产奖金。

【例 2-5】 假设某企业有固定搬运工 10 人，其工资总额为 30 000 元，超过 3 000 件时，就需要雇用临时工。临时工采用计件工资制，单位工资为每件 100 元，如图 2-5 所示。3 000 件以内工资表现为固定成本，总成本为 30 000 元，超过 3 000 件以后，每增加 1 件，成本增加 100 元。也就是 3 000 件以后成本呈现直线变动趋势，如图 2-5 所示。

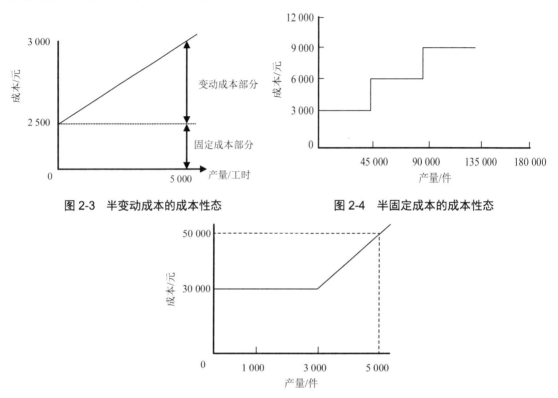

图 2-3 半变动成本的成本性态　　　　图 2-4 半固定成本的成本性态

图 2-5 延期变动成本的成本性态

(4) 曲线型混合成本。

曲线型混合成本是指在没有业务量的情况下有一个初始量，当有业务发生时，总额随业务量的变化而变化，但不成直线关系，而成曲线关系的成本。按曲线斜率的不同变动趋势，可进一步将其分为递增式混合成本和递减式混合成本。

① 递增式混合成本。递增式混合成本总额的增长幅度大于业务量的增长幅度，成本的斜率随业务量呈递增趋势。如累计制工资、各种违约罚金等。其成本性态模型如图 2-6 所示。

② 递减式混合成本。递减式混合成本总额的增长幅度小于业务量的增长幅度，成本曲线的斜率随业务量递减。如热处理使用的电炉设备，每班需要预热，因预热而耗用的成本属于固定成本性质；预热后进行热处理的耗电成本，则随业务量的增加呈现出抛物线上升的趋势。其成本性态模型如图 2-7 所示。

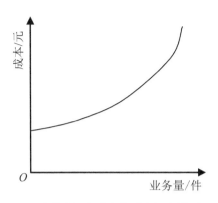
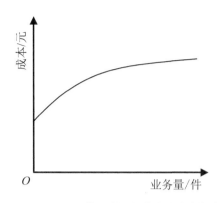

图 2-6　递增式混合成本的成本性态模型　　　图 2-7　递减式混合成本的成本性态模型

二、固定成本与变动成本的相关范围

前面在解释固定成本、变动成本时，总要加上"在一定时期、一定业务量范围内"，这就意味着固定成本的发生额不受业务量增减变动影响是有条件的，也就是存在一定的范围，这个范围在管理会计中称为相关范围，超过相关范围，成本习性将会发生变化。

(一)固定成本的相关范围

对于固定成本而言，相关范围有两方面的含义。一是指特定的期间。从较长时期看，所有的成本都是可变的，即使是约束性固定成本，随着时间的推移，企业的生产能力也会发生变化，其总额也必然会发生变化。因此，只有在一定期间内，固定成本才能保证不变。二是指特定的业务量水平。如果业务量水平超出了这一水平，企业势必要增加厂房、机器设备和人员的投入，导致固定成本增加。由此可见，即使在某一特定期间内具有固定特征的成本，其固定性也是针对某一特定业务量范围而言的。如果超出这个业务量范围，固定成本总额就可能发生变动。

例如，某企业租用设备，月租金 4 000 元，最大生产量是 400 件，在一个月内，产量在 0~400 件这个相关范围内，租金这一成本便是固定成本。但超过相关范围，一个月超过 400 件业务量时，租金就不再固定不变了。如企业需要扩大生产，必须租用两台设备，那么租金总额就会发生变化。固定成本的相关范围如图 2-8 所示。

(二)变动成本的相关范围

变动成本总额与业务量的完全线性关系也需要保持在一定时间和业务量范围内，超出这个相关范围，其依存关系也要发生变化，表现为非线性关系。例如，某企业生产甲产品，在生产的最初阶段，由于工人的技术不够熟练，单位直接人工成本较高；随着时间的推移，直接人工成本降低至正常水平；但产量继续增加，可能需要工人加班加点，这时直接人工成本又随产量增加而增加。这样，在不同时期、不同业务量下，变动成本与业务量之间有时呈正比例变动，有时呈反比例变动。变动成本的相关范围如图 2-9 所示。

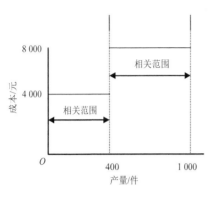
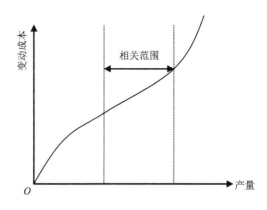

图 2-8　固定成本的相关范围　　　　图 2-9　变动成本的相关范围

第二节　混合成本的分解

根据成本性态将企业的全部成本区分为变动成本和固定成本两大类,是管理会计规划和控制企业经济活动的基本前提。但实际工作中,许多成本项目同时兼有固定和变动性质,即以混合成本的形式存在,需要将其进一步分解为固定成本和变动成本两部分。如果可以对成本费用逐笔、逐次地进行分析分解,结果无疑是最为准确的,但是这种分解工作的成本无疑是相当大的。即使有可能,恐怕也无必要。在实践中,人们往往在一类成本中选择具有代表性的成本项目进行性态分析,并以此为基础推断该类成本的性态。这样做,只要分类合理、选择得当,就可以以一个较低的分解成本而获得一个相对而言较为准确的结果。混合成本的分解方法很多,通常有历史成本法、账户分析法和工程分析法。

一、历史成本法

历史成本法是根据混合成本在过去一定期间内的成本与业务量的历史资料,采用适当的数学方法对其进行数据处理,从而分解出固定成本和变动成本的一种定量分析法。只要企业生产流程不发生重大变化,根据过去的生产经验,就可以较为准确地预计未来成本随产量变化而变化的情况。该方法要求企业历史资料齐全,成本数据与业务量的资料要同期配套,具备相关性。因此,历史成本法适用于生产条件比较稳定、成本水平波动不大以及有关历史资料比较完备的企业。常用的历史成本法有高低点法、散布图法和回归直线法。

(一)高低点法

高低点法是根据一定期间内的最高点产量和最低点产量之间的差额以及与之相对应的最高点产量混合成本与最低点产量混合成本之间的差额,推算混合成本总额中固定成本和变动成本含量的一种简捷方式。

高低点法的基本原理是：任何一项混合成本都是由固定成本和变动成本两种因素构成的,因而可用数学模型 $y = a + bx$ 来表示,其中,y 为混合成本总额,a 为固定成本总额,b 为单位变动成本,x 为产量。根据成本性态分类,混合成本的特点为：a 在相关范围内是固定不变的,高低点产量发生变动对它没有影响;b在相关范围内是个常数,变动成本总额(bx)随着高低点产量的变化而变动。

高低点法的基本步骤如下。

(1) 确定单位变动成本。其计算公式为:

$$单位变动成本(b) = \frac{最高点混合成本-最低点混合成本}{最高点产量-最低点产量}$$

(2) 确定固定成本含量。其计算公式为:

$$固定成本(a) = 最高点混合成本-最高点产量 \times 单位变动成本$$
$$固定成本(a) = 最低点混合成本-最低点产量 \times 单位变动成本$$

【例2-6】 某企业2020年上半年维修成本在相关范围内的变动情况如表2-4所示,现用高低点法对维修成本进行分解。

表2-4 维修成本变动表

月 份	直接人工工时/小时	维修成本/元
1	4 400	3 400
2	6 500	4 700
3	5 600	3 950
4	6 800	4 850
5	7 500	5 050
6	7 800	5 100

解: (1) 根据历史数据找出最高点与最低点的业务量。

高点(6月份)[7 800,5 100]

低点(1月份)[4 400,3 400]

(2) 计算单位变动成本:

$$单位变动成本(b) = (5\,100 - 3\,400)/(7\,800 - 4\,400) = 0.5(元/小时)$$

(3) 计算固定成本:

$$固定成本(a) = 5\,100 - (0.5 \times 7\,800) = 1\,200(元)$$

或

$$固定成本(a) = 3\,400 - (0.5 \times 4\,400) = 1\,200(元)$$

(4) 得出混合成本的模型为:

$$y = 1\,200 + 0.5x$$

需注意的是,选择高低点时,应以业务量为选择高低点的依据,而不要以混合成本的高低作为选择的依据。

高低点法的优点是简便。其明显缺点是只利用了历史成本资料中的两组数据,而未考虑其他数据的影响,因而代表性较差。

(二)散布图法

散布图法是指在坐标纸上分别标明一定期间内业务量(x)以及与之相应的混合成本(y)的

坐标，通过目测画出一条尽可能反映所有坐标点的直线，据此推算出固定成本和单位变动成本的一种方法。该方法能够考虑所提供的全部资料，比较形象直观，但由于靠目测决定直线，容易造成误差，运用时可根据需要与其他方法结合使用。

散布图法的基本步骤如下：

(1) 将各期业务量与相应混合成本的历史资料作为点的坐标标注在平面直角坐标图上。
(2) 目测一条直线，使其尽可能通过或接近所有坐标点。
(3) 在纵坐标上读出该直线的截距值，即固定成本总额 a。
(4) 在直线上任取一点 p，假设其坐标值为(x,y)，将其代入下式计算单位变动成本 b：

$$b = \frac{y-a}{x}$$

(5) 将 a，b 的值代入上式，得出一般性成本性态模型：

$$y = a + bx$$

【例 2-7】 某公司机器运行时间及维修成本资料如表 2-5 所示。要求用散布图法进行成本性态分析。

表 2-5　维修成本变动表

年　份	机器运行时间/小时	维修成本/元
2014	12	100
2015	11	95
2016	10	90
2017	12	100
2018	13	105
2019	14	110

解：(1) 将 6 期资料的相应坐标点分别标在坐标纸上，形成散布图，如图 2-10 所示。

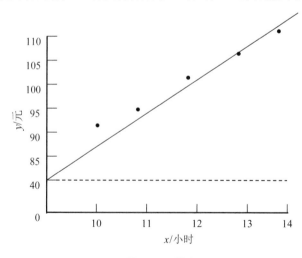

图 2-10　散布图

(2) 通过目测，画出一条直线，尽可能反映各坐标点。
(3) 读出直线截距为 40 元。

(4) 在直线上任取一点(12, 100)，则：

$$b = \frac{100 - 40}{12} = 5(元/小时)$$

(5) 该项混合成本的成本性态模型为：$y = 40 + 5x$。

散布图法全面考虑了已知的所有历史成本数据，其图形可反映成本的变动趋势，比较形象直观，易于理解，但由于仅凭目测画线会因人而异，往往带有一定的主观性，准确程度较差。此方法只适用于对混合成本的分解精度要求不高的情况。

(三)回归直线法

回归直线法是根据一定期间业务量与相应混合成本之间的历史资料，利用微分极值原理计算出最能反映业务量与成本之间关系的回归直线，从而确定成本性态的一种方法。它是在反映业务量与成本之间关系的直线中，确定一条所有已知观测值到直线距离误差平方和最小的直线，故又称最小平方法。在管理会计中，它是用来分解混合成本的一种较为精确的方法。其基本原理是以 $y = a + bx$ 这一线性方程模型为基础，确定一条能正确反映 x 和 y 之间具有最小误差的直线，并据以求出固定成本总额和单位变动成本。其计算步骤如下：

(1) 找到足够的历史数据资料，n 不要小于 5，n 代表期间(月或年)。
(2) 用列表法对历史数据进行加工、延伸，计算出下面公式中的求和值。
(3) 将求和值代入下列公式，求出 a 和 b 的值：

$$a = \frac{\sum y - b \sum x}{n}$$

$$b = \frac{n \sum xy - \sum x \sum y}{n \sum x^2 - (\sum x)^2}$$

(4) 建立成本性态模型，将 a 和 b 的值代入 $y = a + bx$。

【例 2-8】 某公司今年 1—6 月份设备维修费与机器运行时间的资料如表 2-6 所示。用回归直线法进行混合成本分解。

表 2-6　维修费用变动表

月　份	机器运行时间/小时	维修费/元
1	5	250
2	7	330
3	6	270
4	8	310
5	9	360
6	6	240

解： 对原始资料进行加工整理，求得有关数据，如表 2-7 所示。

将表 2-6 的数据代入公式得：

$$b = \frac{6 \times 12\,340 - 41 \times 1\,760}{6 \times 291 - 41 \times 41} = 28.92(元/小时)$$

$$a = \frac{1\,760 - 28.92 \times 41}{6} = 95.71(元)$$

表 2-7　回归直线法计算的有关资料

月份 n=6	机器运行时间 x/小时	维修费 y/元	xy	x^2
1	5	250	1 250	25
2	7	330	2 310	49
3	6	270	1 620	36
4	8	310	2 480	64
5	9	360	3 240	81
6	6	240	1 440	36
合计	41	1 760	12 340	291

据此建立成本模型为：$y = 95.71 + 28.92x$。

回归直线法的优点在于充分利用了离差平方和最小的原理，使分析结果比较精确，避免主观上的误差。其缺点在于计算工作量大，对资料要求较高。这种方法适用于成本增减变动趋势较大的企业。

二、账户分析法

账户分析法是根据各个成本、费用账户(包括明细账户)的内容，直接判断其与业务量之间的依存关系，从而确定其成本性态的一种成本分解方法。

账户分析法的基本做法是：根据各有关成本账户的具体内容，判断其特征是更接近于固定成本，还是更接近于变动成本，进而直接将其确定为固定成本或变动成本。例如，"管理费用"账户中大部分项目发生额的大小在正常产量范围内与产量变动没有关系，至少没有明显关系，那么就将管理费用全部视为固定成本；"制造费用"账户中的车间管理部门办公费、按折旧年限计算的设备折旧费等虽与产量的关系较"管理费用"密切一些，但基本特征仍属"固定"，所以也应视为固定成本，而"制造费用"账户中的燃料动力费、维修费等，虽然不像直接材料费那样与产量呈正比例变动，但其发生额的大小与产量变动的关系很明显，因而可以将其视为变动成本。

【例 2-9】某企业某车间的月成本如表 2-8 所示。采用账户分析法对成本进行分解。

表 2-8　某企业某车间的月成本资料

产量为 5 000 件时的成本	
账　户	总成本/元
直接材料	15 000
直接人工	20 000
燃料、动力费	5 000
维修费	3 000
间接人工	4 000
折旧费	9 000
行政管理费	4 000
合计	60 000

在表 2-8 中，直接材料和直接人工通常为变动成本，燃料费、动力费、维修费、间接人工等虽然都会随产量变动而不呈比例地变动，但由于我们不了解其他产量水平下的实际成本，无法对其进行成本性态分析，而只能将其先视为变动成本。行政管理费具体又包括许多杂项支出，其中大部分与产量没有明显的关系，但也可能会有变动的因素。基于上述原因，仍可将其视为固定成本。具体分解情况如表 2-9 所示。

表 2-9　某企业某车间的月成本分解表

账　户	产量为 5 000 件时的成本		
	总成本/元	固定成本/元	变动成本/元
直接材料	15 000		15 000
直接人工	20 000		20 000
燃料、动力费	5 000		5 000
维修费	3 000		3 000
间接人工	4 000		4 000
折旧费	9 000	9 000	
行政管理费	4 000	4 000	
合计	60 000	13 000	47 000

根据表 2-9，可将该车间总成本分解成"固定"和"变动"两个部分，并以直线方程 $y = a + bx$ 表示，其中 $a = 13\,000$ 元，$b = 47\,000/5\,000 = 9.4$ 元/件，即成本性态模型为：

$$y = 13\,000 + 9.4x$$

该车间只要估算出计划期的生产量，即可用上式估算出相应的总成本。

三、工程分析法

工程分析法是运用工业工程的研究方法来研究影响各有关成本项目数额大小的每个因素，并在此基础上直接估算出固定成本和变动成本的一种成本分解方法。工程分析法的基本步骤是：

(1) 确定研究的成本项目；
(2) 对导致成本形成的生产过程进行观察和分析；
(3) 确定生产过程的最佳操作方法；
(4) 以最佳操作方法为标准，测定标准方法下成本项目的每一构成内容，并按成本性态分别确定固定成本和变动成本。

【例 2-10】某车间对精密金属零件采取一次模压成型、电磁炉烧结的方式加工。如果以电费作为成本研究对象，经观察，电费成本开支与电磁炉的预热和烧结两个过程的操作有关。按照最佳的操作方法，电磁炉从开始预热至达到可烧结的温度需耗电 1 500kW·h，烧结每千克零件耗电 500kW·h。每一工作日加工一班，每班电磁炉预热一次，全月共 21 个工作日。电费价格为 1.0 元/kW·h。

设每月电费总成本为 y，每月固定电费成本为 a，单位电费成本为 b，x 为烧结零件重量，则有：
$$a = 21 \times 1\,500 \times 1.0 = 31\,500(元)$$
$$b = 500 \times 1.0 = 500(元/kW \cdot h)$$

该车间电费总成本分解的数学模型为：$y = 31\,500 + 500x$。

工程分析法适用于任何可以从客观立场上进行观察、分析和测定的投入产出过程，如对直接材料、直接人工等制造成本的测定，也可以用于仓储、运输等非制造成本的测定。与历史成本法和账户分析法比较，工程分析法的优点是十分突出的，具体如下。

(1) 历史成本法和账户分析法都只适用于有历史成本数据可供分析的情况，而工程分析法是一种独立的分析方法，即使在缺乏历史成本数据的情况下也可以采用。同时，当需要对历史成本分析的结论进行验证时，工程分析法也是最有效的方法。

(2) 采用历史成本法或账户分析法时，同样必须排除那些发生在所分析期间的无效或者不正常的支出，否则将直接影响估计成本的准确性。工程分析法由于是从投入与产出之间的关系入手，通过观察和分析，直接测定在一定的生产流程、工艺水平和管理水平条件下应该达到的各种消耗标准，也就是一种较为理想的投入和产出关系，这种关系是企业的各种经济资源利用最优化的结果。所以，不仅那些明显无效或者不正常的支出会被排除，直观上属于正常支出中那些带有隐蔽性的无效或者非正常的部分也很自然地被排除了。

(3) 企业在制定标准成本和编制预算时，采用工程分析法较之其他方法，分析结果更具有客观性、科学性和先进性。

当然，工程分析法的分析成本较高，因为对投入和产出过程进行观察、分析和测定，往往要耗费较多的人力、物力和时间。而且对于那些不能直接将其归属于特定投入与产出过程的成本，或者属于不能单独进行观察的联合过程中的成本，如各种间接成本，就不能使用工程分析法。

从混合成本分解的各种方法的讲述中不难看出，成本分析的过程，实际上就是一个对成本性态进行研究的过程，而不仅仅是一个计算过程。就成本分解的各种方法而言，应该说短长互见。应该根据不同的分解对象，来选择适当的分解方法，分解结果出来后，还应当尽可能采用其他方法进行印证，以期获得比较准确的成本性态数据。

第三节　变动成本法与完全成本法

变动成本法起源于 20 世纪 30 年代的美国，第二次世界大战后，变动成本法已广泛应用于美国、日本、西欧各国的内部管理中，成为企业进行经营决策和成本控制的有效方法。由于变动成本法的产生，为了加以区别，人们就把传统的成本计算方法称为完全成本法。

变动成本法又称直接成本法，是指在产品成本的计算过程中，只包括产品生产过程中所消耗的直接材料、直接人工和制造费用中的变动部分，而不包括制造费用中的固定部分。制造费用中的固定部分被视为期间成本，而从相应期间的收益中扣除。

完全成本法又称全部成本法，是指在产品成本的计算过程中，不仅包括产品生产过程中所消耗的直接材料、直接人工，还包括全部的制造费用(即变动制造费用和固定制造费用)。

一、变动成本法与完全成本法的特点

(一)变动成本法的特点

1. 以成本性态分析为基础计算产品成本

变动成本法将产品的制造成本按成本性态划分为变动制造费用和固定制造费用两部分,认为只有变动制造费用才构成产品成本,而固定制造费用应作为期间成本处理。换句话说,变动成本法认为固定制造费用转销的时间选择十分重要,它应该属于为取得收益而已然丧失的成本。

2. 强调不同的制造成本在补偿方式上存在着差异性

变动成本法认为产品的成本应该在其销售的收入中获得补偿,而固定制造费用由于只与企业的经营有关,与经营的"状态"无关,所以,应该在同期收入中获得补偿,这与特定产品的销售行为无关。

3. 强调销售环节对企业利润的贡献

由于变动成本将固定制造费用列作期间成本,所以在一定产量条件下,损益对销量的变化更为敏感,这在客观上有刺激销售的作用。产品销售收入与变动成本(包括变动制造成本和其他变动成本)的差量是管理会计中的一个重要概念,即贡献毛益。以贡献毛益减去期间成本(包括固定制造费用和其他固定费用)就是利润。

由贡献毛益这个概念不难看出,变动成本法强调的是变动成本对企业利润的影响。

(二)完全成本法的特点

1. 符合公认会计准则的要求

完全成本法强调持续经营假设下经营的均衡性,认为会计分期是对持续经营的人为分割,这种分割取决于企业内部和外部多种因素的共同影响。因此,固定制造费用转销的时间选择并不十分重要。它应该是一种可以在将来换取收益的资产。

2. 强调成本补偿上的一致性

完全成本法认为,只要是与生产有关的耗费,均应从产品销售收入中得到赔偿,固定制造费用也不例外。因为从成本补偿的角度讲,用于直接材料的成本与用于固定制造费用的支出并无区别。所以,固定制造费用应与直接材料、直接人工和变动制造费用一起共同构成产品的成本,而不能人为地将它们分割开来。

3. 强调生产环节对企业利润的贡献

由于完全成本下固定制造费用也被归集于产品而随产品流通,因此,本期已销产品和期末未销产品在成本负担上是完全一致的。在一定销售量的条件下,产量大则利润高,所以,客观上完全成本法有刺激生产的作用。也就是说,从一定意义上讲,完全成本法强调了固定制造费用对企业利润的影响。

二、变动成本法与完全成本法的区别

变动成本法和完全成本法的区别主要有以下几个方面。

(一)成本分类标准不同

变动成本法按成本性态将全部成本分为变动成本和固定成本两大部分。变动成本又可分为变动生产成本、变动销售费用、变动管理费用和变动财务费用；固定成本又可分为固定制造费用、固定销售费用、固定管理费用和固定财务费用。

完全成本法是按成本的经济用途将全部成本分为生产成本和非生产成本两大部分。生产成本包括直接材料、直接人工和全部的制造费用；非生产成本包括销售费用、管理费用和财务费用。

(二)产品成本及期间成本的构成内容不同

在变动成本法下，产品成本只包括变动生产成本，而将固定制造费用和销售费用、管理费用和财务费用全部列入期间成本处理。

在完全成本法下，产品成本则包括全部生产成本，只将非生产成本作为期间成本处理。

上述两方面区别如表 2-10 所示。

表 2-10 变动成本法和完全成本法在成本分类和构成内容方面的区别

区别		变动成本法	完全成本法
成本分类	标准	按成本性态分类	按经济用途分类
成本分类	分类	成本 { 变动成本 { 变动生产成本 { 直接材料、直接人工、变动制造费用 }；变动非生产成本 { 变动销售费用、变动管理费用、变动财务费用 } }；固定成本 { 固定制造费用、固定销售费用、固定管理费用、固定财务费用 }	成本 { 生产成本 { 直接材料、直接人工、制造费用 }；非生产成本 { 管理费用、销售费用、财务费用 } }
构成内容	产品成本	变动生产成本 { 直接材料、直接人工、变动制造费用 }	全部生产成本 { 直接材料、直接人工、制造费用 }
构成内容	期间成本	期间成本 { 变动成本 { 变动销售费用、变动管理费用、变动财务费用 }；固定成本 { 固定制造费用、固定销售费用、固定管理成本、固定财务费用 } }	期间成本 { 销售费用、管理费用、财务费用 }

【例2-11】 A企业只生产一种产品，售价40元/台，2019年有关的业务量与成本资料如表2-11所示。

表2-11 A企业2019年业务量及成本资料

业务量/台		成本/元	
期初存货量	0	直接材料	50 000
本年生产量	5 000	直接人工	30 000
本年销售量	4 000	变动制造费用	40 000
期末存货量	1 000	固定制造费用	25 000
		变动销售费用	1 000
		固定销售费用	2 600
		变动管理费用	500
		固定管理费用	4 500

解：分别按完全成本法、变动成本法计算，结果如表2-12所示。

表2-12 例2-11计算结果

	项目	完全成本法		变动成本法	
		总成本/元	单位成本/(元/件)	总成本/元	单位成本/(元/件)
产品成本	直接材料	50 000	10	50 000	10
	直接人工	30 000	6	30 000	6
	变动制造费用	40 000	8	40 000	8
	固定制造费用	25 000	5		
	合计	145 000	29	120 000	24
期间成本	固定制造费用			25 000	
	销售费用	3 600		3 600	
	管理费用	5 000		5 000	
	合计	8 600		33 600	

本题计算结果显示：按完全成本法确定的产品总成本和单位成本高于按变动成本法确定的产品总成本和单位成本，完全成本法下的期间成本却低于变动成本法下的期间成本，它们共同的期间成本是销售费用和管理费用。这种差异的形成主要源于两种方法对固定制造费用的处理不同。在变动成本法下，产品成本中不包括固定制造费用，在产量波动的情况下，产品的单位成本一般保持不变；而在完全成本法下，由于产品的成本中包含固定制造费用，在产量波动的情况下，产品的单位成本一般也随之上下波动。

(三)存货成本和销售成本的水平不同

由于变动成本法与完全成本法对固定制造费用的处理方法不同，导致两种成本计算法的销售成本及存货成本水平不同。

变动成本法下，不论是在产品、库存产品，还是已销产品，其成本都只包含年变动生产成本，不包括固定制造费用，固定制造费用列入期间成本，直接计入当期利润表。

完全成本法下，产品成本包括固定制造费用，无论是已销产品，还是库存产品、在产品，成本里均包含一部分固定制造费用。固定制造费用要在销售与存货之间分配，使一部分固定制造费用转化为销售成本被计入当期利润表，另一部分固定制造费用转化为存货成本递延到下期。

两种成本法在销售成本及存货水平方面的区别如表 2-13 所示。

表 2-13　两种成本法在销售成本及存货水平方面的区别

产品成本	固定制造费用的处理	
	变动成本法	完全成本法
销售成本	不包括	包括，计入利润表
存货成本	不包括	包括，计入资产负债表

(四)计算盈亏的公式不同

变动成本法下，按贡献式损益确定程序计算营业利润，即首先用销售收入补偿本期实现销售产品的变动成本，从而确定贡献毛益总额，然后，再用贡献毛益补偿固定成本确定当期盈亏。计算公式为：

$$贡献毛益=销售收入-变动成本总额$$

其中：

$$变动成本总额=变动生产成本+变动销售费用+变动管理费用+变动财务费用$$
$$营业利润=贡献毛益-固定成本总额$$

其中：

$$固定成本总额=固定制造费用+固定销售费用+固定管理费用+固定财务费用$$

完全成本法下，按传统式损益确定程序计算营业利润，即首先用销售收入补偿本期销售成本，从而确定销售毛利，然后，再用销售毛利补偿期间成本，以确定当期盈亏。计算公式为：

$$销售毛利=销售收入-销售成本$$

其中：

$$销售成本=期初存货成本+本期生产成本-期末存货成本$$
$$营业利润=销售毛利-期间成本$$

其中：

$$期间成本=管理费用+财务费用+营业费用$$

三、对变动成本法和完全成本法的评价

(一)变动成本法的优缺点

变动成本法从无到有，从一开始的不为人们所认识，到被普遍重视并且被广泛应用，根本原因在于其具有的突出优点，而这恰恰是传统的成本计算法所不具备的。

1. 变动成本法增强了成本信息的有用性，有利于企业的短期决策

从前面的例子中可以看出，完全成本法下计算的利润受到存货变动的影响，而这种影响是有违逻辑的，尽管产品的生产是企业实现利润的必要条件之一，但不是充分条件，只有产品销售出去，其价值才算为社会所承认，企业也才能取得收入和利润。产品的销售，不仅是企业实现收入和利润的必要条件，也是充分条件，多销售才会多得利润。而在完全成本法下，多生产即多得利润，这当然有悖于逻辑。至于在产销均衡的条件下，多生产当然会多得利润，但这时在变动成本法和完全成本法下计算的结果是完全一样的。

完全成本法下由于产量波动而导致的利润波动有时会达到令人无法忍受的程度，即当期增加销售不仅不会提高利润，反而会使利润下降。这也就是说，完全成本法下提供的成本信息不仅无助于企业作出正确的决策，有时候还可能是有害的。而在变动成本法下则可以完全避免上述问题的发生。

2. 变动成本法更符合"配比原则"的精神

变动成本法的基本原则就是将当期所确定的费用，按照成本性态分为两大部分，一部分是与产品生产数量直接相当的成本(即变动成本)，包括直接材料、直接人工和变动制造费用。这部分成本中由已销售产品负担的相应部分(即当期销售成本)需要与销售收入(即当期收益)相配比；未销售产品负担的相应部分(即期末存货成本)则需要与未来收益相配比。另一部分则是与产品数量无直接联系的成本，即固定制造费用。这部分成本是企业为维持正常生产能力所必须负担的成本，它们与生产能力的利用程度有关，既不会因为产量的提高而增加，也不会因为产量的下降而减少，只会随着时间的推延而丧失，所以，是一种为取得收入而已然丧失的成本，当然应全部列为期间成本而与当期的收益相配比。至于销售费用，变动成本法下同样也作为期间成本，只不过在进行相关决策时，也需要按成本性态划分一下。

3. 变动成本法便于进行各部门的业绩评价

制定标准成本和费用预算、考核执行情况、兑现奖惩是加强企业管理的一种有效的做法，变动成本法为这一做法提供了正确的思路和恰当的操作方法。

(1) 关于供应部门。供应部门的业绩如何，通常可以从以下两个方面来评价。一是供应总成本即供应资金的占用情况。在不影响生存需要的前提下，供应资金占用越少越好，因此应当实行总量控制。二是单位供应成本，包括采购成本和保管成本。采购成本包括买价、包装费、运输费、途中保险费、途中损耗、入库前的挑选整理费、差旅费等；保管成本则主要包括保险费、财产税以及库中损耗等。上述单位供应成本基本上是变动成本法下的变动成本概念，应建立标准成本进行控制和业绩评价。至于供应部门的其他费用，要么可控程度不高，如工资、办公费、维修费等；要么根本不可控，如自设仓库的折旧费、水电费、空调费、取暖费等，基本上属于固定成本而与存货的供应数量没有关系，对供应部门的业绩评价也基本上不包括上述内容。

(2) 关于生产部门。变动成本法便于业绩评价这一优点在生产部门表现得最为突出。生产部门应该只为生产产品的物耗水平负责，直接材料、直接人工和变动制造费用诸方面如有节约或超支，会立即从产品的变动生产成本指标上反映出来。至于固定制造费用，如按期计提的厂房和设备折旧费，其高低通常由管理部门而不是由生产部门来进行业绩评价。

(3) 关于销售部门。变动成本法便于业绩评价这一优点在销售部门的表现最为直接。销售部门只对销售数量负责,销量越多则业绩越好。生产数量与销售数量之间只是简单到生产数量是销售数量的上限这样一种关系,销售部门业绩的好与差只能根据特定时间销售数量的多少独立进行评价,当然不能根据前述的"销量相同而产量不同时各期损益不同"这一不合逻辑的情况来评价。

4. 变动成本能够促使企业管理当局重视销售,防止盲目生产

扩大产品销售可以增加企业利润是一种常识,但是在完全成本法下,却会出现以下情况:一方面销售量下降,另一方面生产大幅度增长,造成产品积压;由于产量增加而降低了单位成本中固定成本部分,从而使利润在销售量下降的情况下反而有所增长。这样一种信息必然会导致企业盲目生产,其结果是造成产品积压。而产品积压不仅会导致资金长期占用和保管成本上升,还可能导致产品的永久损失,如折价、毁损、报废等。

采用变动成本法后,由于产量的高低与存货的增减对企业的利润均无影响,所以,当销售品种构成、销售价格、单位变动成本不变时,企业利润将只随销售数量的变化而变化,销售量大则利润高。这样一种信息必然会使管理当局更加重视销售环节,把注意力更多地集中在分析市场动态、开拓销售渠道、以销定产、搞好售后服务方面,也就可以防止盲目生产这一情况的出现。

在分析"完全成本法重视生产而变动成本法重视销售"这一问题时,还必须注意到:随着生产水平的不断提高,资本有机构成不断上升,设备折旧费这项重要的固定制造费用在两种成本法下的"杠杆作用"也就会越来越大。换句话说,它会使人们在完全成本法下更重视生产,而在变动成本法下更重视销售。

5. 变动成本法可以简化成本计算工作,也可以避免固定制造费用分摊中的主观臆断性

在变动成本法下,固定制造费用被全部作为期间成本而从贡献毛益中一笔扣除,从而省却了各种固定制造费用的分摊工作(在完全成本法下则必须分摊)。这样做不仅大大简化了产品成本的计算工作,而且避免了各种固定制造费用分摊中的主观随意性。在多品种生产企业,变动成本法的上述优点尤为突出。

不少人认为变动成本法不仅适用于提供短期决策相关的成本信息,也适用于对外报告。当然,变动成本法也有一定的局限性,主要表现在以下几方面。

(1) 按变动成本法计算的产品成本至少目前不合乎税法的有关要求。

(2) 按成本性态将成本划分为固定成本与变动成本本身具有局限性,即这种划分在很大程度上是假设结果。

(3) 当面临长期决策的时候,变动成本法的计算结果往往不同(在产量大于销售量这种通常情况下,变动成本法下计算的利润小于完全成本法),所以当由完全成本法改为变动成本法时,往往会减少企业的当期利润。这会对相关方法的利益产生影响,自然也就不是一种简单的方法的变更。

(二)完全成本法的优缺点

完全成本法的优缺点是相对于变动成本法而言的,亦如变动成本法的优缺点是相对于完全成本法而言。比如变动成本法下的产品成本不符合传统的成本概念,自然完全成本法下的产品成本符合传统的成本概念。但变动成本法与完全成本法之间也并非是一种简单的"此是彼非"和"此非彼是"关系。例如，变动成本法使人们更加重视销售环节，当然是优点；而完全成本法使人们重视生产环节(有刺激生产的作用)，也不一定就是缺点，至少不一定总是缺点(如当产品供不应求时，生产就是第一位的)。

此外，变动成本法与完全成本法还有共同的局限性：决策是面向未来的，而不论是完全成本法还是变动成本法，都是面向过去的，都是有关过去经济活动的反映，所以除非它们能协助决策，否则它们所提供的成本信息的价值就都仅限于"提供"本身。

在评价变动成本法与完全成本法的优劣时，有一个问题应该引起足够的认识，那就是在新的技术条件下，不仅产品品种结构呈现多样化发展，而且产品成本结构也发生了巨大变化。随着生产自动化程度和生产技术密集程度的提高，企业产品成本的构成中制造费用的比重将日益上升，人工成本、直接材料所占的份额将呈下降趋势，因此，以直接材料、直接人工等直接成本为重点的变动成本法可能导致成本信息失真，引起决策失误。也就是变动成本法的实践价值有所下降。

四、两种成本计算方法下营业利润的差额分析

变动成本法和完全成本法对固定制造费用的处理方式不同，这样就直接影响存货计价和营业利润的计算。现举例说明在以下几种情况下，用变动成本法和完全成本法确定营业利润的具体方法，并从中探明这两种成本法下营业利润差额的变化规律。

(一)产量不变、销售量变动情况下，两种成本法对营业利润的影响

假设某公司三个会计年度的有关资料如表 2-14 所示。

表 2-14　某公司三个会计年度的有关资料

项　目	第一年	第二年	第三年
销售量/件	200 000	240 000	280 000
单价/(元/件)	20	20	20
销售收入/元	4 000 000	4 800 000	5 600 000
生产成本数据：			
生产耗用原材料/元	1 200 000	1 200 000	1 200 000
生产耗用人工/元	480 000	480 000	480 000
变动制造费用/元	240 000	240 000	240 000
固定制造费用/元	720 000	720 000	720 000
合计	2 640 000	2 460 000	2 640 000
产量/件	240 000	240 000	240 000
销售及管理费用：			
变动销售及管理费用/元	400 000	480 000	560 000
固定销售及管理费用/元	600 000	600 000	600 000
期末库存/件	40 000	40 000	—

两种方法的计算结果分别如表 2-15 和表 2-16 所示。

表 2-15　按完全成本法计算营业利润

单位：元

项　目	第一年	第二年	第三年
销售收入	4 000 000	4 800 000	5 600 000
销售成本：			
期初存货成本	0	440 000	440 000
本期生产成本	2 640 000	2 640 000	2 640 000
减：期末存货成本	440 000	440 000	0
销售成本合计	2 200 000	2 640 000	3 080 000
销售毛利	1 800 000	2 160 000	2 520 000
减：销售及管理费用	1 000 000	1 080 000	1 160 000
营业利润	800 000	1 080 000	1 360 000

表 2-16　按变动成本法计算营业利润

单位：元

项　目	第一年	第二年	第三年
销售收入	4 000 000	4 800 000	5 600 000
变动生产成本	1 600 000	1 920 000	2 240 000
变动销售及管理费用	400 000	480 000	560 000
变动成本合计	2 000 000	2 400 000	2 800 000
贡献毛益总额	2 000 000	2 400 000	2 800 000
减：固定制造费用	720 000	720 000	720 000
固定销售及管理费用	600 000	600 000	600 000
固定成本合计	1 320 000	1 320 000	1 320 000
营业利润	680 000	1 080 000	1 480 000

由以上结果可以看出如下几点。

第一，如果期末存货=期初存货，即产销平衡(生产量等于销售量)，则两种成本计算方法的营业利润相等。如本题中第二年情况，生产量 240 000 件等于销售量 240 000 件，此时，变动成本法确定的营业利润 1 080 000 元与完全成本法确定的营业利润相等。

原因是：当生产量等于销售量时，无期末存货，当期的固定制造费用无论采用哪种计算方法，均在当期全部扣除，故二者确定的营业利润相同。

第二，如果期末存货>期初存货，即产大于销(生产量大于销售量)，则按变动成本法计算的营业利润小于按完全成本法计算的营业利润。如本题中第一年情况，生产量 240 000 件大于销售量 200 000 件，此时，变动成本法确定的营业利润 680 000 元小于完全成本法确定的营业利润 800 000 元。

原因是：按变动成本法计算，本期所发生的固定制造费用 720 000 元是全额从本期销售收入中扣除的。而在完全成本法下,生产量大于销售量说明本期生产的产品没有全部销售出去,产成品的期末存货增加,而期末存货又会负担一部分本期发生的固定制造费用。即本期发生的固定制造费用 720 000 元中有一部分由销售成本吸收,从本期的销售收入中扣除,其余部分 120 000 元(720 000 元÷240 000 件×40 000 件)则以期末存货形式结转到下期。可见,从本期销售收入中扣减的固定制造费用就不是全额了。所以,在销售收入相同的情况下,采用变动成本法扣除了全部的固定制造费用,而采用完全成本法仅扣除了部分固定制造费用,变动成本法确定的营业利润必然小于完全成本法确定的营业利润。

第三,如果期末存货<期初存货,即产小于销(生产量小于销售量),则按变动成本法计算的营业利润大于按完全成本法计算的营业利润。如本题中第三年情况,生产量 240 000 件小于销售量 280 000 件,此时,变动成本法确定的营业利润 1 480 000 元大于完全成本法确定的营业利润 1 360 000 元。

原因是:按变动成本法计算,本期所发生的固定制造费用是全额从本期销售收入中扣除的。而在完全成本法下,生产量小于销售量意味着期末产成品盘存减少,本期销售的产品中不仅包括本期生产的产成品,同时包括上期结转下来的产成品。可见,本期产品销售成本中不仅包括本期发生的全部固定制造费用 720 000 元,同时包括上期产成品所结转下来的固定制造费用 120 000 元(3 元/件×40 000 件)。所以,在销售收入一样的情况下,变动成本法扣除的成本少,完全成本法扣除的成本多,完全成本法确定的营业利润必然小于变动成本法确定的营业利润。

(二)销售量不变、产量变动情况下,两种成本法对营业利润的影响

假设某公司三个会计年度的有关资料如表 2-17 所示。

表 2-17 某公司三个会计年度的有关资料

项 目	第一年	第二年	第三年
销售量/件	240 000	240 000	240 000
单价(元/件)	20	20	20
销售收入/元	4 800 000	4 800 000	4 800 000
生产成本数据:			
生产耗用原材料/元	1 400 000	1 200 000	1 000 000
生产耗用人工/元	560 000	480 000	400 000
变动制造费用/元	280 000	240 000	200 000
固定制造费用/元	720 000	720 000	720 000
合计	2 960 000	2 640 000	2 320 000
产量/件	280 000	240 000	200 000
销售及管理费用:			
变动销售及管理费用/元	480 000	480 000	480 000
固定销售及管理费用/元	600 000	600 000	600 000
期末库存/件	40 000	40 000	—

按两种方法计算的结果分别如表 2-18 和表 2-19 所示。

表 2-18　按完全成本法计算营业利润

单位：元

项　目	第一年	第二年	第三年
销售收入	4 800 000	4 800 000	4 800 000
销售成本：			
期初存货成本	0	422 857	440 000
本期生产成本	2 960 000	2 640 000	2 320 000
减：期末存货成本	4 228 57	440 000	0
销售成本合计	2 537 143	2 622 857	2 760 000
销售毛利	2 262 857	2 177 143	2 040 000
减：销售及管理费用	1 080 000	1 080 000	1 080 000
营业利润	1 182 857	1 097 143	960 000

表 2-19　按变动成本法计算营业利润

单位：元

项　目	第一年	第二年	第三年
销售收入	4 800 000	4 800 000	4 800 000
变动成本：			
变动生产成本	1 920 000	1 920 000	1 920 000
变动销售及管理费用	480 000	480 000	480 000
变动成本合计	2 400 000	2 400 000	2 400 000
贡献毛益总额	2 400 000	2 400 000	2 400 000
固定成本：			
减：固定制造费用	720 000	720 000	720 000
固定销售及管理费用	600 000	600 000	600 000
固定成本合计	1 320 000	1 320 000	1 320 000
营业利润	1 080 000	1 080 000	1 080 000

由以上结果可以看出如下几点。

第一，当销售量不变而生产量变化时，采用变动成本法计算的各期营业利润是一定的，本例均为 1 080 000 元。这是因为每年的销售量、销售收入相同，而且每年的成本费用水平都一致，所以营业利润都相同。

第二，前述在产量不变、销售量变动的情况下，变动成本法和完全成本法对营业利润影响的三条规律都适用，但不完全一致。

原因是：在完全成本法下，各年的产量发生变动后，单位产品分摊的固定制造费用就不相同，这样即使期初期末存货数量相同，但存货的成本不完全相同。如本例中的第二年，虽然期初期末数量都是 40 000 件，但期初存货的单位成本为 10.57143 元(2 960 000÷280 000)，而期末存货的单位成本为 11 元(2 640 000÷240 000)，所以，两种成本计算方法确定的营业利润不一致。两者营业利润差额=(期末单位成本-期初单位成本)×存货数量=(11-10.57143)×40 000=17 143(元)。

本 章 小 结

成本性态也称成本习性，是指成本的总额对业务总量的依存关系。企业的全部成本按其习性进行分类，是管理会计这一学科的基石之一，可以将成本同生产能力联系起来，以便企业进行决策，特别是短期决策。成本按其性态可以分为固定成本、变动成本和混合成本三大类。

常用的成本分解方法有历史成本法(高低点法、散布图法、回归直线法)、账户分析法和工程分析法。成本性态分析是变动成本法和本量利分析的基础。

变动成本法是建立在成本性态分类基础上的一种成本核算方法，与传统的完全成本法相对应。与传统的完全成本法相比，其主要区别在于对固定制造费用的处理不同。

变动成本法按成本性态将全部成本划分为变动成本和固定成本两大部分。变动成本又可分为变动生产成本、变动销售费用、变动管理费用和变动财务费用；固定成本又可分为固定制造费用、固定销售费用、固定管理费用和固定财务费用。

完全成本法是按成本的经济用途将全部成本分为生产成本和非生产成本两大部分。生产成本包括直接材料、直接人工和全部的制造费用；非生产成本包括销售费用、管理费用和财务费用。

案 例 点 击

凯乐公司宣告业绩考核报告后，二车间主任情绪低落。原来，二车间主任任职以来积极开展降低成本活动，严格监控成本支出，考核却没有完成责任任务，严重挫伤了工作积极性。财务负责人了解情况后，召集了有关成本核算人员，寻求原因，将采取进一步行动。

凯乐公司自1997年成立并从事工艺品加工销售以来，一向遵循"重质量、守信用"的原则。近期，公司决定实行全员责任制，寻求更佳的效益。企业根据三年来实际成本资料，制定了较详尽的费用控制方法。

材料消耗实行定额管理，产品耗用优质木材，单价定额6元；工人工资实行计件工资，计件单价30元；在制作过程中需用专用刻刀，每件工艺品限领1把，单价1.3元；劳保手套每生产10件工艺品领用1副，单价10元。

当月固定资产折旧费8 200元，推销办公费800元，保险费500元，租赁仓库费500元，当期计划产量5 000件。

车间实际组织生产时，根据当月订单组织生产2 500件，车间主任充分调动生产人员工作积极性，改善加工工艺，严把质量关，杜绝了废品，最终使材料消耗由定额的每件6元，降低到每件4.5元；领用专用工具刻刀2 400把，共计3 120元。但是在业绩考核中，却没有完成任务，出现了令人困惑的结果。

要求：试用管理会计相关内容分析出现这一考核结果的原因。

(资料来源：百度文库，http://wenku.baidu.com/view/5fe4ea76+465270d3240ce009.html)

复习思考题

1. 简述成本性态的特点。
2. 常用的成本分解方法有哪些？
3. 简述成本性态分析与成本按性态分类的区别与联系。
4. 变动成本法的优缺点是什么？
5. 简述变动成本法与完全成本法的区别。

练 习 题

一、单项选择题

1. 将全部成本分为固定成本、变动成本和混合成本所采用的分类依据是(　　)。
　　A. 成本核算目标　　　　　　　B. 成本的可辨认性
　　C. 成本的经济用途　　　　　　D. 成本的性态
2. 在财务会计中，销售费用的正确归属是(　　)。
　　A. 制造费用　　　　　　　　　B. 主要成本
　　C. 加工成本　　　　　　　　　D. 非制造成本
3. 下列各项中，能构成变动成本法产品成本内容的是(　　)。
　　A. 变动成本　　　　　　　　　B. 固定成本
　　C. 生产成本　　　　　　　　　D. 变动生产成本
4. 在变动成本法下，固定性制造费用应当列作(　　)。
　　A. 非生产成本　　　　　　　　B. 期间成本
　　C. 产品成本　　　　　　　　　D. 直接成本
5. 下列费用中属于酌量性固定成本的是(　　)。
　　A. 房屋及设备租金　　　　　　B. 技术研发费
　　C. 行政管理人员的薪金　　　　D. 不动产税金
6. 若本期完全成本法计算下的利润小于变动成本法计算下的利润，则(　　)。
　　A. 本期生产量大于本期销售量　　B. 本期生产量等于本期销售量
　　C. 期末存货量大于期初存货量　　D. 期末存货量小于期初存货量
7. 在相同成本原始资料条件下，变动成本法计算下的单位产品成本比完全成本法计算下的单位产品成本(　　)。
　　A. 相同　　　　　　　　　　　B. 大
　　C. 小　　　　　　　　　　　　D. 无法确定

8. 下列各项中，能构成变动成本法产品成本内容的是( )。
   A. 变动成本　　　　　　　　B. 固定成本
   C. 生产成本　　　　　　　　D. 变动生产成本

9. 在 $Y=a+(\quad)X$ 中，Y 表示总成本，a 表示固定成本，X 表示销售额，则 X 的系数应是( )。
   A. 单位变动成本　　　　　　B. 单位边际贡献
   C. 变动成本率　　　　　　　D. 边际贡献率

10. 下列项目中，不能列入变动成本法下的产品成本的是( )。
    A. 直接材料　　　　　　　　B. 直接人工
    C. 固定性制造费用　　　　　D. 变动制造费用

二、多项选择题

1. 按经济用途对成本进行分类，其结果应包括的成本类型有( )。
   A. 未来成本　　　　B. 生产成本　　　　C. 非生产成本
   D. 责任成本　　　　E. 可控成本

2. 下列各项中，属于成本按其可辨认性为标志进行分类结果的有( )。
   A. 间接成本　　　　B. 主要成本　　　　C. 直接成本
   D. 加工成本　　　　E. 可控成本

3. 下列各项中，属于酌量性固定成本的有( )。
   A. 研究开发费　　　B. 广告费　　　　　C. 职工培训费
   D. 保险费　　　　　E. 财产税

4. 下列费用中，属于约束性固定成本的有( )。
   A. 折旧费　　　　　B. 保险费　　　　　C. 广告费
   D. 职工培训费　　　E. 财产税

5. 在相关范围内固定不变的是( )。
   A. 固定成本　　　　B. 单位产品固定成本　　C. 变动成本
   D. 单位变动成本　　E. 历史成本

6. 变动成本法的应用前提条件有( )。
   A. 要求进行成本性态分析
   B. 要求把属于混合成本性质的费用分解
   C. 把混合成本性质的制造费用按生产量分解为变动性制造费用和固定性制造费用
   D. 把混合成本性质的销售费用按销售量分解为变动性销售费用和固定性销售费用
   E. 把混合成本性质的管理费用按销售量分解为变动性管理费用和固定性管理费用

7. 变动成本法下，产品成本包括( )。
   A. 变动管理费用　　B. 变动销售费用　　C. 变动制造费用
   D. 直接材料　　　　E. 直接人工

8. 在变动成本下，期间成本通常包括( )。
   A. 间接人工费　　　B. 间接材料费　　　C. 固定性制造费用
   D. 管理费用　　　　E. 销售费用

9. 在完全成本法下，期间费用应当包括( )。
   A. 制造费用　　　　　　B. 变动性制造费用　　　C. 固定性制造费用
   D. 销售费用　　　　　　E. 管理费用
10. 完全成本法与变动成本法的区别在于( )。
    A. 应用的前提条件不同　　　　　　B. 产品成本构成内容不同
    C. 对固定成本的认识与处理方法不同　　D. 常用的销货成本计算公式不同
    E. 损益计算程序不同

三、计算分析题

1. 宏达公司 2019 年下半年各月的机器设备维修费资料如下表所示。

月份	业务量/千机器小时	维修费/元
7	40	580
8	32	500
9	52	700
10	48	660
11	56	740
12	44	625

要求：

(1) 根据上述资料采用高低点法将维修费分解为固定成本和变动成本，并写出成本公式。

(2) 根据上述资料采用回归直线法将维修费分解为固定成本和变动成本，并写出成本公式。

(3) 2020 年 1 月，该公司计划使用机器时数为 55 千机器小时，则预计的机器设备维修费应为多少？

2. 某公司按变动成本法核算的 2020 年 1 月产品成本资料如下(该公司采用先进先出法计价)：单位产品成本 50 元，本期固定性制造费用 30 000 元，期初存货数量 500 件，本期完工产品 6 000 件，本期销售产品 5 500 件，销售价格 100 元/件，固定性销售与管理费用 45 000 元。已知上期产品单位固定生产成本为 5 元。要求：

(1) 计算完全成本法下的期末存货成本。

(2) 计算完全成本法下的本期营业利润。

第二章　答案

第三章

本量利分析

本章导读

本量利分析是管理会计的基本方法之一，它在成本性态分析和变动成本法的基础上进一步扩展，研究成本、业务量和利润三者之间的关系。本量利分析所提供的基本原理和方法在企业经营预测中有着广泛的用途，同时又是企业决策、规划和控制的重要工具。

学习目标

掌握本量利分析的基本含义、本量利分析的基本模型，掌握贡献毛益和相关指标的计算、保本点和保利点的计算方法，理解本量利分析的基本假设，了解多品种产品下的本量利分析。

核心概念

贡献毛益(contribution)　贡献毛益率(contribution per sales ratio)　变动成本率(variable cost ratio)　安全边际(margin of safety)　保本点(break-even point)

引导案例

腾讯公司2020年第一季度财务报告简介

根据腾讯公司发布的2020年第一季度的财务报告显示,2020年第一季度,公司实现营业收入1 081亿元,较2019年第一季度同比增长26.4%;实现毛利528亿元,同比增长32.6%。Non IFRS营业利润为356亿元,同比增长25%,Non IFRS净利润为271亿元,同比增长29.4%,如表3-1所示。

表3-1 2020年第一季度腾讯公司财务摘要

单位:10亿元

	2020	2019	同比增速/%
营业收入	108.1	85.5	26.4
增值服务	62.4	49.0	27.5
通信及社交	25.1	20.5	22.8
网络游戏	37.3	28.5	30.8
网络广告	17.7	13.4	32.4
媒体广告	3.1	3.5	-10.3
社交及其他广告	14.6	9.9	47.4
金融科技	26.5	21.8	21.5
其他	1.5	1.3	9.3
毛利	52.8	39.8	32.6
营业利润	35.6	28.5	25.0
净利润	27.1	20.9	29.4

腾讯的业务分为通信及社交、网络游戏、工具产品、媒体业务、金融科技和云及其他企业服务。2020年第一季度,腾讯凭借科技的力量让用户保持联系,为用户提供及时、准确的信息及适度的娱乐,协助广告主有效触达目标受众,并帮助企业实现服务的连续性。疫情期间,公司的各项业务都实现了稳健的运营和业绩的增长。

2020年第一季的收入成本环比下降7%至552.71亿元。该项下降主要由于内容成本及金融科技服务成本下降所致,部分被服务器与频宽成本增加所抵销。以收入百分比计,收入成本由2019年第四季的56%下降至2020年第一季的51%。

2020年3月31日,本集团的债务净额为57.16亿元,2019年12月31日的债务净额则为155.52亿元。2020年第一季,本集团的自由现金流为392.10亿元,此乃经营活动所得的现金流量净额546.61亿元,被资本开支付款94.42亿元、媒体内容付款51.85亿元及租赁负债付款8.24亿元所抵销。

(资料来源:公司财报,前瞻产业研究院整理)

第一节 本量利分析概述

一、本量利分析的含义

本量利分析是"成本-业务量-利润分析"(cost-volume-profit analysis，CVP 分析)的简称，是指对成本、业务量和利润三者之间的相互依存关系所进行的分析。本量利分析的目的在于通过分析短期内产品销售量、销售价格、固定成本、单位变动成本以及产品结构等因素的变化对利润的影响，为企业管理人员提供预测、决策等方面的信息。

二、本量利分析的基本假设

本量利分析是建立在如下一系列基本假设基础上的一种定量分析方法。

(1) 成本性态分析假设。假设企业的全部成本都已划分为固定成本和变动成本，包括混合成本也已妥善地分解为固定成本和变动成本。

(2) 变动成本法假设。假设产品成本是按变动成本法计算的，即产品成本只包括变动生产成本，而将固定制造费用作为期间成本处理。

(3) 相关范围和线性关系假设。假设在一定的时期和业务量范围内，固定成本总额、单位变动成本和单价水平保持不变，由此而建立的成本函数和销售收入函数都是线性函数。

(4) 产销平衡假设。假设当期生产出来的产品均能销售出去。

(5) 产品品种结构稳定假设。假设在一个多品种生产和销售的企业中，产销品种的组合不变，也就是在产销总量发生变化时，各种产品的产销额在全部产品产销总额中所占的比重保持不变。这样，可以排除产品品种结构变化对利润的影响，减少问题的复杂性，集中分析单价、成本及业务量对利润的影响。

三、本量利分析的基本模型

(一)基本的本量利公式

在上述一系列假设下，如果把成本、业务量、利润三者之间的依存关系用方程式来描述，那就是基本的本量利公式，即：

$$\begin{aligned}
\text{利润} &= \text{销售收入} - \text{总成本} \\
&= \text{销售收入} - (\text{变动成本} + \text{固定成本}) \\
&= \text{单价} \times \text{销售量} - (\text{单位变动成本} \times \text{销售量} + \text{固定成本}) \\
&= (\text{单价} - \text{单位变动成本}) \times \text{销售量} - \text{固定成本}
\end{aligned}$$

设销售单价为 p，销售量为 x，固定成本总额为 a，单位变动成本为 b，利润为 R，则这些变量之间的关系可表示为：

$$R = px - bx - a = (p-b)x - a$$

上述公式中的利润 R，在我国管理会计中，是指未扣除利息和所得税以前的"营业利润"，也就是西方财务会计中所谓的"息税前利润"(earning before interest and tax，EBIT)。

(二) 本量利公式的变换形式

在上述本量利分析的基本公式中，涉及五个因素，即利润、固定成本、单位变动成本、销售量、单价。在目标利润一定的情况下，将上述基本本量利公式进行变换，即可得出本量利分析的四个变形等式。

(1) 单价：

$$单价 = 单位变动成本 + \frac{利润 + 固定成本}{销售量}$$

(2) 单位变动成本：

$$单位变动成本 = 单价 - \frac{利润 + 固定成本}{销售量}$$

(3) 固定成本：

$$固定成本 = (单价 - 单位变动成本) \times 销售量 - 利润$$

(4) 销售量：

$$销售量 = (利润 + 固定成本)/(单价 - 单位变动成本)$$

【例 3-1】某企业生产 A 产品，单价为 20 元，单位变动成本为 10 元，固定成本为 30 000 元，销售量为 40 000 件。求该企业的营业利润。

解：利润 = (单价-单位变动成本) ×销售量-固定成本
  = (20-10) ×40 000-30 000
  = 37 000(元)

四、贡献毛益及相关的指标计算

(一) 贡献毛益的含义

在本量利分析中，贡献毛益是一个非常重要的概念。所谓贡献毛益(contribution margin)，是指产品的销售收入与相应变动成本之间的差额。这一概念是指产品销售收入扣除自身的变动成本后给企业作的贡献，而这种贡献要在扣除固定成本后才能成为真正的利润。很显然，产品销售收入在补偿了变动成本后还有剩余，才可能对企业盈利有所贡献。

(二) 贡献毛益的有关概念及其计算

贡献毛益有两种表现形式：一种是用绝对数量表示，其中包括：单位贡献毛益、贡献毛益总额两种具体形式；另一种是用相对数量表示，称为贡献毛益率。

1. 单位贡献毛益与贡献毛益总额的计算

单价扣减单位变动成本后的余额即为单位贡献毛益，而销售收入扣减变动成本总额后的余额即为贡献毛益总额。当企业恰好处于盈亏平衡点状态时，贡献毛益总额与固定成本总额相等；当贡献毛益总额超过固定成本总额时企业才有利润。因此，企业通过产品销售所获得的贡献毛益有两个用途，即弥补固定成本和形成利润。于是贡献毛益既可用于保本点计算，也可对利润的高低产生直接影响。

因为贡献毛益是销售收入与变动成本的差额，意味着在现有产销量的基础上增加产品销售对企业利润增加的贡献，反映产品盈利能力大小，也可以称为边际贡献或边际利润。其计算公式如下：

$$边际贡献总额=销售收入-销售成本$$

而单位贡献毛益是指某一产品的销售单价减去该产品的单位变动成本后的差额，其含义是每销售一件产品的盈利能力，即一件产品作出的贡献能使固定成本得到补偿的数额，其计算公式如下：

$$单位贡献毛益 = 销售单价-单位变动成本 = p-b$$

单位贡献毛益反映的是单位产品的创利能力，也就是每增加一个单位产品的销售可提供的创利额。

贡献毛益的另一种表现形式是总额概念，称为贡献毛益总额，简称贡献毛益，是指产品的销售收入总额减去变动成本总额后的余额。其计算公式如下：

$$贡献毛益 = 销售收入-变动成本 = px-bx$$

2. 贡献毛益率

贡献毛益率是指贡献毛益总额占销售收入总额的百分比，或单位贡献毛益占销售单价的百分比。它反映每百元销售额中能提供的贡献毛益额。其计算公式如下：

$$贡献毛益率=\frac{贡献毛益}{销售收入}\times100\%$$

或

$$贡献毛益率=\frac{单位贡献毛益}{销售单价}\times100\%$$

3. 变动成本率

与贡献毛益率相对应的指标是变动成本率。变动成本率表明企业销售收入中弥补变动成本的比率的高低。变动成本率是指变动成本总额占销售收入的百分比，或单位变动成本占销售单价的百分比。它反映每百元销售额中变动成本所占的金额。其计算公式如下：

$$变动成本率=\frac{变动成本}{销售收入}\times100\%$$

或

$$变动成本率=\frac{单位变动成本}{销售单价}\times100\%$$

由于贡献毛益加上变动成本等于销售收入，则贡献毛益率加上变动成本率等于100%，故它们之间的关系为：

$$贡献毛益率+变动成本率=1$$

可见，贡献毛益率与变动成本率属互补关系，变动成本率高的企业，其贡献毛益率低，创造利润能力反而小；反之变动成本率低，贡献毛益率高，则创造利润的能力大。

【例3-2】 某企业生产甲产品，单价50元，单位变动成本30元，销量2 000件，求贡献毛益、单位贡献毛益、贡献毛益率和变动成本率各是多少。

解：

贡献毛益 = 2 000×50-2 000×30 = 40 000(元)

单位贡献毛益 = 50-30 = 20(元)

贡献毛益率 = $\dfrac{50-30}{50} \times 100\% = 40\%$

或

贡献毛益率 = $\dfrac{50 \times 2000 - 30 \times 2000}{50 \times 2000} \times 100\% = 40\%$

变动成本率 = $\dfrac{30}{50} \times 100\% = 60\%$

或

变动成本率 = 1-40% = 60%

第二节 单一品种条件下的本量利分析

本节根据本量利分析的基本框架，结合企业实际生产经营过程中发生的一些情况，通过本量利分析模型，分析企业的成本、销售水平和利润之间的相互影响。

一、保本分析

保本分析(break-even analysis)是研究企业处于保本状态时本量利关系的一种定量分析。它是本量利分析的基础，其分析的关键是确定产品的保本点，从而确定企业经营的安全程度。

(一)保本点的含义

保本点(break-even point，BEP)，又称盈亏平衡点、盈亏临界点，是指企业在一定条件下处于不盈不亏时的销售数量或销售收入。它是一种专门研究企业恰好处于不亏不盈时，成本与业务量之间关系的定量分析方法，其主要目的是确定企业一定时期的保本点指标。

事先知道销售多少产品即可保本，这对企业的经营决策显然是很重要的，因为保本是获得利润的基点，超过这一销售量，再扩大销售量，企业才能获利。

保本点通常有两种表示形式：一种是用实物量表示，称为"保本销售量"，简称"保本量"；另一种是用货币金额表示，称为"保本销售额"，简称"保本额"。

单一品种条件下的保本点，有保本量和保本额两种形式。在多品种条件下的保本点，每一种可单独测算其保本量和保本额。

(二)保本点的计算

1. 基本等式法

基本等式法是指在本量利分析的基本公式基础上，计算出保本点销售量和保本点销售额的一种方法。根据下面公式：

利润=(销售单价-单位变动成本)×销售量-固定成本

因为保本状态利润=0，则公式就成为：

$$保本点销售量 = \frac{固定成本}{销售单价 - 单位变动成本}$$

$$保本点销售额 = 销售单价 \times 保本点销售量$$

【例 3-3】 设蓝光工厂只生产和销售一种产品,已知该产品的单位变动成本为 36 元,销售价格为 60 元,每个月的固定成本为 60 000 元。计算该工厂的保本点。

解:根据资料,该工厂保本点计算如下:

$$保本点销售量 = \frac{60\,000}{60-36} = 2\,500(件)$$

$$保本点销售额 = 60 \times 2\,500 = 150\,000(元)$$

2. 贡献毛益法

贡献毛益法是指利用贡献毛益与业务量、利润之间的关系直接计算保本点的一种方法。当产品提供的贡献毛益总额正好等于固定成本总额时,才会出现保本状态。用公式表示为:

$$贡献毛益 = 固定成本$$

则

$$保本点销售量 = \frac{固定成本}{单位贡献毛益}$$

$$保本点销售额 = \frac{固定成本}{贡献毛益率}$$

【例 3-4】 仍以例 3-3 资料为例,计算如下:

$$单位贡献毛益 = 60 - 36 = 24(元)$$

$$贡献毛益率 = 24 \div 60 \times 100\% = 40.00\%$$

$$保本点销售量 = \frac{60\,000}{24} = 2\,500(件)$$

$$保本点销售额 = \frac{60\,000}{40.00\%} = 150\,000(元)$$

从以上计算来看,该工厂每销售一个单位的产品就可获得 60 元的销售收入并发生 36 元的变动成本,从而产生 24 元的贡献毛益。每月的固定成本不受销售的影响,保持 60 000 元水平,因此,工厂在每个月销售 2 500 件产品或销售收入为 150 000 元时,贡献毛益总额为 60 000 元,正好弥补固定成本,工厂达到保本点。销售量超过 2 500 件时,每增加一个单位的产品的销售,营业利润将增加 24 元;销售额低于 2 500 件时,每减少一个单位的产品的销售,营业利润将减少(或亏损将增加)24 元。

二、经营安全程度分析

只有当产品销售量大于保本点销售量时,企业才处于盈利状态,而且产品的销售量大于保本点销售量的数量越大,获得的利润就越大;反之,获得的利润就越小,甚至亏损。从企业经营的角度来看,产品的销售量与保本点的销售量的差额越大,经营就越安全;反之亦然。衡量企业经营安全性的指标有两种:安全边际和保本作业率。

(一)安全边际

安全边际是与保本点相关的一项指标,反映了企业经营的安全程度。其具体表现形式有绝对数和相对数两种。安全边际的绝对数表现形式有安全边际量和安全边际额,安全边际的相对数表现形式有安全边际率。

1. 安全边际量

安全边际量是指企业实际(预计)销售量超过保本点销售量的差额。它表明企业的销售量下降多少,仍不至于发生亏损。即安全边际量数值越大,企业发生亏损的可能性就越小,企业的生产经营活动就越安全。其计算公式为:

$$安全边际量 = 实际(预计)销售量 - 保本点销售量$$

【例 3-5】 某企业实际销售 F 产品数量 4 000 件,保本点销售量 2 250 件,安全边际量为多少?

解:安全边际量 = 实际(预计)销售量 - 保本点销售量
= 4 000 - 2 250
= 1 750(件)

2. 安全边际额

安全边际额是指实际(预计)销售额超过保本点销售额的差额。其计算公式为:

$$安全边际额 = 实际(预计)销售额 - 保本点销售额$$

【例 3-6】 仍按例 3-5 的有关资料,F 产品的单价为 200 元,则安全边际额为多少?

解:安全边际额 = 实际(预计)销售额 - 保本点销售额
= 4 000×200 - 2 250×200
= 350 000(元)

3. 安全边际率

安全边际率是指安全边际与实际(预计)销售量(销售额)之间的比率,其计算公式为:

$$安全边际率 = \frac{安全边际销售量}{实际(预计)销售量} \times 100\%$$

或

$$安全边际率 = \frac{安全边际销售额}{实际(预计)销售额} \times 100\%$$

安全边际率是相对指标,便于不同企业或不同行业之间进行比较,一般用其来评价企业的安全程度。企业经营安全性的检验数据如表 3-2 所示。

表 3-2 企业经营安全性的检验标准

安全边际率	40%以上	30%~40%	20%~30%	10%~20%	10%以下
安全程度	很安全	安全	较安全	值得注意	危险

【例 3-7】 仍按例 3-5 和例 3-6 的有关资料,计算该企业的安全边际率,评价该企业的安全程度。

解：安全边际率 = $\frac{1\,750}{4\,000} \times 100\% = 43.75\%$

或

安全边际率 = $\frac{1\,750 \times 200}{4\,000 \times 200} \times 100\% = 43.75\%$

因为43.75%大于40%，说明企业的经营活动是很安全的。

结果表明，该企业的经营安全幅度是生产1 750件或者销售额达到350 000元，安全系数为43.75%，该企业处于很安全的状态。

(二)保本作业率

保本作业率是指保本点销售量(销售额)与实际(预计)销售量(销售额)的百分比。计算公式如下：

$$\text{保本作业率} = \frac{\text{保本销售量}}{\text{实际(预计)销售量}} \times 100\%$$

或

$$\text{保本作业率} = \frac{\text{保本销售额}}{\text{实际(预计)销售额}} \times 100\%$$

保本作业率是一个反指标，该指标越小越安全，数值越小，说明企业经营安全程度越高。

安全边际率与保本作业率的关系为：

安全边际率+保本作业率=1。

【例3-8】 仍按例3-5和例3-6的有关资料，计算该企业的保本作业率及安全边际率。

解：保本作业率 = $\frac{2\,250}{4\,000} \times 100\% = 56.25\%$

或

保本作业率 = $\frac{2\,250 \times 200}{4\,000 \times 200} \times 100\% = 56.25\%$

安全边际率 + 保本作业率 = 1，则

1-56.25% = 43.75%

(三)安全边际与利润的关系分析

由于只有安全边际才能为企业提供利润，所以，安全边际和利润之间有必然的联系，安全边际部分的销售额减去其自身变动成本后成为企业利润，即安全边际中的贡献毛益等于企业利润，即：

利润 = 安全边际销售量×单位贡献毛益
　　 = 安全边际额×贡献毛益率
销售利润率 = 安全边际率×贡献毛益率

【例3-9】仍按例3-5和3-6的有关资料，假设单位变动成本为100元，求企业的利润。

解：利润 = 安全边际额×贡献毛益率 = $350\,000 \times \frac{200-100}{200}$ = 175 000(元)

从上述分析中不难看出，由于利润和安全边际之间存在着内在联系，这为我们计算利润又提供了一种新方法，它在企业的经营管理中将发挥更大的作用。

三、保本图

保本分析可采用绘制"保本图"(break-even chart)的方式进行。保本图是指将保本点分析反映在直角坐标系中，将影响利润的有关因素及其相应关系，以图的形式表现出来。保本图具有直观、简明的特点，便于使用者理解和接受。但由于它是依靠目测绘制而成，所以准确性难以保证，通常应结合其他方法一起使用。

(一)基本式保本图

基本式保本图是保本图最传统的形式，其特点是将固定成本置于变动成本之下，从而清晰地表明固定成本不随业务量变动的成本特性，揭示保本点、安全边际、盈利区与亏损区的关系。

基本式保本图的绘制方法如下。

(1) 在直角坐标系中，以横轴表示销售量，以纵轴表示金额。

(2) 绘制固定成本线。在纵轴上确定固定成本的数量，并以此为起点，绘制一条平行于横轴的直线，即为固定成本线。

(3) 绘制销售收入线。根据销售收入=单价×销售量(销售量≥0)的函数关系式绘制销售收入线。

(4) 绘制总成本线。根据总成本=单位变动成本×销售量+固定成本(销售量≥0)的函数关系式绘制总成本线。

(5) 标明保本点、盈利区与亏损区。销售收入线与总成本线的交点即为保本点。在销售量小于保本点时，企业处于亏损状况，亏损额随销售量的增加而逐渐减少；在销售量大于保本点时，企业处于盈利状态，盈利额随销售量的增长而逐渐增加。图3-1为基本式保本图的示例。

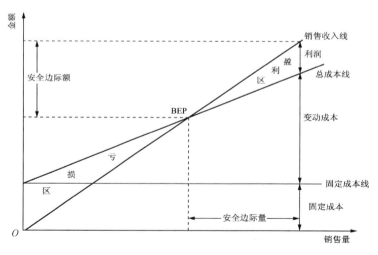

图3-1 基本式保本图

(二)贡献毛益式保本图

贡献毛益式保本图的特点是将固定成本置于变动成本之上。其绘制方法是：先确定销售收入线和变动成本线，然后，在纵轴上确定固定成本值并以此为起点画一条与变动成本线平行的直线，也就是总成本线。这条线与销售收入线的交点即是保本点。

贡献毛益式保本图与基本式保本图的主要区别在于：贡献毛益式保本图形象地反映出贡献毛益的形成过程和构成，产品的销售收入减去变动成本就是贡献毛益；保本点的贡献毛益刚好等于固定成本；超过保本点的贡献毛益大于固定成本，则表明实现了利润；不足保本点的贡献毛益小于固定成本，则表明发生了亏损。而基本式保本图主要表明固定成本在相关范围内不变。

应该说，贡献毛益式保本图更符合变动成本法的思路，也更符合保本点分析的思路。图 3-2 为贡献毛益式保本图的示例。

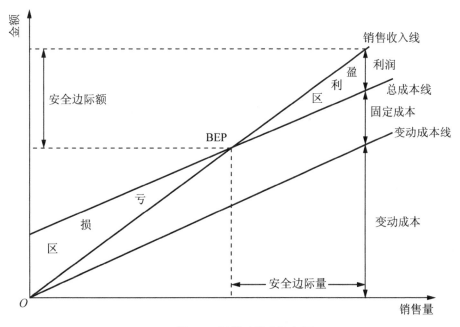

图 3-2　贡献毛益式保本图

(三)利量式保本图

利量式保本图是一种简化的保本图，它以利润线代替销售收入线和总成本线，仅仅反映销售量与利润之间的依存关系。它提供的信息简明扼要、易于理解，更易为企业高层管理人员所使用，如图 3-3 所示。

利量式保本图的绘制方法如下。

(1) 在直角坐标系中，横轴表示销售量(或销售额)，纵轴表示金额。

(2) 在纵轴上标出固定成本点，该点即为销售量为零时的亏损额。

(3) 在横轴上任取一整数销售量，计算在该销售量下的损益数，并依次在坐标图中再确定一点，连接该点与纵轴上相当于固定成本的那一点，即为利润线。

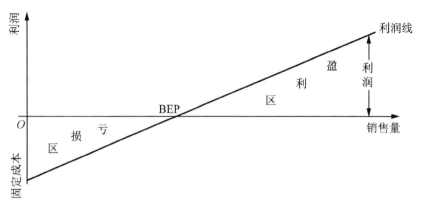

图 3-3 利量式保本图

从图 3-3 可以看出,当销售量为零时,企业的亏损就等于固定成本;随着销售量的增长,亏损逐渐减少直至盈利。利量式保本图将固定成本置于横轴之下,还能更清晰地说明固定成本在企业盈亏中的特殊作用。

四、保利分析

当企业销售量超出保本点时,可以实现利润。企业的目标当然不是利润为零,而是尽可能多地超越保本点而实现利润。只有考虑到存在利润的条件下才能充分揭露成本、业务量和利润之间的关系。对实现目标利润进行分析又称为保利分析。保利分析是保本分析的延伸和拓展。

所谓保利点就是指在单价和成本水平既定的情况下,为确保实现确定的目标利润而应达到的销售量和销售额的总称。企业对一定时期内目标利润已知条件下的本量利分析就是保利分析。通过保利分析,可以首先确定为实现目标利润而应达到的目标销售量和目标销售额,从而以销定产,确定目标生产量、生产成本以及资金需要量。

保利点一般也有两种表现形式,一种是保利销售量,另一种是保利销售额。其计算公式如下:

$$保利销售量 = \frac{固定成本 + 目标利润}{单价 - 单位变动成本}$$

$$保利销售额 = \frac{固定成本 + 目标利润}{贡献毛益率}$$

【例 3-10】某企业生产甲产品,单价为 60 元,单位变动成本为 30 元,固定成本为 60 000 元,该年生产能力为 65 500 件。假设该年的目标利润为 90 000 元。计算该年的保利点。

解: 保利销售量 $= \dfrac{60\,000 + 90\,000}{60 - 30} = 5\,000(件)$

保利销售额 $= \dfrac{60\,000 + 90\,000}{\dfrac{60 - 30}{60}} = 300\,000(元)$

第三节　多品种条件下的本量利分析

以上是单一产品的保本分析。但在实践中，企业只产销一种产品的情况并不多见，绝大多数企业会同时生产和销售两种或两种以上的产品。因此，实务中更多时候需要进行多品种的保本分析。

如上所述，企业产销单一产品时，保本点既可以用销售量表示，也可以用销售额表示。而在企业产销多种产品时，由于不同产品的数量是不能直接相加的，所以，保本点不能用销售量表示，只能用销售额表示。多品种的本量利分析主要有以下两种方法。

一、综合贡献毛益率法

综合贡献毛益率法是以企业总销售额的比重为权数，计算多种产品的综合贡献毛益率，进而计算出综合保本销售额，再根据各种产品的销售比重，计算各种产品的保本销售额和销售量的一种分析方法。

综合贡献毛益率的计算具体步骤如下：

(1) 计算各种产品的贡献毛益率。
(2) 计算各种产品的销售比重：

$$某种产品的销售比重 = \frac{该种产品预计销售额}{\sum 各种产品预计销售额}$$

(3) 计算综合贡献毛益率：

$$综合贡献毛益率 = \sum (某种产品贡献毛益率 \times 该种产品销售比重)$$

(4) 计算综合保本点销售额：

$$综合保本点销售额 = \frac{固定成本总额}{综合边际贡献率}$$

(5) 计算各种产品保本点销售额：

$$某种产品保本点销售额 = 综合保本点销售额 \times 该种产品的销售比重$$

(6) 计算各种产品的保本点销售量：

$$某种产品保本点销售量 = \frac{该种产品保本点销售额}{该种产品单价}$$

【例 3-11】 风光工厂计划生产和销售甲、乙、丙三种产品，预计销售量、成本和单价资料如表 3-3 所示。

表 3-3　风光工厂甲、乙、丙三种产品销售量、成本及单价资料

项　目	甲产品	乙产品	丙产品
预计产销量/件	1 000	500	1 000
单位产品售价/元	600	400	200

续表

项 目	甲产品	乙产品	丙产品
单位变动成本/元	480	280	150
固定成本总额/元	161 000		

根据资料，对该企业的保本点进行分析。

解：

(1) 甲产品的贡献毛益率 = (600-480)/600 ×100% = 20%
    乙产品的贡献毛益率 = (400-280)/400 ×100% = 30%
    丙产品的贡献毛益率 = (200-150)/200 ×100% = 25%

(2) 全厂总的销售额 = 1 000×600 + 500×400 + 1 000×200 = 1 000 000(元)
    甲产品的销售比重 = 600 000/1 000 000 ×100% = 60%
    乙产品的销售比重 = 200 000/1 000 000 ×100% = 20%
    丙产品的销售比重 = 200 000/1 000 000 ×100% = 20%

(3) 综合贡献毛益率 = 20%×60% + 30%×20% + 25%×20% = 23%

(4) 综合保本点销售额 = 161 000/23% = 700 000(元)

(5) 甲产品保本点销售额 = 700 000×60% = 420 000(元)
    甲产品保本点销售量 = 420 000/600 = 700(件)
    乙产品保本点销售额 = 700 000×20% = 140 000(元)
    乙产品保本点销售量 = 140 000/400 = 350(件)
    丙产品保本点销售额 = 700 000×20% = 140 000(元)
    丙产品保本点销售量 = 140 000/200 = 700(件)

二、联合单位法

联合单位法是指在事先掌握多品种之间客观存在的相对稳定产销实物量比例的基础上，确定每一联合单位的单价和单位变动成本，进行多品种条件下本量利分析的一种方法。其计算公式如下：

$$联合保本产销量 = \frac{固定成本总额}{联合单价 - 联合变动成本}$$

$$联合单价 = \sum 每种产品的单价 \times 各产品销量比$$

$$联合单位变动成本 = \sum 每种产品的单位变动成本 \times 各产品销量比$$

某产品的保本销售量 = 联合盈亏平衡产销量 × 各产品销量比

某产品的保本额 = 单价 × 某产品的保本销售量

【例3-12】 根据例3-11的资料，采用联合单位法对企业各产品的保本销售量进行计算。

解： 产销实物量比例：甲∶乙∶丙 = 1 000∶500∶1 000 = 2∶1∶2

联合单价 = 600×2 + 400×1 + 200×2 = 2 000(元/件)

联合单位变动成本 = 480×2 + 280×1 + 150×2 = 1 540(元/件)

联合保本销售量 = 161 000/(2 000-1 540) = 350(件)

甲产品保本销售量 = 350×2 = 700(件)
甲产品保本销售额 = 600×700 = 420 000(元)
乙产品保本销售量 = 350×1 = 350(件)
乙产品保本销售额 = 400×350 = 140 000(元)
丙产品保本销售量 = 350×2 = 700(件)
丙产品保本销售额 = 200×700 = 140 000(元)

第四节　利润敏感性分析

从前面保本分析和保利分析中可以看出，销售量、单价、单位变动成本、固定成本各因素的变动都会对企业的保本点和利润产生影响，但影响的方向和程度不同。因此，必须根据企业的生产能力及市场预测情况，进行利润的敏感性分析，即分析各有关因素的变动对企业目标利润的影响程度。利润的敏感性分析就是要研究两个问题：一是各因素发生多大变化时会使企业从盈利变为亏损；二是各因素对利润的影响方向。

一、使盈利转为亏损的因素

单价、单位变动成本、产销量和固定成本的变化，会影响利润的高低。这种变化达到一定程度，会使企业利润消失，经营状况发生质变。敏感性分析的目的之一，就是提供能引起目标利润发生质变的各参数变化的界限，其方法称为"最大最小法"。

(一)单价最小值

利润随单价的下降而减少，单价下降到一定程度，利润将变为零，这就是企业能忍受的单价最小值。

【例 3-13】 红星工厂生产甲产品，单价 20 元，单位变动成本 12 元，预计明年固定成本为 200 000 元，产销量计划达 100 000 件。

预计明年的利润为：

$$利润 = 100\,000×(20-12) - 200\,000$$
$$= 600\,000(元)$$
$$0 = 100\,000×(p-12) - 200\,000$$
$$p = 14(元)$$

单价降至 14 元，即降低 30%(6/20)时，企业由盈利转为保本。

(二)单位变动成本的最大值

单位变动成本上升会使利润下降，并逐渐趋于零，此时的单位变动成本是企业能忍受的最大值。

仍以例 3-13 为例：

$$0 = 100\,000×(20-b) - 200\,000$$
$$b = 18(元)$$

单位变动成本由 12 元上升到 18 元时，企业利润降至零。此时，单位变动成本上升了 50%(6/12)。

(三)固定成本最大值

固定成本上升也会使利润下降，并趋近于零。

仍以例 3-13 为例：

$$0 = 100\,000 \times (20-12) - a$$
$$a = 800\,000(元)$$

固定成本增至 800 000 元时，企业由盈利转为亏损，此时固定成本增加了 300% (600 000/200 000)。

(四)销售量最小值

销售量最小值是指使利润为零的销售量，它就是保本点销售量。

仍以例 3-13 为例：

$$x = \frac{200\,000}{20-12} = 25\,000(件)$$

销售计划如果只完成 25%(25 000/100 000)，则企业利润为零。

二、各因素变化对利润的敏感程度

销售量、单价、变动成本和固定成本等因素的变动，都会引起利润的变动，但它们的敏感程度是不同的。有些因素只要有较小的变动就会引起利润的较大变化，这些因素称为强敏感性因素；有些因素虽然有较大变化，但对利润的影响却不大，这些因素称为弱敏感性因素。

衡量敏感程度的指标称为敏感系数，其计算公式为：

$$敏感系数 = \frac{目标值变动百分比}{因素值变动百分比}$$

下面仍以例 3-13 的数据进行敏感性分析。

(一)单价的敏感程度

已知单价提高 10%，按此单价计算，则：

$$利润 = 100\,000 \times (22-12) - 200\,000 = 800\,000(元)$$

$$目标值变动百分比 = \frac{800\,000 - 600\,000}{600\,000} = 33.33\%$$

$$单价的敏感系数 = \frac{33.33\%}{10\%} = 3.33$$

这就是说，单价对利润的影响很大，从百分比来看，利润以 3.33 倍的速度随单价变化。涨价是提高盈利比较有效的手段，但涨价也可能会导致销售量下降，应格外慎重。

(二)单位变动成本的敏感性分析

已知单位变动成本提高 10%，则：

$$b = 12\times(1+10\%)= 13.2(元)$$

按此单位变动成本计算,则:

$$利润 = 100\,000\times(20-13.2)-200\,000 = 480\,000(元)$$

$$目标值变动百分比 = \frac{480\,000 - 600\,000}{600\,000} = -20\%$$

$$单位变动成本的敏感系数 = \frac{-20\%}{10\%} = -2$$

由此可见,单位变动成本对利润的影响比单价要大,单位变动成本每上升1%,利润将减少5%。敏感系数绝对值大于1,说明单位变动成本的变化会造成利润更大的变化。

(三)固定成本的敏感程度

已知固定成本提高10%,则:

$$利润 = 100\,000\times(20-12)- 220\,000= 580\,000(元)$$

$$目标值变动百分比=\frac{580\,000 - 600\,000}{600\,000}=-3.33\%$$

$$固定成本的敏感系数=\frac{-3.33\%}{10\%}=-0.333$$

这说明固定成本增加时,利润将少量减少。

(四)销售量的敏感程度

已知销售量增长10%,则:

$$利润=110\,000\times(20-12)-200\,000=680\,000(元)$$

$$目标值变动百分比=\frac{680\,000 - 600\,000}{600\,000} = 13.33\%$$

$$销量的敏感系数=\frac{13.33\%}{10\%} = 1.33$$

综上所述,该企业影响利润的诸因素中最敏感的是单价(敏感系数为3.33),其次是单位变动成本(敏感系数为-2),再次是销售量(敏感系数为1.33),最后是固定成本(敏感系数为-0.333)。其中,敏感系数为正值的,表明它与利润为同向增减;敏感系数为负值的,表明它与利润为反向增减。

本 章 小 结

本章主要阐述了本量利分析的主要内容,介绍了成本、业务量、利润之间的内在关系。首先界定了本量利分析的含义及基本假设;其次阐述了保本分析、安全程度分析和保利分析的基本内容,介绍了保本点的确定与保本点的应用等;最后明确了企业实际的经营管理活动中,本量利分析所要求的基本假设是无法完全得到满足的,这就可以借助敏感性分析来完善本量利分析,它适用于各种不同的可能后果,从而拓宽了管理人员对精心设计的计划之外的可能性预测。

案 例 点 击

天翔实业是一家生产汽车配件的企业，主要产品为汽车底盘。在公司建立的最初几年里，由于国内汽车行业处于几家巨头寡头垄断的局面，而天翔实业是其固定的供应商，所以经营效益一直不错，企业采用的是粗放式的传统生产经营方式。随着中国经济的发展，一方面，国外知名厂商纷纷进入中国汽车行业，通过大量的独资、合资等投资行为建立了数十家外商投资企业；另一方面，为了振兴民族工业，摆脱传统国有企业导致的经营低效的影响，国内又出现了多家民营汽车生产厂家；并且，由于汽车行业的丰厚利润和良好的前景，又吸引了国内一些原有的企业转向汽车行业进行多元化经营。中国的汽车行业因此风云突变，竞争日益加剧。整车的价格降低，必然导致汽车厂商的利润大幅度下降，内部成本控制成为汽车厂商生产经营过程中所关注的重点，供应商提供的原材料和零部件的价格也成为成本控制的重点。与此同时，国内涌现出大量以生产汽车底盘为主要产品的生产厂商，导致天翔实业面临的经营压力越来越大，传统的粗放式经营必须向精细化经营转型；单位产品的利润大幅降低，而产品的成本还不能同比例大幅度降低。企业的高层领导从传统的关心实际利润是多少，转向关心企业需要完成多少销量才能先保住不亏损的状态，然后再考虑进一步要达到既定的利润，企业需要完成的销售量是多少等问题。

(资料来源：吕长江. 管理会计. 上海：复旦大学出版社)

复习思考题

1. 简述本量利分析的前提条件。
2. 简述本量利分析图的作用。
3. 贡献边际率指标的含义是什么？它和变动成本率的关系如何？

案例 3-1：本量利分析案例

练 习 题

一、单项选择题

1.( )被称为本量利分析的基础，也是本量利分析最基本的出发点。
  A. 成本性态分析假设 B. 相关范围及线性假设
  C. 产销平衡假设 D. 品种结构不变假设
2. 在本量利分析中，必须假定产品成本的计算基础是( )。
  A. 完全成本法 B. 变动成本法 C. 吸收成本法 D. 制造成本法
3. 进行本量利分析，必须把企业全部成本区分为固定成本和( )。
  A. 税金成本 B. 材料成本 C. 人工成本 D. 变动成本

4. 按照本量利分析的假设，收入函数和成本函数的自变量均为同一个( )。
   A. 销售单价　　　B. 单位变动成本　　　C. 固定成本　　　D. 产销量
5. 计算贡献边际率，可以用单位贡献边际除以( )。
   A. 单位售价　　　B. 总成本　　　C. 销售收入　　　D. 变动成本
6. 下列指标中，可据以判定企业经营安全程度的指标是( )。
   A. 保本量　　　　　　　　　B. 贡献边际
   C. 保本作业率　　　　　　　D. 保本额
7. 当单价单独变动时，安全边际( )。
   A. 不会随之变动　　　　　　B. 不一定随之变动
   C. 将随之发生同方向变动　　D. 将随之发生反方向变动
8. 已知企业只生产一种产品，单位变动成本为每件45元，固定成本总额60 000元，产品单价为120元，为使安全边际率达到60%，该企业当期至少应销售的产品为( )。
   A. 2 000件　　　B. 1 333件　　　C. 800件　　　D. 1 280件
9. 已知企业只生产一种产品，单价5元，单位变动成本3元，固定成本总额600元，则保本销售量为( )。
   A. 200件　　　B. 300件　　　C. 120件　　　D. 400件
10. 某企业只生产一种产品，单位变动成本是36元，固定成本总额4 000元，产品单位销售价格56元，要使安全边际率达到50%，该企业的销售量应达到( )。
    A. 400件　　　B. 222件　　　C. 143件　　　D. 500件

二、多项选择题

1. 下列各项中，属于本量利分析内容的有( )。
   A. 单一产品下的保本分析　　　B. 盈利条件下单一品种的本量利分析
   C. 单一品种下的本量利关系图　D. 多品种下的本量利分析
   E. 目标利润的预测
2. 本量利分析的基本假设包括( )。
   A. 相关范围假设　　　B. 线性假设　　　C. 产销平衡假设
   D. 品种结构不变假设　E. 目标利润假设
3. 下列项目中，属于本量利分析研究内容的有( )。
   A. 销售量与利润的关系　　　B. 销售量、成本与利润的关系
   C. 成本与利润的关系　　　　D. 产品质量与成本的关系
   E. 设备质量与成本的关系
4. 安全边际指标包括的内容有( )。
   A. 安全边际量　　　B. 安全边际额　　　C. 安全边际率
   D. 保本作业率　　　E. 贡献边际率
5. 保本点的表现形式包括( )。
   A. 保本额　　　　　B. 保本量　　　　　C. 保本作业率
   D. 变动成本率　　　E. 贡献边际率

6. 下列各项中，可据以判定企业是否处于保本状态的标志有( )。
   A. 安全边际率为零
   B. 贡献边际等于固定成本
   C. 收支相等
   D. 保本作业率为零
   E. 贡献边际率等于变动成本率

7. 下列与安全边际率有关的说法中，正确的有( )。
   A. 安全边际与当年实际订货量的比值
   B. 安全边际率与保本作业率的和为1
   C. 安全边际与销售量的比率
   D. 安全边际率越小，企业发生亏损的可能性越小
   E. 安全边际率越大，企业发生亏损的可能性越小

8. 关于安全边际及安全边际率的说法中，正确的有( )。
   A. 安全边际是正常销售额超过盈亏临界点销售额的部分
   B. 安全边际率是安全边际量与正常销售量之比
   C. 安全边际率和保本作业率之和为1
   D. 安全边际率数值越大，企业发生亏损的可能性越大
   E. 安全边际表明销售下降多少，企业仍不至于亏损

9. 下列各式计算结果等于贡献边际率的有( )。
   A. 单位贡献边际/单价
   B. 1-变动成本率
   C. 贡献边际/销售收入
   D. 固定成本/保本销售量
   E. 固定成本/保本销售额

10. 贡献边际除了以总额的形式表现外，还包括以下表现形式( )。
    A. 单位贡献边际
    B. 税前利润
    C. 营业收入
    D. 贡献边际率
    E. 净利润

三、计算题

1. 设A企业生产和销售单一产品，该产品单位售价为80元，单位变动成本为50元，固定成本总额为60 000元，预计正常销售量为4 000件。要求计算：
   (1) 保本点和保本作业率。
   (2) 安全边际和安全边际率。

2. 某企业保本点的月销售额为50 000元，在其他指标不变而固定成本增加5 000元时，为了实现保本需要增加销售额8 000元。要求计算：
   (1) 原固定成本总额。
   (2) 贡献边际率。
   (3) 变动成本率。

3. 某公司 2019 年的简明损益表如下(单位：元)。

销售收入	160 000
减：销售成本	120 000(其中变动成本占 60%)
销售毛利	40 000
减：营业费用	50 000(其中固定成本占 50%)
净利润	−10 000

经过分析，公司亏损的原因是对产品的广告宣传不够，2020 年如果能增加广告费 4 000 元，可使销量大幅度增加，就能扭亏为盈。要求：

(1) 计算该公司 2020 年保本点销售额。

(2) 如果该公司 2020 年计划实现利润 14 000 元，则其销售额应为多少？

第三章 答案

第四章

作业成本管理

本章导读

ABC成本法又称作业成本分析法、作业成本计算法、作业成本核算法。

作业成本法的指导思想是："成本对象消耗作业，作业消耗资源。"作业成本法把直接成本和间接成本(包括期间费用)作为产品(服务)消耗作业的成本同等对待，拓宽了成本的计算范围，使计算出来的产品(服务)成本更准确真实。作业是成本计算的核心和基本对象，产品成本或服务成本是全部作业的成本总和，是实际耗用企业资源成本的终结。

学习目标

了解作业成本法计算的基本原理，掌握作业成本计算系统的运作过程及其具体运用，理解作业成本计算法与传统成本计算法的联系与区别，应用作业成本信息实施作业成本管理。

核心概念

作业成本法(activity-based costing) 作业成本管理(activity-based management) 物料需求计划(material requirement planning) 企业资源规划(enterprise resource planning) 成本动因(cost driver) 成本库(cost pool) 单位作业(unit level activity) 批别作业(batch level activity) 产品作业(product level activity) 能量作业(facility level activity) 增值作业(value-added activity) ABC成本法(activity-based cost method)

第四章　作业成本管理

引导案例

长安汽车的作业成本法

重庆长安汽车股份有限公司(以下简称长安汽车)以产品盈利为核心、以达成公司整体盈利能力提升为目标，在运用传统管理工具的同时，根据企业内部管理需求，改革创新，积极应用作业成本管理等管理会计工具，更精确地控制成本，较大程度提高了产品利润。

长安汽车作业成本法的实施步骤分为七个部分：一是培训动员。二是采集基础信息，如生产车间的组织架构、设备能耗参数等。三是确认计量资源，如人工成本、燃动费、折旧费等。四是为资源消耗选择动因，如人工成本的消耗动因是"人工作业时间"，即按照对应生产线，分作业项目统计人员有效工作时间、停线等待时间、停工时间。五是按照一定逻辑计算作业成本，如人工成本=某生产线某项作业耗用人工时间×固定人工分配率，固定人工分配率=某生产线固定人工成本总额÷该生产线人工作业时间之和。六是选择作业动因。七是产品成本计算。

(资料来源：《财务与会计》2015年第3期《长安汽车的作业成本法试点探索》)

第一节　作业成本法概述

在过去的几十年里，企业的经营环境发生了巨大的变化。在新的环境下，传统的成本管理方法受到猛烈冲击，各种新的成本管理方法不断产生与发展。在这些新的成本管理方法中，作业成本管理便是一种最具代表性的方法，其核心是作业成本法。

一、作业成本法的背景

20世纪70年代以来，生产日趋高度自动化，使得产品成本结构发生巨大变化——制造费用在产品成本中所占比例大幅上升，而直接人工在产品总成本中所占比重大幅下降。传统成本系统建立在"数量是影响成本的唯一因素"这一假定基础之上，从而将成本的产生过程过分简单化。在过去高度人工密集型的企业里，这种简单假定通常不会严重扭曲产品成本。先进制造系统的推广同样带来管理思想的演变，企业从追求规模转向以客户为导向；适时制生产方式(JIT)、弹性制造系统(FMS)、物料需求计划(MRP)、企业资源计划(ERP)、全面质量管理(TQM)这些新的管理思想和管理概念，无不要求企业的成本信息更加准确及时。

在新的制造环境下，传统成本计算会产生以下不合理现象：

(1) 用在产品成本中占有越来越小比重的直接人工去分配占有越来越大比重的制造费用。

(2) 分配越来越多与工时不相关的作业费用(如质量检验、试验、物料搬运和机器调整准备费用等)。

(3) 忽略批量不同产品实际耗费的差异，因此，传统成本计算法的应用必然导致成本信息严重扭曲。

随着企业 IT 技术的运用，MRPⅡ、ERP、CIM、JIT 等系统的应用范围不断扩大，企业新制造环境逐渐形成。企业使用计算机管理信息系统来管理经营与生产，最大限度地发挥现有设备、资源、人、技术的作用，最大限度地产生企业经济效益，已成为制造业企业的一致选择。从最早的物料需求计划(material requirements planning，MRP)、制造资源计划(manufacturing resource planning，MRPⅡ)到近年出现的企业资源计划(enterprise resource planning，ERP)等，为越来越多的企业采用。ERP 则是建立在信息技术基础上，以系统化的管理思想，为企业决策层及员工提供决策运行手段的管理平台。

不仅是 MRP 和 ERP，促成新制造环境形成的新系统还包括：弹性制造系统(FMS)、电脑整合制造系统(CIM)和适时生产系统(JIT)等。FMS 是指使用机器人及电脑控制的材料处置系统，来结合各种独立的电脑程式机器工具进行生产，它有益于产品制造程序的弹性化。CIM 则是指以电脑为核心，结合电脑辅助设计、电脑辅助工程及电脑辅助制造系统等所有新科技的系统，以形成自动化的制造程序，实现工厂无人化管理，可减少人工成本、节省时间并提高工作效率。JIT 是根据需要来安排生产和采购，以消除企业制造周期中的浪费和损失的管理系统。在 JIT 下，企业的供、产、销各个环节在时间上必须周密衔接，材料应适时到达现场，前一生产程序的半成品应适时送达后一生产程序，产成品要适时供给顾客，力争使生产经营各个环节无库存储备。

二、作业成本理论的产生与发展

(一)作业成本理论的产生

1941 年，时任田纳西河谷管理局主计长、会计学家埃里克·科勒(Eric Kohler)教授在《会计评论》杂志发表论文，首次对作业、作业账户设置等问题进行了讨论，并提出"每项作业都设置一个账户"。第二位研究"作业会计"的是乔治·斯托布斯(George J. Staubus)教授。1971 年，乔治·斯托布斯在具有重大影响的《作业成本计算和投入产出会计》一书中，对"作业""成本""作业成本计算"等概念作了全面阐述。

直到 20 世纪 80 年代末 90 年代初，美国芝加哥大学的罗宾·库珀(Robin Cooper)和哈佛大学的罗伯特·S. 卡普兰(Robert S. Kaplan)首次明确提出了作业成本法(activity-based costing method，ABC 成本法)这一概念，对 ABC 的现实意义、运作程序、成本动因选择、成本库的建立等重要问题进行了全面深入的分析，奠定了 ABC 研究的基石。自 20 世纪 80 年代末提出 ABC 概念以后，会计理论界对 ABC 研究的兴趣持续高涨。随着 ABC 概念在越来越多的公司、行业应用，特别是 ABC 应用软件的开发应用，近年来 ABC 又进入一个新的发展期。

(二)作业成本理论的发展

20 世纪 80 年代初期以来，为了适应全球竞争发展的需要，诸如 IBM、惠普、通用电气和柯达等许多美国公司，纷纷采用先进制造技术以提高产品质量和降低成本。与这些变化相适应，对作业成本法的研究也逐渐兴起。这是一种全新的成本管理理论和方法，自问世以来，不仅在成本计算方面，而且在成本管理、决策等方面发挥着积极的作用，极大地促进了会计与企业管理的理论和实践的发展。作业成本法以一种更精确的方式来分配间接成本，从而把资源分配到作业及其成本对象上。

Cooper 于 1990 年将作业按作业水平的不同分为以下几类：

(1) 单位水平作业。单位水平作业是指生产单位产品时所从事的作业，例如，直接材料和直接人工成本等。其成本与产量成比例变动。

(2) 批次水平作业。批次水平作业是指生产每批产品而从事的作业。其成本与产品批数成比例变动，是该批产品所有单位产品的固定(或共同)成本。例如，机器从生产某批产品转向生产另一批产品时，就需要对机器进行准备调整。

(3) 产品水平作业。产品水平作业是指为支援某种产品的生产而从事的作业，其目的是服务于该项产品的生产与销售。例如，对一种产品编制材料清单、测试线路等。

(4) 维持水平作业。维持水平作业是指为维持工厂生产而从事的作业，例如，工厂管理、暖气及照明、厂房折旧等。

这种作业的成本，为全部生产产品的共同成本。

作业成本法发源于美国，在国外近百年的发展历史中主要经历了四个阶段。

1. 起源阶段

20 世纪 30 年代末，为了解决美国水力发电行业间接费用的分配问题，美国会计行业的教授埃里克·科勒提出"作业"的概念，这是对作业成本法最早的探讨。随后在 20 世纪 50 年代，埃里克·科勒教授编写的《会计师大辞典》中，"作业""作业中心""成本动因"等概念被系统提出。科勒教授的作业成本观念是从管理学的角度出发，对会计学的成本理念并没有实质上的拓展，因此在会计学界并没有引起广泛关注，但其对作业等概念的提出是作业成本法的雏形。

2. 作业成本概念框架初步形成阶段

美国学者乔治·斯托布斯在 20 世纪 60 年代对作业成本法作了一系列深入的研究，并在 1971 年出版的专著《作业成本计算与投入产出会计》中全面而系统地讨论了"作业""作业成本""作业投入产出系统"等概念，认为成本核算的内容不能被简单地分为直接材料、直接人工、制造费用，而应该是生产所耗费的全部资源；依靠单一的分配标准无法对成本进行准确核算，而准确的成本信息可以通过作业成本的概念为企业提供。唐纳德·郎曼与迈克尔·斯基夫合著的《实际分配成本分析》一书中提出了用"应用因子"进行成本分摊的概念。这一阶段，斯托布斯等学者的深入研究对作业成本理论框架的形成产生了深远影响。

3. 作业成本理论形成阶段

20 世纪 80 年代，在第三次科技革命的推动下，作业成本的相关概念逐渐完善，其中美国芝加哥大学的学者罗宾·库珀和哈佛大学的教授罗伯特·S.卡普兰的研究受到会计学界的广泛关注。两位学者在 20 世纪 80 年代末发表了《作业成本系统》《作业成本计算法》等一系列研究作业成本法的文章，这些著作在前人研究的基础上，对作业成本法在不同行业的实际运用作了全方位分析，包括选择恰当的成本动因、建立作业中心等关键程序，奠定了作业成本法的理论基础，标志着作业成本理论的形成。

4. 作业成本法的应用阶段

经历了 20 世纪 80 年代作业成本理论井喷式的理论研究后，从 20 世纪 90 年代末开始，会计学术界更加关注作业成本法在实际中的运用，并将作业成本法与企业管理联系起来。1992 年，库珀、卡普兰和美国《成本管理》杂志主编劳伦斯·梅塞尔三人合著的《应用作业成本法：从分析到实践》将作业成本法在八大公司的试点应用加以整理，回答了作业成本法能为企业带来多大的经济效益、怎样设计和推行作业成本体系才能获得这些效益等问题。库珀和卡普兰在 1998 年出版的《成本与效益》和 1999 年出版的《成本管理系统设计》两本专著中详细分析了传统的成本核算方法在成本分配准确性方面的局限性、作业成本法在核算和企业管理方面的优势以及如何将作业成本法应用至企业管理等问题，阐述了成本管理的四阶段模型。罗伯特·贝尔等学者发表的《成本管理系统设计——基于作业成本导向的成本控制模型》一文将作业成本法创造性地与成本管理理论相结合，从企业的内部条件和外部环境角度全面分析了实施作业成本管理程序等问题。这一阶段作业成本法与企业管理相结合，标志着作业成本法应用于实践的日趋成熟，对企业发展产生了深远影响。

近年来，相关学者对作业成本管理理论在各个领域的应用作了大量研究。卡普兰在 2014 年发表的《时间驱动作业成本法在医疗健康领域的价值改进研究》和《基于时间驱动作业成本法的价值提升研究》中分析了通过价值工程学理论和作业成本管理理论，在不牺牲质量的前提下运用时间驱动作业成本法改善医疗行业的服务流程，从而实现成本降低、提高效率、优化资源配置的目的。2015 年，意大利学者劳拉在《基于作业成本法医疗行业服务流程中的价值应用》一文中指出，作业成本法对诊断治疗流程中的价值重组可以有效降低成本。汤姆·德鲁斯、奥利弗·奥斯勒等人在 2017 年发表的文章中构建了一个基于作业成本法的弹性生产框架，并指出在此框架下的生产计划可使得成本核算更加透明有效，使企业运营更有效率。

作业成本法，是一种通过对所有作业活动进行追踪动态反映，计量作业和成本对象的成本，评价作业业绩和资源的利用情况的成本计算和管理方法。它以作业为中心，根据作业对资源耗费的情况将资源的成本分配到作业中，然后根据产品和服务所耗用的作业量，最终将成本分配到产品与服务，是将企业一般管理费用按照更现实的基础进行分摊而非按照直接劳动工时或机械工时。达成该目标的工具是作业成本法会计系统，首先基于实施的作业累加成本，然后按成本动因分摊成本到产品或其他要素，如客户、市场或项目。

第二节 作业成本法的基本原理

一、作业成本法的基本概念

作业成本计算的核心是在计算产品成本时，先将间接费用归于每一项作业，然后再将每一项作业的成本分摊到产品成本中。因此，要进行作业成本计算，首先必须明确作业成本计算的几个基本概念。

(一)资源

在作业成本法中，资源是指企业生产耗费的最原始形态的资源。所有进入企业作业系统的人力、物力、财力等都属于资源范围。资源可以分为货币资源、材料资源、人力资源、动力资源以及厂房设备资源等。

(二)作业

在作业成本法中，作业是指具有一定目的、以人为主体消耗了一定资源的特定范围内的工作，是企业为提供产品或劳务所进行的各种工序和工作环节的总称。例如，产品设计、材料搬运、包装、订单处理、机器调试、采购、设备运行及质量检验等均为不同的作业。

通常企业的作业可分为以下四个层次。

(1) 单位层次作业。该层次作业的成本与产品产量相关，或属于以产品产量为基础的变动成本，如机器运转成本。

(2) 批量层次作业。该层次作业的成本与产品的批数有关，但与产量无直接关系。就生产批次而言，此类成本的性质为变动成本，但是就某一批产品而言，它属于固定成本，如机器的调整就属于此类。

(3) 产品层次作业。该层次作业的成本与产品项目多少有关，但与产品的生产批次和生产数量无关。换句话说，此类成本随产品的品种增加而增加。但就某种特定产品而言，它属于固定成本。例如产品设计成本就属于此类。

(4) 生产能力层次作业。该层次作业的成本与良好的生产环境有关。它属于各类产品的共同成本，与产品项目多少、某种产品生产批次、某批产品的产量无关。例如，厂房的折旧、厂房设备的维护与修理费用、工厂管理与人事管理等费用都属于此类。

(三)成本动因

成本动因是指引起成本发生的因素。成本动因可以分为以下两种形式。

(1) 资源动因。资源动因反映作业中心对资源的消耗情况，是资源成本分配到作业中心的标准。例如，电力资源的资源动因是有关作业消耗电力的度数。

(2) 作业动因。作业动因是将作业中心的成本分配到产品或劳务中的标准，它也是将资源消耗与最终产出的中介。例如，材料搬动作业的作业衡量标准是搬动的零件数量，生产调度作业的作业衡量标准是生产订单数量，自动化设备作业的作业衡量标准是机器小时数，精加工作业的作业衡量标准是直接人工工时数等。

二、作业成本计算法的理论基础与基本原理

(一)作业成本计算法的理论基础

作业成本计算法的理论基础是认为生产过程应该描述为：生产导致作业发生，产品耗用作业，作业耗用资源，从而导致成本发生。这与传统的制造成本法中产品耗用成本的理念是不同的。这样，作业成本法就以作业成本的核算追踪了产品形成和成本积累的过程，对成本形成的"前因后果"进行追本溯源：从"前因"上讲，由于成本由作业引起，对成本的分析应该是对价值链的分析，而价值链贯穿于企业经营的所有环节，所以成本分析首先从市场需求和产品设计环节开始；从"后果"上讲，要搞清作业的完成实际耗费了多少资源，这些资源是如何实现价值转移的，最终向客户(即市场)转移了多少价值、收取了多少

价值，成本分析才算结束。由此出发，作业成本计算法使成本的研究更加深入，成本信息更加详细化、更具有可控性。

(二)作业成本计算法的基本原理

所谓作业成本计算法，是指通过对所有作业活动进行动态的追踪反映，计量作业和成本对象的成本，评价作业业绩和资源利用情况的方法。其目的是准确计量为顾客提供产品与劳务的成本，从而有助于作出合理的定价决策。作业成本计算法建立在"作业消耗资源，成本对象(如产品、服务、顾客等)消耗作业"两个隐含的假设基础之上，根据这两个隐含的假设，作业成本计算法结合资源耗用的因果关系进行成本分配。具体而言，依据不同成本动因(cost driver)分别设置成本库(cost pool)，再分别以各成本对象所耗用的作业量分摊其在该成本库中的作业成本，然后，分别汇总各成本对象的作业成本，计算出它们的总成本和单位成本。由此可见，作业成本计算将着眼点放在作业上，以作业为核心，先根据资源的耗费情况追踪成本到作业，再根据成本对象消耗作业的情况将作业成本分配到成本对象。简单的作业成本模型如图4-1所示。

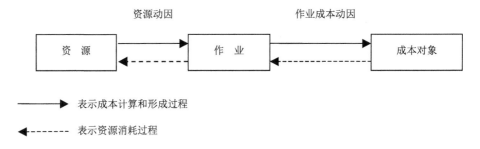

图4-1 作业成本计算的基本模型

三、作业成本法的基本步骤

根据上述基本原理，作业成本计算系统的设计包括以下四个步骤。

(一)确认主要作业和作业中心

设计作业成本计算系统的首要步骤就是要确定作业(activity)。所谓作业是指一个组织为了实现某一目的而进行的耗费资源的工作，也是作业成本计算系统中的最小成本归集单元。它代表组织实施的工作，是连接资源与成本对象的桥梁，也是作业成本计算和作业成本管理的核心。一个企业往往有数以百计的作业，管理层为了防止迷失在数据堆里，通常都会采用一些有效的分类方法。最常见的解决方法是将一系列相互关联、能够实现某种特定功能的作业集合起来归入一个作业中心，进而形成作业成本库。一个作业中心是相关作业的集合，它提供有关每项作业的成本信息，包括每项作业所耗费的信息以及作业执行情况的信息。

作业根据服务的层次和范围可以分为：单位作业(unit level activity)、批量作业(batch level activity)、产品作业(product level activity)和能量作业(facility level activity)。

在确定作业时，应重点考虑两个方面。一是考虑取得作业成本数据的目的。如果目的

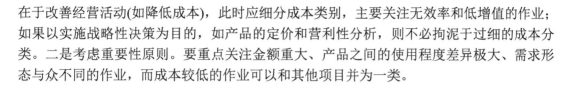

在于改善经营活动(如降低成本),此时应细分成本类别,主要关注无效率和低增值的作业;如果以实施战略性决策为目的,如产品的定价和营利性分析,则不必拘泥于过细的成本分类。二是考虑重要性原则。要重点关注金额重大、产品之间的使用程度差异极大、需求形态与众不同的作业,而成本较低的作业可以和其他项目并为一类。

(二)归集成本和成本动因的分析

传统会计账簿通过应付工资、应付账款和存货等日记账记录所发生的各类资源成本。本步骤主要是为了找出与各项作业相关的资源成本,以通过现有的计量指标进行分配。例如,可以将材料成本归集到消耗材料的加工作业中,可以通过分析某一职能或某一员工的工作时间在不同作业上的分配情况,来估计该职能部门的成本或该员工的工资应如何分到不同的作业上;也可以根据资源动因(衡量资源消耗量与作业之间关系的某种计量标准)进行分配。为此,必须根据作业的类型和资源成本的性质来确定成本动因。

所谓成本动因,是指解释发生成本的作业特性的计量指标,反映作业所耗用的成本或其他作业所消耗的作业量。它将作业成本和成本对象联系起来,是计算作业成本的依据,可以揭示执行作业的原因和作业消耗资源的大小。分析作业成本的动因的目的在于对作业成本实施事前控制,如制订合理的生产计划来保证作业的低成本。为了正确识别、选择、利用成本动因以服务于现代成本管理,应把握成本动因的以下特征。

(1) 隐蔽性。成本动因是隐藏在成本之后的驱动因素,一般要对成本行为进行具体的深入分析才能识别出来。

(2) 相关性。成本动因与成本发生和变动的价值活动高度相关,只有分析作业之间的相关性,才能正确选择成本动因。

(3) 适用性。成本动因存在于各种类型的作业之中,适用于分析各类作业、各类资源流动和各类成本领域的因果关系。

(4) 可计量性。作为分配和分析成本的基础,成本动因都可计量,因而可作为成本分配的标准。

为了控制信息处理成本,作业成本动因的数量不宜过多。作业成本动因的选择应当在精确性和度量成本之间进行权衡。有三个不同类型的作业成本动因:交易性成本动因、延续性成本动因和精确性成本动因。交易性成本动因计量作业发生的频率,如设备调整次数、订单数、安装数量等。当所有产出对作业具有相同的要求时,可以选择交易性成本动因。例如,安排产品的生产环节或处理购买订单,所需要的时间和精力与生产的产品数量或订货次数无关,但可能都是相同的。这是成本动因中收集成本最低的一种,也可能是最不准确的一种。因为假定完成一项作业所需的资源数量基本一致。当完成各种产品的作业所需资源变化很大时,应采用更为准确的计量标准,即延续性成本动因。它代表完成某一作业所需的时间。例如,性能简单的产品所需的检验时间可能只要几分钟,而性能复杂的产品可能会需要几个小时,此时,不能以检验次数作为成本动因,而应以检验时间作为驱动因素。延续性成本动因,如安装时间、调试时间、检查时间和直接人工工时等,它们较交易性成本动因准确,但由于需要对每次完成作业时间进行估计,收集成本可能较高。因此,当每单位时间内进行产品检验所耗的人力、技术、资源等存在显著差异时,则需要采用精确性成本动因。这是一种根据每次执行一项作业所消耗的资源来计量的成本。像在产品检验过程中，性能复杂的产品可能需要专门的检验人员和质量测定工具，这样，性能简单的产品可能所需就相对较少。在这种情况下，作业成本必须直接计量到产品中，即以每次检验的资源成本作为成本动因。精确性成本动因使用直接计量的方法，是最准确的作业成本动因，但也是收集成本最高的。因此，它只适用于与作业相关的、资源非常稀缺且在每次作业中用量都有很大变化的情形。

作业成本动因要同与它相关联的作业成本类别相匹配。典型的作业与成本动因之间的对应关系如表 4-1 所示。

表 4-1　作业与成本动因之间的对应关系

类　别	代表作业	常见成本动因
单位作业	机器耗用动力、直接人工操作、单位产品质量检验	机器工时、直接人工工时、单位成本
批量作业	采购订单、生产订单处理、采购物料、机器调试准备、材料处理、每批产品质量检验	处理的订单、收到的材料量、采购次数、准备时间、调试次数、批数或工时
产品作业	质量检验、产品检验、产品设计、零件管理、生产流程、市场调查、售后服务	检验次数、检验时间、产品种类、零件数量、调查次数、服务次数
能量作业	厂务管理、人事管理和培训	厂房面积、机器工时、员工人数、培训时间

选择成本动因时，主要应考虑以下四个方面的原则。

(1) 相关性。作业成本法的核心观念是根据产品消耗的某一作业成本动因量将作业成本分配给相关产品。这实际上是通过观察产品消耗的成本动因量，推导出每种产品消耗的作业量。因而，成本分配的准确性取决于作业消耗量与成本动因的相关程度。

(2) 成本效益。设计任何信息系统都必须考虑成本效益原则。作业成本系统中的作业成本库越多，所需的成本动因就越多，成本的分配就越精确，但这将导致更高的系统执行和保持成本。因此，必须对作业成本动因进行选择。根据成本效益原则，获得成本动因数据就越方便，成本动因信息资源的加工处理越简单，则执行作业成本系统的成本就越低，这样的成本动因就越容易被选中。

(3) 行为因素。在确定成本动因时，作业成本系统的设计者应考虑可能的行为结果，因为成本系统的设计可能会对决策者产生有利或不利的行为影响。例如，为了将存货和材料处理作业降至尽可能低的水平，以材料搬运次数为成本动因可能是计量所消耗资源的最精确的成本分配方法。但经理人员也可能通过减少材料搬运时间的行为因素来达到降低搬运成本的目的。

(4) 实行作业成本系统的目标。如果组织实行作业成本系统的主要目标是战略决策，那么通常采用"自上而下"的方法来确定作业，此时作业口径较粗，成本动因数目较少，设计的作业成本系统也比较简单。如果实行作业成本系统的主要目标包括管理控制，那么通常采用"自下而上"的方法来确定作业，此时作业成本口径较细，相应的成本动因数目较多，设计的作业成本系统就更复杂。另外，作业成本动因的选择并非是受这四个因素的单独影响，而是受它们共同影响的结果。

(三)建立成本库

一旦选定作业成本动因，就可将具有同质成本动因的相关成本归集起来，形成作业成本库。作业成本库是作业中心(或作业)的货币表现形式，可以归集直接人工、直接材料、机器设备、管理费用等。一个作业成本库只能有一个成本动因与之相对应。

(四)建立作业成本计算模型

作业成本计算法是把企业消耗的资源按成本动因分配到作业以及把作业收集的作业成本分配到成本对象(产品)的核算方法。作业成本计算有两个模型：两阶段模型和多阶段模型。

两阶段模型比较简单，第一阶段是将资源成本(直接和间接成本)按资源动因分配到不同的作业成本库，并计算每一个成本库的分配率；第二阶段是利用作业成本库分配率，把在这些作业上归集的成本分摊给产品，计算产品成本。例如，将福利费按员工人数，水电费和机物料消耗按机器工时分配到某一作业上，再汇总该作业所归集的福利费、水电费和机物料消耗，然后按产量、加工时间等分配到成本对象上。这一模型如图4-2所示。

在实际生产过程中，并非所有的作业都直接被最终产品所消耗，而可能被其他或多个作业所消耗，于是就产生了多阶段模型。它试图更准确地反映成本在组织里流动的实际情况，强调作业和作业、作业和产品之间的关系，对成本对象消耗资源的差异性进行更详细的分解，以更好地体现产品和劳务的增值及经营的复杂性。例如，在将供电车间管理人员每月的工资福利等资源成本分配到产品上时，可以先根据每月的消耗量计算分配到机器耗用电力作业上，得到机器耗用电力作业成本。产品质量检验作业根据检验过程中的耗电量，再将机器耗用电力作业成本分配到产品质量检验作业，归集质量检验作业的成本。当然，还有生产过程中的其他作业也消耗了供电车间的电力，诸如设备维修作业等。最后，根据产品质量检验次数等成本动因归集到产品成本对象上，确定产品所消耗的供电车间管理人员的人力资源成本。这一模型如图4-3所示。

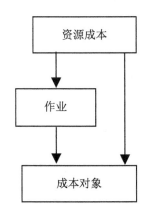

图4-2 两阶段作业成本计算模型

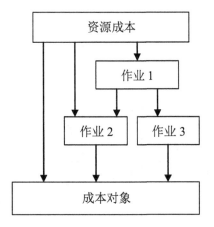

图4-3 多阶段作业成本计算模型

四、作业成本法计算举例

下面通过一个简单的例题说明作业成本法与传统成本计算法的主要区别。

【例 4-1】 某企业生产甲、乙两种产品,有关资料如下。

(1) 甲、乙两种产品的基本资料如表 4-2 所示。

表 4-2 甲、乙两种产品的基本资料

产品名称	月产量/件	单位产品/机器小时	直接材料单位成本/元	直接人工单位成本/元
甲	200	4	20	40
乙	800	4	50	20

(2) 企业每年制造费用总额为 20 000 元,甲、乙两种产品的复杂程度不一样,耗用的作业量也不一样。与制造费用相关的作业有 5 个,设置 5 个成本库。有关资料如表 4-3 所示。

表 4-3 制造费用作业成本资料

单位:元

作业名称	成本动因	作业成本/元	作业动因数		
			甲产品	乙产品	合 计
设备维护	维护次数	4 000	16	4	20
订单处理	生产订单份数	2 000	140	60	200
机器调整准备	机器调整准备次数	1 600	60	20	80
机器运行	机器小时数	10 000	400	1 600	2 000
质量检验	检验次数	2 400	120	80	200
合计	—	20 000	—	—	—

下面,分别用作业成本法与传统成本计算法计算上述两种产品的单位成本。

(1) 利用作业成本法计算各项作业的成本动因分配率,计算结果如表 4-4 所示。

表 4-4 作业成本动因分配率

作业名称	成本动因	作业成本/元	作业量			分配率
			甲产品	乙产品	合 计	
设备维护	维护次数	4 000	16	4	20	200 元/次
订单处理	生产订单份数	2 000	140	60	200	10 元/次
机器调整准备	机器调整准备次数	1 600	60	20	80	20 元/次
机器运行	机器小时数	10 000	400	1 600	2 000	5 元/机器小时
质量检验	检验次数	2 400	120	80	200	12 元/次
合计	—	20 000	—	—	—	—

(2) 利用作业成本法计算两种产品的制造费用。计算过程与结果如下：

甲产品制造费用=16×200+140×10+60×20+400×5+120×12=9 240(元)

乙产品制造费用=4×200+60×10+20×20+1 600×5+80×12=10 760(元)

(3) 利用传统成本计算法分别计算上述两种产品的制造费用。

甲、乙两种产品的机器小时总数分别为400和1 600，制造费用总额为20 000元，则：

制造费用分配率=20 000/2 000=10(元/小时)

甲产品制造费用=400×10=4 000(元)

乙产品制造费用=1 600×10=16 000(元)

(4) 在计算完甲、乙两种产品所分配的制造费用之后，可以着手计算这两种产品的总成本及单位成本，有关结果如表4-5所示。

表4-5 作业成本法与传统成本法计算结果比较

项目	甲产品(产量 100 件)				乙产品(产量 400 件)			
	总成本/元		单位成本/(元/件)		总成本/元		单位成本/(元/件)	
	传统方法	ABC成本法	传统方法	ABC成本法	传统方法	ABC成本法	传统方法	ABC成本法
直接材料	2 000	2 000	20	20	20 000	20 000	50	50
直接人工	4 000	4 000	40	40	8 000	8 000	20	20
制造费用	4 000	9 240	40	92.4	16 000	10 760	40	26.9
合计	10 000	15 240	100	152.4	44 000	38 760	110	96.9

本例说明，在传统成本计算法下，高产量、生产过程简单的产品(乙产品)的成本计算结果显著高于作业成本法的计算结果。而低产量、生产过程复杂的产品(甲产品)的计算结果则恰恰相反。造成这种结果的根本原因在于，后一类产品每件所消耗的间接费用显著高于前一类，而传统成本计算法却无法对此作出反映。

第三节　作业成本法与传统成本计算法

一、作业成本法与传统成本计算法的比较

作业成本法是一个以作业为基础的成本计算系统，并贯穿于作业管理的始终，在决策和控制过程中发挥着重要作用，从而实现了成本计算与成本管理的结合，作业成本法作为一种先进的成本计算方法，与传统成本计算方法不仅具有一定的联系，还存在着明显的区别。

(一)作业成本法与传统成本计算法的联系

作业成本法步骤的复杂性，带来了成本核算自身成本的增加，但是也使得成本核算结果的准确性大大提高，为企业进行经营管理提供了更为准确的成本信息，这一点在企业考

虑产品或服务定价决策、运用产品或服务提供的边际贡献进行相关决策时体现得更为明显。

1. 目的相同

二者的最终目的都是计算最终产品成本(产品、劳务或顾客)，传统成本计算方法是将各项费用在各种产品(成本对象)之间进行分配和再分配，最终计算出产品成本；而作业成本法是将各项费用先在各作业中心之间进行分配，建立成本库，然后按照各种产品耗用作业的数量，把各作业成本计入各种产品成本，计算出产品成本。

2. 对直接费用的确认和分配方法相同

二者都依据受益性原则对发生的直接费用予以确认。无论采用传统成本计算方法还是作业成本计算方法，单位直接材料和直接人工都相同。

(二)作业成本法与传统成本计算法的区别

由于传统分配方法对于间接成本的计算基于简单的分配基础(如直接人工小时、机器加工小时、产品或服务的个数等)，对间接费用的分配存在很大偏差，导致成本信息失真，这在生产的产品或提供的服务复杂程度存在显著差异的情况下尤为突出。

1. 成本计算对象不同

在传统成本计算方法下，人们较为关注产品成本结果本身，集中表现在成本计算对象的单一性上。传统成本计算对象仅仅是企业所生产的各种产品，而且一般为最终产品。而在作业成本法下，人们不仅关注产品成本结果本身，更关注产品成本产生的原因及其形成的全过程。因而作业成本计算对象是多层次的，不仅包括最终产品，还把资源、作业、作业中心、劳务、顾客和市场等作为成本对象计算。

2. 成本核算范围不同

在传统成本计算方法下，成本的核算范围是指产品的制造成本，只包括与生产产品直接相关的费用——直接材料、直接人工、制造费用等，并按照费用的经济用途设置成本项目，对于企业管理和组织生产经营的费用以及产品销售费用则作为期间费用来处理。在作业成本法下，成本核算范围得到拓宽，是指产品的完全成本，具体而言，是生产产品所耗费的合理、有效的费用。它们按照作业类别设置成本项目，都是对最终产品有益的支出。即使是与产品生产没有直接关系的一些合理、有效的费用，如采购人员工资、广告费、质量检验费、物料搬运费等，也应纳入产品的成本核算范围。当然，此时也存在期间费用，但其所汇集的是所有无效的、不合理的支出，即作业中心所耗费的无效资源价值和非增值作业耗费的资源价值。作业成本法下所传递的成本信息，不仅消除了传统成本计算方法所扭曲的成本信息，还能使企业管理部门改变作业的经营过程。

3. 间接费用分配方法不同

传统成本计算方法按照较为单一的标准(如机器工时、生产工时)将间接费用直接分配到最终产品上去，从而无法在生产过程中正确反映不同产品、不同技术因素对费用产生的不同影响。与传统成本计算方法相比，作业成本法采用的是比较合理的多标准、多步骤的分配方法。首先依据资源动因将制造费用分配到各作业中心,并计算出各作业中心所归集的成本。然后依据作业动因将作业中心的成本分配到最终产品上去。由于生产成本中的直接材料和直接人工属于直接成本,因而作业成本法对直接材料和直接人工成本的核算方法与传统成本计算方法相同,它们之间的差异主要体现在制造费用的分配上。

二、作业成本法的特点

从成本计算的角度讲,作业成本法与传统成本计算法有较大差别。作业成本法主要有以下特点。

(一)可提供更详细的信息

作业成本法采用了多元分配基准,集财务变量与非财务变量于一体,且特别强调非财务变量,如产品的零部件数量、调整准备次数、运输距离等。这种财务变量和非财务变量相结合的分配基础,使能直接归属于某种产品的成本比重大大增加,而按照人为标准分配于某种产品的成本比重大大缩减,提高了成本核算的合理性和相对准确性,有利于企业作出正确的经营决策。

(二)成本对象的范围极为广泛

传统成本计算法主要以产品为成本对象计算成本。而作业成本法下,成本对象的范围极为广泛。管理人员为了满足管理决策的不同需要,可以选择不同的成本对象计算成本。例如,可以选择客户、企业经营的某一过程(如采购过程)、营销渠道(如电视广告)、销售渠道(如特定经销店)等作为成本对象,计算其相应成本。当然,作业成本法的基本成本对象是"作业"。其他成本对象的成本计算通常是通过"作业成本"进行分配。

(三)作业成本法不再直接区分直接费用和间接费用

作业成本法将直接费用和间接费用都视为产品消耗作业而付出的代价,因而将两者同等对待。对直接费用的确认和分配,作业成本法与传统成本计算法并无差别,它们的差异是对间接费用的处理。传统成本计算法要求按单一分配标准(按人工成本或机器小时)分配间接费用,而作业成本法则要求按作业归集间接费用,对其分配则不局限于以单一的工时或机器小时为分配标准,而是依据作业成本动因,采用多样化的分配标准,从而使成本的可追溯性大大提高,得出的产品成本信息也更为客观、真实,更有利于企业的经营决策、成本控制和业绩评价。

(四)所有成本均是变动的

在变动成本法下,有相当一部分成本,因为在一定范围内不随产量(或机器小时等其他业务量)的变化而变化,所以被划为固定成本。但从作业成本法的观点来看,这部分成本虽然不随产量的增加而增加,却会随其他因素的变化而改变。这些因素包括产品批次、产品线的调整、企业生产能力的增减等。作业成本法将所有成本视为变动的,这有利于企业分析成本产生的动因，进而降低成本。

三、作业成本法的使用范围

尽管作业成本法与传统成本计算方法相比有较多的优点，但这并不是说作业成本法应立即取代传统成本计算法，作业成本法有一定的适用条件，只有具备这些条件，作业成本法才能发挥其优势。根据作业成本法的特点，具备下列特性之一的企业较适合采用作业成本法。

(1) 企业规模大，产品种类繁多，自动化程度高，间接制造费用比重大。
(2) 各个产品需要技术服务的程度不同。
(3) 现有成本管理模式不适应企业管理需求。
(4) 竞争激烈。
(5) 有先进的计算机技术和优秀的人才等。

本 章 小 结

本章主要讲述了一种先进的成本核算方法——作业成本法，与传统成本核算方法最根本的不同，就是使用多种分配基础分配归集间接成本。本章介绍了作业成本法的基本概念；作业成本法的基本原理与计算步骤；作业成本法与传统成本计算法的联系与区别；作业成本法的优点和局限；作业成本法在服务行业中的应用。

案 例 点 击

世锋有限公司是一家规模较大、品种规格较齐全的电视机零配件生产企业。与国内同行业的其他企业相比，甲零件的生产技术已相当成熟，并作为公司的主营产品享誉全国。然而，最近三年的财务报表显示，世锋公司的净利润始终低于预期水平。为了查明原因，世锋公司委托毓信咨询公司对其经营业绩进行评价，对生产流程及公司政策进行详细调查。调查结果表明，该公司无法实现目标利润的原因与其产品成本计算方法有关。于是，按照世锋高层管理部门的要求，毓信公司向其提供了一份有关此次调查的详细书面报告。

书面报告要求对世锋公司的定价结构进行一次重大调整。近年来，世锋公司的竞争对手一直在压低甲零件的价格，而这是世锋公司产量最高，也是市场需求最大的产品，而且世锋公司的生产效率并不比竞争对手低。可是竞争对手却能制定出比世锋公司低得多的价格。当前竞争对手已将甲零件的价格降至 80 元/件，而世锋公司却将同样产品的价格定在 95 元/件，获得的单位毛利仅为 10 元。与此相反，乙零件的销售情况却非常好，要求订货的顾客源源不绝。乙零件是一种生产工序极其复杂的产品，许多竞争对手因此望而却步。目前世锋公司将价格定在 60 元/件，而同一规格的产品市场价格却高达 130 元/件，这种情况下，世锋公司还能获得 25 元的单位毛利。这样，世锋公司不得不削减对甲零件的生产，转而增加乙零件的生产。可是，世锋公司明显具有生产甲零件的优势。对于乙零件而言，由于生产技术有待完善，目前不宜大规模扩张。针对这一令人迷惑又头疼的现象，毓信公司建议世锋公司采用作业成本计算方法代替传统的成本计算方法来重新计算各种产品的成本，进而可对公司的定价结构进行调整。毓信公司的先期研究发现，产量高的甲零件单位成本至少被高估了30元，而工序复杂的乙零件却没有承担其应承担的成本，单位成本被低估了大约85元。

世锋公司高层管理部门在详细阅读了这份书面报告并经过充分讨论之后，决定在公司全面实施作业成本法。另外，世锋公司还引入了作业成本管理，准备在全公司范围内进行大刀阔斧的改革。

根据以上资料，试分析该公司存在的问题和优势，该公司实施作业成本管理是否正确，制定该公司未来的短期生产决策。

(资料来源：郭晓梅主编. 管理会计. 北京：北京师范大学出版社)

复习思考题

1. 作业成本法下分配间接费用遵循的原则是什么？
2. 什么是作业成本法？作业成本计算与传统成本计算的区别是什么？
3. 什么是作业成本动因？在选定作业成本动因时，应该注意解决好哪些问题？
4. 作业成本计算的一般程序是什么？
5. 什么是作业成本库？其作用是什么？

案例4-1：作业成本法在J公司自营配送模式下的应用

练 习 题

一、单项选择题

1. 作业成本法适用于具有以下特征的企业(　　)。
   A. 间接生产费用比重较小　　　　B. 作业环节较少
   C. 生产准备成本较高　　　　　　D. 产品品种较少
2. 作业成本法的缺陷有(　　)。
   A. 实施成本较高　　　　　　　　B. 实施效果较差
   C. 成本决策相关性较弱　　　　　D. 间接费用的分配与产出量相关性较弱
3. 作业成本法与传统成本计算法的区别之一是作业成本法(　　)。
   A. 存在较多的同质成本库　　　　B. 存在较少的同质成本库
   C. 间接费用分配基础不一定是成本动因　　D. 成本决策相关性较弱
4. 按照作业的执行方式，可将作业分为(　　)。
   A. 主要作业和次要作业　　　　　B. 必需性作业和酌量性作业
   C. 重复作业和不重复作业　　　　D. 后勤作业和质量作业

5. 下列项目中，不属于按受益对象分类的作业是( )。
   A. 单位水平作业			B. 协调平衡作业
   C. 批次水平作业			D. 工厂维持作业
6. 销售成本和调运成本不包括( )。
   A. 执行订单成本			B. 装运成本
   C. 编制商品销售价目表		D. 材料采购
7. 作业成本法所采用的成本动因( )。
   A. 不考虑辅助作业			B. 只考虑某些生产作业
   C. 将作业与产品直接联系在一起	D. 将作业与产品间接联系在一起
8. 华宇公司本期制造费用共计 480 000 元，采用传统成本法核算，它拥有 5 个辅助生产部门和 5 个生产部门，生产 25 种产品。其制造费用中应有( )分配至产品层次。
   A. 48 000 元				B. 480 000 元
   C. 1 920 元				D. 0 元
9. 与数量相关的动因不包括( )。
   A. 产量		B. 直接人工工时		C. 机器工时		D. 生产工人人数
10. 在作业成本法下通常难以找到合适的成本动因来将( )作业所消耗的资源分配至产品。
    A. 车间管理				B. 直接人工
    C. 质量检验				D. 机器调试

二、多项选择题

1. 作业按所完成的职能可以分为( )。
   A. 后勤作业		B. 协调、平衡作业		C. 质量作业
   D. 变化作业		E. 产品维持作业
2. 作业基础成本法适用于具有以下特征的企业( )。
   A. 间接生产费用比重较大		B. 企业规模大、产品品种多
   C. 作业环节多且易辨认		D. 生产准备成本较高
   E. 计算机技术较高
3. 作业的分类方法主要有( )。
   A. 按作业所完成的职能分		B. 按作业的执行方式分
   C. 按作业的性质分			D. 按作业的收益对象分
   E. 按作业的时间长短分
4. 作业成本法的兴起和运用与以下新的制造环境密切相关( )。
   A. 专业化生产			B. 电脑辅助设计			C. 弹性制造系统
   D. 适时制生产方式		E. 自动化生产
5. 成本动因的选择应遵循以下原则( )。
   A. 因果关系		B. 受益性		C. 合理性
   D. 全面性		E. 灵活性
6. 作业成本计算制度相对于产量基础成本计算制度而言具有以下特点( )。

A. 建立众多的间接成本集合

B. 同一个间接成本集合中的间接成本是基于同一个成本动因所驱动

C. 间接成本的分配应以成本动因为基础

D. 不同集合之间的间接成本缺乏同质性

E. 实施成本低

7. 下列有关产量基础成本计算制度表述正确的是(   )。

A. 以人工成本、人工工时等作为间接费用分配的基础

B. 往往会夸大高产量产品的成本，而缩小低产量产品的成本

C. 整个工厂仅有一个或几个间接成本集合(如制造费用、辅助生产等)，它们通常缺乏同质性

D. 主要适用于产量是成本主要驱动因素的传统加工业

E. 间接成本的分配以成本动因为基础

8. 下列各项中，属于直接成本的是(   )。

A. 构成产品实体的原材料   B. 车间照明用电费

C. 车间生产工人工资   D. 车间管理人员工资

E. 销售部门员工工资

9. 决定企业采用成本计算方法的影响因素有(   )。

A. 企业生产组织特点   B. 企业生产工艺过程特点

C. 成本会计人员的素质   D. 企业对成本管理的要求

E. 企业所处行业的特点

10. 作业成本法与传统成本法相比(   )。

A. 有较多的间接成本库   B. 按成本动因分配生产费用

C. 间接生产费用的分配基础常为非财务变量

D. 提供较精确的成本信息   E. 成本决策相关性较强

三、计算题

1. 某服装制造企业采用作业成本法核算产品成本。该企业某月发生直接材料成本 32 000 元，其中甲产品耗用 18 000 元，乙产品耗用 14 000 元；直接人工成本 19 000 元，其中甲产品应负担 11 000 元，乙产品应负担 8 000 元；制造费用 56 000 元，经分析该企业的作业情况如下表(金额单位：元)所示。

作业中心	资源分配	成本动因	动因量	
			甲产品	乙产品
材料整理	14 000	处理材料批数	10	30
质量检验	10 000	检验次数	10	15
机器调试	20 000	调试次数	80	120
使用机器	12 000	机器小时数	20	80

要求：

(1) 计算各作业中心的动因率。

(2) 假定该企业的当月产量为甲产品 500 件，乙产品 400 件，期初期末在产品为零，计算这个月的完工产品总成本和完工产品单位成本。

(3) 编制有关费用归集、分配和完工产品入库的分录。

2. 某钟表制造公司采用作业成本法计算分配间接费用，200×年5月，该企业有关资料如下。

作　业	成本动因	成本/元	作业水平	
			时钟	手表
生产准备	准备次数	70 000	30	20
材料管理	零件数	20 000	15	25
包装与运输	运输次数	45 000	5 000	7 000
间接费用合计		135 000		

要求：

(1) 用作业成本法计算分配每种产品的间接费用总额。

(2) 以人工工时作为分配基础计算分配各产品的间接费用总额。假定装配每只时钟的小时数是 0.5 小时，装配每只手表的小时数是 1 小时。时钟的生产量为 5 000 只，手表的生产量为 7 000 只。

第四章 答案

第五章

预算管理

本章导读

预算管理是指企业在战略目标的指导下,对未来的经营活动和相应财务结果进行充分、全面的预测和筹划,并通过对执行过程的监控,将实际完成情况与预算目标不断对照和分析,从而及时指导经营活动的改善和调整,以帮助管理者更加有效地管理企业和最大限度地实现战略目标。

学习目标

理解预算管理的概念和意义;掌握销售预测、成本预测及资金需要量预测的方法;掌握全面预算管理的内容。

核心概念

全面预算管理(Total Budget Management)　销售预测(sales forecasting)　成本预测(cost forecasting)　资金需要量预测(capital demand forecasting)

引导案例

T 企业集团全面预算管理

一、T 企业集团概况

T 企业集团是一家集生产、销售、配送、科研等为一体的、多元化经营的工业制造企业，拥有多家全资、控股和参股企业，其全资子公司是一个物流公司和两个制造企业，采取战略管控与经营管控相结合的管理模式。T 企业集团是行业内较早推行全面预算管理的企业，2009 年便开始推行全面预算管理，2013 年正式上线实施 SAP BPC 系统。SAP BPC 系统的成功上线，是 T 企业集团全面预算管理正式步入规范性阶段的重要标志。至此，T 企业集团构建了统一规划、细分管理和分级控制的全面预算管理体系，实现了预算执行过程的精细化管理和信息平台与业务数据相结合的统一化管理，有效保障了 T 企业集团战略目标的实现和业务财务一体化建设。

二、T 企业集团预算管理的实施情况

1. 预算管理系统。T 企业集团以 BPC 系统为核心，并辅之以集成 ERP 信息系统。通过采用 SAP BPC 系统进行全面预算的编制、审核、下达，同时采用 SAP ERP 系统进行全面预算的控制、分析、考核，进而有助于 T 企业集团全面预算管理预算编制、执行、结果反馈分析及评价考核等各个管理环节的落实。

2. 预算组织体系。T 企业集团根据管理需要，建立严格的预算组织体系。设置预算决策管理机构：董事会和预算委员会。董事会是预算管理工作的决策机构，负责审定、调整年度预算方案以及其他与预算工作相关的重大事项；预算委员会作为决策的支持机构，由董事、总经理和部门主管组成。总经理负责审核企业集团的预算报告，监督预算管理的日常执行情况，具有企业集团预算管理的预决策职能；下级各职能部门对总经理负责，负责审核各业务部门的预算编制和执行情况；预算管理办公室是负责预算工作的日常管理机构，各业务部门主要负责拟定、申报、审核、执行本部门的预算工作，下属单位的预算组织体系与上述组织体系基本相同。

3. 预算编制方式与流程。T 企业集团结合行业市场形势，以税收利润为起点，采用"上下结合、分级编制、归口审核、逐级汇总"的预算编制方式，制定下年度成本费用、利润、税收等预算指标。预算编制的具体流程包括：确定预算目标，制定业务计划，编制年度预算，审核年度预算，下达、执行与调整预算。

4. 预算执行与控制。T 企业集团以控制业务预算为重点，以控制预算执行偏差为目标，具有刚性与柔性相结合、强调和引导人为的自我控制、区分项目和重点、实行分层级管理的预算控制模式的特点。同时，利用预算控制提高预算编制精准性，强化预算管理理念，降低预算执行偏差，实现预算管理的良性循环。

5. 预算调整与分析。T 企业集团的预算调整环节，分为中期预算调整和日常预算调整。中期预算调整在 SPA ERP 系统中进行，每年 6 月份启动，调整流程和年度预算编制流程基本相同。T 企业集团根据整体生产组和关键项目运营季度进行预算分析，及时发现预算执行偏差，并采取预算调整措施。2015 年，T 企业集团的收入项目、利润项目和税收项目实际执行预算已达到并超过既定的预算目标，销售成本、管理成本和财务成本也得到有效控制，

投资收益、外部收益预算指标较为合理，但与预算仍有一定差异。

(资料来源：刘娟. 企业集团全面预算管理研究——以T公司为例. 财务与会计，2019(4))

凡事预则立，不预则废。预算作为一种数量化的详细计划，是对未来活动的细致、周密安排，是未来经营活动的依据，数量化和可执行性是预算最主要的特征，因此，预算是一种可以据以执行和控制经济活动的最为具体的计划，是对目标的具体化，是将企业活动导向预定目标的有力工具，预算必须与企业的战略或目标保持一致。

第一节 预算管理概述

一、预算管理的概念

预算管理是指企业在战略目标的指导下，对未来的经营活动和相应财务结果进行充分、全面的预测和筹划，并通过对执行过程的监控，将实际完成情况与预算目标不断对照和分析，从而及时指导经营活动的改善和调整，以帮助管理者更加有效地管理企业和最大限度地实现战略目标。

预算包括：营业预算、资本预算、财务预算、筹资预算，各项预算的有机组合构成企业总预算，也就是通常所说的全面预算。预算管理可优化企业的资源配置，全方位地调动企业各个层面员工的积极性，是会计将企业内部的管理灵活运用于预算管理的全过程，是促使企业效益最大化的坚实基础。

预算是行为计划的量化，这种量化有助于管理者协调、贯彻计划，是一种重要的管理工具。企业预算管理是在企业战略目标的指引下，通过预算编制、执行、控制、考评与激励等一系列活动，全面提高企业管理水平和经营效率，实现企业价值最大化。

二、预算管理的意义

(一)预算是计划的数量化

预算不是简单的收支预计或仅把预算看作财务数字金额方面的反映，预算是一种资源分配，是对计划投入产出内容、数量以及投入产出时间安排的详细说明。通过预算的编制，使企业经理人明确经营目标，工作有方向。

(二)预算是一种预测

预算是对未来一段时间内收支情况的预计，预算执行者可以根据预测到的可能存在的问题、环境变化的趋势，采取措施预做准备，控制偏差，保证计划目标的实现。

(三)预算是一种控制手段

预算以数量化的方式来表明管理工作标准，控制是以确定的管理工作标准，对行动的度量和纠正偏差。所以预算管理是过程中的控制，即事前控制、事中控制、事后控制。事前控制是投资项目或生产经营的规划、预算的编制，详细地描述了为实现计划目标而要执行的工作标准。事中控制是一种协调、限制差异的行动，保证预期目标的实现。事后控制是鉴别偏差，纠正不利影响。

(四)预算管理是一种协调

公司的总预算是由各分预算汇编而成的，从组织预算编制到预算执行，各相关部门必须协商沟通、相互配合，有利于管理层工作协商一致，以实现更好的计划和执行效果，这也是预算管理的基本目的。经董事会批准的预算，表述了计划期企业的业绩展望，所有经理人员和雇员一定要努力工作达到计划目标。预算是预算期之前编制并获得董事会批准的计划，通过实际执行结果与预算之差异分析，可以评价相关经理人员和雇员的工作表现。

(五)预算编制有利于完善企业基础管理

预算编制必须有各项相关的定额，如人员、物料消耗定额等。要求定额合理并随定额条件变化而修正。预算的编制与预算控制对信息要求面广量大，要求信息传递及时准确，促进信息管理发展。

(六)预算是精益生产的手段

预算是即时供产销的生产经营方式，预算及预算控制是资源的合理配置与调配，也是精益生产适行的管理手段。

(七)预算是考核工作效率、工作质量的标准

预算是以数量化的方式来表明管理工作的标准，其本身具有可考核性，因而可以根据预算执行情况来评定工作成效，分析差异，改进工作。

预算的编制到执行控制和业绩评价，完整地体现了管理上为实现预期目标而进行的协调活动。建立以预算为中心的管理体系是由预算在企业管理中的地位和作用决定的。

三、预算管理的分类

(一)根据预算内容不同，可以分为业务预算(即经营预算)、专门决策预算、财务预算

各种预算是一个有机联系的整体。一般将由业务预算、专门决策预算和财务预算组成的预算体系，称为全面预算体系。

(1) 业务预算(即经营预算)。业务预算是指与企业日常经营活动直接相关的经营业务的各种预算，包括销售预算、生产预算、材料采购预算、直接材料消耗预算、直接人工预算、制造费用预算、产品生产成本预算、经营费用和管理费用预算等。

(2) 专门决策预算。专门决策预算是指企业不经常发生的、一次性的重要决策预算，如资本支出预算。

(3) 财务预算。财务预算是指企业在计划期内反映有关预计现金收支、财务状况和经

营成果的预算，包括现金预算、预计利润表和预计资产负债表等内容。

(二)从预算指标覆盖的时间长短划分，可分为长期预算和短期预算

通常将预算期在一年以内(含一年)的预算称为短期预算。如年度预算、季度或月度预算，以及直接材料预算、直接人工预算等经营预算、现金预算等。

预算期在一年以上的预算称为长期预算，如长期销售预算、长期资本支出预算、长期资金筹措预算、研究与开发预算。

(1) 一般情况下，企业的业务预算和财务预算多为一年期的短期预算，年内再按季或月细分，而且预算期间往往与会计期间保持一致。

(2) 专门决策预算一般属于长期预算。

四、预算管理的原则

预算管理的原则包括责任制原则、例外管理原则、有效性原则、经济效益原则、动态管理原则。

(一)责任制原则

责任制原则是指对负责的工作范围可控制事项负责。如我们把各责任区域的成本划分为可控成本和不可控成本，各责任区域对本区域发生的可控制成本负责。

(二)例外管理原则

例外管理原则是指要把注意力集中在超乎常情的情况，因为实际发生的情况往往与预算有出入。如发生的差异不大，一般不逐一查明其原因，只把注意力集中在非正常的例外事项。如某一段时间我们发现生产用刀具等用品特别节约，经过核查，是外方管理专家的非程序性采购造成记录的时间差和因非程序性采购造成的工作混乱、数量差错。这是一种不合情理的节约。于是公司重新修正公布了新的采购控制程序，并随时检查该程序的有效性。

(三)有效性原则

有效性原则是指预算编制不要过于烦琐，预算控制程序要有可操作性，避免预算管理失效性。

(四)经济效益原则

经济效益原则是指为控制所费与所得效益相比，后者应大于前者。

(五)动态管理原则

对经营预算要定期调整，因为市场环境在不断变化，内部状况也在不断变化，所以预算管理必须是动态性管理。我们于每年末调整后五年预算，对年度预算的执行控制，于每

季度末分析评价本季度预算执行差异，预测调整年度内后各季度预算，编制管理报告书，以指导下一阶段的工作。

总之，在实践中，预算的执行控制是最大的难点。如投资预算从批准预算到预算执行，期间时间跨度大，情况变化复杂，预算执行偏差大，超预算执行必须申请追加预算，有一定的批准程序，否则，预算就没有严肃性。

第二节 预测分析

从管理的整个过程看，预测分析在决策之前，是首要环节，预测分析可以为决策提供依据。如果没有准确的预测，要作出符合客观发展规律的科学决策是难以想象的，因此，对每一位企业管理者而言，都不能忽视这方面的工作。

预测和预算，二者都有一个"预"字，都有"预先"的意思。"预测"是依据历史数据对未来的某项任务进行"事先测算"。比如，根据历史年度数据和其他相关信息，测算未来年度的"销售量"。再加上边际贡献、固定成本等数据，预测未来年度将会实现的"利润"。"预算"可以理解为"计划"。也就是在企业尽力的前提下，测算未来年度收入、成本、费用、利润等指标能实现或控制到什么程度，并以此作为企业的经营计划、经营目标。将来可以根据预算完成情况，作为公司考核业绩的依据。预算工作包含预测，但预测不一定都是为了预算。

一、预测分析的意义

预测分析是人们根据过去和现在的资料和信息，运用已有的知识、经验和科学的方法，对事物的未来发展趋势作出估计和推测的过程。企业经营预测分析则是人们对企业未来经济活动可能产生的经济效益及其发展趋势进行的科学预见或估计。

预测分析是企业决策分析的前提，科学的预测是决策正确性的保证。预测分析又是企业编制全面预算的依据，全面预算的编制以销售预算为起点，销售预算的编制以销售预测为依据。只有进行科学的市场预测，才能避免盲目生产或产品供不应求造成的损失。

企业要保证预测的正确性，必然建立完整的预测系统，一般应做到：尽可能地收集与预测对象有关的资料，然后对资料进行加工、整理，在此基础上建立一定的预测模型，并随时将预测的结果与实际相比较，修正预测值，同时检验预测模型的合理性。

二、预测分析的基本方法

预测分析的方法很多，一般可分为定量分析法和定性分析法两大类。

(一)定量分析法

定量分析法又称数量分析法，是指运用数学方法对有关数据资料进行加工处理，据以建立能够反映有关变量之间规律性联系的各类预测模型的方法。此类方法适用于历史资料齐备的企业。定量分析法又分为趋势预测分析法和因果预测分析法。

1. 趋势预测分析法

趋势预测分析法又称时间序列分析法，是指根据某项指标过去的、按时间排列的历史数据，运用一定数学方法进行计算，借以预测未来发展趋势的方法，包括算术平均法、移动平均法、趋势平均法、加权平均法、指数平滑法和修正的时间序列回归分析法等。

2. 因果预测分析法

因果预测分析法是指从某项指标与其他指标的相互联系中进行分析，将它们之间的规律性联系作为预测依据的方法，包括本量利分析法、投入产出法、回归分析法和经济计量法等。

(二)定性分析法

定性分析法，又称非数量分析法、判断分析法或集合意见法，是指由熟悉情况和业务的专家根据个人的经验进行分析判断，提出初步意见，然后再通过一定形式(如座谈会)进行综合分析，最后作为预测未来状况和发展趋势主要依据的方法。该类方法一般是在缺乏完备的历史资料或有关因素之间缺乏明显的数量关系、难以进行定量分析的条件下采用。

定量分析和定性分析两种方法各有其特点，往往需要互相检验和补充。一般应遵循定性分析为指导、定量分析做验证的原则，两者结合运用。

三、销售预测

销售预测的方法和数学模型有很多，一般常用的有判断分析法、调查分析法、趋势预测分析法和因果预测分析法四类，前两类属于定性分析，后两类属于定量分析。

(一)判断分析法

判断分析法主要是根据熟悉市场未来变化的专家的丰富实践经验和判断能力，在对预测期的销售情况进行综合分析研究后所作出的产品销售趋势的判断。参与判断预测的专家，既可以是企业内部的人员，如销售部门经理和销售人员，也可以是企业外部人员，如有关经销商和经济分析专家等。

判断分析法的具体方式可分为以下三种。

1. 意见汇集法

意见汇集法是由本企业熟悉销售业务、对市场未来发展变化趋势比较敏感的领导人、主管人员和业务人员根据其多年的实践经验集思广益，分析各种不同意见并对之进行综合分析评价后所进行的判断预测。

2. 专家小组法

专家小组法是将一些专家组成预测小组，共同研究、分析有关资料，运用集体智慧作出判断，以保证预测的结果更全面、更可靠。

3. 德尔菲法

德尔菲法又称专家调查法，该法由美国兰德公司在 20 世纪 40 年代首创，它是采用函询的方法，征集各方面专家的意见，然后加以整理，并经过多次不断的反复，最后归纳多方专家的意见，作出预测的方法。

(二)调查分析法

调查分析法是指通过对有代表性的顾客的消费意向进行调查，了解市场需要的变化趋势，进行销售预测的一种方法。公司的销售取决于顾客的购买，顾客的消费意向是指销售预测中最有价值的信息。如通过调查，可以了解到顾客明年的购买量、财务状况和经营成果、爱好、习惯和购买力的变化，顾客购买本公司的产品占其总需求量的比重和选择供应商的标准，对销售预测将更有帮助。在调查时应当注意的是：①选择的调查对象要具有普遍代表性，调查对象应能反映市场中不同阶层或行业的购买需求；②调查的方法必须简便易行，要使调查对象乐于接受；③对调查所取得的数据要进行科学的分析，舍弃其中不符合实际的部分，使所得的资料更具有真实性和代表性。

凡是顾客的数量有限、调查费用不高、每位顾客意向明确又会轻易改变的，均可以采用调查分析法进行预测。

(三)趋势预测分析法

趋势预测分析法亦称时间序列分析法或历史引申法，是应用事物发展的延续性原则来预测事物发展的趋势。这种方法是将历史数据按时间的顺序排列，构成一个与时间成函数关系的动态统计序列，根据这个统计序列的统计规律予以外推，作为未来的预测值。这种方法的优点是简便易行，缺点是对市场供需情况的变动趋势未加考虑。

趋势预测分析法根据所采用的具体数字方法的不同，又可分为算术平均法、移动加权平均法、指数平滑法、回归分析法和二次曲线法以及季节指数法等。下面主要介绍前三种方法。

1. 算术平均法

算术平均法是以过去若干期的销售量或销售额的算术平均数作为计划期的销售预测值。其计算公式为：

$$计划期销售预测值 = \frac{各期销售量(或销售量)之和}{期数}$$

即

$$\overline{X} = \frac{\sum X}{n}$$

【例 5-1】 假设红星工厂今年下半年销售甲产品的销售额资料如表 5-1 所示。

表 5-1 红星工厂甲产品销售额资料

月 份	销售额/万元
7	520
8	480
9	500
10	560
11	600
12	620

要求：运用算术平均法对该企业明年 1 月份的销售额进行预测。

解：$\bar{X}$ = (520 + 480 +500 + 560 + 600 + 620)/ 6 = 547(万元)

这种方法的优点是计算简便。但由于它是将不同时期的销售量(额)平均计算，没有考虑远近期实际销售量(额)对计划预测数的不同影响，其结果往往误差较大，因而一般只适用于常年销售情况比较稳定的产品。

2. 移动加权平均法

移动加权平均法是对过去若干期的销售量或销售额，按其距离预测期的远近分别进行加权(近期加权数大些，远期加权数小些)，然后计算其加权平均数，并以此作为计划期的销售预测值。

应该注意的是，所谓"移动"，是指所取的观测值(历史数据)随时间的推移而顺延。另外，由于接近预测期的实际销售情况对预测值的影响较大，故所加权数应大些；反之，则应小些。若取三个观测值，其权数可取 0.2、0.3、0.5。注意，权数之和为 1。若取五个观测值，其权数可取 0.03、0.07、0.15、0.25、0.5。移动加权平均法的计算公式如下。

计划期销售预测值等于各期销售量(额)分别乘其权数之和，即：

$$\bar{X}=\sum X_i \cdot W_i$$

其中： $\sum W_i = 1$

为了能反映近期的销售发展趋势，还可以在上述基础上，再加上平均每月的变化趋势值 b，以此作为计划期的销售预测值。因此，上述公式可修正为：

$$\bar{X}=\sum X_i \cdot W_i + b$$

$$b=\frac{本季度平均每月实际销售量(额) - 上季度平均每月实际销售量(额)}{3}$$

【例 5-2】 依例 5-1，按移动加权平均法对该企业 2020 年 1 月份的销售额进行预测。

解：(1) 计算平均每月变动趋势值：

$$三季度月平均实际销售额=\frac{520+480+500}{3}$$
$$=500(万元)$$

$$四季度月平均实际销售额=\frac{560+600+620}{3}$$
$$=593(万元)$$

$$b=\frac{593-500}{3}=31(万元)$$

(2) 取权数 $W_1 = 0.2$，$W_2 =0.3$，$W_3 =0.5$，有

$$\bar{X} =(560\times0.2+600\times0.3+620\times0.5)+31$$
$$= 633(万元)$$

移动加权平均法强调了近期实际销售量(额)对计划期预测数的影响，计算也比较简便。但由于只选用了历史资料中的部分数据作为计算依据，因而代表性较差。该法适用于销售情况略有波动的产品。

3. 指数平滑法

指数平滑法也是加权平均法的一种，要计算的是指数平滑平均数。其计算公式为：

$$\bar{X}_t = \alpha \cdot X_{t-1} + (1-\alpha) \cdot \bar{X}_{t-1}$$

其中：$\bar{X}_t$ 为 t 期的预测数；α 为平滑系数；X_{t-1} 为 $t-1$ 期的实际数；$\bar{X}_{t-1}$ 为 $t-1$ 期的预测数。

【例 5-3】 依例 5-1，设 α 为 0.3，12 月份的预测数为 630 万元，则明年 1 月份的预测数为：

$$\bar{X}_t = 0.3 \times 620 + (1-0.3) \times 630 = 627(万元)$$

指数平滑法的计算中，关键是 α 值的选择。α 的取值大小，决定了上期实际数和预测数对预测值的影响。α 的取值越大，上期实际数对预测值的影响越大；反之，上一期预测数对预测值的影响越大。所以，一般情况下，实际数变化较大时，α 的取值在 0.7 左右；实际数变化较平稳时，α 的取值在 0.3 左右。

(四)因果预测分析法

因果预测分析法的理论基础是：假设某些因素与产品销售量之间存在某种函数关系，只要找出这些函数关系，就可以利用这些函数关系进行产品销售量(销售额)的预测。因果预测法最常见的方法是回归分析法。

回归分析法又称最小二乘法，它是根据历史的销售量(y)与时间(x)的函数关系，利用最小二乘法的原理建立回归分析模型 $y=a+bx$ 进行的销售预测。其中，a、b 称为回归系数，计算公式为：

$$b = \frac{n\sum xy - \sum x \sum y}{n\sum x^2 - (\sum x)^2} \qquad a = \frac{\sum y - b\sum x}{n}$$

当 x 是时间变量时，相邻各期是等距的，由于实际数据资料的个数(n)有奇数和偶数之分，所以可以分两种情况对 x 取值，从而使计算简化。

1. n 为奇数

令第 $\frac{n+1}{2}$ 项的 x 值为 0，以 1 为间隔，确定前后各期的 x 值。如 $n=5$，则各期的 x 值依次为 -2、-1、0、1、2。

2. n 为偶数

令第 $\frac{n}{2}$ 项和第 $\frac{n}{2}+1$ 项分别为 -1 和 1，以 2 为间隔，确定前后各期的 x 值。如 $n=6$，则各期的 x 值依次为 -5、-3、-1、1、3、5。

如果 $\sum x = 0$，那么：

$$b = \frac{\sum xy}{\sum x^2} \qquad a = \frac{\sum y}{n}$$

求出 a 与 b 的值后，结合自变量(x)的预计销售量(或销售额)情况，代入公式 $y=a+bx$，即可求得预测对象(y)的预计销售量或销售额。

【例 5-4】 依例 5-1，运用回归分析法对该企业明年 1 月份的销售额进行预测。

根据资料计算有关数据如表 5-2 所示。

表 5-2 相关数据

月 份	x	y 销售额/万元	xy	x^2
7	-5	520	-2 600	25
8	-3	480	-1 440	9
9	-1	500	-500	1
10	1	560	560	1
11	3	600	1 800	9
12	5	620	3 100	25
$n=6$	$\sum x=0$	$\sum y=3\ 280$	$\sum xy=920$	$\sum x^2=70$

将表 5-2 的数据带入公式，得

$$b=\frac{920}{70}\approx 3 \qquad a=\frac{3\ 280}{6}\approx 547$$

则：
$$y=547+13x$$

明年 1 月份的预测值=547+13×7=638(万元)

四、成本预测

成本预测是成本管理的重要环节。它是编制成本预算之前，根据企业的经营总目标和预测期可能发生的各种影响因素，采用定量和定性的分析方法，确定目标成本、预计成本水平和变动趋势的一种管理活动。

(一)成本预测的步骤

成本预测的步骤如下。

(1) 根据企业的经营总目标，提出初选目标成本。

(2) 初步预测在当前生产经营条件下成本可能达到的水平，并找出与初选目标成本的差距。

(3) 提出各种降低成本的方案，对比、分析各种成本方案的经济效果。

(4) 选择成本最优方案并确定正式目标成本。

(二)成本预测的方法

预测成本一般都是根据本企业产品成本的历史资料数据，按照成本习性的原理，应用数理统计的方法来推测、估计成本的发展趋势。

如前所述，成本的发展趋势一般可用直线方程式来反映，即

$$y=a+bx$$

只要求出 a 和 b，就可以根据这个方程来预测在任何"产量"(x)下的"产品总成本"(y)。

必须注意，作为预测根据的历史资料，所选用的时期不宜过长，也不宜过短。因为当今世界经济形势发展太快，过长会失去可比性，过短则不能反映出成本变动的趋势，通常以最近 3～5 年的历史资料为宜。另外，对于历史资料中某些资金较大的偶然性费用，例如，意外的停工损失、材料或产品的盘盈盘亏等，在引用时应予以剔除。

应用 $y=a+bx$ 模型，通过确定 a(代表固定成本额)与 b(代表单位变动成本)的值进行成本预测。具体可分为高低点法(第二章第二节已介绍，不再赘述)和加权平均法。

加权平均法是根据过去若干期的单位变动成本和固定成本总额的历史资料，按其时间远近给予不同权数，用加权平均数计算计划期的产品成本。其计算公式如下：

$$y=\sum a_i w_i+\sum b_i w_i \cdot x$$

其中，$\sum w_i=1$，单位成本 $b=\dfrac{y}{x}$。

【例 5-5】 某企业生产一种产品，最近 5 个月的成本资料如表 5-3 所示，6 月份预计产量为 60 件，用加权平均法预测 6 月份产量为 60 件的产品总成本和单位成本。

表 5-3　五个月的成本资料

月　份	产量(x)/件	固定成本总额(a)/元	单位变动成本(b)/元
1	30	20 000	30
2	20	22 000	32
3	25	20 000	30
4	45	23 000	34
5	55	23 400	28

解： 令 w_i 依次为 0.03、0.07、0.15、0.25、0.5。

6 月份总成本预测值为：

$$y=\sum a_i w_i+\sum b_i w_i \cdot x$$

$$= (20\ 000×0.03+22\ 000×0.07+20\ 000×0.15+23\ 000×0.25+23\ 400×0.5)$$
$$+ (30×0.03+32×0.07+30×0.15+34×0.25+28×0.5)×60$$
$$= 24\ 398.4(元)$$

6 月份的单位成本为：

$$b=\dfrac{y}{x}=\dfrac{24\ 398.4}{60}=406.64(元)$$

五、资金需要量预测

资金需要量预测是以预测企业生产经营规模的发展和资金利用效果的提高等为依据，在分析有关历史资料、技术经济条件和发展规律的基础上，运用一定的数学方法，对计划期资金需要量所进行的科学预计和推测。

(一)资金需要量预测的意义

搞好资金需要量预测,在提高企业经营管理水平和企业经济效益方面有着重要意义。

(1) 资金需要量预测为进行筹资决策提供依据。由于资金来源渠道的多元化,以及受筹资规模、时间、结构、方式、成本等因素的影响,筹资风险客观存在。因此,筹资决策正确与否至关重要,而搞好资金需要量预测,可以为进行筹资决策提供依据。

(2) 资金需要量预测关系到企业的经济效益。企业筹资规模是否适度,直接关系到筹资成本和投资收益,是企业市场竞争能力强弱的明显标志,对企业的生存和发展有着决定性影响。企业筹集的资金数量应根据生产经营活动的正常需要确定,即筹资规模要适度。筹资过多,造成闲置浪费;筹资不足,则影响生产经营活动的正常进行。因此,做好资金需要量预测,对保证资金供应,合理组织资金运用,提高资金利用效果有极为重要的意义。

(二)资金需要量预测分析的方法

资金预测的方法有很多种,这里主要介绍销售百分比法和回归分析法。

1. 销售百分比法

销售百分比法是根据资产、负债各个项目与销售收入总额之间的依存关系,并假设这些关系在未来时期保持不变的情况下,根据计划期销售额的增长幅度来预测需要相应追加多少资金的一种方法。计算公式为:

$$\Delta F = K \cdot (A - L) - D - R + M$$

其中:ΔF —— 预计未来需要追加的资金数额;

K —— 未来销售收入增长率;

A —— 随销售额变动的资产项目基期数额;

L —— 随销售额变动的负债项目基期数额;

D —— 计划期提取的折旧摊销额与同期用于更新改造的资金差额;

R —— 按计划期销售收入及基期销售净利润率计算的净利润与预计发放股利之差额;

M —— 计划期新增的零星资金开支数额。

【例 5-6】某企业 2019 年销售收入 1.2 亿元,净利润 480 万元,股利发放率 50%,厂房设备利用已呈饱和状态。该企业 2019 年度简化的资产负债表如表 5-4 所示。

表 5-4 资产负债表

(2019 年 12 月 31 日)

资产/万元		负债及所有者权益/万元	
货币资金	120	应付账款	600
应收账款	400	应交税费	300
存货	2 600	长期负债	1 310
固定资产净额	4 800	股本	5 400
无形资产	40	留存收益	350
资产总计	7 960	负债和所有者权益总计	7 960

若该企业 2020 年销售收入将增至 1.5 亿元,销售净利率与上年相同,该企业仍按 2019

年股利发放率支付股利。按折旧计划提取 60 万元折旧,其中 50%用于设备改造。又假定计划期间零星资金需要量应增加 30 万元。

要求:预测该企业 2020 年需要追加的资金数额。

解: $K = \dfrac{15\,000 - 12\,000}{12\,000} \times 100\% = 25\%$

$A = 120 + 400 + 2\,600 + 4\,800 = 7\,920(万元)$

$L = 600 + 300 = 900(万元)$

$D = 60 \times (1-50\%) = 30(万元)$

$R = 15\,000 \times \dfrac{480}{12\,000} \times (1-50\%) = 300(万元)$

$M = 30(万元)$

$\Delta F = K \cdot (A-L) - D - R + M$

$\quad\quad = 25\% \times (7\,920 - 900) - 30 - 300 + 30$

$\quad\quad = 1\,455(万元)$

2. 回归分析法

回归分析法就是应用最小平方法的原理,对过去若干期间的销售额及资金总量(即资金占用总额)的历史资料进行分析,确定反映销售收入总额(x)与资金总量(y)之间相互关系的回归直线($y=a+bx$),并据以预测计划期的资金需要量,具体计算方法与销售预测和成本预测相同。

【例 5-7】某企业近 5 年销售收入和资金占用总量的历史资料如表 5-5 所示。该企业计划 2020 年的销售收入总额为 350 万元,已有资金为 80 万元。

要求:预测计划年度需要追加多少资金。

表 5-5 某企业近 5 年销售收入和资金占用情况

年度	2015	2016	2017	2018	2019
销售收入/万元	240	260	255	270	300
资金总额/万元	153	162	159	165	175

解:(1) 按回归分析原理对历史数据进行加工、整理、指标计算,如表 5-6 所示。

(2) 计算资金需要量:

$b = \dfrac{n\sum xy - \sum x \sum y}{n\sum x^2 - (\sum x)^2} = \dfrac{5 \times 216\,435 - 1\,325 \times 814}{5 \times 353\,125 - 1\,325^2} = 0.3625$

$a = \dfrac{\sum y - b \sum x}{n} = \dfrac{814 - 0.3625 \times 1\,325}{5} = 66.74(万元)$

2020 年预计资金需要量为:

$y = a + bx = 66.74 + 0.3625 \times 350 = 193.62(万元)$

2020 年需追加资金=193.62-80=113.62(万元)

表 5-6　回归分析方程数据计算表

年　度	销售收入 x/万元	资金占用额 y/万元	xy	x^2
2015	240	153	36 720	57 600
2016	260	162	42 120	67 600
2017	255	159	40 545	65 025
2018	270	165	44 550	72 900
2019	300	175	52 500	90 000
n=5	$\sum x$=1325	$\sum y$=814	$\sum xy$=216 435	$\sum x^2$=353 125

在实际工作中，运用回归分析法进行资金预测时，应注意以下四个问题：

(1) 坚持连贯的原则和类推的原则。如果所占有的资料很不稳定，经常出现突然变化，则不便据以进行预测。

(2) 销售额和资金需要量两个变量之间线性关系的假定要符合实际情况。

(3) 确定的 a、b 值应利用预测年度前连续若干年的历史资料，选择的跨度越长，预测结果越准确。

(4) 在具体运用时，应充分考虑市场价格等因素变动对资金需要量的影响，再根据有关因素的影响对预测结果做出必要的修正，以减少预测误差，提高预测质量。

第三节　全面预算管理

全面预算管理将企业的战略目标、经营目标及其资源配置通过预算的方式加以量化，并使企业价值活动或过程得以实现。它从最初的计划、协调生产发展而成为兼具控制、激励、评价、奖惩等功能的一种综合贯彻企业战略方针的管理机制。

现代企业管理是系统化、战略化、人本化的管理，"系统"要求的是各种管理的融合而非集合，"战略"所体现的是前瞻、有序，而非只顾眼前的"救火式"应对，"人本"所倡导的是"人管"而非"管人"。全面预算管理正是这样一种系统化、人本化理念为一体的现代企业管理模式。它通过业务、资金、信息的整合，明确、适度的分权、授权，战略驱动的业绩评价等，来实现资源合理配置、作业高度协同、战略有效贯彻、经营持续改善、利润稳定增长的目标。由此可见，全面预算管理是一种驾驭技术，它集体制、机制、方法于一体，以市场竞争和预测为导向，以全员、全面、全方位、全过程监控为核心的一种系统管理方法和策略工具。全面预算体系如图 5-1 所示。

一、全面预算的编制程序

(1) 企业决策机构根据长期规划，利用本量利分析等工具，提出企业一定时期的总目标，并下达规划指标。

(2) 最基层成本控制人员自行草编预算，使预算能较为可靠、较为符合实际。

(3) 各部门汇总部门预算，并初步协调本部门预算，编制出销售、生产、财务等预算。

(4) 预算委员会审查、平衡各预算，汇总出公司的总预算。

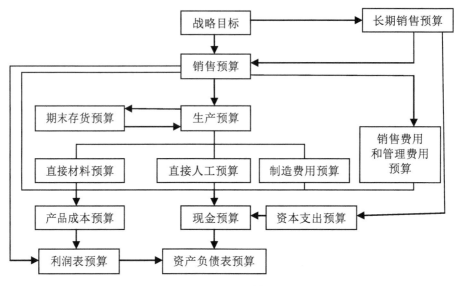

图 5-1　全面预算体系

(5) 经过总经理批准，审议机构通过或者驳回修改预算。
(6) 主要预算指标报告给董事会或上级主管单位，讨论通过或者驳回修改。
(7) 批准后的预算下达给各部门执行。

二、全面预算管理的编制方法

在预算编制过程中，预算方法的选择对预算编制的准确性起着至关重要的作用。预算不准确或准确程度不高会导致企业资源配置的扭曲，企业整体活动失调，引发控制失败和考核失真。所以要选择合适的预算方法，使编制的预算更贴近实际。目前主要的预算方法有：固定预算、弹性预算、定期预算、滚动预算、零基预算、增量预算。

(一)预算方法按其业务量基础的数量特征不同分为固定预算和弹性预算

1. 固定预算

固定预算又称静态预算，是把企业预算期的业务量固定在某一预计水平上，以此为基础来确定其他项目预计数的预算方法。也就是说，预算期内编制财务预算所依据的成本费用和利润信息都只是在一个预定的业务量水平的基础上确定的。显然，以未来固定不变的业务水平所编制的预算赖以生存的前提条件，必须是预计业务量与实际业务量相一致(或相差很小)，才比较适合。

固定预算的缺点：一是过于呆板，因为编制预算的业务量基础是事先假定的某个业务量，所以在这种方法下，不论预算期内业务量水平实际可能发生哪些变动，都只能以事先确定的某一个业务量水平为编制预算的基础。二是可比性差，当实际的业务量与编制预算所依据的业务量发生较大差异时，有关预算指标的实际数与预算数就会因业务量基础不同而失去可比性。例如，编制财务预算时，预计业务量为生产能力的90%。其成本预算总额为40 000元，而实际业务量为生产能力的100%，其成本实际总额为55 000元，实际成本

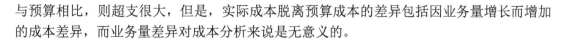

与预算相比，则超支很大，但是，实际成本脱离预算成本的差异包括因业务量增长而增加的成本差异，而业务量差异对成本分析来说是无意义的。

2. 弹性预算

弹性预算是在成本(费用)习性分类的基础上，根据量、本、利之间的依存关系，考虑到计划期间业务量可能发生的变动，编制出一套适应多种业务量的费用预算，以便分别反映在各种业务量的情况下所应支的费用水平。在编制预算时，变动成本随业务量的变动而予以增减，固定成本则在相关的业务量范围内稳定不变，分别按一系列可能达到的预计业务量水平编制的能适应企业在预算期内任何生产经营水平的预算。由于这种预算是随着业务量的变动作机动调整，适用面广，具有弹性，故称为弹性预算或变动预算。

弹性预算的优点：一是预算范围宽，二是可比性强。弹性预算一般适用于与预算执行单位业务量有关的成本(费用)、利润等预算项目。

弹性预算的编制程序为：

(1) 确定某一相关范围，定在正常生产能力的70%～110%。
(2) 选择业务量的计量单位。
(3) 按照成本性态分析的方法，将企业的成本分为固定成本和变动成本两大类，并确定成本函数($y=a+bx$)。
(4) 确定预算期内各业务量水平的预算额。

(二)预算方法按其出发点的特征不同分为增量预算和零基预算

1. 增量预算

增量预算是指以基期成本费用水平为基础，结合预算业务量水平及有关降低成本的措施，通过调整原有费用项目而编制预算的方法。增量预算方法比较简单，但它是以过去的水平为基础，实际上就是承认过去是合理的，无须改进。因为不加分析地保留或接受原有的成本项目，可能使原来不合理的费用继续开支，而得不到控制，形成不必要开支合理化，造成预算上的浪费。

2. 零基预算

零基预算或称零底预算，是指在编制预算时，对于所有的预算支出均以零点为基础，不考虑其以往情况如何，从实际需要与可能出发，研究分析各项预算费用开支是否必要合理，进行综合平衡，从而确定预算费用。

零基预算是区别于传统的增量预算而设计的一种编制费用预算的方法，它在编制预算时，对所有的预算支出均以零为基底，从实际需要与可能出发，逐项审议各种费用开支的必要性、合理性以及开支数额的大小，从而确定预算成本。其基本做法是：

(1) 企业内部各有关部门，根据企业的总体目标和各部门的具体任务，提出预算期内需要发生的各种业务活动及其费用开支的性质、目的和数额。

(2) 对各项预算方案进行成本—效益分析。即对每一项业务活动的所费与所得进行对比，权衡得失，据以判断各项费用开支的合理性及优先顺序。

(3) 根据生产经营的客观需要与一定期间资金供应的实际可能，在预算中对各个项目进行择优安排，分配资金，落实预算。

(4) 划分不可延缓费用项目和可延缓费用项目，在编制预算时，应根据预算期内可供支配的资金数额在各费用之间进行分配。应优先安排不可延缓费用项目的支出。然后再根据需要和可能，按照费用项目的轻重缓急确定可延缓项的开支。

零基预算的优点是不受现有条条框框限制，对一切费用都以零为出发点，这样不仅能压缩资金开支，而且能切实做到把有限的资金，用在最需要的地方，从而调动各部门人员的积极性和创造性，量力而行，合理使用资金，提高效益。

零基预算的工作量较大，编制预算需要较长的时间。为了克服这一不足，不需要每年都按零基预算的方法编制预算，只需每隔几年按此方法编制一次预算。

(三)预算方法按其预算期的时间特征不同分为定期预算和滚动预算

1. 定期预算

定期预算是指在编制预算时，以不变的会计期间(如日历年度)作为预算期的一种编制预算的方法。这种方法的优点是便于将实际数与预算数进行对比，也有利于对预算执行情况进行分析和评价。其缺点在于：第一，盲目性。因为定期预算多在其执行年度开始前两三个月进行，难以预测预算期后期情况，特别是在多变的市场下，许多数据资料只能估计，具有盲目性。第二，不变性。预算执行中，许多不测因素会妨碍预算的指导功能，甚至使之失去作用，而预算在实施过程中又往往不能进行调整。第三，间断性。预算的连续性差，定期预算只考虑一个会计年度的经营活动，即使年中修订的预算也只是针对剩余的预算期，对下一个会计年度很少考虑，形成人为的预算间断。

2. 滚动预算

滚动预算，又称连续预算，是指在编制预算时，将预算期与会计期间脱离开，随着预算的执行不断地补充预算，逐期向后滚动，使预算期始终保持为 12 个月的一种预算方法。其特点在于将预算期与会计年度挂钩，每过 1 个月或 1 个季度，立即在期末增列 1 个月或 1 个季度的预算，因而在任何一个时期都使预算保持有 12 个月的时间幅度，故又叫连续预算。

滚动预算能使企业各级管理人员对未来始终保持整整 12 个月时间的考虑和规划，从而保证企业的经营管理工作能够稳定而有秩序地进行。

滚动预算能克服传统定期预算的盲目性、不变性和间断性，从这个意义上说，编制预算已不再仅仅是每年末才开展的工作了，而是与日常管理密切结合的一项措施。

滚动预算按其预算编制和滚动的时间单位不同可分为：逐月滚动、逐季滚动和混合滚动三种方式。

(1) 逐月滚动。逐月滚动是指在预算编制过程中以月份为预算的编制单位和滚动单位，每个月调整一次预算的方法。这种方法比较精确，但工作量较大。

逐月滚动方式：先编制未来 12 个月的预算。滚动预算在明年 1 月执行预算后，根据实际情况，修订 2 月至 12 月的预算，同时补充后年 1 月的预算；在执行了 2 月的预算后，再修订调整明年 3 月至后年 1 月的预算，并补充后年 2 月的预算，滚动预算使预算期间在任何时间都始终保持 12 个月。

(2) 逐季滚动。逐季滚动是指在预算编制过程中，以季度为预算的编制单位和滚动单位，每个季度调整一次预算的方法。工作量比逐月滚动小，但预算精度较差。

(3) 混合滚动。混合滚动方式是指在预算编制过程中，同时使用月份和季度作为预算的编制和滚动单位的方法，这是滚动预算的一种变通方式。

这种预算方法的理论依据：人们对未来的把握程度不同，对近期的预计把握较大，对远期的预计把握较小。滚动预算为了做到长计划短安排、远略近详，即在预算编制过程中，可以对近期预算提出较高的精度要求，使预算的内容相对详细，而对远期预算提出较低的精度要求，使预算的内容相对简单，这样能够减少预算的工作量。

与传统的定期预算方法相比，滚动预算具有透明度高、及时性强、连续性好，以及完整性和稳定性突出的优点；其主要缺点是预算工作量较大。

三、营业预算的编制

(一)营业预算的含义及内容

营业预算是指企业在预算期的日常营业活动，即与生产和购销活动相关的预算，是企业具有实质性的基本活动的预算。这些预算以实物量指标和价值量指标分别反映企业收入与费用的构成情况。

以商业企业为例，其具体内容如下：
(1) 根据销售情况预测编制的销售预算。
(2) 销售成本和存货预算。
(3) 购货预算。
(4) 预计损益表。

制造业的营业预算包括：
(1) 销售预算。
(2) 生产预算。
(3) 直接材料采购预算。
(4) 直接人工预算。
(5) 制造费用预算。
(6) 期末存货预算。
(7) 销售成本预算。
(8) 销售及管理费用预算。
(9) 预计损益表。

(二)销售预算的编制

销售预算(Sales Budget)是指为销售活动编制的预算，是总预算的基础，它同其他各项预算之间，在不同程度上有着直接或间接的相互关系。

销售预算一般是企业生产经营全面预算的编制起点，生产、材料采购、存货费用等方面的预算，都要以销售预算为基础。销售预算把费用与销售目标的实现联系起来。销售预算是一个财务计划，它包括完成销售计划的每一个目标所需要的费用，以保证公司销售利润的实现。销售预算是在销售预测完成之后才进行的，销售目标被分解为多个层次的子目标,一旦这些子目标确定后,其相应的销售费用也被确定下来。

销售预算以销售预测为基础,预测的主要依据是各种产品历史销售量的分析,结合市场预测中各种产品发展前景等资料,或销货合同并结合企业生产能力,先按产品、地区、顾客和其他项目分别加以编制,然后加以归并汇总。根据销售预测确定未来期间预计的销售量和销售单价,求出预计的销售收入:预计销售收入=预计销售量×预计销售单价。

销售预算编制内容:

(1) 销售量、单价和销售收入。
(2) 预计现金收入(为现金预算提供资料),依据企业的信用政策预计。
(3) 此外,还需要预计预算期末的应收账款余额,作为编制预计资产负债表的依据。

【例5-8】甲公司编制的今年的分季度销售预算如表5-7所示。其中,在各季度的销售收入中,60%货款于本季度收到,另外的40%货款将于下季度收到,预算年初的应收账款为6 200元,预计在一季度收回。预计本年末应收账款余额。

表5-7　某公司销售预算

单位:元

季　　度	一	二	三	四	全　年
预计销售量/件	100	150	200	180	630
预计单位售价	200	200	200	200	200
销售收入	20 000	30 000	40 000	36 000	126 000
预计现金收入					
上年应收账款	6 200				6 200
第一季度(销货 20 000)	12 000	8 000			20 000
第二季度(销货 30 000)		18 000	12 000		30 000
第三季度(销货 40 000)			24 000	16 000	40 000
第四季度(销货 36 000)				21 600	21 600
现金收入合计	18 200	26 000	36 000	37 600	117 800

预计应收账款余额=36 000×40%=6 200+126 000-117 800=14 400(元)

(三)生产预算

生产预算是指按产品分别编制的,安排企业在预算期内的产品生产活动,确定产品生产数量及其分布状况的预算。产品在生产预算中,有关的生产量应与其销售量相对应。在具体确定预算期产品生产量时,还必须考虑预算期初和预算期末存货。

生产预算在实际编制时是比较复杂的,产量受到生产能力的限制,存货数量受到仓库容量的限制,只能在此范围内来安排存货数量和各期生产量。此外,有的季度可能销量很大,可以用赶工方法增产,为此要多付加班费,如果提前在淡季生产,会因增加存货而多付资金利息,因此,要权衡两者得失,选择成本最低的方案。

1. 生产预算的编制依据

(1) 以销售预算为依据。

(2) 生产预算是直接材料预算、直接人工预算、制造费用预算和产品成本预算的编制依据。

2. 生产预算的编制内容

$$预计生产量=预计销售量+预计期末产成品存货-预计期初产成品存货$$

(1) 预计销售量来自销售预算。
(2) 预计期末产成品存货。
① 预计年末产成品存货根据长期销售趋势确定；
② 预计年度内各期期末产成品存货按下期预计销售量的一定百分比确定。
(3) 预计期初产成品存货。
① 预计年初产成品存货根据长期销售趋势确定；
② 预计年度内各期期初产成品存货等于上期期末产成品存货(本期销售量的一定百分比)。

3. 生产预算的特点

只有实物量指标，没有价值量指标，不直接为现金预算提供资料。

【例 5-9】某公司编制的分季度生产预算如表 5-8 所示。本例假设年初有存货 10 件，年末留存 20 件，期末存量按下期销售数量的 10%确定。

表 5-8 生产预算

单位：件

季　　度	一	二	三	四	全　年
预计销售量	100	150	200	180	630
加：预计期末产成品存货	15	20	18	20	20
合计	115	170	218	200	650
减：预计期初产成品存货	10	15	20	18	10
预计生产量	105	155	198	182	640

(四)直接材料预算

直接材料预算是反映预算期直接材料需用量和采购量的预算。一般包括三个部分：

(1) 直接材料需用量。它是根据生产预算确定的生产产品的数量和单位产品材料耗用量来确定。

(2) 直接材料采购量。它是在直接材料需用量的基础上，考虑期初、期末材料库存量来确定。必须注意，材料需用量、材料采购量与库存量之间必须保持合理的比例关系，以防止材料的供应不足或超储积压。

(3) 计算当期需要支付的材料采购款。材料采购量乘以采购单价就是材料采购金额。由于本期采购的材料不一定在当期支付，当期所要支付的采购金额可计算如下：本期需要现金支付的采购款=本期材料采购金额-本期采购可在以后期支付的金额+以前采购需要在本期支付的金额。本期需要现金支付的采购款，可作为现金预算编制的依据。

1. **直接材料预算的编制依据**

以生产预算为依据，考虑期初期末原材料存货水平。

2. **直接材料预算的编制内容**

预计采购量=(生产需用量+期末存量)-期初存量

(1) 生产需用量=预计生产量×单位产品材料用量。
(2) 期末存量。
① 预算年末存量根据长期销售趋势确定；
② 预算年度内各期期末存量按下期预计生产需用量的一定百分比确定。
(3) 期初存量。
① 预算年初存量根据长期销售趋势确定；
② 预算年度内各期期初存量等于上期期末存量(本期生产需用量的一定百分比)。
(4) 预计现金支出(为现金预算提供资料)，依据企业享受的信用政策预计。
(5) 预计预算期末的应付账款余额以及材料存货余额，作为编制预计资产负债表的依据。

【例 5-10】假设甲公司各季度期末材料存量按下季度生产需用量的 20%预计，预算年度材料期初存量为 300 千克、期末存量为 400 千克，材料采购的货款有 50%在本季度内付清，另外 50%在下季度付清，预算年初的应付账款为 2 350 元，预计在一季度支付。依据上述资料，可编制该公司的直接材料预算如表 5-9 所示。

表 5-9 直接材料预算

季 度	一	二	三	四	全 年
预计生产量/件	105	155	198	182	640
单位产品材料用量/(千克/件)	10	10	10	10	10
生产需用量/千克	1 050	1 550	1 980	1 820	6 400
加：预计期末存量/千克	310	396	364	400	400
合计	1 360	1 946	2 344	2 220	6 800
减：预计期初存量/千克	300	310	396	364	300
预计材料采购量/千克	1 060	1 636	1 948	1 856	6 500
单价/(元/千克)	5	5	5	5	5
预计采购金额/元	5 300	8 180	9 740	9 280	32 500
预计现金支出					
上年应付账款/元	2 350				2 350
第一季度(采购 5 300 元)	2 650	2 650			5 300
第二季度(采购 8 180 元)		4 090	4 090		8 180
第三季度(采购 9 740 元)			4 870	4 870	9 740
第四季度(采购 9 280 元)				4 640	4 640
现金支出合计	5 000	6 740	8 960	9 510	30210

本例中：预计应付账款余额=9 280×50%=2 350+32 500-30 210=4 640(元)

预计材料存货余额=400×5=2 000(元)

(五)直接人工预算

直接人工预算(direct labor budget)是根据已知标准工资率、标准单位直接人工工时、其他直接费用计提标准及生产预算等资料，对一定预算期内人工工时的消耗和人工成本所做的经营预算。

1. 直接人工预算的编制依据

以生产预算为依据。

2. 直接人工预算的编制内容

直接人工预算=预计产量×单位产品工时×每小时人工成本

直接人工预算直接纳入现金预算。

【例 5-11】假设甲公司生产单位产品的标准工时为 10 小时，每工时标准人工成本为 2 元。依据上述资料，可编制该公司的直接人工预算如表 5-10 所示。

表 5-10 直接人工预算

季　度	一	二	三	四	全　年
预计生产量/件	105	155	198	182	640
单位产品工时/(小时/件)	10	10	10	10	10
人工总工时/小时	1 050	1 550	1 980	1 820	6 400
每小时人工成本/(元/小时)	2	2	2	2	2
人工总成本/元	2 100	3 100	3 960	3640	12 800

(六)制造费用预算

制造费用预算是反映除直接材料、直接人工以外的其他一切生产费用的预算，分为变动成本和固定成本两大部分。变动制造费用预算可以根据预计生产量和预计的制造费用分配率来计算。固定制造费用预算可根据过去的实际数作必要调整后确定，也可采用零基预算办法编制。为了给编制现金预算提供方便，可在制造费用预算中列出非现金支出的数额，以求得现金支付数。

1. 制造费用预算的编制依据

以生产预算为依据。

2. 制造费用预算的编制内容

(1) 变动制造费用，以生产预算和标准成本资料为依据逐项编制。

(2) 固定制造费用，需要逐项进行预计，通常与本期产量无关。

【例 5-12】以甲公司为例，其制造费用预算如表 5-11 所示。

为了便于以后编制产品成本预算，需要计算小时费用率。其公式为：

变动制造费用分配率=年度变动制造费用总额/年度人工总工时
=3200/6400=0.5(元/小时)

固定制造费用分配率=9600/6400=1.5(元/小时)

为了便于以后编制现金预算，需要预计现金支出。在制造费用中，除折旧费外都需支付现金，所以，根据每个季度制造费用数额扣除折旧费后，即可得出"现金支出的费用"。

表 5-11 制造费用预算

季　度	一	二	三	四	全　年
变动制造费用：					
预计生产量/件	105	155	198	182	640
间接人工(1元/件)	105	155	198	182	640
间接材料(1元/件)	105	155	198	182	640
修理费(2元/件)	210	310	396	364	1 280
水电费(1元/件)	105	155	198	182	640
小计	525	775	990	910	3 200
固定制造费用：					
修理费/元	1 000	1 140	900	900	3 940
折旧	1 000	1 000	1 000	1 000	4 000
管理人员工资/元	200	200	200	200	800
保险费/元	75	85	110	190	460
财产税/元	100	100	100	100	400
小计/元	2 375	2 525	2 310	2 390	9 600
制造费用合计/元	2 900	3 300	3 300	3 300	12 800
减：折旧/元	1 000	1 000	1 000	1 000	4 000
现金支出的费用/元	1 900	2 300	2 300	2 300	8 800

(七)产品成本预算

产品成本预算是指为规划一定预算期内每种产品的单位产品成本、生产成本、销售成本等内容而编制的一种日常业务预算。产品成本预算是生产预算、直接材料预算、直接人工预算、制造费用预算的汇总，即产品成本预算主要依据生产预算、直接材料预算、直接人工预算、制造费用预算等汇总编制。产品成本预算的主要内容是产品的总成本与单位成本。其中，总成本又分为生产成本、销货成本和期末产品库存成本。

1. 产品成本预算的编制依据

(1) 产品成本预算是销售预算、生产预算、直接材料预算、直接人工预算、制造费用预算的汇总。

(2) 生产量、期末存货量来自生产预算，销售量来自销售预算。

(3) 产品成本预算为预计资产负债表(期末产成品存货)和预计利润表(销货成本)提供资料。

2. 产品成本预算的编制内容

产品成本预算编制内容包括单位成本、生产成本、期末存货、销货成本。

【例 5-13】以甲公司为例，其产品成本预算如表 5-12 所示。

表 5-12　产品成本预算

	单位成本			生产成本 (640 件)	期末存货(20 件)	销货成本 (630 件)
	每千克或每 小时	投入量	成本/元			
直接材料	5	10 千克	50	32 000	1 000	31 500
直接人工	2	10 小时	20	12 800	400	12 600
变动制造费用	0.5	10 小时	5	3 200	100	3 150
固定制造费用	1.5	10 小时	15	9 600	300	9 450
合计			90	57 600	1 800	56 700

(八)销售及管理费用预算

销售及管理费用预算是为了实现销售预算而预计在产品销售过程中发生的费用预算。它以销售预算为基础，分析销售收入、销售利润和销售费用的关系，力求实现销售费用的最有效使用。在安排销售费用时，要利用本量利分析方法，费用的支出应能获取更多的收益。销售费用预算，应和销售预算相配合，有按品种、按地区、按用途的具体预算数。管理费用是搞好一般管理业务所必要的费用。管理费用多属于固定成本，所以，一般是根据过去的实际开支为基础，按预算期的可预见变化来调整，每项销售及管理费用预算相当于该项费用支出的最大限度。

【例 5-14】以甲公司为例，其销售及管理费用预算如表 5-13 所示。

表 5-13　销售及管理费用预算

项　目	金额/元
销售费用：	
销售人员工资	2 000
广告费	5 500
包装、运输费	3 000
保管费	2 700
管理费用：	
管理人员薪金	4 000
福利费	800
保险费	600
办公费	1 400
合计	20 000
每季度支付现金(20 000÷4)	5 000

四、财务预算的编制

财务预算是综合性预算,包括现金预算、利润表预算和资产负债表预算。

(一)现金预算

现金预算是反映预期内企业现金流转状况的预算。这里所说的现金包括企业库存现金、银行存款等货币资金。编制现金预算的目的是合理地处理现金收支业务,调度资金,保证企业财务处于良好状态。它包括以下内容:

(1) 现金收入。包括期初现金结存数和预算期内预计现金收入数,如现金销售收入、回收应收账款、票据贴现等。

(2) 现金支出。现金支出是指预算期内预计现金支出数,如支付材料采购款、支付工资、支付制造费用、支付管理费用和销售费用、偿还应付账款、交纳税金、购买设备等。

(3) 现金的多余或不足。现金收支相抵后的余额,若收入大于支出,表示现金有多余,可用于偿还贷款、购买短期证券;若收入小于支出,表示现金不足,需设法筹资、融资。如果资金不足,就要向银行借款,或发行短期商业票据以筹集资金等。

1. 现金收入

(1) 期初现金余额。

(2) 预算期现金收入:销货现金收入(来自销售预算)。

2. 现金支出

(1) 经营性现金支出:材料采购支出、直接人工支出、制造费用的现金支出、销售及管理费用的现金支出(分别来自各项营业预算)。

(2) 所得税费用、购置设备、股利分配等现金支出(来自专门预算)。

3. 现金多余或不足

$$现金收支差额=现金收入合计-现金支出合计$$

4. 现金的筹措和运用

现金收支差额与目标现金余额比较,若:

(1) 现金收支差额<目标现金余额,则表明现金不足,需要筹措现金。

① 短缺部分首先应考虑变现短期证券换取现金;

② 若短期证券变现仍不足以满足现金需求,则借入短期借款。

(2) 现金收支差额>目标现金余额,则表明现金多余,需要运用现金。

① 多余部分首先用于归还借款的本金和利息,假设借款在期初,还款在期末,并且利随本清;

② 若还有剩余,应考虑进行短期证券投资。

(3) 期末现金余额=现金收支差额+现金筹措额-现金运用额

【例 5-15】假设甲公司需要保留的现金余额为 6 000 元,该公司的现金预算如表 5-14

所示。

例中,该企业需要保留的现金余额为6 000元,不足此数时需向银行借款。假设银行借款的金额要求是1 000元的倍数,第二季度现金余缺-4940元。

第二季度借款额=最低现金余额+现金不足额=6 000+5000=11 000(元)

第三季度现金多余,可用于偿还借款。一般按"每期期初借入,每期期末归还"来预计利息,故本借款期为6个月。假设年利率为10%,则应计利息为550元:

利息=11 000×10%×(6/12)=550(元)

表 5-14 现金预算

单位:元

季　度	一	二	三	四	全　年
期初现金余额	8 000	8 200	6 060	6 290	8 000
加:销货现金收入(销售预算)	18 200	26 000	36 000	36 700	117 800
可供使用现金	26 200	34 200	42 060	43 890	125 800
减各项支出:					
直接材料(直接材料预算)	5 000	6 740	8 960	9 510	30 210
直接人工(直接人工预算)	2 100	3 100	3 960	3 640	12 800
制造费用(制造费用预算)	1 900	2 300	2 300	2 300	8 800
销售及管理费用(销售及管理费用预算)	5 000	5 000	5 000	5 000	20 000
所得税费用(专门预算)	4 000	4 000	4 000	4 000	16 000
购买设备(专门预算)		10 000			10 000
股利(专门预算)		8 000		8 000	16 000
支出合计	18 000	39 140	24 220	32 450	113 810
现金多余或不足	8 200	(4 940)	17 840	11 440	11 990
向银行借款		11 000			11 000
还银行借款			11 000		11 000
短期借款利息(年利10%)			550		550
长期借款利息(年利12%)				1 080	1 080
期末现金余额	8 200	6 060	6 290	10 360	10 360

此外,还应将长期借款利息纳入预算。本例中长期借款余额为9 000元,利率为12%,预计在第四季度支付利息1 080元。

还款后,仍须保持最低现金余额,否则,只能部分归还借款。

(二)利润表预算

预计利润表是指以货币形式综合反映预算期内企业经营活动成果(包括利润总额、净利润)计划水平的一种财务预算。

该预算需要在销售预算、产品成本预算、应交税金及附加预算、制造费用预算、销售费用预算、管理费用预算和财务费用预算等日常业务预算的基础上编制。

预计利润表是按照权责发生制编制的,这与现金预算的编制原则是不同的。另外,预计利润表是按照变动成本法编制的。其基本原理是(教材举例中假定管理费用和财务费用为固定的):

销售收入-变动销售成本-税金及附加=(生产阶段)边际贡献

(生产阶段)边际贡献-变动性销售费用=(销售阶段)边际贡献

(销售阶段)边际贡献-固定制造费用-固定销售费用-管理费用-财务费用=利润总额

利润总额-所得税=净利润

【例 5-16】依据前列有关营业预算和现金预算,该公司的利润表预算如表 5-15 所示。

表 5-15 利润表预算

项目	金额/元
销售收入(销售预算)	126 000
销货成本(产品成本预算)	56 700
毛利	69 300
销售及管理费用(销售及管理费用预算)	20 000
利息(现金预算:550+1 080)	1 630
利润总额	47 670
所得税费用(专门预算,估计值)	16 000
税后净收益	31 670

(三)资产负债表预算

预计资产负债表是依据当前的实际资产负债表和全面预算中的其他预算所提供的资料编制而成的总括性预算表格,可以反映企业预算期末的财务状况。

预计资产负债表可以为企业管理当局提供会计期末企业预期财务状况的信息,它有助于管理当局预测未来期间的经营状况,并采取适当的改进措施。

预计利润表是以货币为单位,全面综合地表现预算期内经营成果的利润计划。该表既可以按季编制,也可以按年编制,是全面预算的综合体现。它是利用本期期初资产负债表,根据销售、生产、资本等预算的有关数据加以调整编制的。编制预计资产负债表的目的,在于判断预算反映的财务状况的稳定性和流动性。如果通过预计资产负债表的分析,发现某些财务比率不佳,必要时可修改有关预算,以改善财务状况。

【例 5-17】依据前列有关营业预算、现金预算和利润表预算,该公司的资产负债表预算可编制如表 5-16 所示。

其中:期末未分配利润=期初未分配利润+本期利润-本期股利
=16 250+31 670-16 000=31 920(元)

表 5-16 资产负债表预算

单位:元

资产			权益		
项目	年初	年末	项目	年初	年末
现金(现金预算)	8 000	10 360	应付账款(直接材料预算)	2 350	4 640
应收账款(销售预算)	6 200	14 400	长期借款	9 000	9 000

续表

资产			权益		
项 目	年 初	年 末	项 目	年 初	年 末
直接材料(直接材料预算)	1 500	2 000	普通股	20 000	20 000
产成品(产品成本预算)	900	1 800	未分配利润	16 250	31 920
固定资产(专门预算)	35 000	45 000			
累计折旧(制造费用预算)	4 000	8 000			
资产总额	47 600	65 560	权益总额	47 600	65 560

本 章 小 结

全面预算管理已经成为现代化企业不可或缺的重要管理模式。它通过业务、资金、信息、人才的整合,明确适度的分权授权,战略驱动的业绩评价等,来实现企业的资源合理配置并真实地反映出企业的实际需要,进而对作业协同、战略贯彻、经营现状与价值增长等方面的最终决策提供支持。就像美国著名管理学家戴维·奥利所指出的那样:全面预算管理是为数不多的几个能把组织的所有关键问题融合于一个体系之中的管理控制方法之一。

案 例 点 击

花艺家用电器厂引进国外先进技术试制一批毛皮大衣和高级呢绒服装的清洁吸尘器。这种产品在当地还没有销售记录。于是,工厂决定聘请多位专家来预测该项新产品明年投放市场后可能的销售量。

在预测前,他们首先对产品的样式、特点、性能、用途及可能的售价连同其他地区和国外市场的销售情况做了详细的介绍,同时发给每人一张书面意见表,让其分别进行判断,经过三次反馈,得到资料如表5-17所示。

表5-17 新产品销量预测表

单位:台

专家姓名	第一次预测			第二次预测			第三次预测		
	最 低	可 能	最 高	最 低	可 能	最 高	最 低	可 能	最 高
A	2 100	7 000	11 900	3 300	7 000	11 900	3 600	8 000	12 800
B	1 500	5 000	9 100	2 100	5 500	9 800	2 700	6 000	12 000
C	2 700	6 500	11 900	3 300	7 500	11 900	3 300	7 000	12 000
D	4 200	8 500	20 000	300	7 000	15 300	3 300	5 000	20 000
E	900	2 500	5 600	1 500	4 500	7 700	2 100	5 500	10 400
F	2 000	4 500	9 800	1 800	5 000	10 500	2 100	5 500	10 400

续表

专家姓名	第一次预测			第二次预测			第三次预测		
	最低	可能	最高	最低	可能	最高	最低	可能	最高
G	1 500	3 000	5 600	1 200	3 500	11 300	2 700	4 500	9 600
H	1 900	3 500	6 800	2 400	4 500	9 100	2 400	4 500	10 400
I	2 100	4 500	13 800	2 100	5 000	15 100	2 100	8 000	10 400
平均数	210	5 000	10 500	2 400	5 500	11 400	2 700	6 000	12 000

对资料加以整理，并运用概率进行测算，最低销售量、可能销售量和最高销售量的概率分别为 0.2、0.5、0.3。

该厂零售店经理从该市各大服装公司了解到去年的毛皮大衣和高级呢绒服装的销售量有十分密切的关系。已知国外市场为 1∶3，国内市场为 1∶23，零售店经理估计该市比例为 1∶35，销售量为 18 429 台。

该厂销售人员对如何预测其销售量产生了不同意见。

第一种意见认为：只要把专家预测判断数加以平均，再加以适当考虑概率因素便可，以此作为销售预测量。

第二种意见认为：排除专家预测中的各种最大最小因素后，才能加以平均，因此也无须考虑概率因素。

第三种意见认为：应按服装和产品的比例来确定全年的销量，无须考虑专家预测的因素。

上述几种方案，哪种最合理？具体预测的销售量应为多少？

案例 5-1：中国黄金集团公司实施全面预算管理

复习思考题

1. 零基预算的优点是什么？
2. 全面预算包括哪些主要内容？
3. 简述全面预算的编制程序。

练 习 题

一、单项选择题

1. 下列预算中，不属于财务预算内容的是(　　)。
   A. 现金预算　　　B. 生产预算　　　C. 预计利润表　　　D. 预计资产负债表
2. 在成本习性分析的基础上，分别按照一系列可能达到的预计业务量水平编制的能适应多种情况的预算是(　　)。
   A. 固定预算　　　B. 弹性预算　　　C. 增量预算　　　D. 滚动预算
3. 相对于固定预算而言，弹性预算的主要优点是(　　)。

A. 机动性强　　　B. 稳定性强　　　C. 连续性强　　　D. 远期指导性强

4. 在基期成本费用水平的基础上，结合预算期业务量及有关降低成本的措施，通过调整有关原有成本项目而编制的预算，称为(　　)。

　　A. 弹性预算　　　B. 零基预算　　　C. 增量预算　　　D. 滚动预算

5. 可以保持预算的连续性和完整性，并能克服传统定期预算缺点的预算方法是(　　)。

　　A. 弹性预算　　　B. 零基预算　　　C. 滚动预算　　　D. 固定预算

6. 以预算期内正常的、可实现的某一业务量水平为唯一基础来编制预算的方法称为(　　)。

　　A. 零基预算　　　B. 定期预算　　　C. 静态预算　　　D. 滚动预算

7. 下列各项中，没有直接在现金预算中得到反映的是(　　)。

　　A. 期初期末现金余额　　　　B. 现金筹措及运用
　　C. 预算期产量及销量　　　　D. 预算期现金余缺

8. 在下列各项中，能够同时以实物量指标和价值量指标分别反映企业经营收入和相关现金收支的预算是(　　)。

　　A. 现金预算　　　B. 销售预算　　　C. 生产预算　　　D. 产品成本预算

9. 下列项目中，原本属于日常业务预算，但因其需要根据现金预算的相关数据来编制因此被纳入财务预算的是(　　)。

　　A. 财务费用预算　　　　　B. 预计利润表
　　C. 销售费用预算　　　　　D. 预计资产负债表

10. 全面预算编制的起点是(　　)。

　　A. 财务费用预算　　　　　B. 销售预算
　　C. 销售费用预算　　　　　D. 现金预算

二、多选题

1. 与编制零基预算相比，编制增量预算的主要缺点包括(　　)。

　　A. 可能不加分析地保留或接受原有成本支出
　　B. 可能按主观臆断平均削减原有成本支出
　　C. 容易使不必要的开支合理化
　　D. 增加了预算编制的工作量，容易顾此失彼

2. 相对固定预算而言，弹性预算的优点有(　　)。

　　A. 预算成本低　　　　　B. 预算工作量小
　　C. 预算可比性强　　　　D. 预算适用范围宽

3. 相对定期预算而言，滚动预算的优点有(　　)。

　　A. 透明度高　　　　　　B. 及时性强
　　C. 预算工作量小　　　　D. 连续性、完整性和稳定性突出

4. 在编制现金预算的过程中，可作为其编制依据的有(　　)。

　　A. 日常业务预算　　　　B. 预计利润表
　　C. 预计资产负债表　　　D. 特种决策预算

5. 下列属于财务预算的是(　　)。

  A. 现金预算   B. 日常业务预算
  C. 资产负债表预算   D. 特种决策预算

6. 定基预算的缺点有( )。
  A. 远期指导性差   B. 预算的灵活性差
  C. 预算的重点不突出   D. 预算的连续性差

7. 产品成本预算编制的基础是( )。
  A. 生产预算   B. 直接材料预算
  C. 直接人工预算   D. 制造费用预算

8. 在下列各项中，属于日常业务预算的有( )。
  A. 销售预算   B. 现金预算   C. 生产预算   D. 销售费用预算

9. 在下列各项预算中，属于财务预算内容的有( )。
  A. 销售预算   B. 生产预算   C. 现金预算   D. 预计利润表

三、计算题

1. 某企业 2019 年现金预算(简表)如下表所示。假定企业发生现金余缺均由归还或取得流动资金借款解决，且流动资金借款利息可忽略不计。除表中所列项目外，企业没有有价证券，也没有发生其他现金收支业务。预计 2019 年末流动负债为 4 000 万元，需要保证的年末现金比例为 50%。

要求：根据所列资料，计算填列表中用字母表示的项目。(单位：万元)

项目	第一季度	第二季度	第三季度	第四季度
期初现金余额	1 000			2 500
本期现金收入	31 000	33 500	E	36 500
本期现金支出	30 000	C	37 000	40 000
现金余缺	A	1 000	3 000	G
资金筹措与运用	−500	1 000	F	
取得流动资金借款	—	1 000		I
归还流动资金借款	−500	—		
期末现金余额	B	D	2 500	H

2. 某企业现着手编制 2020 年 6 月的现金收支计划。预计 2020 年 6 月月初现金余额为 8 000 元；月初应收账款 4 000 元；预计月内可收回 80%；本月销货 50 000 元，预计月内收款比率为 50%；本月采购材料 8 000 元，预计月内付款 70%；月初应付账款余额 5 000 元需在月内全部付清；月内以现金支付工资 8 400 元；本月制造费用等间接费用付现 16 000 元；其他经营性现金支出 900 元；购买设备支付现金 10 000 元。企业现金不足时，可向银行借款，借款金额为 1 000 元的倍数；现金多余时可购买有价证券。要求月末现金余额不低于 5 000 元。

要求：(1)计算经营现金收入。(2)计算经营现金支出。(3)计算现金余缺。(4)确定最佳现金筹措或运用数额。(5)确定现金月末余额。

3. 已知：某公司 2019 年第 1—3 月实际销售额分别为 38 000 万元、36 000 万元和 41 000

万元,预计 4 月份销售额为 40 000 万元。每月销售收入中有 70%能于当月收现,20%于次月收现,10%于第三个月收讫,不存在坏账。假定该公司销售的产品在流通环节只需交纳消费税,税率为 10%,并于当月以现金交纳。该公司 3 月末现金余额为 80 万元,应付账款余额为 5 000 万元(需在 4 月份付清),不存在其他应收应付款项。4 月份有关项目预计资料如下:采购材料 8 000 万元(当月付款 70%);工资及其他支出 8 400 万元(用现金支付);制造费用 8 000 万元(其中折旧费等非付现费用为 4 000 万元);营业费用和管理费用 1 000 万元(用现金支付);预交所得税 1 900 万元;购买设备 12 000 万元(用现金支付)。现金不足时,通过向银行借款解决。4 月末现金余额要求不低于 100 万元。

要求:根据上述资料,计算该公司 4 月份的下列预算指标:
(1)经营性现金流入。(2)经营性现金流出。(3)现金余缺。(4)应向银行借款的最低金额。(5)4 月末应收账款余额。

第五章 答案

第六章

短期经营决策

本章导读

短期经营决策是指企业为有效地组织现在的生产经营活动,合理利用经济资源,以期在不远的将来取得最佳的经济效益而进行的决策。短期经营决策分析的结果只影响或决定企业一年或一个经营周期内经营实践的方向、方法和策略,侧重于从资金、成本、利润等方面对如何充分利用企业现有资源和经营环境,以取得尽可能大的经济效益。针对生产过程中存在的各种状况作出短期经营决策是本章的重点内容。

学习目标

了解短期经营决策的概念,了解增量成本、边际成本、机会成本、重置成本、付现成本、专属成本等重要概念,掌握不同情况下的生产决策,理解基于成本进行决策时需考虑的因素,理解定价的策略,掌握存货的成本、经济订货批量基本模型的假设条件、经济订货批量的基本模型及扩展、再订货点的计算、ABC分类控制法和及时存货制控制法。

核心概念

增量成本(income cost) 边际成本(marginal cost) 机会成本(opportunity cost) 重置成本(replacement cost) 付现成本(out-of-pocket cost) 短期经营决策(short-term decision) 沉没成本(sunk cost) 相关收入(relevant revenue) 估算成本(estimated cost) 存货(inventory) 在产品(goods in process) 折扣(discount) 经济订货批量(economic order quantity)

引导案例

拉夏贝尔被"拉下"神坛,至少给我们留下这三条教训

作为第一家在港交所和上交所两地上市的服装企业,拉夏贝尔近日风波不断。由于业绩亏损,其零售门店正在快速缩水。2019年6月30日,拉夏贝尔境内零售网点的数量为6 799个,半年锐减2 470个,缩水27%,平均每天就有13家店铺关闭。

纵观拉夏贝尔的发展史,至少可以给我们三条教训。

一、盲目扩张,定位不清

2011年之前,拉夏贝尔仅有3个女装品牌,1 841个门店,而从2012年开始,拉夏贝尔开始了自己"多品牌、直营为主"的业务模式,旗下打造了五个女装品牌(La Chapelle、Puella、7 Modifier、La Babité、Candie's)、三个男装(JACK WALK、Pote、MARC ECKŌ)及童装 8eM 等品牌,还花了将近4亿元收购了法国品牌 NAF NAF。

2018年12月,随着品牌的不断扩张,线下门店也一路扩展到9 269个。而它追赶的品牌 ZARA(飒拉),作为西班牙排名第一、全球排名第三的品牌服装,门店也不过2 000多家。

令人疑惑的是,这么多女装品牌在风格和款式上似乎并没有太大的差异,无法实现差异化定位,就无法聚焦目标消费者,一线的价格,二线甚至三线的设计与质量,消费者自然不会买账。

二、库存积压,周转不力

拉夏贝尔的库存问题,其实是伴随着门店扩张和品牌扩张一起来的,前期经营好的情况下还能维持一定的周转,随着经营能力变差,先出问题的就是库存。

服装行业的存货及时出清至关重要,而拉夏贝尔的存货周转天数在2018年三季度达到顶峰,随后回落,但是在2019年第二季度又再度走高,直逼2018年的高峰290天。

2018年底,拉夏贝尔存货高达25.34亿元,占同期总资产的30%,占流动资产比例为47.93%。曾经堪比 ZARA 的拉夏贝尔,现在的周转率却是250天一个周期,一年只能走1.5轮。而 ZARA 的周转率大概是30天一个周期,一年能走12轮。

2019年6月30日,拉夏贝尔存货的账面价值已经高达21.6亿元!存货规模持续扩大增加了拉夏贝尔的现金流压力。之后,拉夏贝尔的净利润显示为半年亏损5.65亿元。

三、模式单一,难敌风险

拉夏贝尔布下如此大的零售网络,却一直采用直营模式,一旦市场下行,销售遇冷,直营模式的高成本将严重拖累营收。2015年,拉夏贝尔公司净利润达到6.15亿元,此后便一路下滑,2016年、2017年分别为5.32亿元、4.99亿元。2018年,拉夏贝尔的总营收为101.76亿元,同比增长了13.08%。虽然营收增长了,但是拉夏贝尔的净利润却亏损1.56亿元。2018年下半年开始,便一改过去全直营模式,推出了加盟、联营等模式,希望在未来两年内,实现加盟和联营占比50%。同时实施O2O战略,将线上线下相互融合、充分互动,以便为顾客带来更加便捷、全面的购物体验。但线上也表现平平,难掩颓势。

女装行业巨头如今跌落"神坛",不禁让人感叹。如果能早点实施转型战略,多在渠道和销售上下功夫,线下门店与线上营销相结合,拉夏贝尔的处境可能比现在要好得多。

(资料来源:海商,作者:渠道专员)

第一节　决策分析概述

一、决策分析的含义

所谓决策(decision-making)是指人们为了实现一定的目标，借助于科学的理论与方法，进行必要的计算、分析和判断，从若干可供选择的方案中，选择并决定采用一个最优方案。

管理会计中的决策分析(decision analysis)是指对企业未来经营活动所面临的问题，由各级管理人员作出的有关未来经营战略、方针、目标、措施与方法的决策过程。它是企业经营管理的核心内容。

对一个企业来讲，在生产经营过程中需要决策的事情很多，如生产哪种产品、产品是否进一步加工、亏损产品是否停产或转产等。对任何一个问题进行决策，一般都需要有至少两个可供选择的方案；当只有一个方案时，也要按一定的标准认真考虑并决定是否采用这个方案。决定或选择方案的标准应当是耗费少、投资小、效益高。

企业的决策分析贯穿于生产经营活动的始终，这个过程通常包括确定决策目标、收集各备选方案的数据资料、分析比较和选定最优方案等步骤。

二、决策分析的特点

决策分析具备以下特点：
(1)　决策分析是人的主观能力的表现。
(2)　决策分析并非先验的臆断或单纯的空想，而要以对客观必然性的认识为根据。
(3)　在进行决策分析之前，应至少有两种或两种以上的行动方案可供选择，决策是有选择地作出决定。
(4)　决策分析是面向未来的，它只对未来的实践有意义，对过去的实践并没有什么决策问题，但决策分析会受到过去实践经验的影响。
(5)　决策分析本身正确与否，可通过比较决策的主观愿望符合实践的客观结果的程度来评价。
(6)　决策分析不是瞬间的决定，而是一个提出问题—分析问题—解决问题的系统分析过程。

三、决策分析的程序

决策分析的程序如下：
(1)　调研经济形势，明确经营问题。即以公司所要解决的具体问题为前提，这就需要调查研究决策分析对象系统的外部环境，分析内部结构，根据理想与现实的差距进行企业诊断，找出存在的问题，为进一步开展决策分析工作创造条件。
(2)　确定决策分析的目标。即针对企业经营存在的问题，确定进一步经营的目标，即确定企业未来努力的方向。

(3) 提出各种备选方案。在明确决策分析目标的前提下，应充分考虑实现的可能性，提出各种可能实现决策目标的备选方案。备选方案的提出，一般要经过形成基本设想，提出初步方案，最后形成备选方案的反复补充修改的过程。在此过程中，应该充分体现解放思想、鼓励创新和集思广益的精神。

(4) 评价方案的可行性。对形成的各种方案采用定性和定量的方法进行可行性研究论证，并从不同侧面分析评价各方案在技术、经济等方面的先进性、合理性与可能性。

(5) 确定并划分成本和收益。确定与各个可行备选方案有关的成本与收益，把成本和收益进一步区分为相关与不相关两类，并排除不相关的成本和收益。

(6) 汇总每个相关方案的成本和收益。根据上一步骤的计算结果，将与各个可行备选方案有关的成本与收益筛选出来，进行汇总。

(7) 进行决策。根据汇总出的各个可行备选方案的成本和收益进行比较，从中选出相关成本较低、相关收益较高的方案进行决策。

(8) 检查与控制。对决策结果，进行反馈、修正，以提高决策的科学性，保证决策目标的顺利实现。

四、决策分析的分类

(一)按决策影响的时间长短分类

按决策影响的时间长短进行分类，决策可以分为短期决策和长期决策。

1. 短期决策

短期决策是指在一个经营年度(一年内)或经营周期内能够实现其目标的决策。这种决策只对年度内收支盈亏产生影响，并在年度内实现决策目标。短期决策主要探讨如何在生产经营过程中最有效、最经济、最合理地充分利用现有资源以获取最大的经济效益，它一般不涉及大量资金的投入，且见效快，因此又称为战术性决策或短期经营决策。

2. 长期决策

长期决策是指在较长时间内(超过一年)才能实现的决策。这种决策一般是针对需要投入大量资金的项目，涉及企业的发展方向和规模，资金回收时间长，受许多外界因素的影响，对企业发展具有战略意义。它的特点是投入资金量大，见效慢，因此又称为长期投资决策。

(二)按决策所依据的环境、条件的状况分类

按决策所依据的环境、条件的状况进行分类，决策可以分为确定性决策、风险性决策和非确定性决策。

1. 确定性决策

确定性决策是指与决策相关的各种备选方案的各项条件或自然状态都是已知的，而且每个方案只有一个确定的结果，不存在有不确定因素的决策。这类决策比较容易进行，只要进行比较分析就能作出决策。

2. 风险性决策

风险性决策是指与决策相关的各种备选方案的各项条件或自然状态虽然是已知的，但表现出若干种变动趋势，每种方案都存在着不可控因素，都可能出现两种或两种以上的结果，决策者需要预知未来可能出现的若干种状态，依据有关数据通过预测确定其出现的概率。这类决策结果在一定程度上存在不唯一性，使决策存在一定的风险，故称为风险性决策。

3. 非确定性决策

非确定性决策是指决策者对与决策相关的各种备选方案的各项条件的未来情况不仅不能完全确定，而且对其出现的可能性也不清楚，只能通过决策者的经验来进行主观判断作为决策依据。这类决策难度较大，需要决策人员具有较高的理论知识水平和丰富的实践经验。

(三) 按决策的层次分类

按决策的层次进行分类，决策可以分为高层决策、中层决策和基层决策。

1. 高层决策

高层决策是指企业适应时刻变化的外部环境的一种决策。它具有全局性、长期性与战略性的特点，如确定或改变企业经营方向和经营目标、新产品开发、企业上市、企业并购、开拓海外市场、合资经营、扩展生产能力等。由于这类决策对企业而言是最大的决策，因此又称为战略性决策。

2. 中层决策

中层决策是指对企业的人、财、物等资源进行合理配置，以及经营组织机构加以改变的一种决策。它具有局部性、中期性和战术性的特点，如机构重组、人事调整与资金筹措和使用等。这类决策又称为战术性决策，它的制定必须纳入战略决策的轨道，为实现企业战略目标服务。

3. 基层决策

基层决策是指在一定的企业运行机制的基础上，处理日常业务的决策，它具有琐碎性、短期性与日常性的特点，故又称为执行性决策，如每日产量、品种等。

五、短期经营决策的重要概念

(一) 相关收入

相关收入是指与特定决策方案相联系的、能对决策产生重大影响的、在短期经营决策中必须予以充分考虑的收入，又称有关收入。如果某项收入只属于某个经营决策方案，即若这个方案存在，就会发生这项收入，若该方案不存在，就不会发生这项收入，那么，这项收入就是相关收入。相关收入的计算，要以特定决策方案的单价和相关销售量为依据。

与相关收入相对应的概念是无关收入。如果无论采用哪个经营决策方案，某项收入均会发生，那么就可以断定该项收入是上述方案的无关收入。显然，在短期经营决策中，无须考虑无关收入，否则，就有可能导致决策失误。

(二)相关成本

相关成本是指与特定决策方案相联系的、能对决策产生重大影响的、在短期经营决策中必须予以充分考虑的成本。如果某项成本只属于某个经营决策方案，即若这个方案存在，就会发生这项成本；若该方案不存在，就不会发生这项成本，那么，这项成本就是相关成本。相关成本主要包括增量成本、边际成本、机会成本、重置成本、付现成本、专属成本等。

1. 增量成本

增量成本又称狭义的差量成本，是指单一决策方案由于生产能量利用程度的不同而表现在成本方面的差额。在一定条件下，某一决策方案的增量成本就是该方案的相关变动成本，即等于该方案的单位变动成本与相关业务量的乘积。

在短期经营决策的生产决策中，增量成本是较为常见的相关成本。如亏损产品的决策，是否转产或增产某种产品的决策中，最基本的相关成本就是增量成本。

2. 边际成本

边际成本的经济含义就是指每增加或减少一个单位产品所引起的总成本的变动数额。其他因素不变时，每增加一个单位产品的生产，成本总额就会相应增加；反之，每减少一个单位产品的生产，成本总额就会相应减少。例如，原生产 20 000 件产品，总成本 100 000 元，现要生产 20 001 件产品，成本总额变为 100 005 元。增加一件产品的生产使总成本增加了 5 元，这 5 元就是增加一个单位产品的成本增加额，即边际成本。边际成本主要用于判断增加或减少某种产品的产销在经济上是否合算。和变动成本一样，边际成本一般随产量范围的变动而变动。

3. 机会成本

机会成本是指由于执行最优方案而损失的次优方案的潜在收益。选择某一方案必然意味着其他方案可能获利的机会被放弃或者丧失，但由于机会成本并没有构成企业的实际成本支出，所以在实务中，对机会成本并不在任何会计账户中予以登记。机会成本在决策中的意义在于它有助于决策者全面考虑可能采取的各种方案，否则，就可能作出错误的选择。

4. 重置成本

重置成本是指假设以现在的价格重新购置或重新建造目前持有的资产所需支付的成本，又称现时成本或现时重置成本。在短期经营决策的定价决策以及长期投资决策的以新设备替换旧设备的决策中，需要考虑以重置成本作为相关成本。

5. 付现成本

付现成本又称现金支付成本，是指某个项目计划实施时需要立即支付现款或需要在短期内支付现金的成本。在进行短期经营决策时，付现成本就是动用现金支付的有关成本。在企业现金短缺、支付能力不足且筹资又十分困难的情况下，对于那些急需实施的方案进行决策时，必须以付现成本而不是以总成本作为方案取舍的标准。

6. 专属成本

专属成本是指那些能够明确归属于某种产品、某批产品或某一部门等特定对象的成本。它往往是为了弥补生产能力不足的缺陷，而增加有关装置、设备、工具等长期资产而发生的成本。

(三)无关成本

与相关成本相对的是无关成本。那些不受决策结果影响，与决策关系不大，发生与否不受决策项目影响的成本属于无关成本。在短期经营决策中，不能考虑无关成本，否则，可能会导致决策失误。

无关成本主要包括沉没成本、共同成本、不可避免成本和不可延缓成本。

1. 沉没成本

沉没成本又称沉入成本或旁置成本，是指由过去决策结果引起并已经实际支付过款项的成本。企业大多数固定成本(尤其是其中的固定资产折旧费、无形资产摊销费)均属于沉没成本。沉没成本与特定的经营决策无关，不可能通过现在或将来的任何决策改变，因而在决策时可以置之不理，属于无关成本。

2. 共同成本

共同成本是与专属成本相对立的成本，是指由多个方案共同负担的注定要发生的固定成本或混合成本。由于共同成本的发生与特定方案的选择无关，因此，在短期经营决策中不予考虑，属于无关成本。

3. 不可避免成本

不可避免成本是指与某一特定备选方案不直接相关联的，其发生与否及发生数额多少，并不取决于备选方案是否被选定。也就是说，不可避免成本的发生与否、发生额的多少不受某一特定决策行动的影响，与某一特定决策方案没有直接联系。约束型固定成本就属于典型的不可避免成本。

4. 不可延缓成本

不可延缓成本是与可延缓成本相对立的成本，是指在短期经营决策中如果暂缓开支，就会对企业未来的生产经营产生重大不利影响的那部分成本。由于不可延缓成本具有较强的刚性，马上就要发生，所以必须保证对它的支付没有选择的余地，因此也属于决策无关成本。例如，企业污水处理，必须马上执行，否则企业将面临停产或关闭，与之相关的成本为不可延缓成本。

第二节 生产决策

产品的开发与生产是企业生产经营活动的重要内容，也是企业提高市场竞争能力的基础和重要途径。在激烈的市场竞争中，企业为了提高经济效益，首先应考虑的是生产什么产品、用什么方法来生产和生产多少等问题，所以，如何进行产品生产决策，是确保企业在激烈竞争中立于不败之地的重要环节。本节主要讨论以下几个典型的决策问题：产品品种选择决策、新产品是否开发决策、亏损产品是否停产决策、半成品是否深加工决策、零部件自制或外购决策、不同生产工艺技术方案的决策。

一、产品品种选择决策

一个企业的生产能力是有限的，它不能同时满足所有产品生产的要求。产品品种选择决策就是指企业在现有的生产条件下应选择生产什么产品，才能取得最大经济效益的决策问题。通常情况下，这种决策分析较为简单，可采用的方法也比较多，主要有边际贡献分析法、差量分析法和利润总额对比法等。

【例 6-1】某企业现有生产设备可用于甲、乙、丙三种产品的生产，相关资料如表 6-1 所示。该企业为获取最大的经济效益应选择哪种产品进行生产？

表 6-1 产品生产资料表

项 目	甲产品	乙产品	丙产品
销售量/件	8 000	10 000	12 000
单位售价/元	12	10	9
单位变动成本/元	6	5	4
固定成本总额/元	12 000		

解： 根据上述资料，分别按照不同的方法进行产品品种选择，决策如下。

(1) 使用边际贡献分析法进行计算(表 6-2)。

表 6-2 各产品边际贡献计算表

项 目	销售量 a/件	单位售价 b/元	单位变动成本 c/元	边际贡献总额 $a\times(b-c)$/元
甲产品	8 000	12	6	48 000
乙产品	10 000	10	5	50 000
丙产品	12 000	9	4	60 000

由表 6-2 的计算结果可知，丙产品创造的边际贡献最大，应选择丙产品进行生产。

(2) 使用差量分析法计算。第一步，对比生产甲、乙两种产品的经济效益，结果如表 6-3 所示。

由表 6-3 的计算结果可知，生产乙产品获得的利润大于生产甲产品获得的利润。

第二步，对比生产乙、丙两种产品的经济效益，结果如表 6-4 所示。

表6-3 对比生产甲、乙两种产品的经济效益

项目	销售量/件	单位售价/元	单位变动成本/元	差别收入/元	差别成本/元	差别利润/元
甲产品	8 000	12	6	-4 000	-2 000	-2 000
乙产品	10 000	10	5			

表6-4 对比生产乙、丙两种产品的经济效益

项目	销售量/件	单位售价/元	单位变动成本/元	差别收入/元	差别成本/元	差别利润/元
乙产品	10 000	10	5	-8 000	2 000	-10 000
丙产品	12 000	9	4			

由表6-4的计算结果可知，生产丙产品获得的利润大于生产乙产品获得的利润。

根据计算结果可知，生产丙产品获得的利润最大，应选择丙产品进行生产。

(3) 按照利润总额对比法计算的结果如表6-5所示。

表6-5 利润总额计算表

项目	销售量/件	单位售价/元	单位变动成本/元	固定成本/元	利润总额/元
甲产品	8 000	12	6	12 000	36 000
乙产品	10 000	10	5	12 000	38 000
丙产品	12 000	9	4	12 000	48 000

由表6-5的计算结果可知，生产丙产品的利润总额最大，应选择丙产品进行生产。

二、新产品是否开发决策

如果企业在安排了现有生产任务后尚有剩余的生产能力可供利用，或者当企业同时生产几种产品且各种产品产销都一致的前提下，如何安排剩余的生产能力，即剩余生产能力用来生产哪种产品，才能使企业获得最大的利润，这需要决策者作出决策。由于这种决策不涉及长期资金的投入，因此决策中不考虑其对企业长期利益的影响，只是以充分利用现有生产能力，获取短期最大利润为目标。此类决策主要使用边际贡献法进行分析。

(一)不涉及追加专属成本

在新产品开发的品种决策中，如果有关方案均不涉及追加专属成本，就可以用单位资源边际贡献分析法直接进行新产品开发的品种决策。

单位资源边际贡献分析法是指以有关方案的单位资源边际贡献指标作为决策评价指标的一种方法。当企业生产只受到某一项资源(如某种材料、人工工时或机器台时等)的约束，并已知备选方案中各种产品的单位边际贡献和单位产品资源消耗额，可按下式计算单位资源的边际贡献指标，并以此作为决策评价指标。

$$单位资源边际贡献 = \frac{单位边际贡献}{单位产品资源消耗定额}$$

单位资源边际贡献是正指标，哪个方案的指标大，哪个方案为优。

【例 6-2】某企业现具有开发一种新产品的生产经营能力，有关的经营能力成本(约束性固定成本)为 50 000 元，现有 A、B、C 三种新产品可供选择。已知 A、B、C 产品的有关单价、单位变动成本和定额设备台时的预测资料如表 6-6 所示，不需要追加专属成本。

要求：对 A、B、C 三个产品进行品种决策。

表 6-6 预测资料

项 目	A 产品	B 产品	C 产品
单价/元	100	60	35
单位变动成本/元	65	45	25
单位产品定额台时/小时	20	10	5
固定成本	2 200		

解：根据已知条件可选用单位资源边际贡献分析法进行决策分析，指标计算如表 6-7 所示。

表 6-7 单位资源边际贡献分析

项 目	A 产品	B 产品	C 产品
单位边际贡献/元	35	15	10
单位产品定额台时/小时	20	10	5
单位产品边际贡献	1.75	1.5	2

由表 6-7 的计算结果可知，C 产品的单位边际贡献指标大于 A 产品和 B 产品，故应当开发 C 产品。

由此可见，在开发新产品品种的多方案决策中，不能单纯地以新产品的单位售价或单位边际贡献的大小作为取舍优劣的标准。

(二)涉及追加专属成本

如果开发新产品需要增加专属固定成本，在决策时就应该以各种产品的剩余边际贡献总额作为判断方案优劣的标准。剩余边际贡献等于边际贡献总额与专属固定成本之差。

【例 6-3】某企业现有用于新产品生产的剩余生产工时为 2 000 小时，有 A、B、C 三种新产品可供投入生产，相关资料如表 6-8 所示，另生产 C 产品需要增加一台专用设备，每年增加专属固定成本 600 元(专用设备折旧费)。确定应该生产何种产品。

解：

表 6-8 边际贡献分析计算表

项 目	A 产品	B 产品	C 产品
最大产量/件	2 000÷20=100	2 000÷10=200	2 000÷5=400
销售单价/元	100	60	35
单位变动成本/元	65	45	25
单位边际贡献/元	35	15	10

续表

项 目	A 产品	B 产品	C 产品
边际贡献总额/元	3 500	3 000	4 000
专属固定成本/元	0	0	600
剩余边际贡献总额/元	3 500	3 000	3 400

在这种情况下，C 产品的剩余边际贡献总额比 A 产品少 100 元，因此应该生产 A 产品。

三、亏损产品是否停产决策

在企业生产经营过程中，某种产品发生亏损是经常遇到的问题。所谓亏损产品是指该产品实现的收入不能补偿其按完全成本法计算的生产成本，即销售毛利小于零的产品。对于亏损产品，不能简单地予以停产，而必须综合考虑企业各种产品的经营状况、生产能力的利用及有关因素的影响，作出停产还是继续生产的最优选择。

(一)剩余生产能力无法转移时，亏损产品是否停产的决策

所谓剩余生产能力无法转移是指当亏损产品停产以后，闲置下来的生产能力无法被用于其他方面，既不能转产，也不能将有关设备对外出租。在这种情况下，只要亏损产品满足以下任何一个条件，就不应当停产。

(1) 该亏损产品的单价大于其单位变动成本。
(2) 该亏损产品的收入大于其变动成本。
(3) 该亏损产品的单位边际贡献大于零。
(4) 该亏损产品的边际贡献大于零。

企业如果盲目停止生产满足上述条件的亏损产品，不但不能使企业增加利润，反而会使其多损失，损失相当于该亏损产品所能提供的边际贡献。

如果该亏损产品不能满足上述任何一个条件，其本身又不属于关系国计民生必需的产品，那么就可以考虑停产。

【例 6-4】 某企业组织多品种产品的生产，2019 年甲产品发生亏损 30 000 元。已知该年甲产品的完全成本为 50 000 元，其变动成本率为 80%。假定 2020 年其他条件均不变，剩余生产能力无法转移。

要求：作出 2020 年是否继续生产甲产品的决策，并说明若停止生产甲产品会造成什么后果。

解： 按照题意，计算如下指标：

甲产品的收入=50 000+(−30 000)=20 000(元)
甲产品的变动成本=20 000×80%=16 000(元)
甲产品的边际贡献=20 000−16 000=4 000(元)

因为甲产品的收入大于其变动成本，边际贡献大于零，所以，应当继续生产甲产品，否则将使企业多损失 4 000 元利润。

(二)剩余生产能力可以转移时，亏损产品是否停产的决策

如果亏损产品停产，闲置下来的生产能力可以转移，如用于承揽零星加工业务，或将有关设备对外出租(这里暂时不考虑转产其他产品)时，就不能按第一种情况进行决策，必须进一步考虑有关机会成本因素。

(1) 如果亏损产品创造的边际贡献大于与生产能力转移有关的机会成本，就不应当停产；否则，企业将因此而多损失相当于该亏损产品创造的边际贡献与有关机会成本之差那么多的利润。

(2) 如果亏损产品创造的边际贡献小于与生产能力转移有关的机会成本，就应当停产。

(3) 如果亏损产品创造的边际贡献等于与生产能力转移有关的机会成本，停止或继续生产亏损产品都可以。

【例 6-5】沿用例 6-4 所列资料。假定 2019 年其他条件均不变，但剩余生产能力可以转移，若将闲置设备对外出租，1 年可获得租金收入 5 000 元。

要求：不通过计算，直接作出 2020 年是否继续生产甲产品的决策，并说明理由。

解：由于继续生产甲产品方案的边际贡献为 4 000 元，小于其机会成本(可望获得的租金收入)5 000 元，因而应该停止生产甲产品，这样可以使企业多获得 1 000 元利润。

四、半成品是否深加工决策

在多步骤生产的企业中，某些半成品可直接对外出售，也可进一步加工。一般继续加工后的产品售价较高，但是通常需追加成本。对这类问题，在进行半成品是否应继续深加工的决策时，通常考虑进一步加工增加的收入是否大于追加的成本即可。

(一)半成品是否深加工的决策

在企业内部，在连续生产过程中有的产品在完成了一定的加工工序后，往往可以直接以半成品上市出售，如铸件等，也有些产品经过进一步加工后出售，如化工产品、纺织产品等。经过深加工后半成品的售价一定要高于原半成品售价，但相应也要追加一定的加工成本。因此，在进行半成品是否深加工决策时，就是考虑是以半成品出售合算还是进一步加工后出售合算。这里用差别损益分析法进行决策分析。

【例 6-6】某制造企业生产的半成品甲，单位成本为 15 元/件，售价为 25 元/件，年产量为 100 件。若经过深加工可加工为产品乙，每件变动加工成本为 30 元，乙产品单价为 65 元。

要求：作出甲半成品直接出售或深加工的决策分析。

解：根据题意，编制差别损益分析表，如表 6-9 所示。

表 6-9 差别损益分析表

单位：元

项 目	进一步加工为乙产品	直接出售甲产品	差异额
相关收入	65×100=6 500	25×100=2 500	4 000
相关成本	3 000	0	3 000
其中：加工成本	30×100=3 000	0	
差别损益			1 000

依据表 6-9 得出结论,应继续对甲产品进行深加工,可多获利 1 000 元。在此情况下,若半成品与产成品的投入产出比为 1∶1,也可直接按以下公式计算深加工与直接出售的利润差:

$$\begin{matrix}\text{深加工后出售与}\\ \text{直接出售的利润差}\end{matrix} = \left(\begin{matrix}\text{深加工后}\\ \text{产品的售价}\end{matrix} - \begin{matrix}\text{深加工前}\\ \text{半成品售价}\end{matrix} - \begin{matrix}\text{深加工发生的}\\ \text{单位加工成本}\end{matrix}\right) \times \begin{matrix}\text{相关的半}\\ \text{成品加工量}\end{matrix}$$

$$= [(65-25)-30] \times 100 = 1\,000(\text{元})$$

(二)联产品是否深加工的决策

许多企业在同一生产过程中,投入一定的原料就可同时产出多种产品,这些产品就称为联产品。如石油化工企业中,经过炼油环节就可以提炼燃料油、汽油和其他类型的石油产品等。这些联产品,有的分离后即可立即出售,也可进一步加工后再出售。关于联产品是否深加工的决策类似于半成品的相应决策,联产品分离前几种产品共同发生的成本即共同成本,与出售或进一步加工的决策无关,为非相关成本;而分离后发生的成本,就与决策有关,为相关成本。决策分析时可以采用差别损益分析法。

【例 6-7】某企业是生产联产品的企业,经过第一生产过程,即可分离出 A、B、C 三种联产品,产出比例是 2∶1∶1,原料在生产加工过程中的自然损耗率为 10%。假定本期投入原料 1 000 吨,当期全部产出,共发生联合成本 108 000 元,成本按销售收入比重分配,B 联产品可以深加工为 D 产品,B、D 的投入产出比为 3∶1。每深加工 1 吨 B 联产品要发生可分成本 95 元。A、B、C、D 的售价分别为每吨 200 元、150 元、100 元和 480 元。

要求:作出是否直接出售 B 产品或对其全部或部分进行深加工的决策分析。

解: 依据题意,有关资料计算如下:

$$总产出量 = 1\,000 \times (1 - 10\%) = 900(吨)$$

各种联产品的相关产量计算如下:

$$A\text{产品的相关产量} = 900 \div (2+1+1) \times 2 = 450(吨)$$
$$B\text{产品的相关产量} = 900 \div (2+1+1) \times 1 = 225(吨)$$
$$C\text{产品的相关产量} = 900 \div (2+1+1) \times 1 = 225(吨)$$
$$D\text{产品的相关产量} = 225 \div 3 = 75(吨)$$

根据相关数据编制差别损益分析表(表 6-10)。

表 6-10 差别损益分析表

单位:元

项　目	进一步加工为 D 产品	直接出售 B 半成品	差异额
相关收入	480×75=36 000	150×225=33 750	2 250
相关成本	21 375	0	21 375
其中:可分成本	95×225=21 375	0	
差别损益			-19 125

由表 6-10 得出结论,应直接出售 B 产品,可多获利 19 125 元。

五、零部件自制或外购决策

随着社会化大生产的不断扩大，专业化程度的不断提高，工厂经常面临产品的零部件是自制还是外购的决策问题。零部件外购要支付买价、运杂费，而自制要有相应的设备，需要买原材料，支付工资和其他费用。因此，在进行此类决策时应遵循成本最小化的原则，即比较外购的成本与自制的成本。

【例 6-8】某企业生产某产品需要甲零件 2 000 个，若用该企业现有设备自行制作，每个零件的自制成本为 50 元，其中直接材料 22 元，直接人工 15 元，变动制造费用 8 元，固定制造费用 5 元；如果是外购，每个买价 48 元。剩余生产能力无其他用途。

要求：作出该企业所需零件应外购还是自制的决策。

解：依据题意，自制成本为 50 元，大于外购价 48 元，应选择外购。但是，由于剩余生产能力无其他用途，因此，自制的相关成本不需要考虑固定制造费用。相关损益分析见表 6-11。因此最终决策选择自制。

表 6-11 自制或外购的成本计算表

单位：元

项 目	自 制	外 购
相关成本	90 000	96 000
其中：变动成本	45×2 000=90 000	48×2 000=96 000
自制节约成本	6 000	

六、不同生产工艺技术方案的决策

不同生产工艺技术方案的决策，是指企业在组织生产过程中，有若干不同的工艺技术备选方案，需从中选出最优工艺技术方案所作出的决策。如同一种产品既可以采用手工操作方式，又可安排半机械化、机械化或自动化方式生产。一般情况下，机械化、自动化程度越高，劳动生产率越高、劳动强度越低、能耗越少，产品单位变动成本就越低，但这就要求相应地增加固定成本；反之，则产品单位变动成本就越高。因此，对于同一种产品，究竟采用何种工艺方案进行生产，必须根据市场供求条件、产品所处的生命周期阶段等信息以及未来销量的变动趋势，以销定产，根据生产计划规模决定选用何种工艺技术方案，而不能片面地认为机械化、自动化程度越高越好。在实际中，由于各备选方案只涉及相关成本，而不涉及相关收入，一般采用成本无差别点法进行决策。

【例 6-9】某企业决定生产 A 零件，有甲、乙两种不同的工艺方案可供选择。甲方案采用自动化方式生产，单位变动成本为 3 元/件，年固定成本为 15 000 元；乙方案采用机械化方式生产，单位变动成本为 5 元/件，年固定成本为 10 000 元。

要求：作出 A 零件采用自动化还是机械化生产的决策。

解：依据题意，采用无差别点法进行决策分析。

设 A 零件生产量为 x：

甲方案总成本=15 000+3x

乙方案总成本＝10 000+5x

根据无差别点内在要求：甲方案总成本＝乙方案总成本，故有 15 000+3x＝10 000+5x 等式成立，可得：

成本无差别点业务量 $x = \dfrac{15\,000 - 10\,000}{5 - 3} = 2\,500$(件)

根据以上资料，将甲方案总成本函数与乙方案总成本函数在坐标系中作图，如图 6-1 所示。

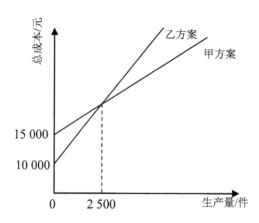

图 6-1　不同生产工艺技术方案比较

由图 6-1 得出决策结论：当零件的生产量小于或等于 2 500 件时，应选择乙工艺方案；当零件的生产量大于 2 500 件时，应选择甲工艺方案。

第三节　定　价　决　策

在市场经济条件下，制定产品和劳务的价格是企业管理层面临的最重要的，也是最复杂的问题之一。定价过低，企业的总收入会下降，利润也随之减少；定价过高，产品销售量会受到影响，总收入也会因销量的减少而下降，影响企业在市场上的竞争力。定价决策除了影响到企业的盈利之外，还会影响到每一种产品和服务的可销售性，甚至影响到一个组织的生存。在日常的生产经营活动中，企业管理部门必须为其生产的产品或提供的服务作出合理的定价决策，以确保企业实现最佳经济效益和长远利益。为了作出正确的定价决策，决策者首先应明确企业的定价目标，并考虑影响价格的各种因素，在此基础上，再采用不同的定价策略和方法为产品和劳务制定合理适当的价格。当然，定价决策还会受到各种因素的影响，这都需要在进行定价时综合考虑。

一、定价决策的基本目标

所谓定价决策的基本目标，就是指每一种产品和劳务的价格确定以后应达到的目标，一般包括以下几种。

(一)以获得最大利润为基本目标

以获得最大利润为基本目标包括以下几个方面。

(1) 以扩大当前利润为目标。这是一种常见的定价目标，在同行业竞争对手不强，企业的产品在市场上具有一定的优势，且这种优势在计划期内仍可保持时，企业可以采纳这一定价目标。同时，这种目标要求较准确地掌握本企业产品的需求或成本状况，为实现这一基本目标提供科学依据。一般情况下，实现这一目标的方法就是通过提高产品价格，扩大单位产品盈利额，以追求短期利润最大化。

(2) 以一定的预期利润率为目标。预期利润率是一定时期的利润水平与投资额或销售额的比率。也就是说，投资者并不单纯追求一时的利益，而是力图保持长期稳定的利润。不同的投资者根据产品的销售、资金占用等状况所确定的利润率也不相同。对于占用资金少、资金周转速度快的产品，可以以一定的销售利润率为目标；对于占用资金多、资金周转速度慢的产品，则应以一定的投资报酬率为目标。

(3) 以获得合理利润为目标。有些企业为了达到长期占领市场的目的，需要保持销售稳定或减少竞争对手，则以获得合理的利润为定价决策目标较为合适。合理的定价决策标准，往往是以既能获得一定数量的利润，又能减少竞争者的加入为标准，这一定价决策目标常常被大型企业采用。

(二)以提高市场占有率为基本目标

市场占有率是指某企业产品销售量占市场上同类产品销售总量的比重。不断扩大产品销售量是提高市场占有率的主要途径。根据产品需求规律，增加产品销售量就要降低产品价格。这样，从单位产品来说，利润水平可能降低，但从利润总额看，由于产品销售量增加，有可能弥补单个产品利润减少的损失，甚至增加利润总额，这是企业制定和调整产品价格所常用的定价目标。采纳这种定价目标要求企业有潜在的生产经营能力，总成本的增长速度低于总销售量的增长速度，产品的需求价格弹性较大，即薄利能够促进多销。

(三)以应对和防止竞争为基本目标

企业在制定产品价格时，为了应对和防止竞争，往往要广泛收集资料，将本企业产品的规格、质量与竞争对手类似产品作比较，并以对市场有决定性影响的竞争者的价格作为定价基础，然后在高于、低于或等于竞争者价格这三种定价策略中选择一种。采用这种定价目标的企业，在成本和需求发生变化时，只要竞争对手维持原价，本企业一般也维持原价，而当竞争对手改变价格时，则应对产品价格作出相应的调整，以应付或避免竞争。

企业定价决策的目标是多种多样的，除上面所介绍的三种常见目标以外，还包括稳定价格定价目标、保持良好企业形象定价目标和消费者定价目标等。在实际应用中，有的企业定价决策目标往往是多种目标的综合运用，以达到为企业带来最大利益的目的。

二、影响定价决策的主要因素

(一)产品的价值

价格是产品价值的货币表现,产品价值是形成价格的基础,也是价格波动的中心,两者关系极为密切。产品价值的大小在很大程度上决定着产品价格的高低,产品的实际价格总是围绕产品价值上下波动。因此,定价决策首先应该考虑产品的价值。

(二)产品的成本

成本既是补偿生产耗费的尺度,同时也是定价的主要依据之一。企业生产并销售产品,在主观上总是期望产品的价格必须足以回收产品的生产和销售成本,并为投资者提供足够的利润,因此企业产品的价格要高于成本,客观上产品成本成了定价的重要约束因素。

(三)产品的质量

产品的质量是保证产品畅销的重要因素之一,只有物美价廉的产品,才能在市场经济中立于不败之地。"优质优价"是价值规律在市场上的直接体现,因此,定价时必须考虑产品的质量因素,以便针对不同的质量等级确定不同的价格策略。

(四)供求关系

市场上某种产品的供求关系与该种产品的价格相互影响、相互制约。一般来说,产品的价格提高,需求减少;价格回落,需求增加。同时,供大于求,价格回落;供小于求,价格反升,这是价值规律的客观反映。价值规律主要是通过价格的波动来表现的。因此,确定产品价格时,必须考虑并尽力反映当时的供求关系。

(五)价格弹性

价格变化所引起的产品需求量改变程度称为价格弹性,一般用价格需求弹性系数(简称弹性系数)来反映。设 P_0 和 Q_0 分别为初始售价和初始需求量,P_1 和 Q_1 分别为新售价和新需求量,则弹性系数 E 可由如下公式得出:

$$E = \frac{(Q_1 - Q_0)/Q_0}{(P_1 - P_0)/P_0}$$

即需求弹性系数等于需求量变动比率与售价变动比率之商。

由于价格和需求变动的方向相反,所以一般用 E 的绝对值 $|E|$ 来进行比较。$|E|$ 越大,说明价格稍有变动,需求量就会变动很大;$|E|$ 越小,说明价格虽有较大的变动,但需求量却变动很小。明确价格弹性原理,对定价决策分析有重要指导意义,对于价格弹性不同的产品应分别制定不同的定价策略。

(六)产品生命周期

产品从投入市场开始到完全退出市场为止所经历的全部时间称为产品的生命周期。一般包括投入期、成长期、成熟期和衰退期四个阶段。产品处于生命周期的不同阶段,定价策略也有所不同。了解产品生命周期，对于定价决策具有重要的意义，可以根据产品在不同阶段的需求变化规律，采取与之相适应的定价策略，从而确定产品适当的价格。

产品定价还受定价目标导向的影响，受定价方法和策略的影响，政策法规也起到一定的作用。除此以外，还需考虑其他一些相关因素，如竞争目标、竞争对手的实力、潜在购买者的购买力和购买心理、企业当时的生产能力以及供求关系等。

三、以成本为导向的定价决策

成本是企业生产和销售产品所发生的各项费用的总和，是构成产品价格的基本因素，也是价格的最低经济界限。以成本为导向的定价决策的原理是价格必须首先补偿成本，然后再考虑利润等其他因素。以成本为基础制定产品价格，不仅能保证生产中的耗费得到补偿，而且能保证企业必要的利润。此外，从长远观点来看，产品或劳务的成本是制定价格的最低限额，企业要想将其业务维持下去，产品或劳务的价格必须补偿其成本。因此，成本加成定价法是最普遍采用的产品定价方法，也是最基本的产品定价方法。下面主要介绍完全成本加成定价法和变动成本加成定价法。

(一)完全成本加成定价法

完全成本加成定价法是以产品生产的完全成本作为定价基础，加上一定比例的利润来确定产品价格的一种方法。加成的利润比例一般参照同类产品的成本利润率。其计算公式如下：

$$单位价格=单位产品的完全成本\times(1+成本加成率)$$
$$成本加成率=销售毛利\div 完全成本$$

【例 6-10】 假设某公司新投产一种甲产品，预计年产销量 2 000 件，生产中耗用直接材料 400 000 元，直接工资 60 000 元，制造费用 40 000 元。经研究决定，在产品完全成本的基础上加成 20%作为产品的目标售价。

要求：使用完全成本加成法确定甲产品的目标售价。

解：单位甲产品的完全成本=(400 000+60 000+40 000)÷2 000=250(元)

甲产品目标售价=250×(1+20%)=300(元)

以完全成本为基础的成本加成定价法的优点如下。

(1) 从长远的观点来看，产品或劳务的价格，必须补偿全部成本才能获得正常利润。如果单位总成本或者单位制造成本能够准确计算，那么在一般情况下按单位总成本或者单位制造成本为基础制定的产品或劳务价格，能够保证企业获得一定的利润。

(2) 消费者能够理解，企业为了维持经营，必须在其销售的产品或劳务中赚取一定的利润，因而在产品或劳务成本基础上，加上合理的利润价格，对购买者来说才是公道的。

(3) 完全成本信息，可以容易地从会计部门获得。依此总成本或制造成本及相应价格的计算就比较简单，而且易于理解。

以完全成本为基础的成本加成定价法的主要缺点在于：单位总成本或单位制造成本中的间接固定费用是按照计划产量基础分配的，如果实际产量和计划产量相差很大，那么实际单位总成本或单位制造成本就会与定价基础的预计成本相差很大。很显然，这会使按计划产量基础确定的售价显得不合理，企业实际取得的加成率也相应发生变化。因此，企业管理部门采用此法定价时，必须确保产量基础是基于未来产量最准确的预测。此外，以完全成本为基础的成本并未区分变动成本与固定成本，不便于进行本量利分析，不能预测价格和销售量的变动对利润的影响，因此，以完全成本为基础的成本加成定价法不适用于短期定价决策。

(二) 变动成本加成定价法

变动成本加成定价法的原理与完全成本加成定价法基本相同，不同点在于采用了不同的成本基础。计算公式如下：

$$单位价格 = 单位产品的变动成本 \times (1 + 成本加成率)$$

$$成本加成率 = 贡献毛益 \div 变动成本$$

【例 6-11】假设某公司新投产一种乙产品，单位变动成本为 150 元/件，经过研究分析决定，成本加成率为 100%。

要求：使用变动成本加成法确定乙产品的目标售价。

解：乙产品目标售价 = 150 × (1 + 100%) = 300(元)

以变动成本为基础的成本加成定价法有以下几个方面的优点。

(1) 变动成本注重的是与产品或劳动相关的成本，它不要求将固定成本分配于各个产品或劳务上，所以特别适用于短期定价决策。

(2) 由于变动成本法区分变动成本和固定成本，那么就可以利用本量利分析来考察价格和销售量的变动对利润的影响，从而可以制定出使企业利润得到增长的价格。

(3) 在短期价格决策中，通常最低价格就是接受订单所增加的变动成本，在变动成本的基础上，按照企业规定的加成率所确定的价格就可以使企业增加利润。因此，变动成本加成定价法的使用也很简单。

以变动成本为基础的成本加成定价法的主要缺点在于：如果以产品或劳务的变动成本作为定价的最低限额，而固定成本在企业成本中占很大比重，那么就有可能把价格定得太低而不能弥补固定成本，给企业带来严重损失。因此，如果以变动成本作为成本加成定价法的基础，作出定价决策时，应该确定较高的成本加成率，以确保全部成本都能得到补偿。

成本加成定价法思路清晰，应用简单，易于理解。但这种方法只根据产品成本确定价格，没有考虑到其他影响价格的因素，如市场对产品的接受程度、消费者的反应等。因此在应用这种方法时，应该在考虑影响价格的其他因素的基础上对成本加成定价法确定的产品价格进行适当的调整，使定价结果更符合实际情况。

四、以市场需求为导向的定价决策

以市场需求为导向的定价方法又叫按需定价的方法，这种定价优先考虑的是消费者对价格的接受程度，企业必须研究确定什么样的价格才能使企业的产品销量不仅符合社会需要，又能给企业带来最佳效益。根据经济学的观点，在市场经济中由于供需规律的作用，企业要想扩大销售量，就要降低价格，增加花色品种；要想提高价格，就会减少销售量。随着产品销售量的增加，最初销售总收入可能会增长较快，资源利用效率逐渐提高，成本会逐渐下降；但当销售量增长到一定程度时，资源利用效率又开始下降，导致成本上升。因此，按需定价应考虑价格与供求的关系、均衡价格以及最佳售价—销量的组合等问题。

(一)供求曲线与均衡价格的形成

均衡价格是指由供求关系决定的平衡价格。供求关系是在价值规律的支配下形成的不以人的意志为转移的关系。在某种商品生产要素的价格、生产技术水平等条件不变的情况下，该商品市场价格的高低往往会直接影响到企业生产经营这种商品的积极性。

当价格上升时，市场上的供应量就会增加；反之，当价格下降时，市场供应量又会下降。这种商品供给量与售价的同方向变动关系用图像描绘出来就是所谓的供应曲线。

与供应曲线相反，在需求者(消费者)的购买力和购买偏好及其他相关商品价格不变的情况下，对商品有支付能力的需求量与价格呈相反方向变动趋势：当价格提高时，需求量就会相对减少；反之，当价格降低时，又会使需求量相应增多。这种关系用图像表示就是需求曲线。

显然，当价格高于均衡价格时，会出现供大于求的局面，造成产品过剩。供应者为了能卖出商品只得削价出售，从而刺激需求量上升，同时供应者因售价有下降趋势，便会主动减少供应量，从而最终达到供求平衡；反之，当价格低于均衡价格时，会导致供不应求的局面。这样，一方面消费者愿意以更高的价格争购商品；另一方面，又会因价格提高而促使生产者追加供应量，随着物价的不断提高，消费者的需求热情会再度下降，最终会达到供求平衡。可见，不论哪种情况均会自动达到供求平衡。

总之，当需求增加(或减少)时，能提高(或降低)均衡价格，从而会使供应量增加(或减少)；当供应量增加(或减少)时，能降低(或提高)均衡价格，会使需求量增加(或减少)。

(二)最优价格的确定

最优价格既不是最高的价格，也不是最低的价格，而是能够使企业获得最大利润的价格。

为了计算最优价格，就要涉及边际收入和边际成本的概念。边际收入是指当销售量以一个可计量的数量单位增加或减少时所引起的总收入的变化。

边际收入与边际成本之间存在着一个重要的关系，就是当边际收入等于边际成本，或边际贡献等于零时，企业的总利润最大，这时的销售单价和销售量就是产品的最优售价和最优销售量。这是因为，当边际收入大于边际成本时，边际贡献是正数，企业的总利润就会因销售量增加而增加，销售量每增加一个单位所产生的利润增加额等于边际贡献的数额；当边际收入小于边际成本时，边际贡献是负数，说明增加一个单位销售量所增加的成本比其增加的收入还大，企业的总利润就会减少，销售量每增加一个单位所减少的利润等于边际贡献的数额(负数)。因此，当边际收入等于边际成本时，也就是边际贡献等于零时，企业的总利润达到最大。

由于收入和成本函数有连续型和离散型之分，故最优价格的确定有公式法和列表法两种方法。

1. 公式法

公式法就是通过构建收入函数、成本函数以及利润函数模型(连续型)，并采用模型求解来确定最优价格的一种方法。

【例 6-12】 某公司 A 产品的售价 p 与销售量 x 的函数关系为 $p = 400 - 20x$；总成本 TC 与销售量 x 的函数关系为 $TC = 500 + 20x^2$。

要求：确定 A 产品的最优价格和最优销售量。

解：由于总收入为价格与销售量的乘积，故总收入 TR 与销售量 x 的函数关系为：

$$TR = px = (400 - 20x)x = 400x - 20x^2$$

根据边际收入和边际成本的数学定义，边际收入 MR 是总收入对销售量 x 的导数，边际成本 MC 是总成本对销售量 x 的导数。即

$$MR = \frac{dTR}{dx} = 400 - 40x$$

$$MC = \frac{dTC}{dx} = 40x$$

当边际收入等于边际成本时，企业的总利润达到最大，即

$$400 - 40x = 40x$$

$$x = 5$$

即销售量为 5 个单位时利润最大，把 $x = 5$ 代入 $p = 400 - 20x$，可得

$$p = 400 - 20 \times 5 = 300(元)$$

显然，当企业按每单位 300 元的价格销售 5 个单位产品时，可实现最大利润(将 $x = 5$ 代入总收入 TR 和总成本 TC 的函数关系式中，两式得数再相减为 500 元)。

2. 列表法

列表法就是通过列表试算各种可能的价格和销售量所对应的利润总额(离散型)，从而确定价格多少时利润最大的一种方法。

【例 6-13】 根据例 6-12 的资料，列表计算边际收入和边际成本，如表 6-12 所示。

由表 6-12 可见，当销售量的变动以一个单位递增时，最大利润 500 元对应的最优销售量为 5 个单位，最优售价为 300 元。从边际贡献一栏看，最优售价刚好在边际贡献为不小于零的最小值的地方。在离散条件下，除了当边际收入等于边际成本(也即边际贡献等于零)时可找到最优售价外，在无法找到边际贡献等于零的点时，最优售价应该在边际贡献为不小于零的最小值地方。

表 6-12　边际收入和边际成本计算表

单位：元

销售单价	销　　售	销售收入	边际收入	总成本	边际成本	边际贡献	总利润
380	1	380		520			−140
360	2	720	340	580	60	280	140
340	3	1 020	300	680	100	200	340
320	4	1 280	260	820	140	120	460

续表

销售单价	销售	销售收入	边际收入	总成本	边际成本	边际贡献	总利润
300	5	1 500	220	1 000	180	40	500
280	6	1 680	180	1 220	220	−40	460
260	7	1 820	140	1 480	260	−120	340
240	8	1 920	100	1 780	300	−200	140
220	9	1 980	60	2 120	340	−280	−140
200	10	2 000	20	2 500	380	−360	−500
180	11	1 980	−20	2 920	420	−440	−940

最优定价法从理论上看比较科学，此方法以微分极值原理为理论依据，可直接对收入和成本函数求导，计算结果比较精确。但在实际中，销售单价与销售量的函数关系以及与总成本的函数关系很难准确估计，故在实际中实施有很大难度。

五、定价策略

(一)新产品定价策略

新产品的定价一般都具有较强的不确定性，因为定价所需的有关信息量常常是捉摸不定的。在试销阶段，对新产品的定价可根据不同情况，分别采用以下两种基本策略。

1. 撇脂型策略

撇脂型策略是指在没有竞争对手、容易开辟市场的情况下，在试销初期以较高的价格投放新产品，以后待市场扩大、产品趋于成长或成熟阶段时，再把价格逐步降低的策略，又叫先高后低策略。

2. 渗透型策略

渗透型策略是指在试销初期以低价广为招揽顾客，为新产品开路，待该产品在市场上赢得好评、站稳脚跟后再逐步提价，又叫先低后高策略。

以上两种策略，前者着眼于眼前短期收益，后者着眼于未来长期利益，各有利弊。对于那些同类竞争产品差异性较大、能满足较大市场需要、需求弹性小、不易仿制的新产品最好采用撇脂型策略定价；而对于那些与同类产品差别不大、需求弹性大、易于仿制、市场前景光明的新产品则应考虑采用渗透型策略进行定价。

(二)系列产品定价策略

系列产品既可以指包装规格不同的产品，又可以指配套使用的产品(如化妆品系列)。系列产品定价也称"分级定价"或"分档定价"，是指企业将规格型号较多的某类商品划分为几个级别，为每级商品定一个价格，而不是为每一种商品分别定价的策略。这种定价策略主要依据消费者"一分钱一分货"的心理，其主要优点在于：第一，照顾到消费者预定的价格档次目标，较好地满足了不同层次消费者的需求；第二，简化了进货、储存、登记入账等工作，提高了效率；第三，避免了顾客挑选商品的困难，缩短了交易时间，便利了购销双方。

采用系列产品定价策略，应注意两点。第一，同类商品的档次划分不要太多，以免淡化系列产品定价的优势。第二，要慎重确定各档次商品的差价幅度。幅度太小，达不到吸引不同目标消费者的目的；幅度太大，又会失去购买中间价商品的顾客。

(三)心理定价策略

心理定价策略包括以下几种形式。

(1) 去整取余法，又叫尾数定价法或取九舍十法。多用于中低档商品的定价，这种价格又叫诱人的价格。

(2) 整数定价法。对高档商品若按整数价出售，可提高商品的身价，刺激购买欲望。

(3) 对比定价法。对于亟待出售需降价处理的商品，可将削价前后的价格同时列出，促使顾客通过对比积极购买。

(四)差别定价策略

差别定价策略是实际中应用较典型的定价策略之一，也称为歧视性定价，是对企业生产的同一种产品根据市场的不同、消费者的不同而采用不同的价格。

常见的差别定价策略有三种类型。

(1) 差别定价的第一级就是厂商向每个顾客索要其愿意支付并可能支付的最高价格(即保留价格)，从而侵占消费者的所有剩余。

(2) 第二级叫数量折扣定价策略，就是对相同货物或服务的不同消费量制定不同的价格。

(3) 第三级差别定价是将消费者分为具有不同需求曲线的两组或更多组，就同一种商品向不同组的消费者索取不同的价格。

第四节　存货控制概述

一、存货

存货是指企业在正常生产经营过程中持有的，以备出售的产成品或商品，或者是为了出售仍然处于生产过程中的在产品，或者是在生产过程中或提供劳务过程中耗用的材料、物料等。存货属于企业的流动资产。具体来讲，存货包括各类原材料、燃料、包装物、低值易耗品、委托加工材料、在产品、产成品和商品等。

(一)存货的功能

在企业中，各种存货不仅种类繁多，而且所占用的资金数量也很大，一般可能达到企业资金总量的30%～40%。存货的利用效果如何，对企业的财务状况与经营成果有重大影响。加强对存货的计划与控制，运用科学的方法来确定并保持存货的最优水平，就成为企业经营管理的重要内容。

一般来说，存货具有以下功能。

(1) 适当储存原材料和产成品，降低采购成本。企业在每次订货的过程中，都会发生一定的订货费用，如资料信息的收集整理费用、电话通信费用、采购人员的差旅费等。在企业的年需求总量既定的前提下，大批量订货可以减少年订货次数，节约订货费用。同时，大批量订货可以获得一定的数量折扣，降低采购成本。

(2) 避免不确定因素的影响，维持生产经营过程的顺利进行。在企业的生产过程中，存在大量的不确定因素，对整个生产过程产生严重的影响，可能导致生产过程暂停或中断，使企业面临无法及时交货的困境。此时，一定量的存货储备是十分必要的。同时，为保证客户供应和生产供应的连续性，也需要一定的存货缓冲储备。

(3) 平衡供求。几乎所有的产品或多或少都具有季节性变动因素。因此，存货储备可以使产品的大批消费或大批生产无视季节性因素。橘子汁就是这样一种产品。

(二)存货的成本

存货的成本一般包括进货成本、储存成本及缺货成本。

1. 进货成本

进货成本是指企业取得存货时的成本费用支出，主要包括采购成本和订货成本两个方面的支出。

(1) 采购成本。

采购成本又称购置成本，是指存货本身的价值，即存货采购的单价与采购数量的乘积。一般情况下，采购成本与存货进货总量和存货的进价成本相关。在存货的年需求量既定的情况下，进价通常保持稳定；但是，有时在单次进货量较大时，供应商会在进价上给予一定的数量折扣。

设年需求总量为 D，则年采购成本如下。

① 当不存在数量折扣时，单位产品采购成本为 p，则年采购成本为 pD。

可以看出，当不存在数量折扣时，年采购成本与年需求量正相关，当年需求量既定时，无论企业如何安排订货次数或每次订购量，存货的采购成本都是相对稳定的，对订货决策没有影响。在这种情况下进行订购决策时，存货的采购成本都不需要考虑，属于决策无关成本。

② 当存在数量折扣时，设折扣率为 $u(\%)$，则单位产品采购成本为 $p(1-u)$，此时，年采购成本 $= p(1-u)D$。可见，当存在数量折扣时，采购成本不仅与年需求量有关，还与数量折扣的折扣率有关。在这种情况下，必须把采购成本纳入决策之中，充分考虑不同折扣率对订货成本的影响。

(2) 订货成本。

订货成本是企业为组织进货而发生的各种订购费用，包括办公费、水电费、折旧费等采购部门一般性费用和差旅费、邮电费、检验费等采购业务费用。这些费用支出根据与订货次数的关系可以分为变动性订货成本和固定性订货成本。

变动性订货成本与订货的次数有关，如差旅费、电话通信费等费用支出，这些支出与订货次数呈正比例变动，属于决策的相关成本。固定性订货成本与订货次数的多少无关，如专设采购机构的基本开支等,属于决策的无关成本。

在订货批量决策中,一般无须考虑固定性订货成本,因此订货成本通常指的是变动性订货成本,即订货成本随订货次数的变化而变化,与每次订货数量无关。设每次订货的订货成本为 S,年需求总量为 D,每次订货数量为 Q,则年订货次数为

$$N = \frac{D}{Q}, \text{订货成本} = \frac{D}{Q}S = NS$$

2. 储存成本

储存成本是指企业为持有存货而发生的成本费用支出,主要包括存货占用资金应支付的利息(借入资金购入存货)或存货占用资金的机会成本(以自有资金购入存货)、存货的仓储费用、保险费及存货毁损变质的损失等。储存成本按与储存数额的关系分为变动性储存成本和固定性储存成本。

固定性储存成本与存货储存数额的多少没有直接联系,如仓库折旧费、仓库职工的固定月工资等,这类成本属于决策的无关成本。变动性储存成本随着存货储存数额的增减呈正比例变动关系,如存货资金的应计利息、存货残损和变质的损失、存货的保险费用等。这类成本属于决策的相关成本。

单位货物和单位储备资金的年储存成本称为储存费率。前者以单位存货储存单位期间(通常为1年)所需的储存费用表示,后者以平均储备金额或单位存货的购入成本的一定百分比表示。设 H 为单位存货年储存成本,则年储存成本可按下述两种情况分别计算:

(1) 当每次(批)订货一次全额到达,在订货间隔期(即供应周期)内陆续均衡耗用时,则年储存成本 $= \frac{Q}{2}H$。

(2) 当每次(批)订货在一定的到货期间内分若干日(或若干周期)均匀到达,且在订货间隔期内陆续均衡耗用时,年储存成本 $= \frac{Q}{2}\left(1 - \frac{y}{x}\right)H$,其中,$x$ 为到货期间内每日到货量(单位),y 为供应周期内每日耗用量(单位)。

3. 缺货成本

缺货成本是指因存货不足而给企业造成的损失,主要包括由于材料供应中断造成的停工损失、成品供应中断导致延误发货的信誉损失及丧失销售机会的损失等。如果生产企业能够以替代材料解决库存材料供应中断之急,缺货成本便表现为替代材料紧急采购的额外开支。缺货成本能否作为决策的相关成本,应视企业是否允许出现存货短缺的不同情况而定。若允许缺货,则缺货成本便与存货数量反向相关,即属于决策相关成本;反之,若企业不允许发生缺货情形,此时的缺货成本假设为零,也就无须加以考虑。

缺货成本的多少与存货储备量的大小有关:当订购数量、保险储备量较大时,缺货的次数和数量就较少,缺货成本就较低;反之,缺货次数和数量就较多,缺货成本就较高。不过,当订购数量、保险储备量较大时,储存成本也较高;而当订购数量、保险储备量较小时,储存成本也较低。

设 $\overline{Q}_s$ 为年平均缺货量,K_s 为缺货费率,N_s 为缺货次数,Q_s 为每次缺货量,K_u 为单位缺

货成本，则年缺货成本=$\overline{Q}_s K_s$ 或 $N_s Q_s K_u$。

综上所述，年存货总成本可用下式表示：

年存货总成本=年采购成本+年订货成本+年储存成本+年缺货成本

二、存货控制

存货控制是指企业在日常生产经营过程中，按照存货管理制度和存货运动规律，对存货的购入、存放及消耗进行组织、协调和监督。

(一)存货控制的意义

存货控制本身不能制造利润，但用减少管理费用和劳务费用的方法，可达到开源节流的目的，仍然可以产生效益。因此存货控制对企业保持长期竞争优势具有重要意义。

许多企业在市场竞争过程中，以低成本作为主要竞争战略，因此采取各种措施降低产品成本，做好存货控制工作是降低产品成本的重要手段。此外，产品质量、产品工艺、产品定价、加班时间、生产能力利用程度、对顾客需求作出反应的能力、订货提前期以及公司的整体盈利能力等，这些方面都会影响企业的竞争能力，而所有这些都将受到存货水平的影响。因此，存货水平较高的公司，相对竞争者来说，有处于竞争劣势的倾向。不管是现在还是未来，存货控制对企业的竞争优势都会产生较大的影响。

(二)存货控制的工作内容

一般来说，存货控制工作主要有三方面：确定最高的存货量、确定最低的存货量、确定再订货数量。

1. 确定最高的存货量

确定最高的存货量时，有关的人员需要考虑三方面因素：物料的消耗速度、物料变坏或过时的可能性、当前可用的存储空间。

这三个因素是相关的。如果物料消耗很快，库存的数量就要多；不过，这个因素也要考虑到物料的特性。如果是易于变坏的物料，存货量就应该减少，以避免更多的物料变坏。此外，工厂可用的存储空间也是要考虑的，工厂应预备足够的空间来容纳所需的存货量。在很多情况下，前人的经验对确定最高存货量有着很好的参考价值。也可以参考以下公式：

最高存量=(购备时间+订购周期)×耗用率+安全存量

2. 确定最低的存货量

确定最低的存货量时，有关的人员需要考虑两方面因素：物料的消耗速度、物料的交货时间(即从下订单至收到物料所需的时间)。

如果物料消耗得快，最低的存货量也要相应地提高，但也受物料交货时间的影响。如果下订单后，供应商的物料到位很快，物料消耗快的影响就不大，最低的存货量也不用调得很高，以免占用过多的资金和空间。计算最低存货量的简单公式为：

最低存货量=单位时间需求量×交货所需时间

3. 确定再订货数量

再订货数量要比最低的存货量定得高些。在确定再订货数量时，有关的人员需要考虑以下因素：物料的消耗速度、物料的最低存货量、物料的交货时间(即从下订单至收到物料所需的时间)。

如果物料消耗得快，那么再订货数量通常也要调得较高，但也受物料的最低存货量和交货时间的影响。在交货时间不长，最低存货量又小的情况下，即使物料消耗得很快，也无须将再订货数量调得很高。

(三)存货控制的目标

适量的存货可以为企业日常经营提供很多便利，但存货过多或不足，对企业又会产生不利影响。存货过多必然增加企业的资金占用，不仅会增加资金成本，还会增加储存费用；存货不足则会影响企业正常生产、销售的运行，造成停工待料、停售待货或违约赔偿等损失。所以，合理地进行存货控制，进行最佳存货数量的决策等在企业的日常经营管理活动中有着重大的意义。

存货控制的目标就是在存货收益和存货成本之间进行利弊权衡，在充分发挥存货功能的同时力求降低成本，找到存货成本、收益及数量、批次等因素的最佳组合。

第五节 存货经济批量模型

存货经济批量是为使企业存货总成本达到最低的每次订货量，也称经济订货批量(economic order quantity，EOQ)，是固定订货批量模型的一种。企业购、存库存商品的相关总成本包括购买成本、相关订货费用和相关储存成本。当企业按照经济订货批量来订货时，可实现订货成本和储存成本之和最小化。

订货批量概念是根据订货成本来平衡维持存货的成本。了解这种关系的关键是要记住，平均存货等于订货批量的一半。因此，订货批量越大，平均存货就越大，相应地，每年的维持成本也越大。然而，订货批量越大，每一计划期需要的订货次数就越少，相应地，订货总成本也就越低。把订货批量公式化可以确定精确的数量，据此，对于给定的销售量，订货和维持存货的年度联合总成本是最低的。使订货成本和维持成本总计最低的点代表了总成本。上述讨论介绍了基本的批量概念，并确定了最基本的目标。简单地说，这些目标是要识别能够使存货维持其订货的总成本降低到最低限度的订货批量或订货时间。

一、存货经济批量模型的基本内容

(一)基本假设

基本的经济订货批量模型是存货控制中最简单的一个，用来辨识持有库存的年储存成本与订货成本之和最小的订货批量。在这个模型中，涉及以下几个假定。

(1) 存货的年总耗用量为已知的常数。

(2) 一次订货量无最大最小限制。
(3) 采购、运输均无价格折扣。
(4) 订货提前期已知,为常量。
(5) 订货费与订货批量无关。
(6) 维持库存费是库存量的线性函数。
(7) 补充率为无限大,全部订货一次交付。
(8) 不允许缺货。
(9) 采用固定量系统。

经济订货批量模型是目前大多数企业最常采用的货物订购方式,该模型适用于整批间隔进货、不允许缺货的存储问题,即某种物资单位时间的需求量为常数 D,存储量以单位时间消耗数量 D 的速度逐渐下降,经过时间 t 后,存储量下降到零,此时开始订货并随即到货,库存量由零上升为最高库存量 Q,然后开始下一个存储周期,形成多周期存储模型,如图 6-2 所示。即

年存货总成本=年订货成本+年储存成本

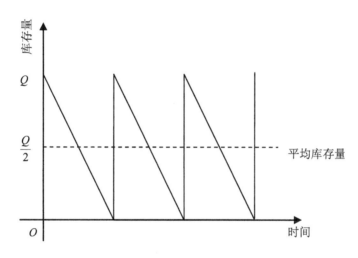

图 6-2 基本模型中库存量与时间的关系

(二)基本经济订货批量模型

当订货批量变化时,一种成本上升同时另一种成本下降。当订货批量比较小时,平均库存就会比较低,储存成本也相应较低。但是,小批量必然导致经常性的订货,又会迫使年订货成本上升。相反,大量订货使订货数量下降,订货成本缩减,但会导致较高的平均库存水平,从而使储存成本上升。因此,基本经济订货批量模型必须在持有存货的储存成本与订货成本之间取得平衡,订货批次既不能特别少次大量,又不能特别多次少量。

设 T 代表年存货总成本,Q 代表经济订货批量,D 代表商品年需求量,S 代表每次订货成本,H 代表单位储存成本,则

$$T = \frac{Q}{2}H + \frac{D}{Q}S \tag{6-1}$$

其中，年储存成本 $\frac{Q}{2}H$ 是一个关于 Q 的线性函数，与订货批量 Q 的变化成正比，如图 6-3 所示。另一方面，年订货成本 $\frac{D}{Q}S$、年订货次数 $\frac{D}{Q}$ 随 Q 上升而下降，则年订货成本与订货批量反向相关。年总成本如图 6-3 所示，最低点 A 即为最优订货批量点。

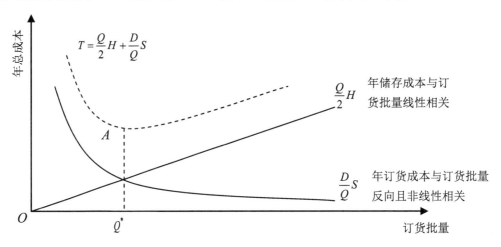

图 6-3　最优订货批量点的确定

运用微积分，将 $T = \frac{Q}{2}H + \frac{D}{Q}S$ 对 Q 求导，并设导数为 0，则有

$$\frac{dT}{dQ} = \frac{H}{2} - \frac{DS}{Q^2} = 0$$

$$\frac{H}{2} = \frac{DS}{Q^2}$$

$$Q^2 = \frac{2DS}{H}$$

即可得到最优订货批量 Q^* 的算术表达式如下：

$$Q^* = \sqrt{\frac{2DS}{H}} \tag{6-2}$$

将 Q^* 代回式(6-1)可以得到：

年订货批次为

$$N^* = \frac{D}{Q^*} = \frac{D}{\sqrt{\frac{2DS}{H}}} = \sqrt{\frac{DH}{2S}} \tag{6-3}$$

年最低相关总成本为

$$T^* = \frac{Q}{2}H + \frac{D}{Q}S = \sqrt{\frac{2DS}{H}} \times \frac{H}{2} + \frac{D}{\sqrt{\frac{2DS}{H}}} = \sqrt{2DSH} \tag{6-4}$$

进货间隔时间为

$$t^* = \frac{360}{N^*} \tag{6-5}$$

经济订货量占用资金为 $I^* = \dfrac{Q^* p}{2}$ (6-6)

因此，当给定年需求总量、每批订货成本和单位年储存成本时，就能算出最优经济订货批量。

【例 6-14】 达成公司全年需要甲材料 800 千克，单位采购成本为 4 元，每次订货成本为 26 元，年储存成本为每年每千克 80 元。试求该公司的经济订货批量、年最低相关总成本及年订货批次。

解：已知 $Q = \sqrt{\dfrac{2DS}{H}} = \sqrt{\dfrac{2 \times 800 \times 26}{80}} \approx 23$ (千克/次)

全年订货批次 $N^* = \sqrt{\dfrac{DH}{2S}} = \sqrt{\dfrac{800 \times 80}{2 \times 26}} \approx 36$ (次)

全年的最低相关总成本 $T^* = \dfrac{Q}{2}H + \dfrac{D}{Q}S = \sqrt{2DSH} = \sqrt{2 \times 800 \times 26 \times 80} \approx 1\,824.28$ (元)

进货间隔时间 $t^* = \dfrac{360}{N^*} = \dfrac{360}{36} = 10$ (天)

经济订货量占用资金 $I^* = \dfrac{Q^* p}{2} = \dfrac{23 \times 4}{2} = 46$ (元)

二、再订货点、保险储备与储存期控制

(一) 再订货点

当存货的经济订货批量确定以后，按经济订货批量进货时，企业还需要考虑当库存达到怎样的水平时，应发出第二次订货的订单，这一库存水平对应的存货数量就是再订货点。

影响再订货点的因素有两个：订货提前期、存货的正常耗用量。

1. 订货提前期

订货提前期又称交货周期，是指企业从办理订货手续到实际收到货物所需要的天数。在日常经济生活中，为了避免停工待料等缺货成本的发生，企业必须提前订货，而不能等到存货为零时才开始再次订货，企业所计算的应该提前订货的天数也就是在正常情况下从订货到收货所需的时间，此天数就是订货提前期。一般情况下，将订货提前期假定为固定数。

2. 存货的正常耗用量

存货的正常耗用量是指存货在单位时间的耗用水平，一般情况下，假定存货平均耗用，即正常耗用量也是固定数。

设订货提前期为 L，每日存货平均耗用量为 d，再订货点为 R，则

$$R = L \cdot d \tag{6-7}$$

与再订货点有关的各个因素的对应关系如图 6-4 所示。

【例 6-15】 假定达成公司乙材料每天的平均需要量为 250 千克，从订货日到到货日的时间为 8 天。要求：确定再订货点。

解：$R = L \cdot d = 250 \times 8 = 2\,000$(千克)

说明，当库存货达到 2 000 千克时，企业就应该组织再次订货，以保证最后一单位存货用完时，马上收到新订的货物。

计算的再订货点满足上述条件时，有关存货的经济订货批量、最佳订货次数、最佳订货周期等并无变化，与基本模型相同。

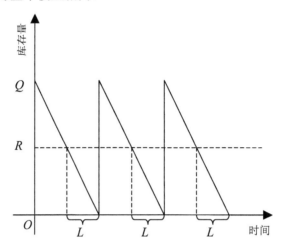

图 6-4 订货提前期与再订货点

(二)保险储备

上面对再订货点的确定，假设了订货提前期与存货供需固定不变，且每日的耗用量稳定。但实际上，情况并非如此。企业对存货的需求量经常会发生变化，交货时间由于种种原因也可能延误或缩短，这些不确定性的存在，要求企业持有一定的保险储备，即持有一定的额外库存数量，以防止供应延误、存货短缺等造成损失。

影响保险储备量水平高低的因素主要有以下几个方面。

(1) 存货耗用量预测的准确性。对存货耗用量预测的准确性越高，则发生缺货的可能性就越小，保险储备量应越低。

(2) 缺货成本。缺货成本是指因发生存货短缺而造成的损失。如果缺货成本较低，企业可以尽量减少保险储备量，这样做虽然有时会发生存货短缺，造成一定损失，但由于保险储备量大大减少，使得存货的持有成本明显降低，其结果是利大于弊。

(3) 存货持有成本。如果存货的持有成本较低，企业可将保险储备定得高一些，这样既可使缺货风险大为降低，同时又不会使存货持有成本显著提高。

(4) 送货期的不确定性。送货期是指自订货之日起至存货送到企业所经天数。送货期的不确定性越大，发生缺货的可能性就越大，则保险储备量应越高。

设保险储备量为 B，则再订货点的计算公式为

$$R = L \cdot d + B \tag{6-8}$$

同时，建立保险储备后，存货的储存成本相应增加。所以，最佳保险储备的确定就是在存货短缺造成的缺货成本和保险储备带来的储存成本之间进行权衡，使二者之和达到最小。

【例 6-16】 假定达成公司乙材料每天的平均需要量为 250 千克，从订货日到到货日的

时间为8天，安全库存量为60千克。

要求：确定再订货点。

解：$R=L \cdot d + B = 250 \times 8 + 60 = 2\ 060$(千克)

(三)储存期控制

对于某些容易腐烂(如水果、蔬菜、海鲜等)以及有效期短的存货(如报纸、杂志、牛奶等)，在考虑订货批量和再订货点的同时，还必须考虑存货的储存期限。这些存货如果超期仍然未售出或未使用，将会损害企业的利益。同时，处置剩余存货还会发生处置费用，这时就需要对这些容易过期的存货进行储存期控制。储存期控制是根据本量利的平衡关系式来分析的，即：

利润=毛利-固定储存费-销售税金及附加-每日变动储存费×储存天数

从上式中可以看出，由于变动储存费随着存货存储期的延长而不断增加，造成储存成本的增加，使利润不断减少，利润与费用之间此增彼减的关系实际上是利润与变动储存费之间此增彼减的关系。当毛利扣除固定储存费和税金及附加后的差额，被变动储存费抵消到恰好等于企业目标利润时，表明存货已经到了保利期，当它完全被变动储存费抵消时，便意味着存货已经到了保本期。

存货保本期和保利期的计算公式如下：

$$存货保本储存天数 = \frac{毛利 - 一次性费用 - 销售税金及附加}{日增长费用}$$

$$存货保利储存天数 = \frac{毛利 - 一次性费用 - 销售税金及附加 - 目标利润}{日增长费用}$$

【例6-17】 某商品流通企业批进批出一批商品共500件，该商品单位进价500元(不含增值税)，单位售价为550元(不含增值税)，经销该批商品的一次性费用为5 000元。已知该商品的进货款来自银行贷款，年利率为9%，商品的月保管费率为3‰，流转环节的税金及附加为2 500元。一年按360天计算。

要求：(1) 计算该商品的保本储存天数。

(2) 如果企业要求获利目标利润为8 750元，计算该商品的保利期天数。

(3) 如果该批商品超过保利期10天后售出，计算该批商品的实际获利额。

(4) 如果该批商品超过保本期1天后售出，计算该批商品的实际亏损额。

解：(1) 每日变动储存费 $= \left(\frac{9\%}{360} + \frac{3‰}{30}\right) \times 500 \times 500 = 87.5$(元/天)

存货保本储存天数 $= \frac{500 \times (550-500) - 5\ 000 - 2\ 500}{87.5} = 200$(天)

(2) 存货保利储存天数 $= \frac{500 \times (550-500) - 5\ 000 - 2\ 500 - 8\ 750}{87.5} = 100$(天)

(3) 利润=每日变动储存费×(保本储存天数-实际储存天数)=87.5×(200-110)=7 875(元)

(4) 利润=每日变动储存费×(保本储存天数-实际储存天数)=87.5×(200-201)=-87.5(元)，即实际亏损额为87.5元。

通过对存货储存期的分析与控制，可以及时了解企业的存货信息，经营决策部门收到这些信息后，有利于针对不同情况采取相应的措施。一般而言，凡是已经过了保本期的存货大多属于积压呆滞的商品，企业应当积极推销，压缩库存，将损失降至最低限度。对超过保利期但未过保本期的存货，应当首先检查销售状况，查明原因，分析是人为所致还是市场行情已经逆转，有无过期积压存货的可能，若有，需尽早采取措施。至于那些尚未超过保利期的存货，企业应密切监控，以防发生过期损失。财务部门还应当通过调整资金供应政策，促使经营部门调整产品结构和投资方向，推动企业存货结构的优化，压缩存货储存期，提高存货的投资效率。

三、影响存货批量的其他有关因素

尽管前面所述的存货批量控制法在实际工作中具有一定的指导意义，但是必须承认，这类存货控制方法总是有些理想化。因此，在实际运用过程中，还应充分考虑影响存货批量的其他有关因素。

一般来说，影响存货订货批量和生产批量的因素主要包括以下几个方面。

(1) 存货品种规格的复杂程度：品种规格越复杂，库存量就越大。

(2) 运输条件：交通方便，库存量可相对小一些；交通不便，运输周期长，甚至有些季节不能运输，库存量就要适当增加。

(3) 存货的自身性能：存货本身性能不稳定，如易燃、易爆或易变质，储存量就应酌减。

四、对经济批量方法的评价

对经济批量的理论有许多批评，但并不是批评该方法在内容上的不足之处，而是批评那种不顾实际情况而不适当地随便使用这种方法的态度。伯比奇教授在其1978年的著作《生产管理原理》中，对经济批量提出的批评大概如下。

(1) 它是一项鲁莽的投资政策——不顾有多少可供使用的资本，就确定投资的数额。

(2) 它强行使用无效率的多阶段订货办法，根据这种办法所有的部件都是以不同的周期提供的。

(3) 它回避准备阶段的费用，更谈不上分析及降低这项费用。

(4) 它与一些成功的企业经过实践验证的企业经营思想格格不入。似乎那些专心要提高库存物资周转率，以期把费用减少到最低限度的公司会比物资储备膨胀的公司获得更多的利益。其他反对意见则认为，最低费用的订货批量并不一定意味着就获利最多。

此外，许多公司使用了经另一学者塞缪尔·艾伦教授加以扩充修订的经济批量法之后认为，在他们自己的具体环境条件下，该项方法要求进行的分析本身就足够精确地指明这项方法的许多缺点所在，而其他方法则又不能圆满地解决他们试图要解决的问题。

五、经济订货批量模型的扩展

(一)实行商业折扣的经济批量模型

在实际工作中，为了鼓励客户购买更多的商品，销售企业通常都会给予不同程度的价格优惠,即实行商业折扣;购买数量越多,所获得的价格优惠越大。当存在商业折扣时,进货企业进行经济订货批量的决策时,除了要考虑订货成本和储存成本外,还需考虑存货的采购成本。此时,采购成本会随着采购数量的变化而发生变动,成为决策相关成本。即,决策相关总成本演变为:

$$\text{决策相关总成本 } T = \text{订货成本} + \text{储存成本} + \text{采购成本} = pD + \frac{D}{Q} \cdot S + \frac{Q}{2} \cdot H \qquad (6\text{-}9)$$

其确定步骤如下。

(1) 按照无数量折扣情况下的基本模型,确定经济订货批量及其相关总成本。
(2) 计算不同折扣条件下的经济订货批量和相关总成本。
(3) 比较各相关总成本,选出相关总成本最低的订货量,即最佳订货量。

【例 6-18】 达成公司甲材料的年需求量为 6 000 千克,标准价格为 25 元。销售企业规定:客户每批购买量不足 1 000 千克时,按标准价计算采购成本;每批购买量在 1 000~2 000 千克之间的,价格优惠 2%;每批购买量在 2 000 千克以上的,价格优惠 3%。已知订货费用为 60 元,单位材料储存成本为 2 元。

要求:确定最佳的经济订货批量。

解: 相关总成本为

$$T = pD + \frac{D}{Q} \cdot S + \frac{Q}{2} \cdot H$$

(1) 进货量小于 1 000 千克时,即无数量折扣时:

$$Q_1 = \sqrt{\frac{2DS}{H}} = \sqrt{\frac{2 \times 6\,000 \times 60}{2}} = 600\,(\text{千克})$$

$$T_1 = pD + \frac{D}{Q} \cdot S + \frac{Q}{2} \cdot H = 6\,000 \times 25 + \frac{6\,000}{600} \times 60 + \frac{600}{2} \times 2 = 151\,200\,(\text{元})$$

(2) 当 1 000 千克≤每次进货量<2 000 千克时,享受 2% 的折扣:

$$Q_2 = 1\,000\,\text{千克}$$

$$T_2 = 6\,000 \times 25 \times (1 - 2\%) + \frac{6\,000}{1\,000} \times 60 + \frac{1\,000}{2} \times 2 = 148\,360\,(\text{元})$$

(3) 当每次进货量≥2 000 千克时,享受 3% 的折扣:

$$Q_3 = 2\,000\,\text{千克}$$

$$T_3 = 6\,000 \times 25 \times (1 - 3\%) + \frac{6\,000}{2\,000} \times 60 + \frac{2\,000}{2} \times 2 = 147\,680\,(\text{元})$$

通过比较可以发现,在各种价格条件下的批量范围内,每次进货量≥2 000 千克时,存货总成本最低,所以此时的经济订货批量为 2 000 千克。在此基础上,还可得出:

最佳订货次数为

$$N^* = \frac{D}{Q^*} = \frac{6\,000}{2\,000} = 3\,(\text{次})$$

进货间隔时间为

$$t^* = \frac{360}{N^*} = \frac{360}{3} = 120\,(\text{天})$$

经济订货量占用资金为

$$I^* = \frac{Q^* p}{2} = \frac{2\,000 \times 25}{2} \times (1 - 3\%) = 24\,250\,(\text{元})$$

(二)边供应、边生产、边耗用的经济订货批量模型

在基本模型中,假设存货集中到货,即一次全部到货,存货的增加使库存量的变化呈一条垂直直线。事实上,各批存货可能是陆续入库的,并使库存量陆续增加;尤其是产成品入库和在产品的转移,几乎总是陆续供应和陆续使用的。

存货陆续供应意味着边供应、边生产、边耗用,这对最高库存量会产生直接影响,进而影响到储存相关成本和总成本模型,但是对存货采购成本和订货成本没有影响。所以,在进行经济订货批量的决策时,变化后的储存成本和订货成本构成了相关总成本,没有缺货成本,对相关总成本进行分析,可以得到最优订货批量,即能够使相关总成本最小的订货量便是经济订货批量。

在存货边进货边耗用的情况下,存货水平如图 6-5 所示。

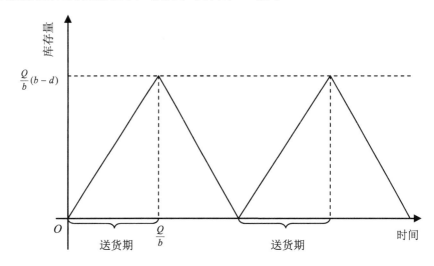

图 6-5 边供应、边生产、边耗用的存货水平

设以 b 代表存货每日进库量,d 代表每日消耗量,S 代表每次订货的订货成本,H 代表单位年储存成本,则有:

$$\text{库存形成周期} = \frac{Q}{b} \tag{6-10}$$

$$\text{入库期间总消耗量} = \frac{Q}{b}d \tag{6-11}$$

$$\text{每日增加净库存量} = b - d \tag{6-12}$$

$$\text{最高库存量} = Q - \frac{Q}{b}d = \frac{Q}{b}(b-d) \tag{6-13}$$

$$\text{平均库存量} = \frac{1}{2}\left(Q - \frac{Q}{b}d\right) = \frac{Q}{2b}(b-d) \tag{6-14}$$

$$\text{订货成本} = \frac{D}{Q}S \tag{6-15}$$

$$\text{储存成本} = \frac{Q}{2b}(b-d) \cdot H \tag{6-16}$$

$$存货相关总成本 = \frac{D}{Q}S + \frac{Q}{2b}(b-d) \cdot H \quad (6-17)$$

以 Q 为自变量，对 T 求导，可以得到

$$Q = \sqrt{\frac{2DS}{\frac{b-d}{b} \cdot H}} \quad (6-18)$$

$$全年订货次数 = \frac{D}{Q} = \sqrt{\frac{b-d}{b} \cdot \frac{DH}{2S}} \quad (6-19)$$

$$年最低相关总成本 T = \frac{D}{Q}S + \frac{Q}{2b}(b-d) \cdot H = \sqrt{2\left(\frac{b-d}{b}\right) \cdot DHS} \quad (6-20)$$

【例 6-19】 达成公司每年需要乙零件 3 500 件，每日送货量为 40 件，每日耗用量为 20 件，单价为 10 元，一次订货成本为 25 元，单位储存成本为 5 元。

要求：确定在存货边供应边耗用条件下的经济订货批量及相关总成本。

解：$Q = \sqrt{\dfrac{2DS}{\dfrac{b-d}{b} \cdot H}} = \sqrt{\dfrac{2 \times 25 \times 3\,500}{\dfrac{40-20}{40} \times 5}} \approx 265\,(件)$

$T = \sqrt{\left(\dfrac{b-d}{b}\right) \cdot DHS} = \sqrt{2\left(\dfrac{40-20}{40}\right) \times 3\,500 \times 25 \times 5} \approx 662\,(元)$

第六节 存货管理方法

现行存货控制方法的种类繁多，厂商普遍使用的方法有定量订货控制、定期订货控制、ABC 分类控制、及时存货制等。

一、定量订货控制

定量订货控制也称订购点法或 Q 制度，是指以相对固定的再订货点和经济订货批量为基础，组织订货和控制存货的一种存货管理方法。基本特征如下：每次订购数量一定，由存货控制的基本原则来决定；订货周期按需求决定；确定安全存量，应付前置时间内不正常的需求；经常检查当前的存货是否减至订购点，以便订购。

在定量订货控制法下，经济订货批量一般按照前述有关模型予以确定，再订货点也由前述模型计算得出。计算公式为：

定量订货制的经济定量=平均每天使用量×一个生产周期的天数

定量订货控制法对存货的控制简便易行，但在此方法下，必须注意留有适当的保险储备量，以免影响企业的正常经营。

定量订货控制方法的主要优点是，它考虑存货储存成本，并由此最大限度地减少存货结转量。

二、定期订货控制

定期订货控制也称 P 制度，是指固定的订货周期，按时盘点存货，以存货的每次盘存数量与预定最高库存量之间的差额，作为每次订货数量的一种存货控制方法。在定期订货控制法下，每次订货数量的计算公式为：

每次订货量=(供应间隔期+交货时间)×平均每人需要量+保险储备-(实际存货量+订货余数)

其中，订货余数是指每次订货时尚未到达的以往订货。

(一)定期订货控制的特点

定期订货控制时，每两次订货的时间间隔是固定的，因此，此控制方式也称为固定订货期系统。与订货期相反，订货批量通常是变化的。此种控制方式的关键是确定订货期。由于周期检查控制方式采用固定的订货间隔期，通常按月或季来划分，有利于企业科学管理。例如，采用周期检查控制方式的生产企业从客观上比较容易制订出统一的采购计划，将一段时间企业需要采购的物资汇总采购，更容易获得价格优惠。

(二)定期订货控制的适用范围

下列性质的物资可以考虑采用定期(周期)检查控制方式控制。

(1) 需要定期盘点和定期采购或生产的物资。这些物资主要指需要成批生产的各种原材料、配件、毛坯和零配件等。企业在编制上述物资的生产计划或采购计划时通常均要考虑现有库存的情况，由于计划是定期制订并执行的，因此，这些物资需要定期盘点和定期采购。

(2) 具有相同供应来源的物资。此处的具有相同供应来源的物资是指同一厂家生产或产地在同一地区的物资，由于物资来源的相似性，采用统一采购策略，不仅能够节约订货和运输费用，而且可以获得一定的价格折扣，降低购货成本。定期检查存货可以保证统一采购的顺利进行。

(3) 需要计划控制的物资。价值较高的物资由于占用较多的资金，需要通过计划控制库存数量，达到优化库存成本的目的，因此，此类物资的生产与采购通常纳入计划管理，多采用与计划期同步的周期检查控制方式控制。

三、ABC 分类控制

企业的存货品种数量繁多，特别是企业生产中需要的原材料有成千上万种，所以在企业经济生活中，对于这些存货要实行全面管理与控制有一定的困难。西方国家的企业，大多采用 ABC 分类法进行存货的分类管理，这样既能保证重点，又能照顾一般，对不同的物资采取不同的对策，以实现最经济、最合理的管理。

存货 ABC 分类法，又称重点管理法，它是以某种物资的存量百分比和价值百分比为分类标准，将企业的存货划分为 A、B、C 三类，分别实行分品种重点管理、分类别一般控制和按总额灵活掌握的存货管理方法。分类的标准主要有两个：一是金额标准，二是品种数量标准，如表 6-13 所示。

表6-13　ABC分类控制的特征、分类标准及管理方法

项　目	特　征	分类标准		管理方法
		金额/元	品种数量/%	
A类	金额巨大，品种数量较少	70～80	5～10	分品种重点管理
B类	金额一般，品种数量相对较多	15～20	20～30	分类别一般控制
C类	品种数量繁多，价值金额却很小	5～10	50～70	按总额灵活掌握

ABC存货控制法是运用统计分类的原理，对存货进行控制的一种专门方法。采用这一方法，先把各种存货按其全年平均耗用量分别乘以其单位成本，并根据一定金额标准将它们划分为A、B、C三类，然后计算各类存货所占耗用总数量、耗用总成本的百分率，再根据具体情况对这三类存货分别采取不同的控制措施。要对A、B、C三类存货进行有效的控制，必须根据它们的具体情况，分清主次，抓住重点，区别对待。通常，对A类的全部项目和B类的大部分项目，由于它们保持存货的成本较高，应严格按存货规划决策的方法，分别确定它们的"经济订货量"和"再订货点"，然后据以控制；而对于C类的全部项目以及B类的一小部分，由于其保持的成本很低，可以建立较高的储备量。

四、及时存货制

及时存货制简称及时制，是指原材料应该于生产需要之时适时运达，半成品或配件应该在下道工序加工时适时转入，产成品应该在对外销售时完成交运。

及时存货制所进行的一切活动归根结底就是消除浪费。任何不增加产品价值的活动就是浪费，也就是说，生产中的各项活动若不增加价值，就应当剔除。

实施及时存货制的步骤如下：

(1) 准备工作。准备阶段的工作包括：进行管理培训；高级管理层对及时存货制度的支持；各级管理人员都要明确各自的职责；企业要制定目标和实施计划，对工人进行培训和激励等，使所有员工都参与及时存货制的建设。

(2) 实行全面质量管理。全面质量管理是与及时存货制紧密联系的。及时存货制的各环节，需要在全面质量管理的条件下，才能协调一致，也只有在全面质量管理的作用下，在每一个环节上把好质量关，使之尽力实现"零缺陷"，才能实现"零存货"。

(3) 对现行系统进行分析。在实施及时存货制之前，首先要对现行的制造系统进行仔细的分析和解剖。

(4) 工艺和产品的设计。及时存货制要求企业的生产线具有很强的柔性。一些高科技的企业成功地把及时制与柔性制造系统结合在一起，采用标准件将降低及时存货制存货控制系统的复杂程度。技术人员、营销人员和工人应该一起共同发展稳定有效的产品组合。

(5) 使供应商成为及时存货制的一部分。供应商能否及时向企业提供优质的材料是及时存货制运行的必要条件。把企业及时存货制与供应商的及时存货制联结在一起，使供应商成为企业及时存货制的一部分，可以保证物料供应的及时性和可靠性。

(6) 不断改善。及时存货制需要根据变化的情况不断改进、调整和完善。

本 章 小 结

本章介绍了短期经营决策的基本含义、相关收入、相关成本和无关成本等内容，其中相关成本包括增量成本、边际成本、机会成本、重置成本、付现成本、专属成本等，无关成本包括沉没成本、共同成本、不可避免成本和不可延缓成本；介绍了在生产过程中进行产品品种选择决策、新产品是否开发决策、亏损产品是否停产决策、半成品是否深加工决策、零部件自制或外购决策和不同生产工艺技术方案的决策；介绍了定价决策的主要影响因素，在不同导向的定价决策下采取的定价策略等内容。

存货在很多企业的流动资产中占有较大比重。搞好存货控制对于降低成本具有重要作用。常用的存货控制方法主要包括四种：定量订货控制、定期订货控制、ABC 分类控制和及时存货控制，其中定量订货控制是以经济订货批量为基础的一种控制方法。经济订货批量法是传统存货管理的主要方法之一，它通过控制采购批量、生产批量及再订货点，实现控制存货的目的。ABC 分类控制法是另一种传统存货控制的主要方法，将存货按其重要性进行分类，对重要程度不同的存货采取不同的管理策略。及时存货制是一种先进的存货管理方法，它将"零库存"作为存货管理的理想目标，并千方百计接近该目标。

案 例 点 击

打响 2020 年降价第一枪，苹果尝到性价比路线的甜头了？

继此前下调手机价格后，2020 年伊始，苹果(中国大陆)官方网站下调 iPad 价格。其中，iPad 32GB 版和 iPad 128GB 版分别下降 200 元和 500 元，最新售价为 2499 元和 2999 元。据悉，这款最新的 iPad 仅上市四个月，在 iPad 家族中被视为入门级，与 2018 款 iPad 相比，其处理器、分辨率、PPI 等参数并没有变化。苹果这是尝到性价比路线的甜头了？

此次 iPad 降价销售，部分媒体认为，苹果公司正在与华为公司争夺平板电脑中国区市场。数据咨询机构 Strategy Analytics 发布的研究报告显示，2019 年第三季度，iPad 全球销量上涨 4%，出货量达 1 010 万台，占全球平板电脑市场份额的 26.5%。不过，苹果公司在中国区市场却遇到华为这个强劲对手。数据咨询机构 IDC 发布的研究报告显示，在平板电脑中国区市场，华为公司 2019 年第三季度占据市场份额的 37.4%，而苹果公司仅占 33.8%。

除 iPad 降价销售以外，苹果手机系列也早已开始着力提升性价比。苹果公司 2020 年 3 月推出的 iPhone SE2，其价格或许更有竞争力。根据天风国际分析师郭明錤2019 年 10 月发布的研究报告，预测 iPhone SE2 售价为 399 美元起，2020 年出货量可到 2000 万至 3000 万部。郭明錤认为，价格是 iPhone SE2 最大的亮点。399 美元的起步价格可以帮助苹果手机与 Android 手机竞争，并提高苹果用户的黏性。

此外，2019 年 9 月 11 日，苹果公司在美国总部举行了秋季新品发布会，发布了 iPhone 11、iPhone 11 Pro、iPhone 11 Pro Max 三款主力手机。其中，入门机型 iPhone 11 起售价格较上一代 iPhone XR 降低 1 000 元，起步价为 5 499 元。有分析认为，iPhone 11 的价格具有一定的竞争力，其定价策略显示这是一个走量的产品，彰显了苹果公司更加务实的心态。

苹果公司的定价策略似乎是明智之举。2019年10月31日，苹果公司发布了其2019财年第四财季报告。报告显示，苹果公司第四财季营收为640亿美元，比去年同期增长2%，净利润达到136亿美元，相比去年同期下降3%。据悉，苹果公司首席执行官蒂姆·库克(Tim Cook)在财报会上表示，"iPhone 11系列在中国市场的初步销售情况'非常好'，增长趋势也非常不错"。

(资料来源：中国商网—中国商报)

复习思考题

案例6-1

1. 简述决策分析的程序。
2. 简述新产品定价策略的内容。
3. 什么是存货ABC分类法？

练 习 题

一、单项选择题

1. 将决策分析区分为短期决策与长期决策所依据的分类标志是(　　)。
   A. 决策的重要程度　　　　　　B. 决策条件的肯定程度
   C. 决策规划时期的长短　　　　D. 决策解决的问题

2. 在管理会计中，将决策划分为确定型决策、风险型决策和不确定型决策的分类标志是(　　)。
   A. 决策的重要程度　　　　　　B. 决策条件的肯定程度
   C. 决策规划时期的长短　　　　D. 决策解决的问题内容

3. 在经济决策中应由中选的最优方案负担的、按所放弃的次优方案潜在受益计算的那部分资源损失，就是所谓的(　　)。
   A. 增量成本　　　　　　　　　B. 机会成本
   C. 专属成本　　　　　　　　　D. 沉没成本

4. 在新产品开发的品种决策中，如果方案涉及追加专属成本，则下列方法中不宜采用的是(　　)。
   A. 单位资源贡献边际分析法　　B. 贡献边际总额分析法
   C. 差别损益分析法　　　　　　D. 相关损益分析法

5. 下列决策方法中，能够直接揭示中选的方案比放弃的方案多获得的利润或少发生损失的方法是(　　)。
   A. 单位资源贡献边际分析法　　B. 贡献边际总额分析法
   C. 差别损益分析法　　　　　　D. 相关损益分析法

6. 下列各项中，属于无关成本的是（   ）。
   A. 沉没成本   B. 增量成本
   C. 机会成本   D. 专属成本
7. 在零部件自制或外购的决策中，如果零部件的需用量尚不确定，应当采用的决策方法是(   )。
   A. 相关损益分析法   B. 差别损益分析法
   C. 相关成本分析法   D. 成本无差别点法
8. 企业利用剩余生产能力接受追加订货的最低条件是客户的开价(   )。
   A. 小于产品的单位成本   B. 大于产品的单位变动成本
   C. 等于产品的单位变动成本 D. 低于产品的单位变动成本
9. 某企业需一种零部件，外购单价比自制单位变动成本高出 1.5 元，另外，自制每年需追加固定成本 3 000 元，则企业每年该零部件需求量为 3 000 件时，应(   )。
   A. 外购   B. 自制   C. 两者均可   D. 不能确定
10. 下列各项成本属于决策相关成本的是(   )。
    A. 不可避免成本   B. 不可延缓成本
    C. 沉没成本   D. 差别成本

二、多项选择题

1. 按照决策条件的肯定程度，可将决策划分为以下类型，即(   )。
   A. 战略决策   B. 战术决策   C. 确定型决策
   D. 风险型决策   E. 不确定型决策
2. 下列各项中，属于生产经营决策相关成本的有（   ）。
   A. 增量成本   B. 机会成本   C. 专属成本
   D. 沉没成本   E. 不可避免成本
3. 下列各种决策分析中，可按成本无差别点法作出决策结论的有(   )。
   A. 亏损产品的决策 B. 是否增产的决策 C. 追加订货的决策
   D. 自制或外购的决策 E. 生产工艺技术方案的决策
4. 下列各项中，属于联产品深加工决策方案可能需要考虑的相关成本有(   )。
   A. 加工成本   B. 可分成本   C. 机会成本
   D. 增量成本   E. 专属成本
5. 在是否接受低价追加订货的决策中，如果发生了追加订货冲击正常任务的现象，就意味着(   )。
   A. 不可能完全利用其绝对剩余生产能力来组织追加订货的生产
   B. 追加订货量大于正常订货量
   C. 追加订货量大于绝对剩余生产能力
   D. 因追加订货有特殊要求必须追加专属成本
   E. 会因此而带来机会成本
6. 下列各项中，属于生产经营决策的有(   )。
   A. 亏损产品的决策   B. 深加工的决策

C. 生产工艺技术方案的决策　　　　D. 最优售价的决策
E. 调价的决策

7. 下列各种价格中，符合最优售价条件的有(　　)。
A. 边际收入等于边际成本时的价格　　B. 边际利润等于零时的价格
C. 收入最多时的价格　　　　　　　　D. 利润最大时的价格
E. 成本最低时的价格

8. 不确定条件下的生产决策有(　　)。
A. 概率分析法的应用　　B. 大中取大法的应用　　C. 小中取大法的应用
D. 大中取小法的应用　　E. 折中决策法的应用

三、计算题

1. 已知：某企业每年需用 A 零件 2 000 件，原由金工车间组织生产，年总成本为 19 000 元，其中，固定生产成本为 7 000 元。如果改从市场上采购，单价为 8 元，同时将剩余生产能力用于加工 B 零件，可节约外购成本 2 000 元。

要求：为企业作出自制或外购 A 零件的决策，并说明理由。

2. 已知：某产品按每件 10 元的价格出售时，可获得 8 000 元贡献边际，贡献边际率为 20%，企业最大生产能力为 7 000 件。

要求：分别根据以下不相关条件作出是否调价的决策。

(1) 将价格调低为 9 元时，预计可实现销售 9 000 件。

(2) 将价格调高为 12 元时，预计可实现销售 3 000 件。

3. 假设甲公司目前生产所需的零件是以 5 元的单价购入，若零件由公司自制时，估计每单位材料成本为 3 元，人工成本为 1 元，变动性制造费用为 0.5 元。目前该公司的经营能力为正常生产能力的 80%，该公司自制零件时，不但可以使经营能力达到正常生产能力，也可以使各部门需要的零件自给自足，其间，不管工厂生产能力为 80% 还是 100%，每年的固定制造费用均为 1 000 000 元。请问公司是否应该自制零件？

4. 已知：某企业常年生产需要某部件，以前一直从市场上采购。采购量在 5 000 件以下时，单价为 8 元，达到或超过 5 000 件时，单价为 7 元。如果追加投入 12 000 元专属成本就可以自行制造该部件，预计单位变动成本为 5 元。

要求：采用成本无差别点法为企业作出自制或外购该部件的决策。

第六章　答案

第七章

长期投资决策

本章导读

长期投资决策是指拟订长期投资方案，用科学的方法对长期投资方案进行分析、评价，选择最佳长期投资方案的过程。长期投资决策是涉及企业生产经营全面性和战略性问题的决策，其最终目的是提高企业总体经营能力和获利能力。因此，长期投资决策的正确进行，有助于企业生产经营长远规划的实现。选用合适的评价指标、采用正确的评价方法，对生产过程中的一些典型长期投资决策进行分析是本章的重点内容。

学习目标

了解长期投资的含义，掌握长期投资决策相关的重要因素(货币时间价值、现金流量等)，掌握长期投资决策的评价指标和评价方法，并且能够运用这些指标和方法分析一些典型的长期投资决策。

核心概念

货币时间价值(time value of money)　现金流量(cash flow)　净现值(net present value)　年金(annuity)　营业收入(operating income)　经营成本(operating cost)　长期投资(long-term investment)

引导案例

赚了 10 亿美元，陌陌却不是阿里投资的成功案例？

在一般的 VC(venture capital，风险资金)机构里，衡量一个项目的投资是好是坏，是一道算术题。投资回报率一项几乎可以回答全部问题，但是在产业资本里，由于投资的出发点不一样，情况就要复杂得多。这些年，从财务角度来讲阿里资本赚了几十亿美元，可能比大多数的投资基金都要好很多，甚至能与红杉、启明、晨兴这些回报最好的基金相提并论。因为阿里投资了很多公司，包括美团、陌陌、微博、百世物流、滴滴(快的)、宝尊……这些都是有几十倍甚至上百倍的回报。

比如，投资陌陌的时候阿里不到一亿美元的估值进去，现在大概 60 亿美元，而且占了很大的比例，通过几次退出，陌陌一案至少为阿里带来了超过 10 亿美元的回报。美团也是 B 轮，当时估值 1.5 亿美元，现在大概 500 亿美元，翻的倍数很多。快的就更不用说了，几百万人民币就占了 20%，那时候是非常低的估值进去的。阿里资本四年投资下来整体拥有十几倍的回报。但是，这个评判标准是对产业资本的第一个挑战——"赚钱"是不是投资评估成败的关键性指标？

显然不是。特别自从 2015 年之后，阿里对投资的主流观点就是根本不要考虑财务回报，"战略价值"是投资对阿里意义唯一的指标。

从对一个上市公司的短期评估而言，这个观点无可厚非。因为财务投资产生的利润是 "dollar for dollar"(实打实的)，不会和经营利润一样按市盈率放大到公司市值上，经营性利润是以市盈率放大几十倍反映到整体市值上的，而公司的市值是对评价公司的最重要的指标。所有的人都在看运营产生的利润。

问题在于，战略投资的价值如何评估？是否有可量化的评估标准？财务意义上"赚钱"的投资和战略投资是矛盾的，还是一枚硬币的两面？

产业资本需要给公司整体业务提供最大的价值，但如何给公司提供最大价值，有时候并不那么清晰。比如，阿里内部有人认为，尽管在陌陌身上，阿里赚了超过 10 亿美元，但这并非阿里一次成功的产业投资。这里提出的一个问题是，业务上没有深度合作的产业投资是不是就不成功？

能否真正跳出业务，为长远布局，留下未来的空间，这是对产业资本和对产业资本有投资决定权的职业管理人的挑战。产业资本决策人不应该认为"财务投资"只有单纯的财务属性，而忽略了从被投公司基本面考虑问题，从而忽略了对公司长远利益、未来格局和大战略的好处。

阿里现在非常看重通过投资来与本公司进行业务整合。笔者认为，做业务整合的投资固然重要，但实际投资圈会变窄，会忽略掉很多生态圈里的朋友和业务。标的企业是否能与公司主体产生一个合力非常重要，或者说，是否能够成功地整合是衡量产业投资的一个评估标准。坦白说，要实现这一点，通过少数股权投资其实是很难实现的。

(资料来源：新浪科技公众号)

第一节　长期投资决策概述

一、长期投资决策的含义

　　一个企业基本的经营活动可归纳为筹资、投资和经营。投资一般泛指企业投入财力，以达到在未来一定期间内获取报酬或更多收益的活动。按投资的对象不同，可以分为实物投资和金融投资。本章所讲的长期投资决策，是指对实物投资的决策。

　　长期投资是指企业为特定的生产经营目的而进行的时间较长(一般在一年以上)的投资。长期投资通常需要投入大量资金，受益期间超过一年，能在较长时间内影响企业经营获利能力。这类投资的数额大，投资回收期长，如用于新产品的研制、厂房的新建、扩建，设备更新，资源的开发利用等方面的投资。长期投资决策，就是指拟订长期投资方案，用科学的方法对长期投资方案进行分析、评价，选择最佳长期投资方案的过程。长期投资决策是涉及企业生产经营全面性和战略性问题的决策，其最终目的是提高企业总体经营能力和获利能力。因而，长期投资决策的正确进行，有助于企业生产经营长远规划的实现。它与短期投资决策相对，是对企业较长时期的收支盈亏产生影响的经济活动作出抉择的计算、比较、分析、判断和选优的过程，对企业的经营活动影响大，因此，长期投资决策又属于战略性的决策。

　　长期投资决策一般有两层含义：一是投资项目的选择。当存在多个投资项目可供选择时，对不同项目进行比较，从中选出经济效益最大的项目。二是投资方案的选择。对所选项目的各种实施方案进行比较，从中选出产生经济效益最大的投资方案。无论是选择投资项目，还是选择项目的投资实施方案，都要对项目的投资支出和投资后的收入进行对比分析。因此，正确地计算和评价投资项目的经济效益是投资决策的核心内容。

　　长期投资决策涉及资金或资本的大量投入，投资回收期越长，在执行过程中发生变化的可能性较大，使这类决策具有较强的复杂性和风险性。因此，长期投资决策具有以下几个特点。

　　(1) 长期投资决策所涉及的投资数额较大。长期投资通常需要投入大量的资金，这些资金投入对企业的财务结构、财务状况以及经营运作都有相当大的影响。

　　(2) 长期投资决策主要是对企业固定资产方面进行的投资决策。如为了生产新产品或提高现有的生产能力而购置设备、建设或扩建厂房等。

　　(3) 长期投资决策的影响时间长。由于长期投资的投资回收期都超过一年，有的甚至长达几十年，所以，长期投资决策的好坏将影响到整个项目全过程，甚至涉及以后的经营活动，影响时间较长。

　　(4) 长期投资决策的风险大。由于长期投资项目发挥作用的期间比较长，而且长期投资项目一旦完成一般很难再改变，具有不易逆转性，因此，如果决策失误，其项目不易改变用途，出售也较困难，变现能力差。即使决策正确，由于长期投资往往投资额较大、投资回收期长，在未来的经营环境中也会遇到许多不确定因素，因此，会承担较大的风险。

二、现金流量

(一)现金流量的概念

现金流量是指长期投资方案涉及的未来一定期间内现金流入量和现金流出量的总称。其中,在一定期间内收到的现金称为该期间的现金流入量,支出的现金称为该期间的现金流出量。通常用负号(-)表示现金流出量,用正号(+)表示现金流入量,一定期间的现金流入量减去现金流出量的差额,称为净现金流量。净现金流量,是计算投资决策评价指标的主要数据和关键信息之一。这里的"现金"是广义的现金,不仅包括各种货币资金,还包括企业拥有的需要投入项目的各种非货币资源的变现价值。

必须注意的是,管理会计长期投资决策所涉及的现金流量与财务会计的现金流量表所使用的现金流量相比,不管是计算口径还是计量方法都存在较大差异,不能将它们混为一谈。

在管理会计长期投资决策中,现金流量用于评价长期投资项目具有如下重要意义。

(1) 现金流量所揭示的未来期间投资项目现实货币资金收支运动,可以随时动态地反映项目投资的流向与回收之间的投入产出关系,使决策者处于投资主体的立场上,便于更完整、更准确、更全面地评价投资项目的投资效益。

(2) 利用现金流量指标代替利润指标作为反映投资项目经济效益的信息,可以摆脱在贯彻财务会计的权责发生制时必然面临的困境,即由于不同的投资项目可能采用不同的固定资产折旧方法、存货估价方法和费用摊配方法,从而导致不同方案的利润信息相关性差、透明度低和可比性差。

(3) 利用现金流量信息,还因排除了非现金收付内部周转的资本运动形式而简化了有关投资决策评价指标的计算过程。

(4) 由于现金流量信息与项目计算的各个时点密切结合,有助于在计算长期投资决策评价指标时,应用资金时间价值的形式进行动态投资效果的综合评价。

(二)现金流量的内容

项目的整个投资和回收,是一个现金流动的过程。投资项目现金流量的具体内容是由以下三个部分组成的。

1. 初始投资现金流量

初始投资现金流量是指开始投资时发生的现金流量,一般包括如下几项。

(1) 建设投资(又称固定资产投资),是指在建设期内按一定生产经营规模和建设内容进行的固定资产、无形资产和开办费等项投资的总和,含基建投资和更改投资。其中,固定资产投资可能与计算折旧的固定资产原值之间存在差异,原因在于固定资产原值可能包括建设期内资本化了的借款利息。两者的关系是:

$$固定资产原值=固定资产投资+建设期资本化借款利息$$

(2) 流动资金的垫支,是指项目投产前后分次或一次投放于流动资产项目的投资增加额。可按如下公式计算:

某年流动资金增加额(垫支数)=本年流动资金需用额-上年流动资金

本年流动资金需用额=该年流动资产需用额-该年流动负债需用额

流动资金的垫支额与建设投资统称原始总投资，再加上资本化利息便构成项目投资总额，但资本化利息并不属于现金流出的范畴。在实务中，包含流动资金投资的项目称为完整工业投资项目。

原始投资额中只包括固定资产投资的项目，称为单纯固定资产投资项目。更新改造项目往往也不涉及追加投入流动资金，但它在建设起点除了发生新设备的投资外，还往往发生旧设备的余值回收，这又与单纯固定垫支资产投资项目不同。

垫支流动资金的投资行为既可以发生在建设期内，也可能发生在经营期内，而不像建设投资大多集中在建设期发生。通常为简化分析，假设在建设期期末已将一定数额的流动资金筹措到位。

此外，在实务中会因资金周转速度的提高而发生某年流动资金增加额为负值的情况。在长期投资决策中，往往假定不发生这种提前回收流动资金投资的现象。因此，各年垫支的流动资金投资额的合计应等于在终结点一次回收的流动资金。

(3) 投产前的费用开支。如开发资源所发生的现金支出，革新产品等方面所发生的现金支出。

(4) 原有固定资产变价收入。在固定资产投资中，变卖原有固定资产获得的现金流入，其值为正。

2. 营业现金流量

营业现金流量是指在整个项目生命周期内，由于正常生产营业所发生的现金流量收入或支出。

(1) 营业收入。营业收入是指项目投产后每年实现的全部销售收入或业务收入。在按总价法核算现金折扣和销售折让的情况下，营业收入应当指不包括折扣和折让的净额。一般纳税人企业在确定营业收入时，应当按不含增值税的净价计算。此外，作为经营期现金流入项目，本应当按当期现销收入额与回收前期应收账款的合计数确认。但为方便核算，可假定正常经营年度内每期发生的赊销额与回收的应收账款大体相等。营业收入是经营期主要的现金流入项目。

(2) 经营成本。经营成本又被称为付现的营运成本，或简称付现成本。它是生产阶段最主要的现金流出项目。某年经营成本等于当年的总成本费用(含期间费用)扣除该年折旧额、无形资产摊销额等项目后的差额。这是因为总成本费用中包含一部分非现金流出的内容，这些项目大多与固定资产、无形资产和开办费等长期资产的价值转移有关，不需要动用现实货币资金流出。

此外，在全投资假设下，经营成本中还应扣除财务费用中的利息支出。

虽然在经营期发生的经营成本节约额相当于本期现金流入的增加，但为统一现金流量的口径，在实务中仍按其性质将节约的经营成本以负值计入现金流出项目，而并非列入现金流入项目。

(3) 支付的各项税款，是指项目投产后依法缴纳的、单独列示的各项税款，包括增值税、消费税、所得税等。如果一般纳税人企业已将增值税的销项税额列入其他现金流入项目，那么，可将进项税额和应交增值税额合并列入本项；否则，就不应该包含此项内容。此外，从国家投资主体出发，企业所得税不作为现金流出项目看待。只有从企业或法人投资主体的角度才将所得税列入现金流出项目。也有人主张将所得税同消费税等流转税分别列示。

(4) 其他现金流入量，指不包括以上内容的现金流入项目，如增值税的销项税额等。

(5) 其他现金流出量，指不包括以上内容的现金流出项目，如营业外净支出等。

3. 终结现金流量

终结现金流量是指项目经济生命终结时发生的现金流量，主要包括以下两项。

(1) 回收固定资产残值收入，指投资项目的固定资产在终结点报废清理或中途变价转让处理时所回收的价值，即处理固定资产净收益。在更新改造过程中，旧设备的余值是在建设起点回收的，而新设备的余值是在终结点回收的。

(2) 垫支营运资本的回收额，主要指项目计算期完全终止时(终结点)因不再发生新的替代投资而回收的原垫付的全部流动资金额。回收流动资金和回收固定资产余值统称为回收额。

(三) 净现金流量的理论计算公式

净现金流量又称现金净流量，是指在项目计算期内由每年现金流入量与同年现金流出量之间的差额所形成的序列指标，它是长期投资决策评价指标计算的重要依据。理论公式为：

$$某年净现金流量(NCF_t) = 该年现金流入量 - 该年现金流出量$$
$$= CI_t - CO_t, \quad t = 0, 1, 2, \cdots, n$$

式中：NCF_t 为任意第 t 年净现金流量；CI_t 为第 t 年现金流入量；CO_t 为第 t 年现金流出量。

由于项目计算期不仅包括经营期，还应包括建设期，因此，无论在经营期还是在建设期，都应该存在净现金流量这个范畴。

由于现金流入流出在项目计算期内的不同阶段上的内容不同，使得各阶段上的净现金流量表现出不同的特点；如在建设期内，净现金流量一般小于或等于零；在经营期内，净现金流量则多为正值。

(四) 净现金流量的简化计算公式

1. 建设期净现金流量的简化计算公式

若原始投资均在建设期内投入，则建设期净现金流量可按以下简化公式计算：

$$建设期某年净现金流量(NCF_t) = -该年发生的投资额$$
$$= -I_t, \quad t = 0, 1, \cdots, s, \quad s \geq 0$$

式中：I_t 为第 t 年投资额，原始投资 $I = \sum_{t=0}^{s} I_t$；s 为建设期年数。

由上式可见，当建设期 s 不为零时，建设期净现金流量(NCF_t)的数量特征取决于其投资方式是分次投资还是一次投资。

2. 经营期净现金流量的简化计算公式

经营期净现金流量可按以下简化公式计算：

建设期某年净现金流量(NCF_t) = 该年利润+该年折旧+该年摊销额+该年利息费用
+该年回收额

$$= P_t + D_t + M_t + C_t + R_t, \quad t = s+1, s+2, \cdots, n$$

式中：P_t为第t年利润(营业利润或净利润)；D_t为第t年折旧额；M_t为第t年摊销额；C_t为第t年在财务费用中列支的利息费用；R_t为第t年回收额。

3. 终结点净现金流量

有人将回收额为零时的经营期内净现金流量简称为经营净现金流量。按照上面有关回收额均发生在终结点上(更新改造项目除外)的假定，经营期内回收额不为零时的净现金流量亦可称为终结点净现金流量。其计算公式为：

终结点净现金流量=固定资产残值净收入+垫支营运资本收回

(五) 净现金流量的计算

【例 7-1】 已知某工业项目需要原始投资 128 万元，其中固定资产投资为 100 万元，开办费投资 8 万元，流动资金投资 20 万元。建设期为 1 年，建设期与购建固定资产有关的资本化利息 10 万元。固定资产投资和开办费投资于建设起点，流动资金于完工时(第 1 年末)投入。该项目生命期 10 年，固定资产按直线法折旧，期满有 10 万元净残值；开办费自投产年份起分 5 年摊销完毕。预计投产后第 1 年获 5 万元利润，以后每年递增 5 万元；从经营期第 1 年起连续 4 年每年归还借款利息 11 万元；流动资金于终结点一次回收。

要求：按简化公式计算项目各年净现金流量。

解：根据题意可得出：

(1) 项目计算期 n =1+10=11(年)
(2) 固定资产原值=100+10=110(万元)
(3) 固定资产折旧=(110-10)/10=10(万元)(共 10 年)
(4) 开办费年摊销额=8/5=1.6(万元)(共 5 年)
(5) 投产后每年利润分别为 5，10，15，…，50 万元(共 10 年)
(6) 终结点回收额=10+20=30(万元)
(7) 建设期净现金流量：

NCF_0=-(100+8)=-108(万元)

NCF_1=-20(万元)

(8) 经营期净现金流量：

NCF_2=5+10+1.6+11+0=27.6(万元)

NCF_3=10+10+1.6+11+0=32.6(万元)

NCF_4=15+10+1.6+11+0=37.6(万元)

NCF_5=20+10+1.6+11+0=42.6(万元)

NCF_6=25+10+1.6+0+0=36.6(万元)

NCF$_7$=30+10+0+0+0=40(万元)
NCF$_8$=35+10+0+0+0=45(万元)
NCF$_9$=40+10+0+0+0=50(万元)
NCF$_{10}$=45+10+0+0+0=55(万元)
NCF$_{11}$=50+10+0+0+30=90(万元)

三、货币时间价值

货币时间价值又称资金的时间价值，是指作为资金使用的货币在其被运用过程中经历一定时间的投资和再投资所增加的价值。

从经济学的观点来看，即使不考虑通货膨胀等因素的影响，同一数量的货币在不同时期其价值也是不同的。现在的1元钱和1年后的1元钱其经济价值是不相等的，或者说其经济效用不同。例如，将现在的1元钱存入银行，假设银行存款利率为5%，1年后可得到1.05元，现在的1元钱比1年后的1元钱经济价值要大一些，这就是货币的时间价值。从量的规定性来看，由于竞争，市场经济中各个部门投资的利润率趋于平均化。企业在投资某项目时，至少要取得社会平均利润率，否则不如投资于其他项目。因此，货币的时间价值是在没有风险和通货膨胀条件下的社会平均资本利润率。

企业生产经营中，投入货币资金购买所需的资源，生产出的新产品出售时得到货币量大于最初投入的货币量，然后企业再将得到的货币资金投入到新的生产经营中。每完成一次循环，货币量就增加一定的数额，随着周转次数的增多，货币量增加的数额也越大。长期投资所涉及的期限较长(一般在一年以上)，所以在进行长期投资决策时，不同时间的货币收入不宜直接进行比较，需要将不同时点的投资资金和收回的投资折算到同一点后再比较，货币的时间价值成为估价最基本的原则。

资金的时间价值的一般表现形式从相对量来看就是在不考虑风险和通货膨胀条件下社会平均的资本利润率，在一定条件下可视同于存款利息率；从绝对量看就是使用货币资本的机会成本，即利息。资金时间价值的大小取决于资金数量的多少、占用时间的长短、收益率高低等因素。

(一)复利终值与现值

按利息部分是否计息，资金时间价值的计算又分单利和复利两种。单利制计息是指当期利息不计入下期本金，从而不改变计算基础，各期利息额不变的计算制度；复利制计息是指当期没有被支取的利息计入本期本金，改变计息基础，使每期利息额递增，利上生利的计息制度。在进行长期投资决策考虑资金的时间价值因素时，必须按复利制计算有关指标。

1. 复利终值的计算

复利终值是指某一特定的金额按照事先预定的利率折算至未来某一时点的价值。实际上，复利终值就是反映在某一特定时点一次性存入银行一笔资金，经过一段时间后再将该项存款的本利和一次性取出的全部金额。其计算公式为：

$$F = P \times (1+i)^n$$

式中：F 为复利终值；P 为本金，即第一期期初的价值；i 为利率；n 为计算期数，$n = 1,2,3,\cdots$，$(1+i)^n$ 叫作复利终值系数(又称一元终值或终值因子)，简称终值系数，记作 $(F/P,i,n)$。根据不同的 i 和 n，计算出 $(1+i)^n = (F/P,i,n)$ 的值，列表即为复利终值系数表。于是，上述公式又可写成：

$$F = P(F/P,i,n)$$

【例 7-2】 某企业现在将 10 000 元现金存入银行，银行存款年利率为 5%，试计算该企业 8 年后的"本利和"为多少。(假设银行存款按复利法计算)

解： 由题意可知现值 P =10 000 元，年利率 i =5%，计息期 n =8，则复利终值为

$$F = P \times (1+i)^n = 10\,000 \times (1+5\%)^8 = 14\,775(元)$$

或通过查复利终值系数表，可知 $(F/P,5\%,8) = 1.477\,5$，那么

$$F = P(F/P,i,n) = 10\,000 \times (F/P,5\%,8) = 10\,000 \times 1.477\,5 = 14\,775(元)$$

注意，复利终值系数表的作用不仅是在已知利率 i 和计息期 n 的情况下，查找 1 元的复利终值，也可以在已知利率 i 和 1 元复利终值 F 时，查找 n，还可以在已知 n 和 1 元复利终值 F 时，查找利率 i。

2. 复利现值的计算

复利是指未来某一特定的金额按照事先预定的利率折算到现在的价值。复利现值的计算实质上就是已知本利和求本金的过程，也叫折现，是复利终值的逆运算，此时利率也可称为折现率。其计算公式如下：

$$P = F \times (1+i)^{-n}$$

式中：$(1+i)^{-n}$ 叫作复利现值系数(又称 1 元现值或现值因子)，简称现值系数，记作 $(P/F,i,n)$。根据不同的 i 和 n，计算出 $(1+i)^{-n} = (P/F,i,n)$ 的值，列表即为复利现值系数表。于是，上述公式又可写成：

$$P = F(P/F,i,n)$$

【例 7-3】 若某企业 5 年后可获得 200 万元投资回报，预期投资报酬率为 6%，那么这项投资回报现在的价值为多少？

解： 由题意可知终值 F =200 万元，年利息率(或折现率) i =6%，计息期 n =5，则复利现值为：

$$P = F(P/F,i,n) = 200 \times (1+6\%)^{-5} = 149.452(万元)$$

或通过查复利现值系数表，可知 $F(P/F,6\%,5) = 0.747\,3$，那么

$$P = F(P/F,i,n) = (P/F,6\%,5) = 200 \times 0.747\,3 = 149.46(万元)$$

(二)年金终值与现值

年金是系列收付款项的特殊形式，它是指在一定时期内每隔相同时间就发生相同数额的系列收付款项，也称等额系列款项。它必须同时具备两个特征：一是等时性，即每次收支的时间间隔相等；二是等额性，即每次收付的数额必须相等。

在现实生活中，分期等额形成或发生的各种偿债基金、折旧费、养老金、零存整取储

蓄存款业务中的零存数、定期发放的债券利息等，都属于年金的范畴。年金按收付方式的不同可分为以下四种。

(1) 普通年金：在每期期末发生的年金，又称后付年金，用 A 表示。

(2) 即付年金：在每期期初发生的年金。

(3) 递延年金：发生在第一期期末以后的某一时间的年金。

(4) 永续年金：无限期继续发生的年金。

下面针对这四种年金分别从终值、现值两方面做详细讲解。

1. 普通年金的终值

普通年金是指在相同间隔期每期期末收付等额款项的年金，又称为后付年金，记作 F。普通年金的终值计算公式为：

$$F = A\frac{(1+i)^n - 1}{i}$$

式中，$\frac{(1+i)^n - 1}{i}$ 是普通年金为 1 元、利率为 i、经过 n 期的年金终值系数，简称 1 元年金终值系数或年金终值因子，记作 $(F/A,i,n)$。根据不同的 i 和 n，计算出年金终值系数表。于是，上述公式又可写成：

$$F = A(F/A,i,n)$$

【例 7-4】 假设某企业决定从今年开始，每年年末都存入银行 2 000 万元，以便用于 5 年后的设备更新，试计算该公司 5 年后可用于设备更新的资金有多少。(假设银行存款年利率为 6%，并按复利法计算)

解： 由于该企业每年年末都存入银行 2 000 万元，连续存入 5 年，因此，这是一个普通年金的计算问题。根据题意可知，$A=2\,000$，$n=5$，$i=6\%$，由年金终值系数表可知 $(F/A,6\%,5)=5.637\,1$，则

$$F = A(F/A,i,n) = 2\,000 \times 5.637\,1 = 11\,274.2(万元)$$

因此，该公司 5 年后可用于设备更新的资金有 11 274.2 万元。

2. 普通年金的现值

普通年金现值是指为在每期期末取得相等金额的款项，现在需要投入的金额。它是等额系列收付款项现值的简化形式，记作 P。计算公式为：

$$P = A\frac{1-(1+i)^{-n}}{i}$$

式中，$\frac{1-(1+i)^{-n}}{i}$ 是普通年金为 1 元、利率为 i、经过 n 期的年金现值系数，简称 1 元年金现值系数或年金现值因子，记作 $(P/A,i,n)$。根据不同的 i 和 n，计算出年金现值系数表。于是，上述公式又可写成：

$$P = A(P/A,i,n)$$

【例 7-5】 某企业打算在未来 8 年内每年年末从银行取出 10 000 元，试计算在年利率为 6% 的情况下，第一年初应一次存入多少钱。

解： 根据题意可知，$A=10\,000$，$n=8$，$i=6\%$，由年金现值表可知 $(P/A,6\%,8)=6.209\,8$，

则

$$P = A(P/A,i,n) = 10\,000 \times 6.209\,8 = 62\,098(元)$$

可见,第一年初应一次存入 62 098 元。

【例 7-6】 某企业向银行借款 10 000 元投资于某个 8 年的项目,银行借款利率为 6%,问每年至少要收回多少资金才是有利的。

解: 根据题意可知,$P=10\,000$,$n=8$,$i=6\%$,则查表得此时的 1 元年金现值系数 $(P/A,6\%,8)=6.209\,8$,依普通年金的计算公式 $P = A(P/A,i,n)$ 得:

$$A = \frac{P}{(P/A,i,n)} = \frac{10\,000}{6.209\,8} = 1\,610(元)$$

因此,每年至少要收回现金 1 610 元,才是最有利的。上式中普通年金现值系数的倒数 $\frac{1}{(P/A,i,n)}$ 称为投资回收系数。

3. 即付年金终值

即付年金是指于每期期初收付等额款项的年金,又称为先付年金。即付年金与普通年金的区别仅在于收付款的时间不同,因此可以利用普通年金终值和现值公式进行调整,求出即付年金终值和现值。

由于即付年金与普通年金的付款次数相同,付款时间不同,也就是即付年金终值比普通年金终值多计算一期利息,因此可以先求出普通年金终值,然后再乘以 $(1+i)$,便可计算出即付年金的终值。其计算公式为:

$$F = A \cdot \frac{(1+i)^n - 1}{i} \cdot (1+i) = A \cdot \frac{(1+i)^{n+1} - (1+i)}{i} = A \cdot \left[\frac{(1+i)^{n+1} - 1}{i} - 1\right]$$

$$= A \cdot [(F/A,i,n+1) - 1]$$

式中,$\left[\frac{(1+i)^{n+1} - 1}{i} - 1\right]$ 称为"即付年金终值系数",或称为 1 元的即付年金终值,记作 $[(F/A,i,n+1) - 1]$,它是在普通年金终值系数的基础上,期数加 1,系数减 1 的结果。通过查阅普通年金终值系数表得到 1 元年金 $(n+1)$ 期的终值系数,然后再减 1 便可得到对应的即付年金终值系数。

【例 7-7】 假设某企业决定从今年开始,每年年初都存入银行 2 000 万元,以便用于 5 年后的设备更新,试计算该公司 5 年后可用于设备更新的资金有多少。(假设银行存款年利率为 6%,并按复利法计算)

解: 由于该企业每年年初都存入银行 2 000 万元,连续存入 5 年,因此,这是一个即付年金的计算问题。根据题意可知,$A=2\,000$,$n=6$,$i=6\%$,由年金终值系数表可知 $(F/A,6\%,6) = 6.975$,则

$$F = A[(F/A,i,n+1) - 1] = 2\,000 \times (6.975 - 1) = 11\,950.6(万元)$$

因此,该公司 5 年后可用于设备更新的资金有 11 950.6 万元。

4. 即付年金现值

与即付年金终值相似,n 期即付年金现值与 n 期普通年金现值的期限相同,但是由于付

款时间不同，n 期即付年金现值比 n 期普通年金现值的折现期少一期。因此，在 n 期普通年金现值的基础上乘以 $(1+i)$，便可计算出即付年金的现值。计算公式为：

$$P = A \cdot \frac{1-(1+i)^{-n}}{i} \cdot (1+i) = A \cdot \frac{(1+i)-(1+i)^{-(n-1)}}{i} = A \cdot \left[\frac{1-(1+i)^{-(n-1)}}{i}+1\right]$$

$$= A \cdot [(P/A,i,n-1)+1]$$

式中，$\left[\dfrac{1-(1+i)^{-(n-1)}}{i}+1\right]$ 称为"即付年金现值系数"，或称为 1 元的即付年金现值，记作 $[(F/A,i,n-1)+1]$，它是在普通年金现值系数的基础上，期数减 1，系数加 1 的结果。通过查阅普通年金现值系数表得到 1 元年金 $(n-1)$ 期的现值系数，然后再加 1 便可得到对应的即付年金现值系数。

【例 7-8】 某人出租一处房屋，每年年初可收到房租 10 000 元，求出 9 年的房租现值是多少。(假设银行存款年利率为 6%，并按复利法计算)

解：根据题意可知，A =10 000，n =9，i =6%，由年金现值系数表可知 $(P/A,6\%,9) = 6.801\,7$，则

$$P = A[(P/A,i,n-1)+1] = 10\,000 \times [(P/A,6\%,9)+1] = 10\,000 \times (6.801\,7+1) = 78\,017(万元)$$

5. 递延年金现值

递延年金是指在一定期间内(如 n 期)，从 0 期开始隔 m 期 $(m \geq 1)$ 以后才发生系列等额收付款的一种年金形式。它是普通年金的特殊形式，一般用 m 表示递延期数。

递延年金终值的计算方法与普通年金终值计算方法相似，其终值大小与递延期限无关。递延年金现值计算方法主要有两种。

第一种方法，是把递延年金视为 n 期普通年金(n 为递延年金发生期)，求出递延期末的现值，然后再将此现值调整到第一期期初。计算公式如下：

$$P_m = A \cdot (P/A,i,n)$$

$$P = P_m \cdot (1+i)^{-m}$$

$$= A \cdot \left[\frac{1-(1+i)^{-n}}{i} \cdot (1+i)^m\right]$$

$$= A \cdot (P/A,i,n) \cdot (P/F,i,m)$$

第二种方法，是假设年金在递延期中也进行收付，先求出 $(m+n)$ 期的年金现值，然后扣除实际并没有发生收付的递延期 (m) 的年金现值，即可得出递延年金的现值。计算公式如下：

$$P = P_{m+n} - P_m$$

$$P = A \cdot \left[\frac{1-(1+i)^{-(m+n)}}{i} - \frac{1-(1+i)^{-m}}{i}\right]$$

$$= A \cdot [(P/A,i,m+n)-(P/A,i,m)]$$

【例 7-9】 某人在年初存入银行一笔资金，存满 5 年后每年年末取出 6 000 元，至第 10 年年末取完。已知银行存款利率为 6%，求此人最初需一次性存入银行多少钱。(计算结果取整数)

解：根据题意可知，公式中 $m=5$，$n=10-5=5$

$$P = A \cdot (P/A,i,n) \cdot (P/F,i,m)$$
$$= 6\,000 \times (P/A,6\%,5) \times (P/F,6\%,5)$$
$$= 6\,000 \times 4.212\,4 \times 0.747\,3$$
$$= 18\,887.56(万元)$$

或

$$P = A \cdot [(P/A,i,m+n) - (P/A,i,m)]$$
$$= 6\,000 \times [(P/A,6\%,5+5) - (P/A,6\%,5)]$$
$$= 6\,000 \times (7.360\,1 - 4.212\,4)$$
$$= 18\,886.2(万元)$$

6. 永续年金现值

永续年金是指无限期等额收付的年金，它是普通年金的特殊形式，优先股股利、存本取息都可视为永续年金的例子。由于永续年金持续期无限没有终止，因此永续年金没有终值。永续年金的现值可以通过普通年金的现值公式计算得出：

$$P = A \frac{1-(1+i)^{-n}}{i}$$

当 $n \to \infty$ 时，$(1+i)^{-n} \to 0$，上式可以写成：

$$P = \frac{A}{i}$$

【例 7-10】 某人计划购买一优先股股票，该股票每年每股股利为 1 元，若想长期持有，在利率为 5% 的情况下，此人愿意出多少钱来购买该股票？

解：根据题意，可知 $A=1$，$i=5\%$。
根据公式可计算得出：

$$P = \frac{A}{i} = \frac{1}{5\%} = 20(元)$$

因此，此人最多愿意出 20 元来购买 1 股该种股票。

第二节 长期投资决策评价指标

长期投资决策分析评价的指标按照是否考虑货币时间价值因素可以分为两大类：一类是不考虑货币时间价值因素的指标，叫静态指标；另一类是考虑货币时间价值因素的指标，叫动态指标。

一、静态评价指标

(一)原始投资回收率

原始投资回收率是指投资项目在一个正常经营年度净现金流量或年均经营净现金流量

$\overline{NCF}$ 与原始投资 I 的比率,它是一个静态正指标。其公式为:

$$原始投资回收率 = \frac{现金流量}{原始投资} = \frac{\overline{NCF}}{I}$$

式中,分子为年均经营净现金流量,不仅包括利润,而且包括折旧、摊销等,但不包括回收额;分母则只包括建设投资和流动资金投资,不包括建设期资本化利息。

该指标的优点是:可以直接利用净现金流量信息,公式比较简单,便于计算。缺点是:没有考虑到货币时间价值因素,不能正确反映建设期长短及投资方式不同对项目的影响。另外,该指标的计算公式中,分子分母的时间特征不一致,一个是时期指标,另一个是时点指标,可比基础较差。

(二)投资利润率

投资利润率又称投资报酬率,是指达产期正常年度利润或年均利润占投资总额百分比。其公式为:

$$投资利润率(ROI) = \frac{年利润(或年平均利润)}{投资总额} \times 100\% = \frac{p \text{或}(\overline{p})}{I'}$$

式中,分子的年利润 p 是指一个正常达产年份的利润总额;年均利润 $\overline{p}$ 则是指经营期内全部利润除以经营年数的平均数;分母的投资额 I' 为原始投资与资本化利息之和。

该指标不受建设期的长短、投资方式、回收额的有无和净现金流量的大小等条件的影响。它除具备与原始投资回收率共同的缺点外,还无法直接利用净现金流量信息;优点则是比较简单。

(三)静态投资回收期

投资回收期是指收回初始投资所需要的时间。投资回收决策的规则规定,可接受项目的投资回收期必须小于管理层规定的最大投资回收期限。回收期强调管理层对流动性的考虑,以及通过对初始投资的快速回收来使风险最小化。它通常应用于有显著收益的小额资本支出项目,不需要采用复杂的资本预算模型。

如果某一项目每年的经营现金流量相等,则投资回收期可用以下公式计算:

$$PP = \frac{初始投资}{每年经营现金流量}$$

假设某项目需要 60 000 元的初始投资,此项目每年带来的现金流量是 20 000 元,其投资回收期就是 3 年。

$$PP = \frac{60\ 000}{20\ 000} = 3(年)$$

如果某项目每年的经营现金流量不等,其投资回收期要根据每年年末尚未回收的投资额加以确定。

静态投资回收期是以收回投资金额所需的时间长短来作为判断方案是否可行的依据。一般而言,投资回收期越短,则该项投资收回就越快,在未来时期所冒的风险就越小,方案越有利;投资回收期越长,方案越不利。该项指标计算简便,容易被投资者理解。但它忽视了资金的时间价值,不能完全反映投资的收益程度。

(四) 会计收益率

会计收益率是根据估计的项目整个生命期内年平均收益与原始投资额之比计算出来的。其计算公式为：

$$会计收益率(ARR) = \frac{平均收益}{原始投资额或平均投资额}$$

式中，平均收益大致等于平均现金流量减去平均折旧额，若假定期间内的全部收入都已收回，折旧费是唯一的非现金费用，则上述的估计是准确的。

投资额可以定义为原始投资额或平均投资额。令 I 为原始投资额，S 为残值，又假设投资的消耗是均衡的，则平均投资额可以定义如下：

$$平均投资额 = \frac{I+S}{2}$$

二、动态评价指标

(一) 动态投资回收期

动态投资回收期与上面的静态投资回收期不同，它是考虑了资金时间价值后计算的回收初始投资所需要的时间。它是指以按投资项目的行业基准收益率或设定折现率折现的经营净现金流量补偿原始投资现值所需要的全部时间。通常动态投资回收期只计算包括建设期的回收期。

(二) 净现值

净现值是指在长期投资项目的项目计算期内，按行业基准收益率或其他折现率计算的各年净现金流量现值之和。在原始投资均于建设期一次投入、经营期内不再追加投资时，亦可将净现值表述为项目投产后各年报酬的现值合计与投资现值合计之间的差额，记作 NPV。

$$NPV = \left[\frac{NCF_1}{(1+k)^1} + \frac{NCF_2}{(1+k)^2} + \cdots + \frac{NCF_n}{(1+k)^n}\right] - C$$

$$= \sum_{t=1}^{n} \frac{NCF_t}{(1+k)^t} - C$$

式中，NCF_t 为第 t 年的净现金流量；k 为折现率；C 为初始投资额的现值。

实际应用中，净现值的计算需要经过以下几个步骤。
(1) 计算每年的营业净现金流量。
(2) 计算未来报酬的总现值，即将各年的营业净现金流量折现求和。
(3) 计算净现值：

净现值 = 未来报酬各期的现值之和 − 初始投资额现值

(三) 获利指数

获利指数又称为现值指数，记作 PI，是指项目投产后按行业基准收益率或设定折现率

折算的各年净现金流量的现值合计与原始投资的现值合计之比。其计算公式为:

$$\text{获利指数(PI)} = \frac{\text{投产后各年现金净现金流量的现值合计}}{\text{原始投资额的现值合计}}$$

$$= \frac{\frac{NCF_1}{(1+i)^1} + \frac{NCF_2}{(1+i)^2} + \cdots + \frac{NCF_n}{(1+i)^n}}{C}$$

$$= \frac{\sum_{t=1}^{n} \frac{NCF_t}{(1+i)^t}}{C}$$

获利指数与净现值的不同在于,它不是简单地计算投资方案未来的现金净流量的现值同它的原始投资额之间的差额,而是计算前者与后者的比,用以说明 1 单位投资未来可以获得的现金净流量的现值有多少。这个指标可以使不同方案具有可比性,具有广泛的适用性。

(四)内部收益率

内部收益率又称内含报酬率或内部报酬率,是指投资项目的净现值等于零时的折现率,记作 IRR,其计算公式为:

$$NPV = 0$$

即

$$\sum_{t=0}^{n} \frac{NCF_t}{(1+IRR)^t} = 0$$

式中,NCF_t 为第 t 年的净现金流量(包括原始投资期);IRR 为内部收益率。

具体计算方法,在下一节详细阐述。

第三节 长期投资决策分析方法

长期投资决策方法按照是否考虑货币的时间价值,可以分为静态决策方法和动态决策方法两种。静态决策方法是在决策过程中不考虑货币的时间价值,将不同时期的金额同等看待。本节中静态决策方法主要包括静态投资回收期法和投资平均报酬率法。动态决策方法是在决策过程中考虑货币的时间价值因素,将不同时期的金额通过折现等方法转化成同一时点上的数值,然后再进行对比分析。本节中动态决策方法主要讲解净现值法、净现值率法和内含报酬率法。

一、静态决策方法

(一)静态投资回收期法

静态投资回收期是指在不考虑货币时间价值的情况下,收回全部原始投资所需要的全部时间,即以投资项目经营净现金流量抵偿原始投资所需要的全部时间。静态投资回收期法,就是在不考虑货币时间价值的情况下,利用静态投资回收期的长短来评价投资方案优劣的一种决策方法。一般来说,项目的静态投资回收期越短,表明该项目的投资效果越好,投资方案所冒风险也就越小；反之，则风险越大。也就是说，如果某方案的投资回收期小于或等于行业基准投资回收期，就可以断定该方案具有财务可行性；反之，如果某投资方案的投资回收期大于行业基准投资回收期，就可以断定该方案不具有财务可行性。

按照投资方案的每年净现金流量是否相等，静态投资回收期的计算可以分为以下两种情况。

(1) 若原始投资一次投入，每年现金流量相等时，计算公式为：

$$静态投资回收期 = 原始投资额 \div 每年现金净流量$$

(2) 若原始投资是分次投入，或每年现金流量不相等时，就需要运用各年末的累计净现金流量来计算静态投资回收期，即逐年计算，直到累计净现金流量达到原始投资的那一年为止。假设初始投资在第 n 年和第 $n+1$ 年之间收回，则静态投资回收期的计算公式如下：

$$静态投资回收期 = n + \frac{第 n 年末尚未收回的投资额}{第 n+1 年的净现金流量}$$

【例 7-11】 某公司有 A、B、C 三个投资方案可供选择，相关资料如表 7-1 所示。试采用静态投资回收期法对这三个方案作出评价。

表 7-1 相关资料表

单位：元

期间	A 方案		B 方案		C 方案	
	净收益	净现金流量	净收益	净现金流量	净收益	净现金流量
0		-30 000		-12 000		-15 000
1	2 500	18 000	-1 800	2 200	700	5 700
2	4 300	18 800	4 000	8 000	700	5 700
3			3 000	7 000	700	5 700
合计	6 800	6 800	5 200	5 200	2 100	2 100

解：A、B、C 三个方案的静态投资回收期计算如下。

A 方案：静态投资回收期 = 1+(30 000-18 000)÷18 800 = 1.64(年)

B 方案：静态投资回收期 = 2+(12 000-2 200-8 000)÷7 000 = 2.26(年)

C 方案：静态投资回收期 = 15 000÷5 700 = 2.63(年)

通过计算可知，A 方案的静态投资回收期最短，所以应该选择 A 方案进行投资。

静态投资回收期能够直观地反映原始投资的返本期限，便于理解，计算也比较容易，应用比较广泛。但它没有考虑资金的时间价值，也没有考虑投资收回后的收益情况，无法反映长期投资方案的盈利程度。故在实务中，静态投资回收期法一般作为辅助决策方法与其他分析方法结合使用。

(二)投资平均报酬率法

投资平均报酬率法是用年平均净收益的大小来评价投资方案优劣的一种决策方法，又称会计收益率法。会计收益率是一个投资方案的年平均净收益与原始投资额的比值，反映净收益与投资额之间的比例关系，记作 ARR。计算公式为：

$$会计收益率(ARR) = \frac{平均收益}{原始投资额或平均投资额}$$

在这种方法下,如果某投资方案的投资平均报酬率大于或等于行业基准投资平均报酬率,就可以断定该方案具有财务可行性;反之,如果某投资方案的投资平均报酬率小于行业基准投资平均报酬率,就可以断定该方案不具有财务可行性。

【例 7-12】 沿用例 7-11 的资料,采用投资平均报酬率法对 A、B、C 三个方案作出评价。

解:A、B、C 三个方案的投资平均报酬率计算如下。

A 方案:投资平均报酬率=[(2 500+4 300)÷2]÷30 000×100%=11.33%

B 方案:投资平均报酬率=[(-1 800+4 000+3 000)÷3]÷12 000×100%=14.44%

C 方案:投资平均报酬率=700÷15 000=4.67%

通过计算结果可知,方案 B 的投资平均报酬率最大,所以应选择 B 方案。

采用投资平均报酬率法可以直接利用净现金流量信息,公式计算简单,便于理解,其计算公式分子分母均为时期指标,有一定的可比性;但没有考虑货币时间价值因素,不能正确反映建设期长及投资方式不同对项目的影响。

二、动态决策方法

(一)净现值法

净现值法是指在长期投资决策中,以投资项目的净现值大小作为评价投资方案是否具有财务可行性标准的一种方法。即以投资方案中现金流入量和现金流出量之差为正为负断定方案是否可行。采用这种方法时,如果某投资方案的净现值大于或等于零,就可以断定该方案具有财务可行性;反之,如果某投资方案的净现值小于零,就可以断定该方案不具有财务可行性。

净现值是指在项目计算期内,按行业基准收益率或其他设定折现率计算的各年净现金流量现值之和,记作 NPV。

$$NPV = \left[\frac{NCF_1}{(1+k)^1} + \frac{NCF_2}{(1+k)^2} + \cdots + \frac{NCF_n}{(1+k)^n}\right] - C$$

$$= \sum_{t=1}^{n} \frac{NCF_t}{(1+k)^t} - C$$

【例 7-13】 沿用例 7-11 的资料,假设行业基准收益率为 10%,试采用净现值法对 A、B、C 三个方案作出评价。

解:A、B、C 三个方案的净现值计算如下。

A 方案:净现值 $NPV_A = 18\,000 \times (P/F, 10\%, 1) + 18\,800 \times (P/F, 10\%, 2) - 30\,000$

$= 18\,000 \times 0.909\,1 + 18\,800 \times 0.826\,4 - 30\,000$

$= 1\,900.12(元)$

B 方案:

净现值 $NPV_B = 2\,200 \times (P/F, 10\%, 1) + 8\,000 \times (P/F, 10\%, 2) + 7\,000 \times (P/F, 10\%, 3) - 12\,000$

$= 2\,200 \times 0.909\,1 + 8\,000 \times 0.826\,4 + 7\,000 \times 0.751\,3 - 12\,000$

$= 1\,870.32(元)$

C 方案:净现值 $NPV_C = 5\,700 \times (P/A, 10\%, 3) - 15\,000$

$= 5\,700 \times 2.486\,9 - 15\,000$

$= -824.67(元)$

通过计算结果可知，A、B 两个投资方案的净现值为正数，说明这两个方案的投资报酬率大于行业基准收益率(10%)，这两个方案都是可行的。C 方案的净现值为负数，说明这个方案的投资报酬率小于行业基准收益率(10%)，这个方案是不可行的。而 A 方案和 B 方案相比，前者的净现值大于后者，说明 A 方案更优。

净现值是一个动态的绝对值指标，其优点在于既考虑了资金的时间价值，又运用了项目计算期的全部净现金流量，但它无法从动态的角度直接反映投资项目的实际收益率水平。净现值法在长期投资决策中应用较广，它可用于单一方案财务可行性的评价和投资额及项目计算期相等的多方案比较决策，但对于投资额或项目计算期不相等的多方案比较决策，它却不能进行评价。

(二)净现值率法

净现值率法是指在长期投资决策中，以项目的净现值率指标作为评价投资方案是否具有财务可行性标准的一种决策方法。净现值率是指投资项目的净现值占原始投资现值的百分比指标。计算公式为：

$$\text{净现值率(NPVR)} = \frac{\text{净现值}}{\text{原始投资的现值合计}} \times 100\%$$

在这种方法下，如果某投资方案的净现值大于或等于零时，就可以断定该方案具有财务可行性；反之，如果某投资方案的净现值小于零时，就可以断定该方案不具有财务可行性。

通过公式很显然可以看出，净现值率的计算是在事先确定净现值指标的基础上进行的。对一个投资项目而言，净现值率与净现值指标之间存在如下关系：

(1) 当净现值指标大于零时，其净现值率指标也大于零；
(2) 当净现值指标小于零时，其净现值率指标也小于零；
(3) 当净现值指标等于零时，其净现值率指标也等于零。

(三)内含报酬率法

内含报酬率法是指在长期投资决策过程中，以项目的内含报酬率作为评价指标来评价投资方案是否具有财务可行性标准的一种决策方法。即对于一项长期投资方案，能够使未来现金流入量等于未来现金流出量现值的贴现率，也就是说使投资方案净现值为零的贴现率，记作 IRR。其计算公式为：

$$(P/A, \text{IRR}, n) = \frac{I}{\text{NCF}}$$

式中，I 为原始投资；NCF 为各期净现金流量的平均数。

具体计算过程如下：

(1) 利用上式计算有关年金现值系数的数值。
(2) 根据计算出来的年金现值系数 C，查 n 年的年金现值系数表。
(3) 若在 n 年系数表中恰好能够找到一个等于 C 的年金现值系数 $(P/A, r_m, n)$，则该系数所对应的折现率 r_m 即为所求的内含报酬率 IRR。
(4) 若在系数表上找不到上式计算出来的 C，则可利用年金现值系数表上同期略大及略小于该数值的两个临界值 C_m 和 C_{m+1}，及相对应的两个折现率 r_m 和 r_{m+1}，应用内插法计算近似的内含报酬率。计算公式如下：

当 $(P/A, r_m, n) = C_m > C$，$(P/A, r_{m+1}, n) = C_{m+1} < C$ 时，

$$\text{IRR} = r_m + \frac{C_m - C}{C_m - C_{m+1}} \times (r_{m+1} - r_m)$$

为缩小误差，通常规定，r_{m+1} 与 r_m 之间的差不得大于 5%。

采用这种方法，如果某投资方案的内含报酬率大于或等于行业基准收益率或设定折现率，则就可以断定该方案具有财务可行性；如果某投资方案的内含报酬率小于行业基准收益率或设定折现率，则可以断定该方案不具有财务可行性。

【例 7-14】 沿用例 7-11 的资料，假设行业基准收益率为 10%，试采用内含报酬率法对 A、B、C 三个方案作出评价。

解：根据题意，A、B、C 三个方案的内含报酬率计算如下。

(1) A 方案的内含报酬率：

$$(P/A, \text{IRR}, 2) = \frac{I}{\text{NCF}} = \frac{30\,000}{(18\,000 + 18\,800) \div 2} = 1.630\,4$$

通过查年金现值系数表，可知相邻的两个折现率。
当 $r_m = 14\%$ 时，$C_m = (P/A, 14\%, 2) = 1.646\,7 > 1.630\,4$
当 $r_{m+1} = 15\%$ 时，$C_{m+1} = (P/A, 15\%, 2) = 1.625\,7 < 1.630\,4$
则应用内插法：

$$\text{IRR} = r_m + \frac{C_m - C}{C_m - C_{m+1}} \times (r_{m+1} - r_m) = 14\% + \frac{1.646\,7 - 1.630\,4}{1.646\,7 - 1.625\,7} \times (15\% - 14\%) = 14.78\%$$

(2) B 方案的内含报酬率：

$$(P/A, \text{IRR}, 3) = \frac{I}{\text{NCF}} = \frac{12\,000}{(2\,200 + 8\,000 + 7\,000) \div 3} = 2.093$$

通过查年金现值系数表，可知相邻的两个折现率。
当 $r_m = 20\%$ 时，$C_m = (P/A, 20\%, 3) = 2.106\,5 > 2.093$
当 $r_{m+1} = 21\%$ 时，$C_{m+1} = (P/A, 21\%, 3) = 2.073\,9 < 2.093$
则应用内插法：

$$\text{IRR} = r_m + \frac{C_m - C}{C_m - C_{m+1}} \times (r_{m+1} - r_m) = 20\% + \frac{2.106\,5 - 2.093}{2.106\,5 - 2.073\,9} \times (21\% - 20\%) = 20.41\%$$

(3) C 方案的内含报酬率：

$$(P/A, \text{IRR}, 3) = \frac{I}{\text{NCF}} = \frac{15\,000}{5\,700} = 2.631\,6$$

通过查年金现值系数表，可知相邻的两个折现率。
当 $r_m = 6\%$ 时，$C_m = (P/A, 6\%, 3) = 2.673\,0 > 2.631\,6$
当 $r_{m+1} = 7\%$ 时，$C_{m+1} = (P/A, 7\%, 3) = 2.624\,3 < 2.631\,6$
则应用内插法：

$$\text{IRR} = r_m + \frac{C_m - C}{C_m - C_{m+1}} \times (r_{m+1} - r_m) = 6\% + \frac{2.673\,0 - 2.631\,6}{2.673\,0 - 2.624\,3} \times (7\% - 6\%) = 6.85\%$$

通过以上计算可知，A、B 两个方案的内含报酬率都大于行业基准收益率，所以 A、B 两个方案都具有财务可行性，而 C 方案的内含报酬率小于行业基准收益率，所以 C 方案不具有财务可行性。

内含报酬率是个动态相对量正指标，它能从动态的角度直接反映投资项目的实际收益水平，不受行业基准收益率高低的影响，具有一定的客观性。但该指标的计算过程比较麻烦，当经营期大量追加投资时，有可能导致出现多个 IRR，或偏高偏低，缺乏实际意义。在投资额不等的多个方案比较决策中，不能直接比较内含报酬率指标。

针对同一个投资项目而言，当其净现值指标大于零时，内含报酬率大于行业基准收益率或设定折现率；当其净现值指标等于零时，内含报酬率等于行业基准收益率或设定折现率；当其净现值指标小于零时，内含报酬率小于行业基准收益率或设定折现率。

第四节　典型的长期投资决策

一、固定资产是否更新的决策

固定资产更新是对技术上或经济上不宜继续使用的旧资产，用新的资产更换或用先进的技术对原有设备进行局部改造。尽管旧设备也能继续使用，但会造成材料和能源浪费、生产效率低下、维修费较高等问题。而使用新设备不仅能够提高生产效率，还可节约原材料、燃料和动力等资源的消耗，但是购买新设备需要投入大量的资金。此时，企业需要考虑两个问题：一是决定是否更新，即继续使用旧资产还是更换新资产；二是决定选择更新什么样的新资产。

对于固定资产更新决策，需要注意以下三个问题。首先，评价固定资产是否更新的决策中，对于过去的现金支出不予考虑，故旧设备的原始价值属于沉没成本，在这里不需考虑。其次，如果选用了新设备，则旧设备变卖会产生变现收入，相反，如果继续使用旧设备，就放弃了这一变现收入。因此，旧设备的变现收入是继续使用旧设备的机会成本，故可以将旧设备的变现收入作为继续使用旧设备方案的投资额来考虑。最后，选用新设备后，产品成本会降低，所节约的成本额应视为现金流入。

在进行固定资产更新的决策分析时，要区分旧设备尚可使用年限与取代它的新设备可使用年限相同或不相同两种情况分析：如果新旧设备使用年限相同，一般采用差量净现值法来测算更新旧设备对企业是否有利；如果新旧设备的使用年限不同，则要考虑使用年限的影响，可以通过比较新旧设备的年平均成本来判断是否更新旧设备。

(一)新旧设备使用年限相同时

【例 7-15】长城公司拟购入一台新设备替代旧设备，新旧设备的相关资料如表 7-2 所示。假设公司要求的投资报酬率为 12%，企业所得税税率为 25%，固定资产采用直线法计提折旧，试分析该企业是否应该更新旧设备。

表 7-2 新旧设备资料表(1)

项 目	新设备	旧设备
原价/万元	6 600	2 200
期满残值/万元	600	200
变现价值/万元	6 600	1 600
已使用年限/年	0	4
尚可使用年限/年	6	6
每年的销售收入/万元	7 000	4 000
每年的付现成本/万元	3 000	1 800

解：由于新设备的使用年限与旧设备的剩余使用年限相同，可以通过差量净现值法来分析计算两个方案的净现值，从而作出是否更新设备的决策。

(1) 初始净现金流量差额：

旧设备年折旧额=(2 200-200)÷10=200(万元)

旧设备的账面价值=2 200-200×4=1 400(万元)

旧设备变现净收入=1 600-(1 600-1 400)×25%=1 550(万元)

初始差额现金流量=6 600-1 550=5 050(万元)

(2) 经营现金流量差额：

新设备每年折旧额=(6 600-600)÷6=1 000(万元)

设备折旧差额=1 000-200=800(万元)

新旧设备的经营现金流量如表 7-3 所示。

表 7-3 经营现金流量表

单位：万元

项 目	新设备(1)	旧设备(2)	差额(1)-(2)
年销售收入	7 000	4 000	3 000
年付现成本	3 000	1 800	1 200
年折旧额	1 000	200	800
税后净利	2 250	1 500	750
经营现金流量	3 250	1 700	1 550

(3) 终结现金流量差额：

终结现金流量=600-200=400(万元)

(4) 售旧购新方案的差额净现值：

$$\Delta NPV = 1\,500 \times (P/A, 12\%, 6) + 400 \times (P/F, 12\%, 6) - 5\,050$$

$$= 1\,500 \times 4.111\,4 + 400 \times 0.506\,6 - 5\,050$$

$$= 1\,319.74(万元)$$

(二)新旧设备使用年限不同时

【例 7-16】 长江公司拟购买一台新设备来代替旧设备,新旧设备的相关资料如表 7-4 所示。假设新旧设备的生产能力相同,企业的所得税税率为 25%,要求的投资报酬率为 15%,固定资产采用直线法计提折旧,试分析该企业是否应该更新旧设备。

表 7-4　新旧设备资料表(2)

项　目	新设备	旧设备
原价/万元	4 000	6 000
期满残值/万元	0	0
变现价值/万元	4 000	3 000
已使用年限/年	0	6
尚可使用年限/年	5	4
年操作成本/万元	3 000	4 000
年维修成本/万元	500	1 000

解: 由于本题给的资料不含销售收入数据,所以应比较两方案的成本总现值,但又因新旧设备的剩余使用年限不同,所以必须把成本总现值转变为年平均成本,并选择年平均成本较低者作为最优方案。

新设备年折旧额=4 000÷5=800(万元)
新设备成本总现值=4 000+[(3 000+500)×(1-25%)-800×25%] ×(P/A,15%,5)

$\qquad$ =4 000+2 425×3.352 2
$\qquad$ =12 129.09(万元)

新设备年平均成本=新设备成本的总现值/(P/A,15%,5)=12 129.09÷3.352 2=3 618.25(万元)
旧设备年折旧额=6 000÷10=600(万元)
旧设备账面价值=6 000-600×4=2 400(万元)
旧设备变现净收入=3 000-(3 000-2 400)×25%=2 850(万元)
旧设备成本总现值=2 850+[(4 000+1 000)×(1-25%)-600×25%] ×(P/A,15%,4)

$\qquad$ =2 850+3 600×2.855 0
$\qquad$ =13 128(万元)

旧设备年平均成本=旧设备成本总现值/(P/A,15%,4) =13 128÷2.855 0=4 598.25(万元)

通过以上计算,新设备的年平均成本小于旧设备的年平均成本,因此该企业应该更新旧设备。

二、固定资产租赁与购置决策

如果所需用的固定资产既可以购买,也可以采用经营租赁的方式取得,就需要按照一定方法对这两种取得方式进行决策。

有两种方法可以考虑。第一种方法:分别计算两个方案的差量净现金流量,然后按差额投资内部收益率进行决策；第二种方法：直接比较两个方案的折现总费用，然后选择折现总费用低的方案。

(一) 差额内部收益率法

先计算各自的净现金流量，然后计算购买与租赁的差量现金流量，最后根据差量现金流量计算差额投资内部收益率，并进行决策。

1. 购买固定资产方案的净现金流量

购买设备每年增加的营业利润=每年增加营业收入-每年增加的营业税金及附加-每年增加的经营成本-购买设备每年增加的折旧额

购买设备每年增加的净利润=购买设备每年增加的营业利润×(1-所得税税率)

NCF_0=-购买固定资产的投资

$NCF_{1\sim(n-1)}$=购买设备每年增加的净利润+购买设备每年增加的折旧额

NCF_n=购买设备该年增加的净利润+购买设备该年增加的折旧额+购买设备该年回收固定资产余值

2. 租入设备方案的净现金流量

租入设备每年增加的营业利润=每年增加的营业收入-每年增加的营业税金及附加-每年增加的经营成本-购买设备每年增加的租金

租入设备每年增加的净利润=租入设备每年增加的营业利润×(1-所得税税率)

NCF_0=0

$NCF_{1\sim n}$=租入设备该年增加的净利润

【例7-17】某企业急需一台不需要安装的设备，设备投入使用后，每年可增加营业收入与税金及附加的差额为50 000元，增加经营成本34 000元。市场上该设备的购买价(不含税)为77 000元，折旧年限为10年，预计净残值为7 000元。若从租赁公司按经营租赁的方式租入同样的设备，只需每年末支付9 764元租金，可连续租用10年。假定基准折现率为10%，适用的企业所得税税率为25%。

解：

(1) 购买设备的相关指标计算：

购买设备的投资=77 000元

购买设备每年增加的折旧额=(77 000-7 000)/10=7 000(元)

购买设备每年增加的营业利润=(每年增加的营业收入-每年增加的税金及附加)-(每年增加的经营成本+购买设备每年增加的折旧额)
=50 000-(34 000+7 000)=9 000(元)

购买设备每年增加的净利润=购买设备每年增加的营业利润×(1-所得税税率)
=9 000×(1-25%)=6 750(元)

(2) 购买设备方案的所得税后的净现金流量为：

NCF_0=-购买固定资产的投资=-77 000(元)

$NCF_{1\sim 9}$=购买设备每年增加的净利润+购买设备每年增加的折旧额=6 750+7 000=13 750(元)

NCF_{10}=购买设备该年增加的净利润+购买设备该年增加的折旧额+购买设备该年回收的固定资产余值=6 750+7 000+7 000=20 750(元)

(3) 租入设备的相关指标计算:

租入固定资产的投资=0 元

租入设备每年增加的折旧=0 元

租入设备每年增加的营业利润=(每年增加营业收入-每年增加的营业税金及附加)-(每年增加的经营成本+租入设备每年增加的租金)
=50 000-(34 000+9 764)=6 236(元)

租入设备每年增加的净利润=租入设备每年增加的营业利润×(1-所得税税率)
=6 236×(1-25%)=4 677(元)

(4) 租入设备方案的所得税后的净现金流量为:

NCF_0=-租入固定资产的投资=0 元

$NCF_{1\sim10}$=租入设备每年增加的净利润+租入设备每年增加的折旧额
=4 677+0=4 677(元)

(5) 购买和租入设备差额净现金流量为:

ΔNCF_0=-(77 000-0)=-77 000(元)

$\Delta NCF_{1\sim9}$=13 750-4 677=9 073(元)

ΔNCF_{10}=20 750-4 677=16 073(元)

按照插补法手工计算得:

-77 000+9 073×(P/A, ΔIRR,9)+16 073×(P/F, ΔIRR,10)=0

设ΔIRR =5%: -77 000+9 073×(P/A,5%,9)+16 073×(P/F,5%,10)
=-77 000+9 073×7.107 8+16 073×0.613 9=-2 643.72

设ΔIRR =4%: -77 000+9 073×(P/A,4%,9)+16 073×(P/F,4%,10)
=-77 000+9 073×7.435 3+16 073×0.675 6=1 319.40

(ΔIRR-4%)/(5%-4%)=(0-1 319.40)/(-2 643.72-1 319.40)

ΔIRR=4.33%

作出决策: 因为ΔIRR=4.33%<i_c=10%,所以不应当购买设备,而应租入设备。

(二)折现总费用比较法

无论是购买设备还是租赁设备,每年增加营业收入、增加营业税金及附加和增加经营成本都不变,可以不予以考虑。具体的比较原理如表 7-5 所示。

表 7-5 折现总费用比较法

购买设备方案折现总费用	1.购买设备的投资现值(A) 2.购买设备每年增加折旧额而抵减所得税的现值合计(B) 3.购买设备回收固定资产余值的现值(C) 折现总费用=A-B-C 注意: 这里不包括折旧。因为折旧是非付现的,不影响现金流量。公式法中考虑折旧是因为要根据利润调整得出净现金流量。这里是直接计算的,不是调整计算的。 折现总费用=相关现金流出的现值-相关现金流入的现值

续表

租入设备方案折现总费用	1.每年增加租金的现值合计(A) 2.每年租金抵税现值合计(B) 折现总费用=$A-B$
决策原则	选择折现总费用最小的方案

(1) 计算购买设备的折现总费用：

购买设备的投资现值=77 000 元

购买设备每年增加折旧额而抵减所得税额的现值合计=7 000×25%×(P/A,10%,10)

$\qquad\qquad\qquad\qquad$ =1 750×6.144 6=10 753.05(元)

购买设备回收固定资产余值的现值=7 000×(P/F,10%,10)

$\qquad\qquad\qquad\qquad$ =7 000×0.385 5=2 698.5(元)

购买设备的折现总费用合计=77 000-10 753.05-2 698.5=63 548.45(元)

(2) 计算租入设备的折现总费用：

租入设备每年增加租金的现值合计=9 764×(P/A,10%,10)

$\qquad\qquad\qquad\qquad$ =9 764×6.144 6≈59 995.87(元)

租入设备每年增加租金而抵减所得税额的现值合计=9 764×25%×(P/A,10%,10)

$\qquad\qquad\qquad\qquad$ =2 441×6.144 6≈14 998.97(元)

租入设备的折现总费用合计=59 995.87-14 998.97=44 999.90(元)

作出决策：因为购买设备的折现总费用合计=63 548.45＞租入设备的折现总费用合计=44 999.90 元，所以不应当购买设备，而应租入设备。

三、互斥项目的优选问题

互斥项目，是指接受一个项目必须放弃另一个项目的情况。

如果一个项目的所有评价指标，包括净现值、内含报酬率、回收期和会计收益率，均比另一个项目好一些，我们在选择时不会有什么困扰。

问题是这些评价指标出现矛盾时，尤其是评价的基本指标净现值和内含报酬率出现矛盾时，我们如何选择？

项目的基本指标净现值和内含报酬率评价项目出现矛盾的原因：投资额不同；项目寿命不同。如果是投资额不同引起的(项目的寿命相同)，应当以净现值法优先。如果是项目寿命期限不同引起的，其解决办法是共同年限法和等额年金法。

1. 投资额不同的项目资本分配

如果是项目的寿命期相同，但投资额不同引起的矛盾，则比较净现值，净现值大的方案为优。

如果是投资额不同引起的(项目的寿命相同)，对于互斥项目应当净现值法优先，因为它可以给股东带来更多的财富。股东需要的是实实在在的报酬，而不是报酬的比率。

2. 寿命期不同的项目资本分配

如果项目的寿命期不同，则有两种方法：共同年限法和等额年金法。

(1) 共同年限法(重置价值链法)。

如果两个互斥项目不仅投资额不同,而且项目期限也不同,则其净现值没有可比性。共同年限法是指通过对期限不相等的多个互斥方案选定一个共同的期限,以满足时间可比性的要求,进而根据调整后的净现值来选择最优方案的方法。

假设投资项目可以在终止时进行重置,通过重置使两个项目达到相同的年限,然后比较其净现值。

共同年限法的基本原理是将各方案期限的最小公倍数作为比较方案的期限,进而调整净现值指标,选择重置后的净现值最大的方案为优,并据此进行多个互斥方案比较决策的一种方法。

【例 7-18】 假设某公司有 A 和 B 两个互斥的投资项目,项目资本成本是 10%,A 项目的年限为 6 年,净现值为 12 441 万元,内含报酬率为 19.73%;B 项目的年限为 3 年,净现值为 8 324 万元,内含报酬率为 32.67%。两个项目的现金流量如表 7-6 所示。要求:采用共同年限法对两个项目选优。

解:由于该公司有 A 和 B 两个互斥的投资项目,其两个评价指标:净现值和内含报酬率的评价结论有矛盾,可以采用共同年限法对两个项目选优,项目年限的最小公倍数为 6 年。

表 7-6　A、B 项目的现金流量表

单位:万元

项目 时间	折现系数(10%)	A 现金流	A 现值	B 现金流	B 现值	重置 B 现金流	重置 B 现值
0	1	−40 000	−40 000	−17 800	−17 800	−17 800	−17 800
1	0.9091	13 000	11 818	7 000	6 364	7 000	6 364
2	0.8264	8 000	6 612	13 000	10 744	13 000	10 744
3	0.7513	14 000	10 518	12 000	9 016	−5 800	−4 358
4	0.6830	12 000	8 196			7 000	4 781
5	0.6209	11 000	6 830			13 000	8 072
6	0.5645	15 000	8 467			12 000	6 774
NPV			12 441		8 324		14 577
IRR		19.73%		32.67%			

采用共同年限法对两个项目选优,B 项目优于 A 项目。

或者:B 重置后的净现值=8 324+8 324×(P/F,10%,3)=14 577(万元)

采用共同年限法对两个项目选优,重置现金流量选优比较烦琐,重置两个项目的净现值比较简单。

(2) 等额年金法。

等额年金法是用于期限不同的互斥方案比较的另一种方法,它比共同年限法要简单。其计算步骤如下:

① 计算两项目的净现值。

② 计算净现值的等额年金。

净现值的等额年金=该方案净现值/(P/A,i,n)

③ 假设项目可以无限重置，并且每次都在该项目的终止期，等额年金的资本化就是项目的净现值。

永续净现值=等额年金/资本成本

决策原则：永续净现值最大的项目为优。

如果资本成本相同，则等额年金大的项目永续净现值肯定大，因此，依据等额年金就可以直接判断项目优劣。

依据例 7-18 数据：

A 项目的净现值=12 441 万元

A 项目净现值的等额年金=12 441/(P/A,10%, 6)=12 441/4.355 3=2 857(万元)

A 项目的永续净现值=2 857/10%=28 570(万元)

B 项目的净现值=8 324 万元

B 项目的净现值的等额年金=8 324/(P/A,10%,3)=8 324/2.486 9=3 347(万元)

B 项目的永续净现值 3 347/10%=33 470(万元)

比较永续净现值，B 项目优于 A 项目，结论与共同年限法相同。

【例 7-19】某公司为一家上市公司。该公司 2017 年有一项固定资产投资计划(项目资本成本为 9%)，拟订了两个方案：

甲方案原始投资额为 100 万元，在建设期起点一次性投入，项目寿命期为 6 年，净现值为 27.25 万元。

乙方案原始投资额为 120 万元，在建设期起点一次性投入，项目寿命期为 4 年，建设期为 1 年，运营期每年的净现金流量均为 60 万元。

要求：(1) 计算乙方案的净现值；

(2) 使用等额年金法作出投资决策，决策方法见图 7-1。

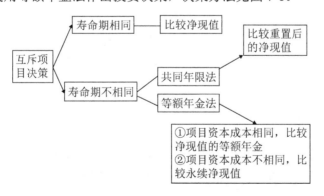

图 7-1　互斥项目决策方法比较

解：(1)　乙方案的净现值=60×(P/A,9%,3)×(P/F,9%,1)−120=19.33(万元)

(2)　甲方案净现值的等额年金=27.25/(P/A,9%,6)=6.07(万元)

乙方案净现值的等额年金=19.33/(P/A,9%,4)=5.97(万元)

结论：应该选择甲方案。

3. 总量有限时的资本分配

独立项目是指被选项目之间是相互独立的，采用一个项目时不会影响另外项目的采用或不采用。

总量有限时的资本分配决策思路：在资本总量不受限制的情况下，凡是净现值为正数的项目或者内含报酬率大于资本成本的项目，都可以增加股东财富，都应当被采用。

在资本总量受到限制时，按现值指数排序并寻找净现值最大的组合就成为有用的工具，有限资源的净现值最大化成为具有一般意义的原则。

【例 7-20】某公司有 A、B、C、D 四个投资项目可供选择，其中 A 与 D 是互斥项目，有关资料如表 7-7 所示。

表 7-7 某公司有 A、B、C、D 四个投资项目的原始投资额

单位：元

投资项目	原始投资	净现值	现值指数
A	120 000	67 000	1.56
B	150 000	79 500	1.53
C	300 000	111 000	1.37
D	160 000	80 000	1.50

如果项目总投资限定为 60 万元，则最优的投资组合是：A+B+C。

第五节 证券价值评估

证券是有价证券的简称，是指具有一定票面金额，代表财产所有权和债权，可以有偿转让的凭证，如股票、债券等。

证券投资是指企业为获取投资收益或特定经营目的而买卖有价证券的一种投资行为。

有价证券本身没有价值，但它代表了一定量的价值。投资者可通过转让而收回其投资并可能获利。证券是一种虚拟资本，虚拟资本是以有价证券的形式存在，并能为其所有者带来一定收益的资本。

一、债券价值评估

债券是由中央或地方政府、金融、企业等机构向社会公众筹措资金而面向投资者发行的按一定的利率支付利息并按约定的条件偿还本金的有价证券，其本身是一种表明债权债务关系的凭证，并具有相应的法律效力。

债券是债务人为筹集资金，按照法定手续发行，并承担在指定时间支付利息和偿还本金义务的有价证券。

债券对发行者来说是债务证书，发行人必须承担按时还本付息的义务；对持有人来说是债权凭证，持有人有向发行人索取本息的权利，而且这种权利是受法律保护的。

债券的票面要素有：面值(指设定的票面金额，它代表发行人借入并且承诺于未来某一

特定日期偿付给债券持有人的金额)、债务人和债权人、债券还本期限及利息支付方式、债券利率(指债券发行者预计一年内向投资者支付的利息占票面金额的比率)。

(一)债券价值的估算方法

债券价值是指进行债券投资时投资者预期可获得的现金流入的现值,又称债券的内在价值或债券价格。

1. 债券估价的基本模型

典型的债券是固定利率、每年计算并支付利息且到期还本的债券估价模型。

$$债券价格 = 各期的利息现值 + 债券面值现值$$

$$P = I \times (P/A, K, n) + F \times (P/F, K, n)$$

式中:P——债券价格;

i——债券票面利率;

F——债券面值;

I——每年利息(等于 $F \times i$);

K——市场利率或投资人要求的必要收益率;

n——付息总期数。

【例 7-21】假设你准备在债券发行日购买甲公司 2019 年 7 月 1 日发行的债券,该债券面值为 1 000 元,每年计息一次,票面利率为 6%,期限为 5 年,按期付息到期一次还本。已知具有相同风险的其他有价证券的回报率为 8%。问:债券价值为多少时你愿意买入?

解:

$P = 1\,000 \times 6\% \times (P/A, 8\%, 5) + 1\,000 \times (P/F, 8\%, 5)$

$ = 60 \times 3.992\,7 + 1\,000 \times 0.680\,6$

$ = 920.16(元)$

由计算表明:债券的价格低于 920.16 元时才能进行投资。

2. 债权估价的其他模型

(1) 一次还本付息的单利债券价值模型。

$$P = \frac{F \cdot (1 + i \cdot n)}{(1 + K)^n} = F \cdot (1 + i \cdot n)(P/F, K, n)$$

【例 7-22】假设甲公司于 2019 年 1 月 1 日,发行面值为 1 000 元、票面利率为 12%、期限为 5 年的债券,到期一次还本付息的单利债券。你们公司准备在发行当日购买,发行价为每张 950 元,已知具有相同风险的其他有价证券的回报率为 8%。请你分析判断该债券是否值得购买。

解:

$债券价值 P = 1\,000 \times (1 + 12\% \times 5)(P/F, 8\%, 5)$

$ = 1\,600 \times 0.680\,6$

$ = 1\,088.93(元)$

由计算表明：该债券的内在价格 1 088.96 元，高于 950 元，所以，该债券值得购买。

(2) 零息债券：也称贴现债券，是指以低于债券面值发行的，发行价与票面金额之差相当于预先支付给投资者的利息，债券期满后按照面值偿还的债券。

$$P = \frac{F}{(1+K)^n} = F(P/F, K, n)$$

【例 7-23】市场上有一新发行的贴现国债，面值为 1 000 元，5 年期，当前同等风险投资的回报率为 7%，问债券价格为多少时你愿意投资？

解：

$$债券价值 P = 1\,000 \times (P/F, 7\%, 5)$$
$$= 1\,000 \times 0.713\,0$$
$$= 713(元)$$

由计算表明：该债券的价格小于 713 元时值得投资购买。

债券价值的应用：当债券内在的价值高于债券市场价格时，可以进行债券投资；当债券的内在价值低于债券市场价格时，应当放弃债券投资。

(二)债券价值的主要影响因素

债券价值的主要影响因素除债券面值、票面利率和计息期以外，还有折现率和到期时间。

1. 债券价值与折现率

债券价值与折现率反向变动，具体关系如表 7-8 所示。

表 7-8　发行定价分析表

债券利率＞折现率	债券价格＞面值	溢价发行(购买)
债券利率＜折现率	债券价格＜面值	折价发行(购买)
债券利率=折现率	债券价格=面值	平价发行(购买)

2. 债券价值与到期时间

不同的债券，情况有所不同。

(1) 利息连续支付债券(或付息期无限小的债券)。

当折现率一直保持至到期日不变时，随着到期日的接近，债券价值向面值回归，如图 7-2 所示。

溢价发行的债券，随着到期日的接近，价值逐渐下降；

折价发行的债券，随着到期日的接近，价值逐渐上升；

平价发行的债券，随着到期日的接近，价值不变。

(2) 每隔一段时间支付一次利息的债券。

债券的价值在两个付息日之间呈周期性波动，如图 7-3 所示。

其中：折价发行的债券其价值是波动上升；溢价发行的债券其价值是波动下降；平价发行的债券其价值的总趋势是不变，但在每个付息周期，越接近付息日，其价值越高。

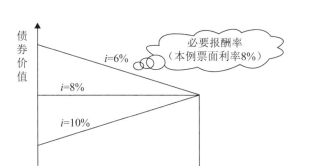

图 7-2 利息连续支付债券价值与到期时间关系图

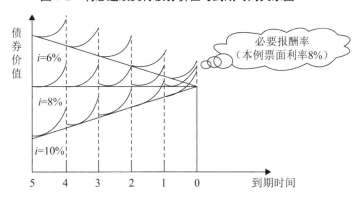

图 7-3 每隔一段时间支付一次利息的债券价值与到期时间关系图

3. 债券价值与利息支付频率

溢价购入：付息频率越快(付息期越短)，价值越高。
折价购入：付息频率越快，价值越低。
面值购入：付息频率的变化，不影响债券价值。

(三)债券的收益率

1. 短期债券收益率的计算

计算公式为：$K = \dfrac{(S_1 - S_0) + I}{S_0} \times 100\%$

式中：S_0——债券购买价格；
S_1——债券出售价格；
I——债券利息；
K——债券投资报酬率。

【例 7-24】 某公司于 2018 年 1 月 1 日以 910 元购进一张面值 1 000 元，票面利率 5%，每年付息一次的债券，并于 2019 年 1 月 1 日以 980 元的市价出售，问该债券的投资收益率是多少？

解：$K = \dfrac{(980-910)+50}{910} \times 100\% = 13.19\%$

2. 长期债券收益率的计算

长期债券收益率是使债券利息的年金现值和债券到期收回本金的复利现值之和等于债券购买价格时的贴现率。

购进价格 = 利息的现值之和 + 债券面值的现值

$$P = A \times (P/A, i, n) + F \times (P/F, i, n)$$

式中：P——债券的购买价格；

i——每年获得的固定利息；

F——债券到期收回的本金或中途出售收回的资金；

n——投资期限。

【例 7-25】某公司 2017 年 4 月 1 日购买一张面额为 1 000 元的债券，其票面利率为 8%，每年 4 月 1 日计算并支付一次利息，并于 5 年后的 3 月 31 日到期。假设该公司持有该债券至到期日。

要求：(1)如果平价购买该债券，计算其到期收益率。

(2)如果以 1 105 元购买该债券，计算其到期收益率。

解：(1) 1 000=1 000×8%×(P/A,i,5)+1 000×(P/F,i,5)

用 i=8%试算：80×(P/A,8%,5)+1 000×(P/F,8%,5)=80×3.992 7+1 000×0.680 6=1 000(元)

可见，平价购买的每年付息一次的债券的到期收益率等于票面利率。

(2) 用 i=6%试算：

$$80 \times (P/A,6\%,5) + 1\ 000 \times (P/F,6\%,5) = 1\ 084.292(元)$$

由于折现结果小于 1 105，还应进一步降低折现率。用 i=5%试算：

$$80 \times (P/A,5\%,5) + 1\ 000 \times (P/F,5\%,5) = 1\ 129.86(元)$$

折现结果高于 1 105，可以判断，收益率高于 5%。用插补法计算近似值：

$$(i-5\%)/(6\%-5\%) = (1\ 105 - 1\ 129.86)/(1\ 084.292 - 1\ 129.86)$$

解之得：$i=5.55\%$

由此例可以看出，如果买价和面值不等，则收益率和票面利率不同，如表 7-9 所示。

表 7-9 不同发行方式下债券到期收益率与票面利率的关系

债券定价基本原则		推 论
必要报酬率=票面利率	债券价值=面值(平价)	到期收益率=票面利率
必要报酬率<票面利率	债券价值>面值(溢价)	到期收益率<票面利率
必要报酬率>票面利率	债券价值<面值(折价)	到期收益率>票面利率

(四)债券投资的优缺点

债券投资的优点：

(1) 投资收益稳定。固定收入，利率高时收入也颇可观。

(2) 投资风险较低。

(3) 流动性强。可以自由流通，不一定要到到期才能还本，随时可以到次级市场变现；可以利用附买回及卖出回购约定灵活调度资金；有不同的到期日可供选择。

债券投资的缺点：

(1) 无经营管理权。

(2) 购买力风险较大。债券投资本金的安全性视发行机构的信用而定，获利则受利率风险影响，有时还会受通货膨胀风险威胁。利率上扬时，价格会下跌；对抗通货膨胀的能力较差。

二、普通股价值评估

股票是一种有价证券，是公司发给股东作为投资入股的凭证和据以取得股息的证明，它代表股东对公司拥有的所有权。

股票的价值可分为：面值、净值、清算价格、市场价值和内在价值五种。

这里的股票的价值又称股票的内在价值或股票价格，是进行股票投资所获得的现金流入的现值。股票带给投资者的现金流入包括两部分：股利收入和股票出售时的资本利得。

(一)股票价值估算的基本模型

$$P = \sum_{n=1}^{\infty} \frac{D_n}{(1+K)^n}$$

式中：K——投资者要求的必要收益率；

D_n——第 n 期的预计股利；

n——预计股票的持有期数。

(二)股票估价基本模型的简化

1. 股利零增长，长期持有的股票估价模型

$$P = D/K$$

式中：P——股票的内在价值；

D——年固定股利；

K——投资人要求的最低报酬率。

【例 7-26】某公司是一家在某行业经营了 30 年的企业，假设该公司不能实现增长，一直保持当前的经营情况。该公司目前每年收益是 5 元并全部分配给股东，那么，该公司的每股股票价值是多少？(假设股东的期望报酬率依旧为 10%)

解：公司每年股利为 5 元，则该公司股票的价值为：

$$P = D/K = 5/10\% = 50(元)$$

2. 长期持有股票，股利固定增长的股票估价模型

$$P = \frac{D_0(1+g)}{K-g} = \frac{D_1}{K-g}$$

式中：D_0——刚发放的股利；

D_1——第 1 期的预计股利；

g——股利固定增长率；

K——投资人要求的最低报酬率。

【例 7-27】 某公司股由于行业内的技术革新，出现了新的投资增长机会，公司不再把当年的收益全部分配给股东，而是拿出当年收益的 10%分配股利，即股利为 0.5 元，并且据可靠估算，新的投资增长机会会持续带来今后每年股利 5%的增长率。要求：计算该公司的每股股票价值是多少？(假设股东的期望报酬率依旧为 10%)

解：$P_0 = \dfrac{D_1}{(K-g)} = \dfrac{0.5 \times (1+5\%)}{10\% - 5\%} = 10.5(元)$

3. 股利非固定增长的股票估价

在现实生活中，有的公司股利是不固定的。在这种情况下，就要分段计算，才能确定股票的价值。

【例 7-28】 一个投资人持有乙公司的股票，他的投资最低报酬率为 15%。预期乙公司未来 3 年股利将高速增长，增长率为 20%。在此以后转为正常的增长，增长率为 12%。公司最近支付的股利是 2 元，要求计算乙公司股票的内在价值。

解：前三年的股利收入现值=2.4×(P/F,15%,1)+2.88×(P/F,15%,2)+3.456×(P/F,15%,3)

=6.539(元)

第四年及以后各年的股利收入现值=$D_4/(K-g)$×(P/F,15%,3)

=3.456×(1+12%)/(15%-12%)×(P/F,15%,3)

=84.831(元)

股票价值=6.539+84.831=91.37(元)

(三)股票投资的收益率

股票收益率指的是未来现金流入现值等于股票购买价格的折现率，计算股票收益率时，可以套用股票价值公式计算，只不过注意等号的左边是股票价格，折现率是未知数，求出的折现率就是股票投资的收益率。

1. 短期股票收益率的计算

$$K = \dfrac{(P_1 - P_0) + D}{P_0} \times 100\%$$

式中：K——短期股票收益率；

P_1——股票出售价格；

P_0——股票购买价格；

D——股利。

【例 7-29】 2017 年 2 月 9 日，某公司购买 G 公司每股市价为 56 元的股票，2018 年 1 月，该公司持有的上述股票每股获现金股利 2.6 元，2018 年 2 月 9 日，该公司将股票以每股 76 元的价格出售。

要求：计算该股票的投资收益率。

解：
$$K = \frac{(P_1 - P_0) + D}{P_0} \times 100\%$$
$$= \left(\frac{76 - 56 + 2.6}{56}\right) \times 100\%$$
$$= 40.35\%$$

2. 股票长期持有，股利固定增长的收益率的计算

$$K = \frac{D_1}{P_0} + g$$

【例 7-30】王先生打算购买 C 公司股票，并准备长期持有，该公司股票目前市价为 35 元，预计下一期的股利是 3 元，该股利将以大约 8%的速度持续增长，他想知道该公司股票的预期收益率为多少。

解：$K=3\div35+8\%=16.57\%$

该股票的收益率为 16.57%。

3. 非长期持有股票投资收益率的计算

非长期持有股票投资的收益率是使各期股利及股票售价的复利现值等于股票买价时的贴现率。

$$P_0 = \sum_{t=1}^{n} \frac{D_t}{(1+K)^t} + \frac{P_n}{(1+K)^n}$$

式中：P_0——股票的买价；

D_t——第 t 期的股利；

K——投资收益率；

P_n——股票出售价格；

n——持有股票的期数。

(四)股票投资的优缺点

股票投资的优点：

(1) 投资收益高。普通股票的价格虽然变动频繁，但从长期看，优质股票的价格上涨的居多，只要选择得当，都能获得优厚的投资收益。

(2) 购买力风险低。普通股票的股利不固定，在通货膨胀比较高时，由于物价普遍上涨，股份公司盈利增加，股利的支付也随之增加，因此，与固定收益的债券相比较，普通股能有效地降低购买力，风险低。

(3) 拥有经营控制权。普通股股东属于股份公司的所有者，有权监督和控制公司生产经营情况，因此，要控制一家公司，最好是收购这家公司的股票。

股票投资的缺点：

(1) 收入不稳定。普通股股利的多少，视企业经营状况和财务状况而定，有无、多寡均无法律上的保证，其收入的风险也远远大于固定收益证券。

(2) 价格不稳定。普通股的价格受众多因素影响，很不稳定，政治因素、经济因素、

投资人心理因素、企业的盈利情况、风险情况都会影响股票价格，这也使股票投资具有较高的风险。

(3) 求偿权居后。普通股对企业资产和盈利的求偿权均居于最后，企业破产时，股东原来的投资可能得不到全额补偿，甚至一无所有。

三、优先股价值评估

优先股是享有优先权的股票。优先股的股东对公司资产、利润分配等享有优先权，其风险较小。但是优先股股东对公司事务无表决权。优先股股东没有选举及被选举权，一般来说对公司的经营没有参与权。优先股股东不能退股，只能通过优先股的赎回条款被公司赎回。

优先股通常预先定明由普通股以其可分配的股利来保证优先股的股息收益率(如普通股的利润分配降至 0 之后，优先股在股利方面就达不到股息收益率)，优先股股票实际上是股份有限公司的一种类似举债集资的形式。

由于优先股股息率事先设定(其实是上限)，所以，优先股的股息一般不会根据公司经营情况而增减，而且一般也不能参与公司的剩余利润的分红，也不享有除自身价格以外的所有者权益，如资不抵债的情况下，优先股会有损失。

对公司来说，由于股息相对固定，优先股不影响公司的利润分配。优先股股东不能要求退股，却可以依照优先股股票上所附的赎回条款，由股份有限公司予以赎回。大多数优先股股票都附有赎回条款。在公司解散、分配剩余财产时，即优先股的索偿权先于普通股，而次于债权人。

(一) 优先股的特殊性

相对普通股而言，优先股有如下特殊性。

1. 优先分配利润

优先股股东按照约定的票面股息率，优先于普通股股东分配公司利润。公司应当以现金的形式向优先股股东支付股息，在完全支付约定的股息之前，不得向普通股股东分配利润。

2. 优先分配剩余财产

公司因解散、破产等原因进行清算时，公司财产在按照公司法和破产法有关规定进行清偿后的剩余财产，应当优先向优先股股东支付未派发的股息和公司章程约定的清算金额，不足以支付的按照优先股股东持股比例分配。

3. 表决权限制

除以下情况，优先股股东不出席股东大会会议，所持股份没有表决权：
(1) 修改公司章程中与优先股相关的内容；
(2) 一次或累计减少公司注册资本超过 10%；
(3) 公司合并、分立、解散或变更公司形式；
(4) 发行优先股；
(5) 公司章程规定的其他情形。

(二)优先股价值的评估方法

无论优先股采用固定股息率还是浮动股息率,优先股价值均可通过对未来优先股股利的折现进行估计,即采用股利的现金流量折现模型估值。

(1) 当采用固定股息率时,优先股每期股息就形成了无限期定额支付的年金,即永续年金,优先股则相当于永久债券。

$$V_p = \frac{D_p}{r_p}$$

式中:V_p——优先股的价值;

D_p——优先股每期股息;

r_p——折现率,一般采用资本成本率或投资的必要报酬率。

(2) 永续债的估值与优先股类似:

$$V_{pd} = \frac{I}{r_{pd}}$$

式中:V_{pd}——永续债的价值;

I——每年的利息;

r_{pd}——年折现率,一般采用当前等风险投资的市场利率。

本 章 小 结

本章介绍了长期投资决策的基本内涵;现金流量的概念、内容和计算公式;货币时间价值,包括复利终值与现值、年金终值与现值,其中年金包括普通年金、即付年金、递延年金和永续年金的终值与现值计算;长期投资决策评价指标,包括静态评价指标和动态评价指标,其中静态评价指标包括原始投资回收率、投资利润率、静态投资回收期和会计收益率,动态评价指标包括动态投资回收期、净现值、获利指数和内部收益率;长期投资决策分析方法包括静态决策方法和动态决策方法两种;针对固定资产是否更新、固定资产租赁与购置进行决策等内容。

案 例 点 击

企业新投资项目决策——健民葡萄酒厂新生产线可行吗?

一、教学目的

通过本案例分析,使学生能较熟练运用项目投资分析原理针对不同的投资项目进行定量分析和决策。

二、案例资料

健民葡萄酒厂是生产葡萄酒的中型企业,该厂生产的葡萄酒酒香醇正,价格合理,长期以来供不应求。为扩大生产能力,健民葡萄酒厂准备新建一条生产线。

李明是该厂的助理会计师，主要负责筹资和投资工作。总会计师王利要求李明搜集建设新生产线的有关资料，并对投资项目进行财务评价，以供厂领导决策考虑。

李明经过10天的调查研究得到以下资料。

(1) 投资新的生产线需一次性投资1 000万元，建设期一年，预计可使用10年，按税法要求该生产线的折旧年限为8年，使用直线法计提折旧；残值率为10%。

(2) 购置该设备所需资金通过银行贷款，贷款期限为4年，每年年末支付利息100万元，第4年年末用税后利润偿付本金。

(3) 该生产线投入使用后预计可使工厂第1~5年的销售收入每年增长1 000万元，第6~10年的销售收入每年增长800万元，耗用的人工及材料等成本为收入的60%。

(4) 生产线建设期满后工厂还需垫支200万元流动资金。

(5) 所得税税率为30%，银行贷款的资金成本10%。

讨论：

(1) 预测新生产线投入使用后，该厂未来10年增加的净利润。

(2) 预测该项目各年的现金流量。

(3) 计算该项目的净现值，以评价项目是否可行。

案例7-1：阿里巴巴股权投资案例分析

复习思考题

1. 简述各类投资决策的特点。
2. 简述确定现金流量的假设。
3. 简述年金的特点。

练 习 题

一、单项选择题

1. 某投资项目原始投资额为100万元，使用寿命为10年，已知该项目第10年的经营净现金流量为25万元，期满处置固定资产残值收入及回收流动资金共8万元，则该投资项目第10年的净现金流量为(　　)万元。

　　A. 8　　　　　　B. 25　　　　　　C. 33　　　　　　D. 43

2. 下列指标的计算中，没有直接利用净现金流量的是(　　)。

　　A. 内部收益率　　B. 投资利润率　　C. 净现值率　　D. 获利指数

3. 存在所得税的情况下，以"利润+折旧"估计经营期净现金流量时，"利润"指的是(　　)。

　　A. 利润总额　　B. 净利润　　C. 营业利润　　D. 息税前利润

4. 假定某项目的原始投资在建设期初全部投入，其预计的净现值率为15%，则该项目的获利指数为(　　)。

　　A. 6.67　　　　B. 1.15　　　　C. 1.5　　　　D. 1.125

5. 下列投资项目评价指标中，不受建设期长短、投资回收时间先后及现金流量大小影响的评价指标是(　　)。
   A. 投资回收期　　B. 投资利润率　　C. 净现值率　　D. 内部收益率
6. 包括建设期的静态投资回收期是(　　)。
   A. 净现值为零的年限　　　　　　B. 净现金流量为零的年限
   C. 累计净现值为零的年限　　　　D. 累计净现金流量为零的年限
7. 下列各项中，不会对投资项目内部收益率指标产生影响的因素是(　　)。
   A. 原始投资　　B. 现金流量　　C. 项目计算期　　D. 设定折现率
8. 长期投资以(　　)作为项目投资的重要价值信息。
   A. 税后利润　　B. 营业利润　　C. 资金成本　　D. 现金流量
9. 在长期投资决策时，越小越好的指标是(　　)。
   A. 静态投资回收期　　　　　　B. 获利指数
   C. 净现值率　　　　　　　　　D. 内部收益率
10. 净现值率是指项目的净现值占(　　)的百分比。
   A. 原始总投资　　　　　　　　B. 投资总额
   C. 原始总投资现值　　　　　　D. 投资总额现值

二、多项选择题

1. 净现值法的优点有(　　)。
   A. 考虑了资金的时间价值　　　B. 考虑了项目计算期的全部净现金流量
   C. 考虑了投资风险　　　　　　D. 可从动态上反映项目的实际投资收益率
2. 长期投资项目的现金流入主要包括(　　)。
   A. 营业收入　　　　　　　　　B. 回收固定资产变现净值
   C. 固定资产折旧　　　　　　　D. 回收流动资金
3. 现金流入量中的回收额通常包括(　　)。
   A. 营业收入　　　　　　　　　B. 回收固定资产余值
   C. 回收流动资金　　　　　　　D. 其他现金流入量
4. 项目的原始总投资包括(　　)。
   A. 经营成本　　　　　　　　　B. 流动资金投资
   C. 各项税款　　　　　　　　　D. 建设投资
5. 考虑时间价值的评价指标有(　　)。
   A. 投资利润率　　　　　　　　B. 净现值
   C. 获利指数　　　　　　　　　D. 内部收益率
6. 下列说法正确的有(　　)。
   A. 投资回收期最短的方案即为最佳方案
   B. 投资回收期最短的方案即为可行方案
   C. 投资回收期越短，投资风险越小
   D. 投资回收期越短，投资风险越大
7. 净现值法的决策标准是(　　)。

A. 投资方案的净现值大于等于零，则该方案可行

B. 投资方案的净现值小于零，则该方案不可行

C. 存在多个方案时，净现值最大的方案为最优方案

D. 存在多个方案时，净现值最小的方案为最优方案

8. NPV、NPVR、PI、IRR 之间的关系描述正确的是(　　)。

A. NPV＞0 时，NPVR＜0，PI＜1，IRR＜基准折现率

B. NPV＞0 时，NPVR＞0，PI＞1，IRR＞基准折现率

C. NPV＜0 时，NPVR＜0，PI＜1，IRR＞基准折现率

D. NPV＜0 时，NPVR＞0，PI＞1，IRR＞基准折现率

9. 以下各项中，属于现金流入量的有(　　)。

A. 折旧额　　　　　　　　　B. 递延资产摊销额

C. 回收的流动资金　　　　　D. 固定资产残值收入

10. 下列各项中，属于投资项目现金流出量内容的是(　　)。

A. 固定资产投资　　　　　　B. 折旧与摊销

C. 无形资产投资　　　　　　D. 新增经营成本

三、计算题

1. 某企业拟建造一项生产设备。预计建设期为 1 年，所需原始投资 200 万元于建设起点一次投入。该设备预计使用寿命为 5 年，使用期满报废清理时无残值。该设备折旧方法采用直线法。该设备投产后每年增加净利润 60 万元。假定适用的行业基准折现率为 10%。

要求：(1)　计算项目计算期内各年净现金流量。

(2)　计算项目净现值，并评价其财务可行性。

2. 已知宏大公司拟于 2000 年初用自有资金购置设备一台，需一次性投资 100 万元。经测算，该设备使用寿命为 5 年，税法也允许按 5 年计提折旧；设备投入运营后每年可增加利润 20 万元。假定该设备采用直线法折旧，预计的净残值率为 5%(不考虑建设安装期和公司所得税)。

要求：(1)　计算使用期内各年净现金流量。

(2)　计算该设备的静态投资回收期。

(3)　计算该投资项目的投资利润率(ROI)。

(4)　如果以 10%作为折现率，计算其净现值。

3. 某企业计划用新设备替代旧设备，旧设备预计还可使用 5 年，目前变价收入 60 000 元。新设备投资额为 150 000 元，预计使用 5 年。第 5 年末，新旧设备的残值相等。使用新设备可使企业在未来 5 年内每年增加营业收入 18 000 元，降低经营成本 10 000 元，该企业按直线法折旧，所得税率为 25%。

要求：(1)　计算使用新设备比使用旧设备增加的净现金流量。

(2)　计算该方案的差额投资内部收益率。

(3)　若折现率分别为 12%和 14%，请确定是否应更换旧设备。

第七章　答案

第八章

标准成本管理

本章导读

标准成本法也称标准成本会计,是指以预先制定的标准成本为基础,用标准成本与实际成本进行比较,核算和分析成本差异的一种产品成本计算方法,也是加强成本控制、评价经济业绩的一种成本控制制度。它的核心是按标准成本记录和反映产品成本的形成过程和结果,通过对直接材料差异、直接人工差异和制造费用差异的计算及对其存在原因进行分析,从而实现对成本的控制。

学习目标

了解成本控制的内涵、种类、原则及标准成本的内涵、特点和分类;掌握标准成本的制定方法及标准,并且能够运用两差异法和三差异法对标准成本差异进行计算和分析;掌握标准成本的账户设置和账务处理方法,能够在实际工作中加以运用。

核心概念

成本控制(cost control)　标准成本(standard cost)　理想标准成本(ideal standard cost)　正常标准成本(normal standard cost)　现实标准成本(reality standard cost)　成本差异(cost variance)

引导案例

中粮生化能源(衡水)有限公司标准成本管理

一、公司基本情况

中粮生化能源(衡水)有限公司(以下简称"衡水公司")是中粮集团生化能源事业部麾下的大型生化能源企业之一。公司地处河北东南部的衡水市,周边原料丰富,交通通畅便捷。公司专业生产及销售淀粉糖,年产10万吨果葡糖浆,2.5万吨麦芽糖浆,符合国家产业政策和行业发展规划,是国家重点扶持实施的生物质工程高技术产业化项目,符合国家清洁生产的要求。生产主要原材料是食用玉米淀粉,采用目前世界上先进可靠的双酶法制糖、固定化异构酶异构、色谱分离技术分离果糖的生产工艺从淀粉中提取糖浆。2019年公司拟扩建年加工玉米30万吨项目,建成后是国内单线生产能力较大的玉米淀粉生产装置,属国内同行业大型的玉米深加工企业。为以后进一步发展淀粉深加工产品打下坚实的原料基础。通过转化30万吨玉米,可以缓解地区的"三农"问题,促进农业生产,新增直接就业50余人,拉动区域经济发展,增加地区财政收入。

二、标准成本计算法的应用

1. 成立标准成本计算方法领导小组

标准成本计算方法领导小组由总经理任组长,财务总监任副组长,各部门负责人为成员,具体负责各项方案的执行与落实。

2. 应用标准成本计算法的过程及步骤

(1) 标准成本的制定。

标准成本的制定是采用标准成本法的前提和关键,据此可以达到成本事前控制的目的。月末根据历史经验值确定并发布下月标准成本,如原材料目标价格、联产品比例、吨糖耗原辅料的目标单耗、七个作业类型(制造费用、人工、设备折旧、水、电、气、污水)的目标成本。

(2) 成本差异的计算和对比分析。

帮助生产经营管理人员发现影响成本变动的原因,并有针对性地提出整改方案。SAP系统根据生产技术部录入统计指标推送凭证,借记"库存商品——产成品",贷记"生产成本"。平时按标准成本核算,月末调整为实际成本,差异计入"产成品成本差异"科目。

(3) 标准成本法有标准成本、成本差异和实际成本三项成本要素。

设置原材料、生产成本、产成品科目登记标准成本及科目相应的成本差异账户。标准成本加材料成本差异后,方为实际成本。

(4) 月末对成本差异进行结转。

在会计期末需将成本差异按产品销售情况逐步分配至已销产品成本和存货成本中,结转成本差异的会计分录,借记"库存商品——产成品",贷记"产成品成本差异"。

三、标准成本法的应用成效

标准成本法为成本控制提供有力依据,代替实际成本为存货计价方法、为经营决策提供成本支持。以今年5月份为例,传统成本法原辅料成本、期间费用等要通过产量等配比分摊计入产品成本,采用先进先出法计算产品成本,计算当期库存成本及销售成本时,经

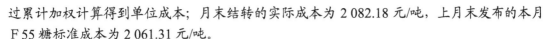

过累计加权计算得到单位成本；月末结转的实际成本为 2 082.18 元/吨，上月末发布的本月 F 55 糖标准成本为 2 061.31 元/吨。

实际成本比标准成本高 20.87 元/吨，以原材料淀粉为例，原材料淀粉成本比标准成本高 21.28 元，如表 8-1 所示，该项差异形成的原因有两个：一个是材料价格脱离标准(价差)，另一个是材料用量脱离标准(量差)。有关计算公式如下：

材料数量差异=(实际单耗-标准单耗)×标准价格=(0.825-0.823)×2 053.85=4.11(元/吨)

材料价格差异=实际单耗×(实际价格-标准价格)=0.825×(2 074.67-2 053.85)=17.17(元/吨)

成本差异=价格差异+数量差异=4.11+17.17=21.28(元/吨)

表 8-1 实际成本与标准成本的差异

单位：元/吨

	标准成本	实际成本	差 异
单位成本	2 061.31	2 082.18	-20.87
原材料—淀粉	1 690.32	1 711.60	-21.28
其中：淀粉单耗	0.823	0.825	-0.002
淀粉单价	2 053.85	2 074.67	-20.81

分别从量差与价格差进行分析，材料数量差异是在生产材料耗用环节形成的，可能是操作疏忽造成废品和用料损失，用料管理不精心造成材料浪费，新工人上岗操作不熟练造成多用料，机器或工具不适用造成用料增加等。材料价格差异是在采购环节形成的，如供应商调整价格、市场行情走高、未能及时订货造成的紧急订单、运费上涨、途损量增加、紧急订货造成额外采购增加费用等。通过对比分析发现具体超支成本要素，把原因分析范围缩小到采购、生产等环节，再挖掘具体原因，有针对性地提出有效指导意见，进而有效解决问题。

(资料来源：刘坤. 标准成本法在企业管理中的作用. 全球流通经济，2018 年 4 期)

第一节 标准成本控制

一、成本控制概述

(一)成本控制的内涵

控制是企业通过促进、约束、指导和干预经济活动等手段对实际行动施加影响，使之能按预定的目标或计划进行的过程。为了保证全面预算的顺利实施和完成，管理人员必须对企业供应、生产、销售等方面的经济活动按预算进行有效的控制。成本控制是指在企业生产经营过程中，运用以成本会计为主的各种方法，采用一定的控制标准和手段，将有关各项成本耗费的发生额控制在计划或标准的范围内，同时，及时发现偏差并找出原因，积极采取措施予以纠正，以使企业实现降低成本、提高经济效益的一种管理行为。

成本控制的内涵有广义和狭义之分。广义的成本控制强调对企业生产经营的各个方面、各个环节及各个阶段的所有成本的控制，从空间上渗透到企业的方方面面，从时间上贯穿企业生产经营的全过程。从横向上包括对生产成本、非生产成本、研发成本、设计成本、采购成本、销售费用、储存成本等一切成本、费用的控制；从纵向上包括事前成本控制、事中成本控制和事后成本控制。狭义的成本控制则主要是指对成本的事中控制，即仅指对日常生产阶段产品成本的控制。

(二)成本控制的分类

成本控制可以按不同标准进行分类，通常有以下几种类型。

1. 按成本控制原理分类

成本控制按控制的原理不同，可以分为前馈性成本控制、防护性成本控制和反馈性成本控制三类。

前馈性成本控制是指利用控制理论中的前馈控制原理对产品投产前的设计、试制阶段进行的成本控制。

防护性成本控制也称制度控制，是一种辅助控制形式，它是指通过企业内部制定的规章制度来约束成本的支出，防止偏差和浪费的产生。

反馈性成本控制是指利用反馈原理进行的日常或事后的成本控制。

2. 按成本控制时间分类

成本控制按控制的时间不同，可以分为事前成本控制、事中成本控制和事后成本控制三类。

事前成本控制是指在产品投产前的设计、试制阶段，对可能影响成本的各有关因素进行的事前规划、审核与监督，同时建立健全各项成本的管理制度，以达到防患于未然的目的。

事中成本控制是指在产品的生产过程中，对成本的形成和偏离成本目标的差异进行的日常控制，对实际发生的各项成本进行限制、指导和监督。

事后成本控制是指在产品成本形成之后，对成本的综合分析和考核。

3. 按成本控制手段分类

成本控制按控制的手段不同，可以分为成本绝对控制和成本相对控制两类。

成本绝对控制是指主要采取各项措施，节约各项费用开支，对各项成本费用的绝对金额进行的控制。

成本相对控制是指既采取各项措施，节约各项费用开支，同时又通过本量利之间的关系，降低单位产品成本，达到相对降低成本的目的。

4. 按成本控制对象分类

成本控制按控制的对象不同，可以分为产品成本控制和质量成本控制两类。

产品成本控制是指对生产产品的全过程进行的控制。

质量成本控制是指将质量管理与成本管理相结合通过确定最优质量成本而达到控制成本的目的。

(三)成本控制的原则

1. 全面性原则

全面性原则是指企业的成本控制要涉及方方面面，如产品设计、试制、生产、供应、销售等各部门、各环节。具体包括以下几方面内容。

(1) 对产品形成的全过程进行控制。从产品投产前的设计阶段开始，包括试制阶段、生产阶段、销售阶段直至产品售后阶段都应当进行控制。

(2) 对生产耗用的全部费用进行控制。正确地处理好降低产品成本和提高产品质量的关系，以达到合理、合法、合规控制成本的目的。

(3) 要进行全员性的成本控制。充分调动企业全体员工的积极性，使每个人都为控制成本积极想办法和认真地工作，以达到全员控制成本的目的。

2. 成本效益原则

成本效益原则要求企业在合理控制成本的基础上实现获取最大经济效益的目标。

任何企业在进行生产、销售和管理活动时，都要讲求经济效果。不能不计工本，搞一些华而不实的烦琐手续，效益不大，甚至得不偿失。成本效益原则要求企业应该量力而行，考虑在重要领域选择关键因素加以控制，要求以能够降低成本、纠正偏差为目标，实现成本控制的目的。

3. 因地制宜原则

因地制宜原则是指在制定成本控制系统时必须个别设计，以适应特定企业的特点、特定部门的要求、职务与岗位责任的要求、成本项目的特点。对大型企业和小型企业、老企业和新企业、发展快和相对稳定的企业、不同行业的企业以及同一企业不同的发展阶段都要有所区别。

4. 全员参与原则

由于成本控制涉及全体员工，因此在推行时必须得到全体员工的大力配合和积极参与才能实现成本控制的目的。

首先，针对成本控制领导层要重视并全力支持，具有完成成本目标的决心和信心，具有实事求是的精神。以身作则，严格控制自身的责任成本。

其次，全体员工必须具有成本控制愿望和成本意识，养成节约的习惯，正确理解和使用成本信息，按照领导层的安排和指导，改进工作，降低成本。

二、标准成本控制概述

(一)标准成本的含义及特点

标准成本是指企业在现有的生产技术水平和有效经营管理条件下，按照成本项目反映的应当达到的单位产品成本的目标。标准成本不是实际发生的成本，它是一种预定的目标成本。在实际工作中，标准成本有两种含义。

一是单位产品的标准成本,具体计算公式如下:
$$标准成本=单位产品标准成本=单位产品标准消耗量×标准单价$$
二是实际产量的标准成本,具体计算公式如下:
$$标准成本=实际产量×单位产品标准成本$$
通过上述描述,可以看出标准成本有如下特点。

(1) 科学性。标准成本是通过对企业进行实际调查,依据科学的方法制定的,具有一定的科学性。

(2) 稳定性。标准成本是按照正常条件制定的,没有考虑不可预测的异常因素,所以它一经制定,就不会轻易改变,具有一定的稳定性。

(3) 尺度性。标准成本是成本控制系统的目标和衡量实际成本的尺度,因而它具有尺度性。

(二)标准成本的分类

标准成本按其制定所依据的生产技术和经营管理水平不同,可以分为理想标准成本、正常标准成本和现实标准成本三种。

理想标准成本是在最优的生产条件下,利用现有规模和设备能达到的最低成本。它是理想上的业绩标准、生产要素的理想价格和可能实现的最高生产能力的利用水平。其中,理想上的业绩标准是指在生产过程中毫无技术浪费时的生产要素消耗量,最熟练的工人全力以赴工作、不存在废品损失和停工时间等条件下可能实现的最优业绩;最高生产能力的利用水平是指在理论上可能达到的设备利用程度,只扣除不可避免的机器修理、改换品种、调整设备的时间,而不考虑产品的销路不畅、生产技术故障等因素造成的影响。这种标准很难成为现实,它是一个完美的目标,在现实的生产条件下很难实现,因此不能作为考核的依据。

正常标准成本又称基本标准成本,是指根据现有生产技术水平,在有效的经营条件下预期能达到的成本水平。这种标准成本主要以过去若干年内成本的平均水平为基础制定,同时结合未来的影响因素和变动趋势进行调整,它考虑了在现实经济生活中不可避免的合理损耗、设备故障及人工闲置等因素,因此具有一定的实用性,在实际工作中得到广泛应用。

现实标准成本是根据企业最可能发生的生产要素耗用量、生产要素价格和生产经营能力利用程度而制定的标准成本。它考虑到企业暂时不可避免的低效、失误和超量消耗等因素,因此,它是一种经过努力可以达到的既先进合理,又切实可行的成本。目前,现实标准成本在实际生活中为大多数企业所采用。

(三)标准成本的制定

要进行成本控制,就必须在投产前制定成本控制标准。产品成本按成本性态分为固定成本和变动成本,在此基础上将标准成本按成本项目分为直接材料、直接人工、制造费用三项内容。

1. 直接材料标准成本的制定

直接材料标准成本是由直接材料价格标准和直接材料耗用量标准两个因素决定的。

(1) 直接材料价格标准的制定。

直接材料价格标准是指取得某种材料所应支付的单位价格，包括材料的购买价格以及预计的采购费用，如运输费、装卸费、保险费等。企业在制定价格标准时，通常采用企业编制的计划价格，它的制定主要是由财务部门和采购部门共同完成的。

(2) 直接材料耗用量标准的制定。

直接材料耗用量标准是指生产技术部门在一定条件下所确定的单位产品所耗用的各种直接材料的数量，包括形成产品实体的材料数量、在正常情况下所允许发生的材料损耗以及生产过程中不可避免的废品所耗费的材料数量。它是根据企业产品的设计、生产和工艺现状，结合企业的经营管理水平情况和降低成本任务的要求，考虑在生产过程中发生的必要损失和废品的可能性，由企业的生产技术部门制定的。

(3) 直接材料标准成本的制定。

某种产品的直接材料标准成本是由生产该种产品的材料标准耗用量和该种材料标准价格的乘积相加求得的。其计算公式如下：

某单位产品耗用某种材料的标准成本＝该种材料价格标准×该种材料耗用量标准

某单位产品直接材料的标准成本

$=\sum$ 该种产品所耗用的各种材料标准成本

$=\sum$ (各种材料价格标准×该种材料耗用量标准)

【例 8-1】 某企业计划生产甲产品，所消耗直接材料的资料如表 8-2 所示。

要求：制定单位甲产品直接材料标准成本。

表 8-2　直接材料资料表

标　　准	A 材料	B 材料
价格标准/元	105	160
买价/元	100	150
采购费用/元	5	10
耗用量标准/件	80	60
单位产品消耗数量/件	80	60

解： 单位甲产品耗用 A 材料的标准成本=105×80=8 400(元/件)

单位甲产品耗用 B 材料的标准成本=160×60=9 600(元/件)

单位甲产品直接材料的标准成本=8 400+9 600=18 000(元/件)

2. 直接人工标准成本的制定

直接人工标准成本是由直接人工价格标准和直接人工用量标准两个因素决定的。

(1) 直接人工价格标准的制定。

直接人工价格标准就是指标准工资率，是指直接人工小时的标准工资。在计时工资形式下，标准工资率就是指生产工人每一工作小时应分配的工资，即小时工资率。计算公式如下：

小时工资率标准=预计支付生产工人工资总额/标准工时总额

(2) 直接人工用量标准的制定。

直接人工用量标准是指企业在现有的生产技术条件、工艺方法和技术水平的基础上，考虑到直接加工过程中必要的间歇和停工，生产单位产品所需要的时间，也称为工时用量标准。它主要是由生产技术部门和劳资部门共同制定的。

(3) 直接人工标准成本的制定。

某种产品的直接人工标准成本是由生产该种产品各项作业的标准工资率和该项作业相应的工时用量的乘积相加求得的。其计算公式如下：

某单位产品直接人工的标准成本 = $\sum$(各项作业的标准工资率×相应的用时量)

【例 8-2】 某企业生产甲产品，有关直接人工的资料如表 8-3 所示。

要求：确定甲产品直接人工标准成本。

表 8-3 甲产品直接人工有关资料

标　准	作业 A	作业 B
单位产品工时标准/时		
直接加工工时	4	2
辅助工时	1.8	0.6
废次品损耗工时	0.2	0.4
小时工资率标准		
月工资总额/元	60 000	45 000
生产工人数/人	30	20
每人月工时数(24 天×8 小时)	192	192
月出勤率/%	95	90

解： 作业 A 单位产品标准工时=4+1.8+0.2=6(时/件)

作业 B 单位产品标准工时=2+0.6+0.4=3(时/件)

作业 A 可用工时总量=192×95%×30=5 472(时)

作业 B 可用工时总量=192×90%×20=3 456(时)

作业 A 标准小时工资率=6 000/5 472=10.965(元/时)

作业 B 标准小时工资率=4 500/3456=13.021(元/时)

作业 A 直接人工标准成本=6×10.965=65.79(元)

作业 B 直接人工标准成本=3×13.021=39.06(元)

甲单位产品直接人工标准成本=65.79+39.06=104.85(元)

3. 制造费用标准成本的制定

制造费用标准成本也包括"价格"标准和"数量"标准，其中价格标准称为制造费用分配率，通常按固定制造费用和变动制造费用分别计算。

(1) 固定制造费用标准成本的制定。

如果以直接人工的标准工时代表生产量标准，则单位产品固定制造费用的标准成本按如下公式计算：

$$\text{单位工时固定制造费用标准分配率} = \frac{\text{固定制造费用预算总额}}{\text{直接人工标准总工时}}$$

单位产品固定制造费用标准成本=单位工时固定制造费用标准分配率
×单位产品直接人工标准工时

(2) 变动制造费用标准成本的制定。

如果以直接人工的标准工时代表生产量标准,则单位产品变动制造费用的标准成本按如下公式计算:

$$\text{单位工时变动制造费用标准分配率} = \frac{\text{变动制造费用预算总额}}{\text{直接人工标准总工时}}$$

单位产品变动制造费用标准成本=单位工时变动制造费用标准分配率
×单位产品直接人工标准工时

【例 8-3】 某企业生产甲产品,有关制造费用的资料如表 8-4 所示。

要求:确定甲产品制造费用标准成本。

表 8-4 甲产品制造费用有关资料

标 准	部门 A	部门 B
单位产品工时标准/(时/件)	6	3
费用分配率标准/(元/时)		
生产量标准/(人工工时)	10 000	8 000
制造费用预算/元		
变动制造费用	120 000	65 000
间接材料	95 000	45 000
间接人工	15 000	12 000
水电费	10 000	8 000
固定制造费用	51 000	39 600
管理人员工资	30 000	20 000
折旧	20 000	18 800
保险费	1 000	800

解: 部门 A 变动制造费用标准分配率=120 000/10 000=12(元/小时)

部门 B 变动制造费用标准分配率=65 000/8 000≈8.13(元/小时)

部门 A 固定制造费用标准分配率=51 000/10 000=5.1(元/小时)

部门 B 固定制造费用标准分配率=39 600/8 000=4.95(元/小时)

甲单位产品变动制造费用标准成本=12×6+8.13×3=96.39(元/件)

甲单位产品固定制造费用标准成本=5.1×6+4.95×3=45.45(元/件)

甲单位产品制造费用标准成本=96.39+45.45=141.84(元/件)

或:部门 A 制造费用标准成本=(12+5.1)×6=102.6(元/件)

部门 B 制造费用标准成本=(8.13+4.95)×3=39.24(元/件)

甲单位产品制造费用标准成本=102.6+39.24=141.84(元/件)

第二节　标准成本差异的计算与分析

标准成本差异是指企业在一定时期生产某种产品所发生的实际成本与其标准成本之间的差额。按成本差异构成内容不同，可将标准成本差异分为直接材料成本差异、直接人工成本差异和制造费用成本差异。其中制造费用成本差异按成本性态又可分为变动制造费用成本差异和固定制造费用成本差异。

一、直接材料成本差异的计算与分析

(一)直接材料成本差异的计算

直接材料成本差异是指在生产过程中直接材料实际成本与直接材料标准成本之间的差额。由直接材料价格差异和用量差异两部分组成。

直接材料价格差异是指产品生产过程中直接材料实际耗用量偏离标准用量所形成的直接材料成本差异部分。计算公式如下：

直接材料价格差异=(单位标准价格×投入的实际耗用数量)-(单位标准价格×实际产量下的标准投入量)=(投入的实际耗用数量-实际产量下的标准投入量)×单位标准价格

直接材料用量差异是指因直接材料实际价格偏离其标准价格形成的直接材料成本差异部分。计算公式如下：

直接材料数量差异=(实际价格×投入的实际耗用数量)-(单位标准价格×投入的实际耗用数量)=(实际价格-单位标准价格)×投入的实际耗用数量

(二)直接材料成本差异的分析

直接材料价格差异是在采购过程中产生的，因此通常由采购人员负责控制。材料价格在很大程度上不为采购人员所控制，还受如供应厂家价格变动、未按经济批量进货、未能及时订货造成的紧急订货、供货方与本厂的距离等因素的影响，这些因素往往不受采购人员的控制。在分析价格差异时，还应注意区别主观因素和客观因素，对主观因素要进行重点分析研究。

直接材料用量差异是在材料耗用过程中形成的，它能反映生产制造部门的成本控制业绩，因此通常由生产经理负责控制。材料数量差异形成的原因很多，诸如，操作疏忽造成废品或废料增加、新工作上岗造成多用料而导致的材料浪费等。另外，如果某生产经理倘若觉得实现数量差异困难，就可能将有缺陷的产品视为合格品而投入市场，尽管可以避免材料的浪费，却有可能损害企业与顾客的关系，损害企业的信誉形象，所以在分析数量差异时，还要将该差异和产品的质量结合分析。

【例8-4】　甲产品耗用某材料的标准用量是60千克/台，标准价格是20元/千克。本月生产1 000台，实际耗用材料61 000千克，实际价格为18元/千克。则：

材料用量差异=20×(61 000-60 000)=20 000(超支)
材料价格差异=61 000×(18-20)=-122 000(节约)
直接材料成本差异=20 000-122 000=-102 000(节约)

二、直接人工差异的计算与分析

(一)直接人工差异的计算

直接人工成本差异是指直接人工实际成本与直接人工标准成本之间的差额，其中包括直接人工工资率差异(价格差异)和直接人工效率差异(数量差异)。

直接人工工资率差异是指因直接人工实际工资率偏离其预定的标准工资率而形成的直接人工成本差异。计算公式如下：

直接人工工资率差异=(实际工资率×实际工时用量)-(标准工资率×实际工时用量)
=(实际工资率-标准工资率)×实际工时用量

直接人工效率差异是指因生产单位产品实际耗用的直接人工工时用量偏离其预定的标准工时用量所形成的直接人工成本差异。计算公式如下：

直接人工效率差异=(标准工资率×单位产品实际工时用量)-(标准工资率×标准工时用量)
=(单位产品实际工时用量-标准工时用量)×标准工资率

(二)直接人工差异的分析

直接人工工资率差异形成的原因很多而且复杂，但很大程度上由外部因素如劳动力市场等决定。其产生也可能是由于将平均工资率作为工资率标准，一旦实际人工组合改变，平均工资率也随之改变，这就产生了人工工资率差异。另外，由于较为熟练且报酬较高的工人来完成只需较低技能的工作、加班或使用临时工、出勤率变化等因素，也产生了直接人工工资率差异。所以它一般由负责安排工人工作的劳动人事部门或生产部门共同负责。

直接人工效率差异形成的原因包括工人的熟练程度、设备的问题、管理的原因、材料的质量等。一般来说，直接人工效率差异基本上应由生产部门负责，但也需要视具体情况而定。

【例8-5】甲产品生产的标准人工小时是10时/台，标准工资率是6元/时。本月生产1 000台，实际耗用人工小时9 500小时，实际工资总额76 000元。则：

实际工资率=76 000÷9 500=8(时)
标准耗用人工小时=10×1 000=10 000(时)
工资率差异=9 500×(8-6)=19 000(超支)
人工工时差异=6×(9 500-10 000)=-3 000(节约)
直接人工的标准差异=19 000-3 000=16 000(超支)

三、制造费用成本差异的计算与分析

(一)变动制造费用成本差异的计算与分析

变动制造费用差异是指变动制造费用实际发生额与变动制造费用标准发生额之间的差

额。变动制造费用差异包括变动制造费用开支差异(数量差异)和变动制造费用效率差异(价格差异)。

变动制造费用开支差异是指因变动制造费用实际分配率偏离其标准分配率而形成的变动制造费用差异的部分。计算公式如下：

$$变动制造费用开支差异=(实际分配率-标准分配率)\times 实际工时$$

变动制造费用效率差异是指因生产单位产品实际耗用的直接人工工时偏离预定的工时而形成的变动制造费用差异部分。计算公式如下：

$$变动制造费用效率差异=(实际工时-标准工时)\times 标准分配率$$

引起变动制造费用不利差异的原因很多，如构成变动性制造费用的各要素价格的上涨，其中包括材料价格上涨、动力费用价格上涨等；另外，材料的浪费和直接人工的使用浪费、大材小用等也是导致变动制造费用不利差异的原因。一般来说，价格变动的因素是不可控制的，而耗用量的因素则是可控的，所以对于变动制造费用的开支差异，必须区分不同费用项目及所属的责任部门，具体分析，才能正确归属责任。

变动制造费用效率差异与直接人工效率或用量差异直接相关，如果变动制造费用确实与直接人工耗用成正比，那么与人工用量差异一样，变动制造费用效率差异也是由于直接人工高效(或低效)利用引起的。

(二)固定制造费用成本差异的计算与分析

固定制造费用成本差异是指一定期间内实际产量下的固定制造费用实际发生总额与其预算发生总额之间的差额。对于固定制造费用差异的计算，通常有两种方法，一种是两差异法，另一种是三差异法。

1. 两差异法

两差异法是将固定制造费用差异分为开支差异和能量差异。

开支差异是指固定性制造费用的实际发生额与固定制造费用的预算发生额之间的差额。固定制造费用与变动制造费用不同，其总额不因业务量的变动而变动，故其差异有别于变动费用。计算公式如下：

$$固定制造费用开支差异=固定制造费用的实际发生数-固定制造费用预算数$$

能量差异是指固定性制造费用预算数与固定制造费用标准成本之间的差额，它反映未能充分利用生产能力而形成的损失。计算公式如下：

$$固定制造费用能量差异=固定制造费用预算数-固定制造费用标准发生额$$

2. 三差异法

三差异法是将固定性制造费用成本差异分为固定制造费用开支差异、固定制造费用能力差异和固定制造费用效率差异三种。其中，开支差异的计算与两差异法的计算相同。不同的是将两差异法中的"能量差异"进一步分为两个部分：一部分是实际产量的实际工时未能达到(或超额)预算产量的标准工时而形成的生产能力差异；另一部分是实际产量的实际工时脱离实际产量标准工时而形成的差异，即效率差异。计算公式如下：

$$固定制造费用开支差异=实际产量下实际固定制造费用-预算产量标准固定制造费用$$

固定制造费用效率差异=(实际产量实际工时-实际产量标准工时)
×固定制造费用标准分配率
固定制造费用能力差异=(预算产量标准工时-实际产量实际工时)
×固定制造费用标准分配率

固定制造费用的开支差异一般由部门主管负责控制，该项差异可能是因价格和人工工资率不同所引起的；固定制造费用生产能力利用差异通常由高管人员负责，因为生产能力的确定以及预期制造费用率是由基准生产能力确定的，其决策都出自规划部门；至于固定制造费用的效率差异，通常由部门经理负责。

引起固定制造费用生产能力不利差异的原因有很多，如生产安排不均衡、机器设备发生故障、设备检修引起的停工，以及不能得到足够的订单无法保持正常生产能力等。管理人员应该确定不利差异产生的原因并采取相应的措施加以控制。

【例 8-6】 某企业 2019 年 12 月实际产量为 500 件，实际发生的固定制造费用总额为 11 500 元，预算产量的标准工时为 4 800 小时，固定性制造费用的预算总额为 19 200 元，每件产品的标准工时为 10 时/件，若实际耗用直接人工 5 200 小时。

要求：分别用两差异法和三差异法计算固定制造费用差异。

解：(1)在两差异法下：
固定制造费用的标准分配率=19 200÷4 800=4(元/时)
固定制造费用开支差异=11 500-19 200=-7 700(元)
固定制造费用能量差异=(4 800-500×10)×4=-800(元)
固定制造费用总差异=固定制造费用实际发生额-固定制造费用标准发生额
　　　　　　　　　=11 500-500×10×4
　　　　　　　　　=-8 500(元)

经计算可知：
固定制造费用总差异=固定制造费用开支差异+固定制造费用能量差异
(2) 在三差异法下：
固定制造费用开支差异=11 500-19 200=-7 700(元)
固定制造费用效率差异=(5 200-500×10)×4=800(元)
固定制造费用能力差异=(4 800-5 200)×4=-1 600(元)
固定制造费用总差异的计算同两差异法的计算。

经计算可知：
固定制造费用总差异=固定制造费用开支差异+固定制造费用效率差异
　　　　　　　　　+固定制造费用能力差异

第三节　标准成本系统的账务处理

在标准成本系统中，为了能够提供标准成本、成本差异和实际成本的资料，需要将实际发生的成本分为标准成本和成本差异两部分。通过对实际成本和标准成本之间差异的分析和披露，计算产品实际成本，从而对产品成本进行控制。为了真实、准确地反映企业在一定时期的经营耗费和经营成果，必须对每一类成本差异分别设置成本差异账户进行核算，做出相关的账务处理。

一、标准成本差异的账户设置

采用标准成本法时，针对各种成本差异，应该分别设置成本差异账户进行核算。在材料成本差异方面，应该设置"材料价格差异"和"材料用量差异"两个账户；在直接人工差异方面，应该设置"直接人工工资率差异"和"直接人工效率差异"两个账户；在变动制造费用差异方面，应该设置"变动制造费用开支差异"和"变动制造费用效率差异"两个账户；在固定制造费用差异方面，应该设置"固定制造费用开支差异""固定制造费用能力差异"和"固定制造费用效率差异"三个账户，分别核算不同的制造费用差异。各种成本差异类账户的借方均核算发生的不利差异，贷方核算发生的有利差异。

二、标准成本差异的账务处理

(一)直接材料差异的账务处理

在标准成本法下，会计处理为借记"生产成本"，贷记"原材料"，其中原材料的金额以标准成本反映。根据标准成本和实际成本差异的性质，借记或贷记材料数量差异或材料价格差异。如果差异为节约差异，则贷记相关差异账户；如果差异为超支差异，则借记相关差异账户。

【例 8-7】 企业生产甲产品耗用 A 材料的标准用量是 100 千克/件，标准价格为 10 元/千克，本月生产 1 000 件，实际耗用材料 110 000 千克，实际价格为 8 元/千克。

要求：用标准成本法将产生的差异进行账务处理。

解：(1) 材料价格差异：

$$材料价格差异=实际数量×(实际价格-标准价格)$$
$$=110\,000×(8-10)=-220\,000(元)$$

(2) 材料用量差异：

$$材料用量差异=标准价格×(实际数量-标准数量)$$
$$=10×(110\,000-100\,000)=100\,000(元)$$

相关会计处理如下。

借：生产成本　　　　　　　　　　　　100 0000
　　材料用量差异　　　　　　　　　　 10 0000
　　贷：原材料　　　　　　　　　　　　　880 000
　　　　材料价格差异　　　　　　　　　　220 000

(二)直接人工差异的账务处理

人工费用差异的核算设置"生产成本""直接人工效率差异"和"直接人工工资率差异"三个账户。"生产成本"账户登记直接人工的标准成本，同时将实际人工成本与标准人工成本之差计入"直接人工效率差异"和"直接人工工资率差异"。

【例8-8】 某企业生产A产品的标准人工工时是20时/件，标准工资率为15元/时，本月生产2 000件，实际耗用人工工时38 500小时，实际支付工资580 000元。

要求：用标准成本法将产生的差异进行账务处理。

解：直接人工效率差异=标准工资率×(实际工时−标准工时)
=15×(38 500−20×2 000)
=−22 500(元)

直接人工工资率差异=实际工时×(实际工资率−标准工资率)
=38 500×(580 000÷38 500−15)
=2 500(元)

相关会计处理如下。

借：生产成本　　　　　　　　　　　　　600 000
　　直接人工工资率差异　　　　　　　　　2 500
　　贷：应付职工薪酬　　　　　　　　　　　　　580 000
　　　　直接人工效率差异　　　　　　　　　　　22 500

(三)制造费用的账务处理

在制造费用进行分配时，借记生产成本，贷记制造费用，根据差异方向借或贷相关差异账户。

1. 变动制造费用差异的账务处理

在变动制造费用差异方面，设置"变动制造费用开支差异"和"变动制造费用效率差异"两个账户。

【例8-9】 企业生产甲产品，变动性制造费用的开支差异为超支680元，变动制造费用效率差异节约65元，已知变动性制造费用的标准成本为18 469元。

要求：计算实际的变动性制造费用，并作出相应的会计处理。

解：实际的变动性制造费用=18 469+680−65=19 084(元)

相关会计处理如下。

借：生产成本　　　　　　　　　　　　　18 469
　　变动制造费用开支差异　　　　　　　　680
　　贷：制造费用　　　　　　　　　　　　　　　19 084
　　　　变动制造费用效率差异　　　　　　　　　　65

2. 固定制造费用差异的账务处理

在固定制造费用差异方面，应该设置"固定制造费用开支差异""固定制造费用能力差异"和"固定制造费用效率差异"三个账户。

【例8-10】 企业生产乙产品，固定性制造费用的开支差异为超支2 680元，固定性制造费用能力差异节约2 052元，固定性制造费用效率差异节约46元，已知固定性制造费用的标准成本为13 521元。

要求：计算实际的固定性制造费用，并作出相应的会计处理。

解： 实际的变动性制造费用=13 521+2 680-2 052-46=14 103(元)

相关会计处理如下。

借：生产成本　　　　　　　　　　　　13 521
　　固定制造费用开支差异　　　　　　 2 680
　　贷：制造费用　　　　　　　　　　　14 103
　　　　固定制造费用效率差异　　　　　　 46
　　　　固定制造费用能力差异　　　　　2 052

本 章 小 结

本章介绍了成本控制的内涵、分类和成本控制的原则，在此基础上阐述了标准成本控制的含义及特点、标准成本的分类及标准成本的制定，标准成本的制定包括直接材料标准成本的制定、直接人工标准成本的制定和制造费用标准成本的制定；标准成本法下产生的差异包括直接材料成本差异、直接人工差异和制造费用差异，其中制造费用差异又包括变动制造费用差异和固定制造费用差异；对固定制造费用差异进行计算和分析时，有两差异法和三差异法两种方法；还介绍了标准成本差异的账户设置、标准成本差异法下的账务处理等内容。

案 例 点 击

永兴公司是一家生产塑料用品的企业，去年公司研制的采用新型塑料材料制成的家用品为企业赢得了一个业绩优异的会计年度。事实上，永兴公司在全国塑料用品市场一直居于主导地位，占据较大市场份额。十多年前，当中国塑料用品行业刚刚兴起之时，永兴公司就以其先进技术成为市场的主导。但是，当专利期满后，其他塑料产品加工企业也能够掌握并使用同样的技术生产同等水平的塑料用品，市场竞争变得尤为激烈，产品价格被迫下降，公司盈利水平也越来越低。

这一次，公司经理层清醒地意识到，随着公司新型材料的问世，历史可能还会重演。过去，由于一直居于行业的主导地位，公司不是很注意对产品成本的控制管理。然而，当价格战役再次打响时，成本控制变得至关重要，很可能决定公司的成败。为此，公司经理层认为，通过对成本项目实施控制管理，几年之后当价格竞争重演时，公司产品在价格上将更具竞争力。

下面是公司内部会议上相关人员的发言。

财务总监说："过去，公司的盈利一直很好，资源也比较充足。也许正是因为我们一直比较成功，所以才忽视了对成本的控制管理。我们从未认真地确定过成本应该是多少，也没有要求部门经理对成本控制负责。"

总经理说："如果我们现在不采取行动对成本项目实施控制管理，那么未来我们的资源就会发生短缺。我希望各部门经理能够意识到你们对成本控制的责任，成本控制的结果将决定你们的年终奖金。"

财务总监说："为了实现对成本实施控制管理的目的，我们需要首先明确成本应当是多少，而不是一直是多少。各部门经理要参与确定有效的成本水平，公司将在此基础上编制预算。经理人员的奖金和晋级将与对成本实施控制管理的结果相关联，以使经理人员树立成本控制意识。"

复习思考题

1. 什么是成本控制？
2. 什么是标准成本？常见的标准成本有哪几种？
3. 什么是标准成本差异？

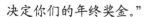

案例 8-1：浅析标准成本管理在企业中的运用

练 习 题

一、单项选择题

1. 下列各项中，经常在制定标准成本时被采用的是( )。
   A. 理想标准成本　　　　　　　B. 稳定标准成本
   C. 现实标准成本　　　　　　　D. 正常标准成本
2. 固定制造费用的实际差异与固定制造费用预算金额之间的差异称为( )。
   A. 效率差异　　　　　　　　　B. 耗费差异
   C. 闲置差异　　　　　　　　　D. 能量差异
3. 在日常实施成本全面控制的同时，应有选择地分配人力、物力和财力，抓住那些重要的、不正常的、不符合常规的关键性成本差异作为控制重点，该项成本控制原则是指( )。
   A. 全面控制原则　　　　　　　B. 责权利相结合原则
   C. 讲求效益原则　　　　　　　D. 例外管理原则
4. 在下列各项中，属于标准成本控制系统前提和关键的是( )。
   A. 标准成本的制定　　　　　　B. 成本差异的计算
   C. 成本差异的分析　　　　　　D. 成本差异的账务处理
5. 根据一般应该发生的生产要素消耗量，预计价格和预计生产能力制定出来的标准成本是( )。
   A. 理想标准成本　　　　　　　B. 稳定标准成本
   C. 现实标准成本　　　　　　　D. 正常标准成本
6. 与预算成本不同，标准成本是一种( )。
   A. 总额的概念　　　　　　　　B. 单位成本的概念
   C. 历史成本　　　　　　　　　D. 实际成本
7. 无论是哪个成本项目，在制定标准成本时，都需要分别确定两个标准，两者相乘即为每一成本项目的标准成本,这两个标准是( )。
  A. 价格标准和用量标准   B. 价格标准和质量标准
  C. 历史标准和用量标准   D. 历史标准和质量标准

8. 成本差异按其性质的不同可划分为( )。
  A. 数量差异和价格差异   B. 纯差异和混合差异
  C. 有利差异和不利差异   D. 可控差异和不可控差异

9. 由于特定成本项目的实际用量消耗与标准用量消耗不一致而导致的成本差异称为( )。
  A. 价格差异   B. 价格差
  C. 数量差异   D. 用量差

10. 在标准成本控制系统中,成本差异是指在一定时期内生产一定数量的产品所发生的( )。
  A. 实际成本与标准成本之差   B. 实际成本与计划成本之差
  C. 预算成本与标准成本之差   D. 预算成本与实际成本之差

二、多项选择题

1. 原材料质量低劣,会造成( )向不利方向转化。
  A. 直接材料数量差异   B. 直接材料价格差异
  C. 直接人工效率差异   D. 变动制造费用效率差异
  E. 固定制造费用能量差异

2. 下列各项中,能够造成变动制造费用差异的是( )。
  A. 直接材料质量低劣   B. 直接人工工资调整
  C. 间接材料价格变化   D. 间接人工工资调整
  E. 间接人工人数增加

3. 在进行标准成本分析时,形成直接材料数量差异的是( )。
  A. 操作不当导致废品增加   B. 机器与工具不适用
  C. 紧急订货增加的采购成本   D. 价格上升导致用量减少
  E. 工艺改进节省材料

4. 在标准成本下,下列科目中应以标准成本记账的有( )。
  A. 在制品   B. 半成品   C. 产成品
  D. 产品销售成本   E. 管理费用

5. 在实务中,贯彻成本控制的例外管理原则时,确定"例外"的标准通常可考虑的标志有( )。
  A. 重要性   B. 一贯性   C. 可控性
  D. 普遍性   E. 特殊性

6. 下列各项中,属于标准成本控制系统构成内容的有( )。
  A. 标准成本的制定   B. 成本差异的计算与分析
  C. 成本差异的账务处理   D. 成本差异的分配
  E. 成本预算的编制

7. 人工工时耗用量标准即直接生产工人生产单位产品所需要的标准工时,主要内容有( )。

A. 对产品的直接加工工时　　　　B. 必要的间歇和停工工时
C. 不可避免的废品耗用工时　　　D. 生产中的材料必要消耗
E. 不可避免的废品损失中的消耗

8. 按成本差异形成过程进行分类，可将成本差异分为(　　)。
A. 价格差异　　　　B. 用量差异　　　　C. 纯差异
D. 混合差异　　　　E. 可控差异

9. 下列各项中，能够导致出现材料价格差异的原因有(　　)。
A. 材料质量差，废料过多　　　　B. 材料采购计划编制不准确
C. 材料调拨价格或市场价格的变动　　D. 因临时紧急进货，使买价和运输费上升
E. 机器设备效率增减，使材料耗用量发生变化

10. 在标准成本系统中，可将变动性制造费用成本差异分解为(　　)。
A. 耗费差异　　　　B. 预算差异　　　　C. 开支差异
D. 效率差异　　　　E. 用量差异

三、计算题

1. 已知：某企业生产 A 产品，有关资料如下。

(1) 生产 A 产品，耗用甲、乙两种材料。其中甲材料标准价格为每千克 20 元，乙材料标准价格为每千克 32 元。单位产品耗用甲材料标准为 5 千克每件，乙材料为 9 千克每件。

(2) 甲产品单位标准工时为 13 小时，直接人工标准工资率为 7.5 元。

(3) 固定性制造费用预算数为 61 000 元，变动性制造费用预算数为 38 000 元，标准总工时数为 10 000 小时。

要求：制定 A 产品的标准成本。

2. 已知：某企业生产甲产品，其标准成本资料如下。

甲产品标准成本单

项　目	价格标准	数量标准	金额/(元/件)
直接材料	9 元/千克	50 千克/件	450
直接人工	4 元/时	45 时/件	180
变动制造费用	3 元/时	45 时/件	135
固定制造费用	2 元/时	45 时/件	90
合　计			855

甲产品正常生产能力为 1 000 小时。本月实际生产量为 20 件，实际耗用材料 900 千克，实际人工工时 950 小时，实际成本分别为：直接材料 9 000 元；直接人工 3 325 元；变动制造费用 2 375 元；固定制造费用 2 850 元，总计为 17 550 元。

要求：分别计算各成本项目的成本差异，其中固定制造费用采用三因素法。

第八章　答案

第九章

责任会计

本章导读

责任会计是在分权管理的条件下,为适应经济责任制的要求,在企业内部建立若干责任单位,并对它们分工负责的经济活动进行规划、控制、考核与业绩评价的一整套会计制度,实质上是企业为了加强内部经营管理而实施的一种内部控制制度。它根据企业内部责任单位权责范围以及业务活动的特点不同,将企业生产经营上的责任中心,划分为成本中心、利润中心和投资中心三类,根据各类责任中心的特点,确定相应的业绩评价和考核重点。

学习目标

了解分权管理的主要特点,明确责任会计与分权管理的关系,掌握责任会计的内容及核算原则,重点掌握责任中心的分类以及它们之间的区别,并能根据各责任中心业务活动的具体特点,合理运用内部转移价格的制定方法。

核心概念

责任会计(responsibility accounting)　责任中心(responsibility centre)　成本中心(cost centre)　投资中心(investment centre)　利润中心(profit centre)　内部转移价格(inter transfer price)　责任预算(responsibility budget)　分权管理(decentralized management)

导入案例

海尔集团实行的 SBU(Strategical Business Unit，战略事业单元)

海尔集团是世界白色家电第一品牌，在全球建立了29个制造基地，8个综合研发中心，19个海外贸易公司，全球员工总数超过6万人，已发展成为大规模的跨国企业集团。

1997年，海尔集团销售收入首次突破100亿元；1999年突破200亿元；2004年，海尔集团年销售收入首度超过1 000亿元。

2009年，海尔品牌价值高达812亿元，累计申请专利9 738项，其中发明专利2 799项。仅2009年，海尔就申请专利943项，其中发明专利538项，平均每个工作日申请2项发明专利。

海尔以人单合一的自主经营体为支点，通过"虚实网结合的零库存下的即需即供"商业模式，努力打造满足用户动态需求的体系。

海尔的SBU管理革命始于1998年的企业内部的流程再造。SBU的意思是战略事业单元，即在企业内部模拟市场交易。

海尔全员推行SBU的目的是克服大企业病，让海尔这个千亿规模的企业"大象"能像小企业一样充满活力，会"跳舞"。

SBU具体的体现就是速度和创新，即把目标量化到每个人身上，每个人都去创新，都以速度去争取用户。SBU的原则是："挣够市场费用、留足企业利润、盈亏都归自己。"

SBU的四个要素是：市场目标、市场订单、市场效果、市场报酬，这是企业的四个目标，要转化到每个人身上去。市场目标：以速度体现的市场竞争力，创造用户资源；市场订单：以创新创造有价值的订单，实现市场目标；市场效果：以订单执行到位创造出用户满意度的量化数据，并由企业信息化系统显示；市场报酬：自己创造的市场增值部分在收入中的体现，并能对市场目标的再提高产生作用。

SBU对员工意味着要成为创新的主体，应该通过在为用户创造价值的过程中体现自己的价值，就是经营自我。

SBU经营的三个特征，一是没有上级，没有下级，只有市场目标和市场关系。二是没有起点，没有终点，只有把握市场变化不断地创新。三是建设充满活力，有速度，有竞争力的市场终端。

海尔通过SBU大力倡导"人单合一"。就是每个人都有自己的订单(订单就是市场)，都要对订单负责，而每一张订单都有人对它负责，即"人人都管单，单单有人管"。

(资料来源：https://wenku.baidu.com/view/b0efb9dace84b9d528ea81c758f5f61fb63628d9.html)

第一节　分权管理与责任会计

随着企业的日益壮大，产生职责的分割，建立了责任区域。现代化企业由于经营方式和所有制形式向多样化、多元化的方向发展，企业的规模不断扩大，使得一个管理层次众多的集中管理的企业无法达到有效的信息传递、控制和协调。同时，企业组织规模扩大和复杂性的增加，企业高层管理既不可能具体了解企业正在进行的生产经营活动情况，也不可能为企业未来的生产经营活动作出决策。更重要的是，依靠企业高层的少数几个人来经营管理一个庞大的企业，已显得越来越力不从心。由于传统的集权制管理已不能满足现代化企业管理的需要，于是，分权管理就应运而生。

一、分权管理的概念

分权管理(decentralized management)就是企业把一定的日常经营管理的决策权随同相应的责任下放给基层管理人员，许多关键性的经营决策由这些基层的经理人员作出。分权管理的主要表现形式是部门化，即在企业中建立一种具有半自主权的组织结构，通过由企业管理中心向下或向外层层授权，使每一部门都拥有一定的积极性、权利和责任。组织越大、越复杂，分权管理的优点越明显。实施分权管理主要有以下优点。

(1) 有利于企业作出正确的决策。分权管理特别适用于跨国公司，跨国公司在许多国家都设有广泛的分支机构，受不同法律体系和风俗的影响。由于置身于具体经营环境的较低层管理人员可以更好地了解当地的一些实际信息，因此，实施分权管理更有利于企业作出正确的决策。

(2) 有利于提高企业的应变能力。通过分权管理，能使企业更快地对环境的变化作出迅速的反应，从而作出正确的经营决策。如前所述，企业的经营规模日趋庞大，信息的传递要经过多道环节，如果再采用集权制进行经营决策，无疑会影响决策信息的时效性。因而，采用分权管理，让基层管理人员参与决策，由于他们更了解具体情况，所以，他们能更迅速、有效地制定经营决策，以适应市场变化。

(3) 有利于高层管理者关注重点问题。通过分权管理，使高层管理人员能将有限的时间和精力放在企业最重要的战略决策上，以保证企业始终有明确的、正确的发展目标。高层管理部门通常在高层的重大决策方面比中层管理部门更具优势，如果他们的时间都花费在日常经营决策上，就会分散他们的精力，从而忽略重要的战略决策。

(4) 有利于提高企业的竞争能力。在一个高度集权的企业，大额的总体利润可能掩盖下属分部的无效率。而分权管理则可以使组织能够确定每个分部对企业利润所作的贡献，并使每个分部直接面对市场。

(5) 有利于激励基层管理人员。通过分权管理，能有效地调动各级管理人员的积极性和创造性，从而群策群力，使全体管理人员既能为提高企业经济效益作出贡献，又能体现自身的价值；同时有利于锻炼、评价和激励基层的管理人员。

由于分权管理在当今的国际经济环境中具有明显的优越性，因而，分权管理正成为企业管理中的一种国际趋势。

然而，采用分权管理的结果往往是：一方面使各分权单位之间具有某种程度的相互依存性，主要表现为各分权单位间的产品或劳务的相互提供；另一方面又不允许各分权单位在所有方面像一个独立的组织那样经营。因此，某一分权单位的行为不仅会影响其自身的经营业绩，有时，各分权单位为了其自身的业绩，还会采取一些有损于其他分权单位经营业绩甚至有损于企业整体利益的行为。因此，在实现分权管理时，需要建立一种制度来协调各分权单位之间的关系，使各分权单位之间及企业与分权单位之间在工作和目标上达成一致，防止各个部门为了片面地追求局部利益，致使企业整体利益受到损害等行为的发生。

由此可见，在分权管理使企业日常的经营决策权不断下放，从而使决策达到最大限度的有效性的同时，企业经营管理的责任也应随着经营决策权的下放一起层层落实到各级管理部门，使各级管理部门在充分享有经营决策权的同时，也对其经营管理的有效性承担经济责任，这种根据授予基层单位的权利和责任以及对其业绩的计量、评价方式，将企业划分成各种不同形式的责任中心，并建立起以各个责任中心为主体，以责、权、利相统一的机制为基础，通过信息的积累、加工和反馈而形成的企业内部的严密的控制系统，即为责任会计制度。

二、责任会计的含义

(一)责任会计的概念

在一定的内部经济环境下，通过会计对责任进行核算，根据会计核算进行业绩考核的将经营职责、会计核算和业绩评价相结合的系统被称为责任会计。责任会计就是用来提示和考评责任预算执行情况的，责任会计是内部控制的重要方式。

(二)责任会计的作用

责任会计具有以下作用。

(1) 便于及时收集和利用当地信息进行决策。决策的质量会受到可获信息质量的影响。随着公司在不同市场和地域的扩展，高层的管理人员不可能及时了解具体的信息，在信息的获取方面，低层管理人员具有一定优势。由此，对低层管理人员授予一定的决策权有利于企业经营的正确决策。

(2) 便于公司高层进行宏观管理。分权管理授予低层管理人员一定的决策权，企业的高级管理层得以从具体的事务中解脱，从而致力于宏观战略管理，提高企业的竞争力。

(3) 有利于对管理人员的培训、激励。分权管理方式中，所有管理人员，无论是高层还是低层，都可以在其责任范围内进行决策，这就是一种培训方式。同时这还有利于对管理人员进行考核，并选拔后备管理人员以替补离职的高层管理人员。此外，对管理人员授予决策权、责任范围，可以使管理人员工作更有成就感，激发其主动性和创造性，工作更加努力。

(4) 增加管理人员的竞争压力。分权管理赋予管理人员决策权的同时也规范了责任，同时对其决策要进行考核。在这种情况下，对每个具体管理人员都有考核指标，增加了管理人员的竞争压力。但是，企业采用分权管理的同时要注意：越是下放经营管理权，越要加强内部控制。而正是在这样的背景下，责任会计应运而生。

三、责任会计的特点

与财务会计相比，责任会计具有以下特点。

(一)责任会计的核算对象

为了准确核算各责任中心的经营业绩，必须首先明确各项业务的责任对象。财务会计是以企业实体的经济活动为核算对象的,而责任会计是以企业中的各责任中心的经济责任为核算对象的,责任会计所要反映和评价的是每一个责任中心的工作业绩。当企业建有全面的责任中心时,企业所发生的每一项经济业务都由特定的中心负责,所以,一切与该责任中心相关的业务和事项都可归属到某一责任中心,都是责任会计所需核算的内容。

(二)责任会计的核算程序

责任会计核算的一般程序如下:

(1) 为各责任中心制定责任预算或确立目标。这是为各责任中心确立一个履行职责的目标,同时也为评价各责任中心的工作确立了一个标准。

(2) 准确地核算各责任中心的经营业绩。这是责任会计核算的重要环节,它包括原始凭证的填制、费用的归集和分配、内部产品或劳务转移的结算、收入的确认及最终经营业绩的确定等。

(3) 评价和考核各类责任中心经济责任的履行情况。通过核算环节,已对各责任中心的实际经营情况进行了客观的反映,接着,就应将实际执行结果与预定的责任目标或责任预算进行比较,揭示其差异,并对其经营业绩作进一步的评价。

(4) 通过调查和分析,编制责任会计报告。责任报告是对责任中心经营业绩的全面考核和评价。责任会计报告的内容包括责任目标(或预算)和实际执行情况及其差异的揭示,并根据重要性原则对差异进行调查和分析,找出其原因,提出改进工作的建议等。

(三)责任会计报告

责任会计报告是责任会计提供信息的媒介,也是责任会计的工作成果。责任会计报告是为企业内部提供信息,因此,与财务报告相比,在报告对象、报告内容、报告时间等方面都有其特点。责任报告具有如下特征。

1. 报告对象

不同责任中心所包含的责任内容、范围不一样,因此,应根据具体的对象确定报告的内容。各个责任中心应根据报送给外部的投资者、管理当局、债权人及企业内部职工等对象的不同而报送不同的内容。

2. 报告形式

将责任目标、实际履行情况及其产生的差异用报表予以列示是责任报告的基本形式,但在揭示差异的同时,必须对重大差异予以分析,查找其产生原因,并作出说明或提出改进建议。所以,责任报告的形式除报表外,必须采用数据分析和文字说明方式。

3. 报告时间

责任报告的编制时间一般是定期的,但由于各责任中心的特点不一样,所以为各责任中心所定的报告期可能不尽一致。成本中心的责任报告、利润中心的责任报告及投资中心的责任报告的特点决定各自的报告期可能不尽相同。

4. 报告内容

由于各责任中心的性质不一样，所以各类责任中心的报告内容也不尽相同，但基本的要求是必须报告其责任目标或预算及其实际执行结果和产生的差异，以便各责任中心进行自我控制，及上层责任中心对下属责任中心予以控制。除此之外，应根据重要性原则对重大差异作进一步的定量分析和定性分析。

四、责任会计的核算原则

建立责任会计制度应当遵循以下几个原则。

(一)目标一致性原则

责任中心是一个企业的各个局部，为了保证企业整体目标的实现，在为各责任中心确定责任目标或进行责任预算时，应始终注意与企业的整体目标保持一致。在进行责任控制时，同样应注意各个责任中心的业绩与企业整体目标的一致性，以避免因片面追求局部利益而影响整体利益。

(二)责权利相结合原则

拥有与责任相当的权利和相应的经济利益是责任落实及其目标完成的保证。企业在落实责任目标的同时必须明确相应的权利和利益。在责、权、利三者关系中，"责"是核心，"权"是落实完成"责"的前提条件，"利"是激励因素。

(三)激励原则

实现经济责任制的目的就是最大限度地调动企业全体职工的积极性和创造性，因此所确立的目标或预算必须相对合理。目标过高，会挫伤职工的工作积极性；目标太低，不利于企业整体目标的实现。同时，各种奖惩措施也应注意适当和合理，既要奖惩分明，又要给人以希望，这样就能不断激励全体职工为实现目标而努力奋斗。

(四)可控性原则

由于各责任中心的利益直接与其业绩挂钩，因而对其工作业绩的考评必须以可控性为原则。也就是说，对各责任中心的收入或费用的核算都必须以各责任中心可以控制为原则。

(五)反馈性原则

各责任中心在执行预算过程中，对各项经济活动发生的信息，要及时、可靠地进行计量、记录、计算和反馈，以便发现问题，迅速采取有效措施加以控制，达到强化管理的目的。责任预算执行情况的信息反馈，既是一个经济信息的运用过程，也是责任会计真正发挥其管理作用的一个重要步骤，通过层层反馈并由层层控制而形成反馈控制网络，保证整个企业的生产经营活动正常有序地进行。

(六)及时性原则

为了保证各责任中心对其经营业绩的有效控制,责任会计的核算和信息反馈要遵循及时性原则。现代管理的发展,已将事后控制发展到事前控制和事中控制。目标的确定和预算的编制是事前控制的基本方法;事中控制就是在目标和预算的实施过程中,通过不断掌握其实施情况,并不断反馈信息,纠正偏离目标或预算的差异。因此,各责任单位在编制业绩报告后,应迅速作出反应,把有关信息反馈给责任者,以便他们迅速调整自己的行为。

第二节 责 任 中 心

一、责任中心的分类

建立责任会计制度,首先应建立与企业组织机构相适应的责任中心,责任中心实际上是指企业内部按各自生产经营的特点和一定的控制范围,由主管人员对其可控制的生产经营活动负责并拥有相应权利的内部单位。凡在管理上可以控制,责任可以划清,业绩可以单独考评的单位,都可以划分为责任中心,大到分公司、车间、部门,小到班组甚至个人。根据企业内部责任单位权责范围以及业务活动的特点,责任中心通常分为成本中心、利润中心和投资中心。

(一)成本中心

成本中心是只对其可控成本或费用负责的责任中心,即只考评所发生的可控成本或费用,而不形成或不考评其收入的责任单位。这类责任中心大多是指只负责产品生产的生产部门、劳务提供部门以及给予一定费用指标的企业管理科室。这里的"可控成本"是指可以事先预知将要发生的成本核算,并且可以计量、能为该责任中心所控制、为其工作好坏所影响的成本。反之则称为不可控成本。可控成本与不可控成本是相对特定的成本中心和特定的期间而言的。例如广告费,对市场营销部门是可控的,但对生产部门却是不可控的;一旦广告费用发生,对市场营销部门而言,广告费也成为不可控的了。

成本中心控制和考评的成本是责任成本。所谓责任成本,是指成本中心的各项可控成本之和。成本中心的主要责任就是控制和降低其责任成本。成本中心的责任成本与产品既有联系又有区别,两者在性质上是相同的,同为企业在生产经营过程中的资金耗费。两者的区别主要有以下几点。

(1) 成本核算的对象不同。产品成本以产品为成本核算对象,是企业为了生产产品而发生的各种耗费,而责任成本是以责任中心为成本核算对象,以其承担的责任为范围所归集的成本。

(2) 成本核算的原则不同。产品成本核算的原则是"谁受益,谁负担",即遵循谁受益谁承担费用的原则确定成本核算对象,对生产和经营过程中发生的各项费用,应设置成本费用账册,以审核无误手续齐备的原始凭证为依据,对成本项目在各成本核算与管理对象间进行分配;而责任成本核算的原则是"谁负责,谁负担",即以具体的责任单位(部门、单位或个人)为对象，成本中心只对可控成本承担责任，具体来说，可控成本具有可预计性、可计量性、可影响性、可落实性。

(3) 成本核算的内容不同。产品成本核算的内容是应计入产品成本的各项生产费用，包括直接材料、直接人工和制造费用，不管是可控成本还是不可控成本，只要属于生产费用，都要计入产品成本，而责任成本核算的内容只包括可控成本，只要是该成本中心的可控成本，不管是生产费用还是非生产费用，都应计入该成本中心。

(4) 成本核算的目的不同。产品成本核算的目的是考核产品成本计划完成情况以及为计算利润、制定产品价格提供依据；而责任成本的目的是为评价和考核责任预算的执行情况和规划目标成本、控制生产耗费提供依据。

(二)利润中心

利润中心是对利润负责的责任中心。由于利润等于收入减去成本和费用，所以利润中心是既能控制成本，又能控制收入的责任中心。这类责任中心往往处于企业中较高的层次，一般指有产品或劳务生产经营决策权的部门，如分厂、分公司及有独立经营权的各部门。利润中心的权利和责任都大于成本中心。

利润中心可分为"自然利润中心"和"人为利润中心"两类。自然利润中心是指能直接销售产品或提供劳务取得实际收入的利润中心。这类利润中心一般具有材料采购权、生产决策权、产品销售权，有很大的独立性。人为利润中心是以半成品、产成品在企业内部流转或劳务在企业内部提供，按照内部结算价格，而取得"内部销售收入"为特点的利润中心。

利润中心控制和考评的利润是责任利润。所谓责任利润，就是利润中心的可控收入减去可控成本而形成的可控利润。可控成本已在前面介绍，在此不赘述。可控收入，对于自然利润中心，就是对外销售产品而取得的实际收入；对于人为利润中心，就是按确定的内部结算价格转出本中心半成品、产成品或提供劳务而取得的内部销售收入。

由于人为利润中心能够为成本中心相互提供产品或劳务规定一个适当的内部转移价格，使得这些成本中心可以"取得"收入，进而可以评价其收益，因此，人为利润中心越来越普遍。

(三)投资中心

投资中心是对投资负责的责任中心。其特点是既对成本、收入和利润负责，又对资金及其利用效益负责。投资中心不仅在产品、劳务和销售上享有较大的经营自主权，而且能够相对独立地运用其所掌握的资金。投资中心的责任对象必须是其能影响和控制的成本、收入、利润和资金。

由于投资的目的是获得利润，因而投资中心也是利润中心，它与利润中心的区别主要在于：利润中心没有投资决策权，它是在企业确定投资方向后进行的具体经营；而投资中心则拥有投资决策权，即能够相对独立地运用其所掌握的资金，有权购置和处理固定资产，扩大或缩小生产能力。

投资中心是分权管理模式的最突出表现。它在责任中心处于最高层次，具有最大的经营决策权，也承担着最大的责任。

二、责任中心的业绩考评

传统的业绩考评指标，也就是责任中心的业绩考评指标，都是财力指标，这是因为：第一，公司的长远目标几乎都是纯财务性的，财务指标可直接与公司长远目标相衔接；第二，恰当的财务指标能综合反映公司的业绩。

(一)成本中心的业绩考评

成本中心的业绩考评是通过一定期间实际发生的责任成本与预定尺度(即责任成本预算或目标成本)进行对比，编制责任报告，分析差异形成的原因及责任。

由于成本中心的职责比较单一，成本中心的业绩考评往往集中于预算责任成本的完成情况。在实际工作中，差异分析一直被广泛使用，即将目标水平与实际水平进行比较。一般采用目标成本降低额和目标成本降低率。其计算公式为：

$$目标成本降低额=目标(或预算)成本-实际成本$$

$$目标成本降低率=\frac{目标成本降低额}{目标(或预算)成本}\times 100\%$$

对成本中心进行考评时，应该注意如果预算产量与实际产量不一致时，就按弹性预算的方法首先调整预算指标，然后再进行差异分析。各成本中心应定期根据差异分析的结果逐级编报责任报告。其一般格式如表 9-1 所示。

表 9-1　成本中心责任报告

单位：元

	当月		全年	
	预算	超支(节约)	预算	超支(节约)
A 小组				
直接材料	4 500	(80)	54 400	(320)
直接人工	13 200	180	96 000	110
管理人员工资	1 200	(30)	11 800	(120)
其他	700	20	5 400	(18)
合计	19 600	90	167 600	(348)
甲部门				
A 小组	19 600	90	167 600	(348)
B 小组	17 820	112	134 200	940
C 小组	13 580	(78)	114 500	(742)
各组合计	51 000	124	416 300	(150)
部门成本				
管理人员工资	12 630	0	83 410	0
其他	1 120	(70)	12 570	(212)
合计	64 750	54	521 280	(362)

续表

	当 月		全 年	
	预 算	超支(节约)	预 算	超支(节约)
全厂				
甲部门	64 750	54	512 280	(362)
乙部门	92 340	(102)	683 250	(1 008)
丙部门	107 420	315	745 140	742
各部门综合	264 510	267	1 940 670	(628)
厂部成本				
折旧	4 200	0	29 500	0
行政管理费	21 540	320	156 220	960
热电	8 570	168	99 870	1 020
全厂合计	298 820	755	2 226 260	1 352

(二)利润中心的业绩考评

利润中心的业绩考评是通过一定期间实际发生的责任利润与责任利润预算所确定的利润进行对比，编制责任报告，并对产生差异的原因和应负的责任进行具体分析。

利润中心的考核指标主要有以下几种：

利润中心边际贡献总额=利润中心销售收入总额-利润中心变动成本总额

利润中心负责人可控利润总额=利润中心边际贡献总额-利润中心负责人可控固定成本

利润中心可控利润总额=利润中心负责人可控利润总额-利润中心负责人不可控固定成本

利润中心利润总额=各利润中心可控利润总额之和-公司各种管理费用、财务费用等

利润中心进行考评时，将各利润中心的固定成本进一步划分为可控成本和不可控成本，这主要考虑有些成本费用可以划归、分摊到有关利润中心，却不能为利润中心负责人所控制，如广告费、保险费等。所以在考评利润中心负责人业绩时，将其不可控的固定成本从固定成本中剔除。利润中心责任报告的一般格式如表9-2所示。

表9-2 利润中心责任报告

单位：万元

	预 算	实 际	差 异
利润中心销售收入	40	40.20	0.20
减：利润中心变动成本	20	20.12	0.12
利润中心贡献毛益	20	20.08	0.08
减：利润中心负责人可控固定成本	2	2.20	0.20
利润中心负责人可控利润	18	17.88	-0.12
减：利润中心负责人不可控固定成本利润	3.60	3.60	0
利润中心可控利润	14.40	14.28	-0.12

(三)投资中心的业绩考评

投资中心不仅对收入、成本、费用和利润负责，还要对资金的利用效果负责。因此，对投资中心的业绩考评，除收入、成本、费用和利润指标外，还要考核投资的效益，考核

重点应放在投资报酬率(也称投资利润率)和剩余收益(也称经济附加值)两项指标上。

1. 投资报酬率

投资报酬率又称投资利润率,是指投资中心所获得的利润与投资额之比,主要有以下两种表现形式:

$$投资报酬率=税前利润/净资产 \qquad (9-1)$$

$$投资报酬率=息税前利润/投资额(或经营总资产) \qquad (9-2)$$

公式(9-1)中的净资产是指投资中心的总资产扣除负债后的余额,即投资中心总资产中以公司产权为其资金来源的部分,它主要说明投资中心运用"公司产权"供应的每一元资产对整体利润贡献的大小,或投资中心对所有者权益的贡献程度。

公式(9-2)中投资额是指投资中心生产经营中占用的全部资产。因资金来源中包含负债,相应分子是息税前利润,等于税前利润加利息费用;因此,公式(9-2)主要用于考核和评价由投资中心掌握、使用的全部资产的盈利能力。后面提到的投资报酬率,如无说明,均指公式(9-2)。

投资报酬率公式中的分子没有考虑所得税,是因为所得税税率是固定的,不影响企业如何有效运用资产以获得利润,所以没有采用税后净利;公式分母中的资产没有按年初与年末的平均数计算,主要考虑固定资产的账面价值(原值减累计折旧)是逐年递减的,如果取平均数,利润不变,投资报酬率却逐年增高,显然,这并不是经营的成果。投资报酬率还可进一步展开:

$$投资报酬率=(利润/成本费用)\times(成本费用/销售收入)\times(销售收入/投资额)$$
$$=成本费用利润率\times销售成本率\times资产周转率$$

投资报酬率把影响投资中心经营成果的各个方面——经营收入、成本费用、利润及资金运用都包括进去了,具有最大的综合性;同时投资利润将各投资中心的投入与产出进行比较,剔除了因投资额不同而导致的利润差异的不可比因素,从而具有横向可比性,有利于进行各投资中心的业绩比较。而且,还为企业合理调整资金布局、优化资源配置和选择投资机会提供了依据。因此,以投资利润率作为考评的尺度,将促使各投资中心盘活闲置资产,减少不合理资产占用,及时处理过时、毁损资产,促使管理者像控制费用一样地控制资产占用或投资额的多少,综合反映一个投资中心的全部经营成果。但是该指标也有局限性:一是使用投资利润率往往会使投资中心只顾本身利益而放弃对整个企业有利的项目;二是投资利润率的计算与资本支出预算所用的现金流量分析方法不一致,不便于投资项目建成投产后与原定目标的比较;三是由于一些共同费用无法为投资中心所控制,投资利润率的计量不全是投资中心所控制的。为了克服投资报酬率的上述局限性,往往采用剩余收益作为考评投资中心的核心指标。

2. 剩余收益

剩余收益是指投资中心获得的利润扣减经营总资产(投资额)按规定投资报酬率计算的投资收益后的差额,是一个部门的营业利润超过其预期最低收益的部分。其公式为:

$$剩余收益=息税前利润-经营总资产\times规定的投资报酬率$$
$$=经营总资产\times(投资报酬率-规定的投资报酬率)$$

公式中的经营总资产是账面价值,规定的投资报酬率是指公司的平均利润率或企业要求的最低报酬率,也可以是企业的综合资本成本。该公式也称为经济附加值,比较合理的做法是把公式中经营总资产的账面价值改成经营总资产的市场价值,此时,该公式称为修正的经济附加值。

以剩余收益作为投资中心业绩考评指标,各投资中心只要投资报酬率大于规定的投资报酬率,该项目便是可行的,它避免了投资中心的狭隘本位主义倾向,即单纯追求投资报酬率而放弃一些有利可图的项目。

【例9-1】 某公司下设投资中心A和投资中心B,该公司的加权平均资本成本为12%,采纳投资机会之前资料如表9-3所示。假设投资中心A面临一个投资项目,投资额为20万元,可获利2.6万元;投资中心B也有一个投资项目,投资额为30万元,可获利3.3万元。

要求:分别以投资报酬率和经济附加值为标准,投资中心A、B应否采纳各自的投资项目?是否企业的总体目标一致?

解:采纳投资方案后,投资中心A、B的投资报酬率、经济附加值的计算见表9-3。

表9-3 投资中心指标计算表

单位:万元

项目		投资额	利润	投资报酬率/%	经济附加值(剩余收益)
追加投资前	A	20	3	15	3−20×12%=0.6
	B	15	1.2	8	1.2−15×12%=−0.6
	企业	35	4.2	12	4.2−35×12%=0
投资中心A 采纳投资项目 (20万元)	A	40	5.6	14	5.6−40×12%=0.8
	B	15	1.2	8	1.2−15×12%=−0.6
	企业	55	6.8	12.4	6.8−55×12%=0.2
投资中心B 采纳投资项目 (30万元)	A	20	3	15	3−20×12%=0.6
	B	45	4.5	10	4.5−45×12%=−0.9
	企业	65	7.5	11.5	7.5−65×12%=−0.3

由表9-3可知:投资中心A,如果以投资报酬率为标准,由原来15%下降到14%,不应采纳该项目,以经济附加值为标准,由原来0.6万元上升到0.8万元,应采纳该项目,从整个公司来看,投资报酬率由原来12%上升到12.4%,经济附加值由原来0增加到0.2万元,应采纳该投资。这说明,采用经济附加值指标,使投资中心的局部利益与公司的整体利益相一致,因此,应以经济附加值为标准,采纳该投资项目。同样,投资中心B,如果以投资报酬率为标准,应采纳投资项目,以经济附加值为标准,不应采纳该投资项目,但从整个公司来看,报酬率从原来的12%下降到11.5%,经济附加值从0变成−0.3,不应采纳该投资项目,这同样说明,采用经济附加值指标,使投资中心的局部利益与公司的整体利益相一致。如果采用投资报酬率指标,就会发生为了投资中心的局部利益而损害公司的整体利益的情况。所以,以经济附加值为标准,可以保持各投资中心获利目标与公司总体获利目标一致。

通过经济附加值,可以判断投资中心是在创造价值还是毁灭价值,由经济附加值=息税前利润−经营总资产×规定的投资报酬率,可知,经济附加值大于0,是经济增加值,投资中心为企业创造价值；经济附加值等于0，只获得最低投资收益，投资中心既没创造，也没有毁灭价值；经济附加值小于0，是经济减少值，投资中心为企业毁灭价值。

经济附加值是一个绝对数，不利于各投资中心的横向比较，这可通过剩余收益的派生指标——剩余收益率得到解决。

$$剩余收益率 = \frac{剩余收益}{经营总资产(投资额)}$$

经济附加值不仅仅是一种业绩考评指标，还是一种投资中心薪酬的激励机制，通过确保投资中心在追求自身利益的同时实现企业价值最大化。经济附加值激励制度可以成为企业控制投资中心行为的机制，将投资中心的奖金置于不确定的状态，不规定上限。如果投资中心经济附加值小于0，就要扣除他们的奖金，经济附加值大于0，才能获得按固定比例计算的奖金，经济附加值只对经济增加值提供奖励，即增量激励。从根本上说，这是对结果的支付，而不是对行为的支付。

投资中心的业绩报告既要列示收入、成本、费用、利润的预算数和实际数，还要列示经营总资产、成本费用利润率、销售成本率、资产周转率、投资报酬率及剩余收益的预算数和实际数，通过预算数与实际数的比较，以便对投资中心的经营业绩作出全面的评价。投资中心责任报告的一般格式如表9-4所示。

表9-4 投资中心责任报告

项 目	预算数	实际数	差 异
销售收入/万元	150	156	6
成本、费用/万元	120	128	8
息税前利润/万元	30	28	-2
经营总资产/万元	120	130	10
成本费用利润率/%	25	21.9	-3.1
销售成本费用率/%	80	82	2
资产周转率/%	1.25	1.2	-0.05
投资报酬率/%	25	21.5	-3.5
资本成本为12%的经济附加值/万元	15.6	12.4	-3.2

第三节 内部转移价格

内部转移价格(internal transfer price)是企业对中间产品内部转让计价的一种标准。一个责任中心的产出经常可以作为另一个责任中心的投入，比如，一个部门生产出来的集成电路可以被另一个部门用来生产视频录像机。企业内部各责任中心之间相互提供的产品和劳务都应该按内部转移价格进行结算，其目的是正确地评价和考核内部责任中心的经营业绩。制定内部转移价格是建立责任会计制度后所必须配套的一种机制。

一、内部转移价格的意义和作用

内部转移价格，是指企业内部各责任中心因相互提供产品或劳务所采用的一种结算价格。

企业内部各责任单位在生产经营过程中既相互联系，又相互独立地开展各自的活动，各责任中心之间经常相互提供产品或劳务。内部转让价格为转出方创造了收入，同时也为购买方增加了成本，从而影响两个责任中心的经营利润。为了正确评价企业内部各个责任中心的经营业绩，明确区分各责任中心的经济责任，使对各责任中心的业绩评价与考核建立在客观而可比的基础，从而有利于调动各责任中心的积极性，必须根据各责任中心业务活动的具体特点，制定具有充分经济依据的内部转移价格。

内部转移价格为各责任中心之间的"买卖"活动制定了一个科学合理的计算标准。内部转移价格给"卖方"提供了一个尺度，表明在目前的经营水平下，"卖方"所能获得的内部利润的幅度；同时由于这个尺度的存在，促使"卖方"不断改进经营管理，从各个方面来降低经营成本，从而获得更多的内部利润。内部转移价格同样给"买方"提供了一个尺度，因为"买方"耗用了中间产品或劳务后，他们的成本开支中就会有为这中间产品或劳务的支出部分。为了能在收入中补偿支出并获得更多的利润，"买方"就会千方百计地降低物料消耗，减少人工和机器工时等各方面的支出。这样，内部转移价格就能促使"买卖"双方加强经营管理，提高经济效益。

可见，内部转移价格主要有以下几个作用。

(1) 有助于经济责任的合理落实。内部转移价格利用它的调节手段，通过内部交易的形式在各责任中心之间调节"买卖"双方的收入和支出，可使各责任中心的经济责任合理，从而使这些经济责任易于落实。

(2) 使管理当局对各责任中心的评价和考核，建立在客观、公正和可比的基础上。内部转移价格不仅对责任中心的激励提供了一个公正和易于使用的计量基础，而且提供了反映责任中心综合成果的内部利润数，便于具体利益的计算和分配。

(3) 各责任中心与整个企业的经营目标一致性。内部转移价格使企业能根据各责任中心提供的相关信息，结合最优化生产计划，使企业的资源得到最佳利用，从而使企业整体达到最佳的经济效益。

二、制定内部转移价格的方法

在制定内部转移价格时，一般有三种方法可供选择：以市场价格为基础的内部转移价格、以成本为基础的内部转移价格和协商决定的内部转移价格。

(一)以市场价格为基础的内部转移价格

以市场价格为基础的内部转移价格就是直接以市场价格作为责任中心之间中间产品或劳务的内部转移价格。此法是假定企业内部各部门都立足于独立自主的基础上，它们可以自由地决定从外界或内部进行购销。同时，产品或劳务处于完全的市场竞争条件下，并有客观的市价可供采用。

一般认为，市场价格是制定内部转移价格的最好依据。因为，市场价格比较客观，对买卖双方无所偏袒，而且能激励卖方努力改善经营管理，不断降低成本。同时，市场价格也最能体现利润中心的基本要求，在企业内部创造一种竞争的市场环境，让每个利润中心都成为名副其实的独立生产经营单位，以利于相互竞争，最后再通过利润指标来评价和考核它们的经营成果和工作业绩。

在采用市场价格作为计价基础时，为了保证各责任中心的竞争建立在与企业的总体相一致的基础上，企业内部的买卖双方都应遵守这样一条基本原则：各责任中心之间应尽可能进行内部转让，除非责任中心有充分的理由说明进行外部交易比内部转让更为有利。

在利润中心或投资中心之间相互提供产品或劳务，在有客观的可供利用的市场价格的情况下，其内部转移价格按市价计价，这是使它们能形成"部门利润"的一个必要条件。

以市场价格作为内部转移价格的优点是："买方"责任中心可以同外部市场相比，如内部转移价格高于现行市场价格，它可以舍内而求外，不必为此而支付更多的代价；"卖方"责任中心也是如此，市场价格迫使它不能获得高于市场价格的收入。这是正确评价各个利润中心和投资中心的经营成果，充分发挥其生产经营主动性的一个重要条件。

实际上，以市场价格作为内部转移价格，也有其局限性。由于企业内部相互转让的产品或提供的劳务手续简单，往往比对外销售节约较多的销售费用和管理费用，如仍直接按正常的市场价格计价，这方面的节约将全部表现为"卖方"的经营业绩，而"买方"却得不到任何好处，因而其结果不太合理。

(二)以成本为基础的内部转移价格

以成本为基础的内部转移价格就是在各中间产品或劳务的成本基础上加上一定比例的内部利润作为内部转移价格的方法，也称成本加成法。此法主要适用于各责任中心之间转让的产品或劳务处于不完全市场竞争条件下，即中间产品或劳务没有正常市场价格的情况。

理论上说，成本加成可在各种成本基础上进行。但由于成本加成制定的内部转移价格是一种管理手段，它应与其他各种有效的管理方法相结合，因此，成本加成一般按中间产品或劳务的标准成本加成。以标准成本为基础进行成本加成具有以下优点：第一，定价基础相对稳定，因而易于操作；第二，避免将"卖方"的成本节约或浪费"转嫁"给买方，不仅有利于激励卖方努力降低成本，而且便于正确考核买方的工作业绩。

成本加成法通常有按完全成本加成和按变动成本加成两种做法。

1. 完全成本加成法

完全成本加成法就是根据中间产品或劳务的完全成本加上按一定的合理利润率计算的利润作为内部转移价格的方法。

实务中，在计算产品对外销售价格时，加成的基础是该产品的完全成本。而在制定内部转移价格时，若加成的基础仍选用中间产品或劳务的完全成本，则买方就会在计算内部利润中占便宜，卖方就会吃亏。因为，买方产品的完全成本中包括前面责任中心转来的成本，这些转移的成本在企业范围内重复计算利润，从而使价值链后端的责任中心越有利。中间产品内部转移的次数越多，这种重复计算就越严重。

可见，采用完全成本加成法能保证卖方责任中心有利可图，充分调动他们的工作积极性。但其不足之处在于把卖方的功过全部转嫁给买方承担，从而削弱了各责任中心降低成本的责任感；另外，确定加成的利润率，往往带有很大程度的主观随意性，它的偏高或偏低都会影响双方业绩的正确评价。

2. 变动成本加成法

变动成本加成法就是根据中间产品或劳务的变动成本加上一定的合理利润率计算的利

润作为内部转移价格的方法。

变动成本加成法的主要问题是：第一，这种内部转移价格会使"买方"过分有利；第二，由于对责任中心只计算变动成本，因而不能用投资利润率和剩余收益对责任中心进行业绩考核；第三，如果无限制地将一个责任中心的变动成本转移给另一责任中心，将不利于激励成本中心控制成本。

总之，成本加成法是一种较简单但不完善的方法。但对于无外部市场的中间产品，以及某种便于整体决策目的来说，它仍不失为一种行之有效的和必要的内部转移价格的方法。

(三)协商决定的内部转移价格

为了避免直接以市场价格作为内部转移价格所存在的缺点，也可以协商的市场价格作为内部转移价格。

协商决定的内部转移价格是责任中心的买卖双方以正常的市场价格为基础，定期共同协商，确定一个双方都能接受的价格作为中间产品或劳务的内部转移价格。协商的市场价格又称"议价"。采用这种价格的前提条件是责任中心相互转让的中间产品或劳务应有非竞争性的市场可以买卖，在此市场内买卖双方有权决定是否买卖这种中间产品。协商定价应该由每个部门所面临的机会成本来指导，只有当"卖方"的计划成本比"买方"的机会成本低时，才能达成协商价格。因此，协商价格通常要比市场价格稍低一些，原因如下。

(1) 内部转移价格中所包含的销售和管理费用，一般要低于外部市场供应的市场价格。
(2) 内部转让的中间产品一般数量较大，故单位成本较低。
(3) "卖方"大多拥有剩余的生产能力，因而议价只要略高于单位变动成本即可。

可见，协商价格的上限是市价，下限是单位变动成本，具体价格应当由责任中心的买卖双方在其上下限范围内协商议定。在各责任中心之间相互提供的产品或劳务没有适当市价的情况下，也可以采用议价的方式来确定，即通过买卖双方的协商，确定一个卖方愿卖、买方愿买的"公允市价"，作为计价基础。

协商价格的缺陷是：在各责任中心的协商过程中，不可避免地要花费很多人力、物力和时间；另外，当买卖双方难以确定内部转移价格时，往往需企业高层管理人员进行裁定。在这种情况下，不仅与分权管理的初衷相违背，同时也很难起到激励作用。

三、制定内部转移价格的原则

下面以某石油公司为例，对内部转移价格的制定原则进行探讨。

【例 9-2】某石油公司有三个分公司，每个分公司都是利润中心。其中，生产分公司从事油田的原油生产，运输分公司负责原油管道的输送工作，精炼分公司专门将原油加工成汽油。假设每个分公司的变动成本随着单一的成本动因变化。生产分公司和运输分公司的成本动因分别是其生产和运送的原油桶数，精炼分公司的成本动因是其加工的汽油桶数。每单位的固定成本则是根据预算年产量，即生产的原油产量、运送的原油产量及生产的汽油产量来计算的。具体资料如下：

生产分公司生产一桶原油的变动成本是 16 元，固定成本是 44 元，可以以每桶 110 元的价格将原油卖给公司的外部客户。运输分公司从生产分公司"买入"原油，然后将它们运到精炼分公司,并"卖给"精炼分公司,运输一桶原油的变动成本是 8 元,固定成本是 22 元,输油管道每天可以承运 40 000 桶原油。精炼分公司已经达到其生产能力,每天加工 15 000 桶汽油(生产 1 桶汽油需耗用 2 桶原油),加工一桶汽油的变动成本是 64 元,固定成本是 56 元,平均每天耗用从运输分公司运来的 10 000 桶原油和向当地其他产油商购买(每桶 144 元)的 20 000 桶原油。精炼分公司以每桶 430 元的价格出售汽油。

要求:根据上述材料,分别采用以市场价格为基础、以完全成本的 110%加成率和协商决定的方法制定内部转移价格。

解:(1) 以市场价格为基础的内部转移价格:

从生产分公司到运输分公司=110(元)

从运输分公司到精炼分公司=150(元)

(2) 以完全成本的 110%加成率的内部转移价格:

从生产分公司到运输分公司=(16+44)×110%=66(元)

从运输分公司到精炼分公司=(66+8+22)×110%=105.6(元)

(3) 协商决定的内部转移价格。

如前所述,协商定价应该由每个部门所面临的机会成本来指导,只有当"卖方"的计划成本比"买方"的机会成本低时,才能达成协商价格。假定经协商,内部转移价格确定如下:

从生产分公司到运输分公司=80(元)

从运输分公司到精炼分公司=134(元)

【例 9-3】 续例 9-2,假设石油公司的生产分公司每天生产 10 000 桶原油,精炼分公司不再向其他产油商购买原油。

要求:分别考虑三种不同的转移定价方法对各分公司业绩的影响。

解:(1) 以市场价格为基础的内部转移价格:

生产分公司经营利润=(110-16-44)×10 000=500 000(元)

运输分公司经营利润=(150-110-8-22)×10 000=100 000(元)

精炼分公司经营利润=430×5 000-150×10 000-64×5 000-56×5 000=50 000(元)

(2) 以完全成本的 110%加成率的内部转移价格:

生产分公司经营利润=(66-16-44)×10 000=60 000(元)

运输分公司经营利润=(105.6-66-8-22)×10 000=96 000(元)

精炼分公司经营利润=430×5 000-105.6×10 000-64×5 000-56×5 000=444 000(元)

(3) 协商决定的内部转移价格:

生产分公司经营利润=(80-16-44)×10 000=200 000(元)

运输分公司经营利润=(134-80-8-22)×10 000=240 000(元)

精炼分公司经营利润=430×5 000-134×10 000-64×5 000-56×5 000=160 000(元)

从根据三种不同方法计算的每 10 000 桶原油带给各分公司的经营利润可以看出,内部转移价格为"卖方"带来了收入,为"买方"增加了相应的成本,而所有分公司的经营成果合并时,收入和成本就全抵消了。采用不同的内部转移价格得出的各分公司的利润是不同的,若以方法1为基础,可计算最大差异如下:

生产分公司利润的差异=500 000-60 000=440 000(元)
运输分公司利润的差异=100 000-240 000=-140 000(元)
精炼分公司利润的差异=50 000-444 000=-394 000(元)

如果各分公司都是以其利润最大化为唯一目标，毫无疑问，各分公司都会选择最有利于本分公司的定价方法：生产分公司会选择以市场价格为基础的定价方法；运输分公司会选择协商决定的定价方法；而精炼分公司会首选按完全成本加成率110%的定价方法。

虽然内部转移价格对公司整体来说并不会因此盈利，但如果它能影响到各责任中心的行为，它就可能影响公司的盈利水平。各责任中心可能会选择使其利润达到最大的内部转移价格，但这可能会对整个公司的利润造成不利影响，导致损害企业整体的利益。

【例9-4】运输分公司一桶原油的内部转移价格是105.6元，成本是96元。如果精炼分公司可以从外部供应商处以每桶100元的价格购入原油，那么，它就会拒绝从运输分公司购买。假设运输分公司没有外部市场，原油只能在公司内部销售。

要求：比较精炼分公司的利益和总公司的损失。

解： 精炼公司每桶原油可节约成本=105.6-100=5.6(元)
总公司每桶原油的损失=100-96=4(元)

可见，如何制定内部转移价格对公司的总体利润是至关重要的。因此，必须针对各责任中心业务活动的具体特点及科学合理的经济依据制定内部转移价格。合适的内部转移价格应该对于整个企业而言都是最优的。例如，"卖方"应该有动力设法降低产品或服务的供应成本，而"买方"则应该致力于得到并使用高效率的产品。

综上所述，制定内部转移价格一般应遵循以下几条原则：

(1) 一致性原则。一致性原则是制定内部转移价格的最基本原则。在制定内部转移价格时，应强调企业利益高于分部利益。一致性原则要求内部转移价格不仅对"买卖"双方责任中心有利，还必须符合企业整体利益。

(2) 激励性原则。内部转移价格应具有激励作用，有利于调动各责任中心的工作积极性。它要求使"买卖"双方均有利可图，能够客观公正地反映各责任中心的工作业绩。

(3) 自主性原则。承认各责任中心的相对独立的物质利益，就必须给各责任中心以自主权。因此，制定的内部转移价格必须以"买卖"双方自愿接受为前提，只要一方不同意，就不能成立。

总之，内部转移价格就是要找到一种机制，使它能同时满足这三个目标。通过考虑内部转移产品的机会成本，就能设计出内部转移价格满足定价机制中的三个目标的程序。机会成本法可以广泛地应用于内部转移价格的制定。

四、机会成本法与内部转移价格

机会成本法(opportunity cost approach)就是找出"卖方"愿意接受的最低价格和"买方"愿意支付的最高价格的方法。最高价格和最低价格就相当于内部转移的机会成本。最低内部转移价格或底价，就是"卖方"按此价格将产品卖给内部其他部门，不会因此而使得业绩变得更差的内部转移价格；最高内部转移价格或顶价，就是"买方"按此价格购买内部其他部门的产品，不会因此而使业绩变得更差的内部转移价格。机会成本法可表明什么时候通过内部转移价格可能提高公司整体的利益。应该指出的是，只要"卖方"的机会成本(最低价格)比"买方"的机会成本(最高价格)低，就应该在内部转移产品。这就意味着，公司总体的利益不会因内部转移产品而降低。

【例 9-5】 仍以上述石油公司的资料为例，采用机会成本法对其内部转移价格的制定方法进行探讨。

(1) 以市场价格为基础的内部转移价格。如前所述，以市场价格为基础的内部转移价格适用于完全竞争市场的情形，即中间产品或劳务存在正常市场价格的情况。假定生产分公司和运输分公司能以每桶 110 元的价格分别从市场上买入或卖出数量不受限制的原油，石油公司希望分公司能在公司内部买卖原油。

机会成本法表明此时合适的内部转移价格就是市场价格。由于生产分公司可以以市场价格 110 元出售它生产的所有原油，若以较低的价格进行内部转移，将会不利于生产分公司。与此相似，运输分公司能够以市场价格获得原油，所以它不愿为同类的内部转移产品付出更高的价格。由于生产分公司的最低内部转移价格是市场价格，而运输分公司的最高内部转移价格也是市场价格，所以，唯一可能的内部转移价格就是市场价格。

如果每一个分公司管理者都有动机使其所处的分公司的利润最大化，那么，只要有利可图，生产分公司将会以市场价格出售(或对内部或对外部)尽可能多的原油；同样，运输分公司也将会以市场价格买入(或从内部或从外部)尽可能多的原油。这些使分公司的经营利润最大化的行为同样也能使公司的经营利润最大化。如果内部转移价格与市场价格偏离，将使整个公司的利润下降。

(2) 以全部成本为基础的内部转移价格。如前所述，以成本为基础的内部转移价格适用于不完全竞争市场情形，即中间产品或劳务没有正常市场价格的情况。公司将内部转移价格定为全部成本的110%。精炼分公司平均每天以 150 元的价格从当地的供应商那里购买 20 000 桶原油。精炼分公司了解到外地的一个独立供应商每桶原油的价格为 110 元，为降低成本，精炼分公司决定先由运输分公司买下，然后运到当地，再卖给精炼分公司。假设运输分公司的输油管有多余的运油能力，仍能以每桶 8 元的变动成本承运新的 20 000 桶原油。那么，对精炼分公司而言，在哪种情况下成本更低？

若从当地供应商那里购买 20 000 桶原油，每桶价格 150 元，精炼分公司因此要承担的总成本是 3 000 000 元(150×20 000)。

若通过运输分公司从外地独立供应商那里购买 20 000 桶原油，精炼分公司因此要承担的总成本是 3 080 000 元[(110+8+22)×110%×20 000]。

作为一个利润中心，精炼分公司若从当地供应商处购买原油，则其短期经营利润可实现最大化。

在以成本为基础制定内部转移价格时，精炼分公司将向运输分公司支付的每桶原油成本 154 元全部视为变动成本。而从公司的整体来看，每桶原油的变动成本实际上只有 118 元(外地买价 110 元+8 元)，剩余的 36 元只是固定成本和对运输分公司的加成。显然，站在公司的角度，从当地购买原油更便宜。但是，站在精炼分公司的角度，则是从当地购买更便宜。可见，由于选择了全部成本加成法来制定内部转移价格，公司内部出现了结果不一致的问题。

按机会成本法的原理，合适的内部转移价格的下限是 118 元，如果内部转移价格低于

118元，运输分公司就不可能有动力去外地购买原油来运输，而只要内部转移价格略高于118元，就可以使运输分公司赚得一些边际收益来弥补固定成本。另一方面，内部转移价格的上限是150元，如果内部转移价格高于150元，精炼分公司就会从外部市场，而不是从运输分公司购买。在118元和150元之间的内部转移价格都可以促使目标达成一致，即从外地购买原油，两个分公司的利润都有所增加。

(3) 协商决定的内部转移价格。协商决定的内部转移价格也应该由每个责任中心所面临的机会成本来指导。只有当"卖方"的机会成本比"买方"的机会成本低时，才能达成协商决定的内部转移价格。

假定运输分公司有剩余的运输能力，可以用来将原油从外地运到当地，那么，只有内部转移价格超过每桶118元(运输分公司变动成本)时，它才会将原油"卖"给精炼分公司。同时，对于精炼分公司，只有在内部转移价格低于150元(精炼分公司在当地购买的原油价格)时，才会乐意从运输分公司"购买"原油。

从这个公司的角度来看，精炼分公司从运输分公司购买原油才能使公司利润最大化。但是，只有当内部转移价格介于118元和150元之间时，精炼分公司与运输分公司才会都有兴趣进行这项交易。如每桶原油以134元的内部转移价格将使运输分公司每桶的利润增加16元(134-118)，同时也使精炼分公司每桶的利润增加16元(150-134)。此时，运输分公司的机会成本低于精炼公司的机会成本。

本 章 小 结

由于传统的集权制管理已不能满足现代化企业管理的需要，分权管理就应运而生。为了对各分权单位的业绩作出正确的计量、评价和考核，真正发挥分权管理的作用，必须将企业划分成各种不同形式的责任中心，并建立起以各个责任中心为主体，以责、权、利相统一的机制为基础，通过信息的积累、加工和反馈而形成的企业内部严密的控制系统，即责任会计。

根据企业内部责任单位权责范围以及业务活动的特点不同，可将企业生产经营上的责任中心，划分为成本中心、利润中心和投资中心三类，根据各类责任中心的特点，确定相应的业绩评价和考核重点。为了调动各责任中心的积极性，必须根据各责任中心业务活动的具体特点，制定具有充分经济依据的内部转移价格。内部转移价格一般有三种制定方法：以市场价格为基础的内部转移价格、以成本为基础的内部转移价格和协商决定的内部转移价格。不同的内部转移价格具有不同的特点和适用范围。

案 例 点 击

伊源食品加工有限公司是一家民营企业的果汁加工厂，其经营向多元化方向发展，逐步涉及果脯、罐头和果酱加工等果汁加工以外的领域。经过几年的发展，已成为一家上中下游一体化、果品加工主业突出、拥有比较完备销售网络的集团企业。伊源公司的产品遍及全国各大中小城市，甚至出口海外。面对日益扩大的规模，伊源公司的高层管理层意识到原来管理小型企业的方式(即高层管理层对公司业务进行全面管理的方式),不太适应当前的大型企业集团。因为这种方式不仅使公司高层感到力不从心、疲于奔命,也无法调动下层管理者工作的积极性。于是,将分权制引入伊源成为其必然选择。

公司根据经营情况而设立种植园、果汁加工、果脯加工、罐头加工、果酱加工五个事业部及总部,在各个事业部下再设立加工厂、营销部等。伊源结合公司的发展战略,实施责任会计,明确各个部门的责、权、利。每个事业部都拥有自己的管理团队,事业部内各个部门的管理人员都具有丰富的经验,公司允许他们在职责范围内作出恰当的重要决定。当然,在对部门经理放权的同时,也明确了他们的责任。为此,伊源针对不同的部门设立了不同的业绩评价方法,对部门和经理人员的业绩进行评价,同时也作为对部门经理奖惩的依据。此外,各个事业部之间还存在产品之间相互转移的情况,像种植园事业部所收获的大部分水果将分别送其他四个事业部。伊源通过合理地制定转移产品的价格,使五个事业部与公司的整体利益趋于一致,有利于整体利润最大化。通过分权管理,伊源的五个事业部运作得井然有序,集团发展蒸蒸日上。

(资料来源:郭晓梅. 管理会计. 北京:北京师范大学出版社)

复习思考题

案例 9-1:EVA 指标.docx

1. 简述责任会计制度的构成。
2. 制定内部转移价格的原则是什么?
3. 责任会计的基本内容有哪些?
4. 责任会计有哪些基本原则?
5. 什么是责任中心?为什么要划分责任中心?责任中心如何划分?

练 习 题

一、单项选择题

1. 下列项目中,通常具有法人资格的责任中心是( )。
   A. 投资中心   B. 利润中心   C. 成本中心   D. 费用中心
2. 投资中心的考核指标中能使部门的业绩与企业的目标协调一致,避免次优化问题的指标是( )。
   A. 投资报酬率   B. 剩余收益   C. 现金回收率   D. 可控边际贡献
3. 如果企业内部的供需双方分别按照不同的内部转移价格对同一笔内部交易进行结算,则可以断定它们采用的是( )。
   A. 成本转移价格   B. 市场价格
   C. 协商价格   D. 双重价格
4. 在成本转移价格作为内部转移价格时,如果交易产品涉及利润中心或投资中心,则此时的价格应当是( )。

  A. 实际成本　　　B. 标准成本　　　C. 标准成本加成　　　D. 变动成本

5. 某投资中心第一年经营资产平均余额 100 000 元,经营利润 20 000 元,第二年该中心新增投资 20 000 元,预计经营利润 3 000 元,接受新投资后,该部门的投资利润率为( )。

  A. 15.5%　　　B. 20%　　　C. 17.5%　　　D. 19%

6. 管理会计将在责任预算的基础上,把实际数与计划数进行比较,用来反映与考核各责任中心工作业绩的书面文件称为( )。

  A. 差异分析表　　　　　　　　B. 责任报告

  C. 预算执行情况表　　　　　　D. 实际执行与预算比较表

7. 计算投资利润率时,其经营资产计价采用的是( )。

  A. 原始价值　　　B. 账面价值　　　C. 评估价值　　　D. 市场价值

8. 当产品或劳务的市场价格不止一种,供求双方有权在市场上销售或采购,且供应部门的生产能力不受限制时,应当作为内部转移价格的是( )。

  A. 成本转移价格　　　B. 市场价格　　　C. 双重市场价格　　　D. 协商价格

9. 成本中心控制和考核的内容是( )。

  A. 责任成本　　　B. 产品成本　　　C. 直接成本　　　D. 目标成本

10. 产品在企业内部各责任中心之间销售,只能按照"内部转移价格"取得收入的利润中心是( )。

  A. 责任中心　　　　　　　　B. 局部的利润中心

  C. 自然的利润中心　　　　　D. 人为的利润中心

二、多项选择题

1. 下列项目中,属于责任中心考核指标的有( )。

  A. 产品成本　　　　B. 可控成本　　　　C. 利润

  D. 剩余收益　　　　E. 投资利润率

2. 下列各项中,属于建立责任会计制度必须遵循的原则有( )。

  A. 责任主体原则　　　B. 可控性原则　　　C. 目标一致原则

  D. 激励原则　　　　　E. 反馈原则

3. 下列各项中,属于责任会计制度内容的有( )。

  A. 设置责任中心　　　B. 编制责任预算　　　C. 提交责任报告

  D. 评价经营业绩　　　E. 反映财务状况

4. 下列各项中,属于责任中心内容的有( )。

  A. 成本中心　　　　　B. 包装中心　　　　　C. 销售中心

  D. 利润中心　　　　　E. 投资中心

5. 在下列各项中,能够揭示责任中心特点的项目有( )。

  A. 责权利相结合

  B. 责任与权利都是可控的

  C. 具有承担经济责任的条件

  D. 能进行责任核算、业绩考核与评价

E. 有相对独立的经营业务和财务收支活动

6. 下列各项中，属于某复合成本中心责任成本的有(　　)。
   A. 本中心的产品成本　　　　　　B. 本中心的变动成本
   C. 本中心的责任成本　　　　　　D. 本中心的不可控成本
   E. 其下属成本中心的责任成本

7. 下列各项中，属于成本中心类型的有(　　)。
   A. 产品成本中心　　　　　　　　B. 变动性成本中心
   C. 销售成本中心　　　　　　　　D. 技术性成本中心
   E. 酌量性成本中心

8. 下列各项中，属于可控成本必须满足的条件有(　　)。
   A. 可以落实责任　　　　　　　　B. 可以计量
   C. 可以施加影响　　　　　　　　D. 可以预计
   E. 可以得到补偿

9. 下列各项中，能够揭示责任成本与产品成本主要区别的表述有(　　)。
   A. 成本的特性不同　　　　　　　B. 归依和分配的对象不同
   C. 分配的原则不同　　　　　　　D. 核算的基础条件不同
   E. 核算的主要目的不同

10. 在下列各项指标中，属于成本中心考核范畴的有(　　)。
    A. 责任成本总额　　　　　　　　B. 责任成本变动额
    C. 责任成本变动率　　　　　　　D. 变动成本变动额
    E. 变动成本变动率

三、计算题

1. 已知：某投资中心投资额为 100 000 元，年净利润额为 18 000 元，企业为该投资中心规定的投资利润率为 15%。

   要求：计算该投资中心的投资利润率和剩余收益。

2. 已知：A 公司 2019 年的销售收入为 40 000 元，营业资产为 16 000 元；B 公司 2019 年的销售收入为 1000 000 元，营业资产为 20 000 元。如果两家公司均希望其 2019 年的投资利润率达到 15%。

   要求：分别计算 A、B 公司在 2019 年的销售利润率。

3. 已知：D 公司某投资中心 A 原投资利润率为 18%，营业资产为 500 000 元，营业利润为 100 000 元。现有一项业务，需要借入资金 200 000 元，可获利 68 000 元。

   要求：(1) 若以投资利润率作为评价和考核投资中心 A 的依据，作出 A 投资中心是否愿意投资于这项新的业务的决策。

   (2) 若以剩余收益作为评价和考核投资中心 A 工作成果的依据，新项目要求的最低收益率为 15%，作出 A 投资中心是否愿意投资于这个新项目决策。

第九章　答案

第十章

战略管理会计

本章导读

战略的形成是一个科学的规划过程,只要内外环境没有根本性改变,行业竞争制胜的关键要素没有改变,企业的战略就不需要调整,只要坚持下去就会实现既定的目标,不能被眼前的一些变化所左右。战略目标的实现是有一个实施期的,并非一蹴而就。当然,在经济全球化的时代,环境的变数呈几何级增长,技术升级越来越快,资金流动愈加频繁,因此,企业必须严密关注环境的变化。

学习目标

了解企业战略的含义和种类,了解战略管理的含义、种类和作用,理解战略管理会计的含义及其与传统管理会计的区别,了解价值链分析、企业竞争优势动因和目标成本管理的基本内容,了解企业可选择战略的基本类型,掌握平衡计分卡以及关键业绩指标考核。

核心概念

战略(strategy)　战略管理(strategy management)　战略管理会计(strategy management accounting)　优势(strength)　劣势(weakness)　机会(opportunities)　威胁(threats)　平衡计分卡(Balanced Score Card)　关键绩效指标(Key Performance Indicator)

引导案例

腾讯公司的战略地图

腾讯公司成立于 1998 年 11 月，位于深圳，是目前中国最大的互联网综合服务提供商之一，也是中国服务用户最多的互联网企业之一。成立二十多年来，腾讯一直秉承一切以用户价值为依归的经营理念，始终处于稳健、高速发展的状态。

腾讯公司的战略地图如图 10-1 所示。

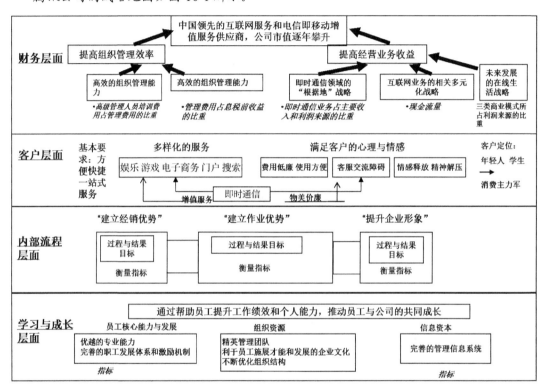

图 10-1　腾讯公司的战略地图

一、腾讯公司的战略地图——财务层面

腾讯公司财务层面的最高一级战略目标：中国领先的互联网服务和电信即移动增值服务供应商，公司市值逐年攀升。由此选取公司 EVA 做衡量指标。

互联网的快速发展趋势长期来看不会改变，人们的上网费用会越来越低廉，同时，互联网用户继续增长的空间仍然很大。腾讯应该如何实现其"在线生活"的理念，占领更大份额的用户市场？在"逐年提升公司价值"的战略目标之下，腾讯有两项重要的战略性主题：提高管理及营销效率(节流)、提高经营业务收益(开源)。

二、腾讯公司的战略地图——客户层面

战略目标：一切以用户价值为依归，发展安全健康活跃平台(经营理念)。

腾讯增长战略：理解客户需求，根据客户需求提供服务。

衡量指标：客户获得率；客户份额。

三、腾讯公司的战略地图——内部流程层面

1. 多元化的营销方式

以免费策略占据市场，从其他地方获得收益、清楚客户在哪里，也知道能为他们提供什么、各个业务互相关联互相提携、利润乘数模式的利用、跳出常规思维来寻找盈利、与多个知名品牌合作，准确把握市场机遇、有效降低经营风险。

2. 多元化业务

即时通信业务(面向个人娱乐的QQ、微信、面向企业用户的BQQ和RTX和面向个人办公的TM)、门户网站业务、网络购物业务、网络游戏业务。

以即时通信和门户网站"一纵一横"为核心，构建最佳业务架构和产品组合，兼顾技术开拓、利润获取、竞争优势，有效支持公司稳健发展。

四、腾讯公司的战略地图——学习与成长层面

学习与成长层面的战略性主题是：通过帮助员工提升工作绩效和个人能力，推动员工与公司的共同成长。

这是腾讯的战略得以实现的根基，我们界定了三项学习成长层面的战略目标：

1. 员工核心能力和发展

首先，致力于加强优秀人才的招聘，建立全方位的职工培训体系。

2. 组织资本

(1) 企业文化。

良好的企业文化，加有效的约束和激励，确保腾讯内部较高的执行能力。腾讯内部工作氛围开放自由，上下级间等级观念不强，非常平等开放。

(2) 组建精英管理团队。

腾讯拥有一支专业能力强、职业素养高的优秀管理团队。腾讯公司还结合公司领导力模型打造了全面的领导力发展培养体系。

(3) 优化公司组织结构。

根据新战略的要求，调整后的腾讯被分为8大系统，其中所有的一线业务系统被整合为4个业务单元，分别为无线业务、互联网业务、互动娱乐业务和网络媒体业务。

3. 信息资本

完善的管理信息体系：营销推广系统、发布系统、内部办公平台、安全系统。

衡量指标：信息组合准备度、信息传递和实施效率。

(资料来源：https://wenku.baidu.com/view/4384da10caaedd3383c4d370.html)

第一节 战略管理概述

一、企业战略的含义及特征

随着现代科学技术的迅猛发展，全球性竞争日益激烈，现代企业不仅需要科学精细的日常管理，更需要有高瞻远瞩的战略眼光和战略思想。

(一) 企业战略的含义

企业战略是指企业根据环境的变化、本身的资源和实力选择适合的经营领域和产品，形成自己的核心竞争力，并通过差异化在竞争中取胜，随着世界经济全球化和一体化进程的加快和随之而来的国际竞争的加剧，对企业战略的要求愈来愈高。

企业战略是对企业各种战略的统称，其中既包括竞争战略，也包括营销战略、发展战略、品牌战略、融资战略、技术开发战略、人才开发战略、资源开发战略等。企业战略是层出不穷的，例如信息化就是一个全新的战略。企业战略虽然有多种，但基本属性是相同的，都是对企业的谋略，都是对企业整体性、长期性、基本性问题的谋划。例如，企业竞争战略是对企业竞争的谋略，是对企业竞争整体性、长期性、基本性问题的计谋；企业营销战略是对企业营销的谋略，是对企业营销整体性、长期性、基本性问题的计谋；企业技术开发战略是对企业技术开发的谋略，是对企业技术开发整体性、长期性、基本性问题的计谋；企业人才战略是对企业人才开发的谋略，是对企业人才开发整体性、长期性、基本性问题的计谋。依此类推，都是一样的。各种企业战略有同也有异，相同的是基本属性，不同的是谋划问题的层次与角度。总之，无论哪个方面的计谋，只要涉及的是企业整体性、长期性、基本性问题，就属于企业战略的范畴。

(二) 企业战略的特征

企业战略是设立远景目标并对实现目标的轨迹进行的总体性、指导性谋划，属宏观管理范畴，具有指导性、全局性、长远性、竞争性、系统性、风险性六大主要特征。

1. 指导性

企业战略界定了企业的经营方向、远景目标，明确了企业的经营方针和行动指南，并筹划了实现目标的发展轨迹及指导性的措施、对策，在企业经营管理活动中起着导向作用。

2. 全局性

企业战略立足于未来，通过对国际、国家的政治、经济、文化及行业等经营环境的深入分析，结合自身资源，站在系统管理高度，对企业的远景发展轨迹进行了全面规划。

3. 长远性

"今天的努力是为明天的收获""人无远虑，必有近忧"。首先，兼顾短期利益，企业战略着眼于长期生存和长远发展的思考，确立了远景目标，并谋划了实现远景目标的发展轨迹及宏观管理的措施、对策。其次，围绕远景目标，企业战略必须经历一个持续、长远的奋斗过程，除根据市场变化进行必要的调整外，制定的战略通常不能朝夕令改，具有长效的稳定性。

4. 竞争性

竞争是市场经济不可回避的现实，也正是因为有了竞争才确立了"战略"在经营管理中的主导地位。面对竞争，企业战略需要进行内外环境分析，明确自身的资源优势，通过设计适体的经营模式，形成特色经营，增强企业的对抗性和战斗力，推动企业长远、健康地发展。

5. 系统性

立足长远发展，企业战略确立了远景目标，并需围绕远景目标设立阶段目标及各阶段目标实现的经营策略，以构成一个环环相扣的战略目标体系。同时，根据组织关系，企业战略需由决策层战略、事业单位战略、职能部门战略三个层级构成一体。决策层战略是企业总体的指导性战略，决定企业经营方针、投资规模、经营方向和远景目标等战略要素，是战略的核心。本书讲解的企业战略主要属于决策层战略。事业单位战略是企业独立核算的经营单位或相对独立的经营单位，遵照决策层的战略指导思想，通过竞争环境分析，侧重市场与产品，对自身生存和发展轨迹进行的长远谋划。职能部门战略是企业各职能部门，遵照决策层的战略指导思想，结合事业单位战略，侧重分工协作，对本部门的长远目标、资源调配等战略支持保障体系进行的总体性谋划，比如策划部战略、采购部战略等。

6. 风险性

企业作出任何一项决策都存在风险，战略决策也不例外。市场研究深入，行业发展趋势预测准确，设立的远景目标客观，各战略阶段人、财、物等资源调配得当，战略形态选择科学，制定的战略就能引导企业健康、快速地发展；反之，仅凭个人主观判断市场，设立目标过于理想或对行业的发展趋势预测偏差，制定的战略就会产生管理误导，甚至给企业带来破产的风险。

二、企业战略管理的原则与内容

企业战略管理可以定义为一门关于如何制定、实施、评价企业战略以保证企业组织有效实现自身目标的艺术与科学。它主要研究企业作为整体的功能与责任、所面临的机会与风险，重点讨论企业经营中所涉及的跨越如营销、技术、组织、财务等职能领域的综合性决策问题。

(一)企业战略管理的原则

企业战略管理有助于企业走向成功之路，但是不正确的战略管理有时会适得其反。企业战略管理要遵循以下原则。

1. 适应环境原则

来自环境的影响力在很大程度上会影响企业的经营目标和发展方向。战略的制定一定要注重企业与其所处的外部环境的互动性。

2. 全程管理原则

战略是一个过程，包括战略的制定、实施、控制与评价。在这个过程中，各个阶段互为支持、互为补充，忽略其中任何一个阶段，企业战略管理都不可能成功。

3. 整体最优原则

战略管理要将企业视为一个整体来处理，要强调整体最优，而不是局部最优。战略管理不强调企业某一个局部或部门的重要性，而是通过制定企业的宗旨、目标来协调各单位、各部门的活动，使他们形成合力。

4. 全员参与原则

由于战略管理是全局性的，并且有一个制定、实施、控制和修订的全过程，所以战略管理绝不仅仅是企业领导和战略管理部门的事，在战略管理的全过程中，企业全体员工都将参与。

5. 反馈修正原则

战略管理涉及的时间跨度较大，一般在五年以上。战略的实施过程通常分为多个阶段，因此分步骤地实施整体战略。在战略实施过程中，环境因素可能会发生变化。此时，企业只有不断地跟踪反馈方能保证战略的适应性。

6. 从外往里原则

卓越的战略制定是从外往里，而不是从里往外。

(二) 企业战略管理的内容

企业战略管理包括战略制定、战略执行、战略控制等过程。

1. 战略制定

(1) 战略制定的依据。

战略制定的依据如下。

① 外部环境分析：深入细致分析企业的外部环境是正确制定战略的重要基础，为此，要及时收集和准确把握企业的各种各样的外部环境信息，譬如，国家经济发展战略，国民经济和社会发展的长远规划和年度计划，产业发展与调整政策，国家科技发展政策，宏观调控政策，本部门、本行业和本地区的经济发展战略，顾客(用户)的情况，竞争对手的情况，供应厂家的情况，协作单位的情况，潜在的竞争者的情况等。

② 内部条件分析：分析本企业的人员素质、技术素质和管理素质，产、供、销、人、财、物的现状以及在同行业中的地位等，明确本企业的优势和薄弱环节。

(2) 战略制定的程序。

战略制定一般由以下程序组成。

① 明确战略思想。

② 分析外部环境和内部条件。

③ 确定战略宗旨。

④ 制定战略目标。

⑤ 弄清战略重点。

⑥ 制定战略对策。

⑦ 进行综合平衡。

⑧ 方案比较及战略评价。

2. 战略执行

为了有效执行企业制定的战略，一方面要依靠各个层次的组织机构及工作人员的协同配合和积极工作；另一方面，要通过企业的生产经营综合计划、各种专业计划、预算、具体作业计划等，去具体实施战略目标。

3. 战略控制

战略控制是将战略执行过程中实际达到目标所取得的成果与预期的战略目标进行比较，评价达标程度，分析其原因；及时采取有力措施纠正偏差，以保证战略目标的实现。实践表明，推行目标管理是实施战略执行和战略控制的有效方法。根据市场变化，适时进行战略调整。建立跟踪监视市场变化的预警系统，对企业发展领域和方向、专业化和多元化选择、产品结构、资本结构和资金筹措方式、规模和效益的优先次序等不断进行调研和战略重组，使企业的发展始终能够适应市场要求，达到驾驭市场的目的。

第二节　战略管理会计概述

企业外部环境的变化对成本管理产生了巨大的影响，传统成本管理方法暴露出越来越多的弊端。为适应这种外部环境变化，便产生了战略成本管理。

一、传统成本管理的局限性

传统成本管理的局限性主要体现在以下几个方面。

(1) 未能与企业战略相联系。正确的战略是企业取得成功的基本保证，科学的战略管理对企业至关重要。企业战略的合理制定与有效实施需要有必要的成本信息。传统的成本管理只是盲目地注重降低成本，而忽视企业所选择的战略。事实上，企业采用不同的战略，适当提高成本往往同样能获取竞争优势。按照现代的管理理念，不同的战略对企业的成本管理系统有不同的要求。

(2) 轻视生产过程以外的成本管理细节。在传统的成本管理方式下，生产环节是成本管理的重心。对成本管理而言，生产过程的成本管理固然重要，但是传统方法只注重对生产过程中各种耗费的管理，而轻视生产过程之外的成本管理，这样做势必在激烈的市场竞争过程中处于不利之地。在竞争日益激烈的市场环境中，了解整个产业情况，了解竞争对手情况，处理好与供应商、与客户之间的关系，对于企业获得竞争优势是至关重要的。

(3) 片面地考虑成本影响因素。传统成本管理将产品的业务量作为成本高低的唯一影响因素，如变动成本和固定成本的划分、弹性预算的编制、本量利分析等。这种观点过度简化了成本发生的原因，无法真正掌握成本发生的因素，计算出的产品成本也不十分准确，不利于决策，也不利于控制、降低成本。从战略的角度看，业务量往往并不是影响成本的最主要因素。业务量不能全面反映成本变动的真正原因。一些传统成本管理未能考虑的因素，如企业的规模、范围(即企业的垂直整合程度)、职工的经验、生产技术水平，产品或服务的复杂性，甚至像厂房布局的合理性、全面质量管理的意识、现有生产能力的利用程度、产品设计以及与供应商和顾客的关系等，都会对产品成本产生很大的影响。这些成本动因需要长期积累才能形成，且一经形成就难以改变。

（4）忽视竞争对手成本状况分析。传统成本管理方法通常很少对竞争对手的成本状况进行分析和研究，因而不利于了解企业所处的相对竞争地位，所提供的信息也不便于企业进行竞争战略调整。对处在激烈竞争环境中的企业来说，要发展持续的竞争优势和取得竞争中的有利地位，必须通过分析自己和竞争对手的竞争态势来确定企业的竞争战略。而传统的成本管理不能真正联系竞争对手来分析企业所处的竞争地位，并提供预警信息。

（5）传统成本管理观念陈旧，不能适应先进技术的挑战。先进制造技术和适时生产技术的发展改变了许多企业的生产工艺，这种制造技术的革命引发了许多问题，比如，由于适时制生产系统可基本防止存货等成本的出现，零库存使产品成本与期间成本保持一致，大量自动化设备、计算机的出现必然加大固定制造费用，从而改变了成本性态的类型。而现有的成本管理系统，不仅没有帮助管理者适应这种变化，还限制了对这种变化的适应。因此，成本管理也必须有一场革命。

总之，战略管理要求企业对传统成本管理进行改进。为此，企业必须确立与战略管理相适应的战略成本管理。

二、战略管理会计的含义与特征

（一）战略管理会计的含义

战略管理会计(strategy management accounting)作为一个新兴领域，尚处于发展期，因此至今仍没有一个统一、清晰的定义。学者大多从各自的研究角度出发对其作出描述性的定义——通过描述其目标、功能和特征等方面来说明什么是战略管理会计。因此，从几种有影响力的说法入手，将有助于理解战略管理会计的含义。

战略管理会计的概念最早是由英国学者西蒙斯德于1981年在其论文《战略管理会计》中提出的，他认为战略管理会计"提供并分析有关企业及其竞争者的管理会计数据以发展和监督企业战略"，强调重视外部环境以及企业竞争者的位置和趋势，包括成本、价格、市场份额等，以实现战略目标。

凯斯·沃德在解释他的著作《战略管理会计》一书的书名时表达了他对战略管理会计的看法。战略管理会计也可以表述为"为战略管理服务的会计系统"，或者更具体一些可以表述为"以一个企业所制定和实施的企业战略为背景的管理会计"。

理查德·威尔逊在《战略管理会计》一书中，指出"战略管理会计是明确强调战略问题和所关注重点的一种管理会计方法。它通过运用财务信息来发展卓越的战略，以取得持久的竞争优势，从而更大地拓展了管理会计的领域"。

余绪缨教授在《现代管理会计新发展的主要特点》一文中指出："战略管理会计是现代管理会计系统中的一个新领域。它从战略的高度围绕本企业顾客和竞争对手组成的战略三角，既提供顾客和竞争对手具有战略相关性的外向型信息，也对本企业的内部信息进行战略审视，帮助企业的领导者知己知彼，进行高屋建瓴式的战略思考进而据以进行竞争战略制定和实施。"

虽然以上只列举了众多说法中的四种，但是也可以"管中窥豹"，了解战略管理会计的含义——战略管理会计可以看作传统管理会计的发展,其强调站在战略的高度上为企业战略管理服务,提供信息的范围也从原来的以内部信息为主扩展到相关的外部信息。

(二)战略管理会计的特征

与传统管理会计相比,战略管理会计具有如下特征。

(1) 战略管理会计提供了超出会计主体本身的更广泛、更有价值的信息。战略管理会计把企业内部结构和外部环境综合起来,企业的价值链贯穿于企业内部自身价值创造作业和企业外部价值转移作业的二维空间。价值链不同于价值增值,它是更广阔的外在于企业的价值链系统,企业不过是整个价值创造作业全部链节中的一部分或一个链节。因此,战略管理会计是从企业所处的竞争环境出发,其成本分析不仅包括企业内部的价值链分析,而且包括竞争对手的价值链分析和企业所处行业的价值链分析,以求达到知己知彼、洞察全局的目的,并由此形成价值链的各种战略。相比传统管理会计把视野局限在一个企业主体以内,战略管理会计特别关注企业外部环境的变化,重点收集有关竞争对手的信息,了解其相对成本,使企业管理者知己知彼,采取相应的进攻防御措施,通过占优势的相对成本和庞大的市场份额,使企业保持长久的相对竞争优势。

(2) 战略管理会计提供了更多的与战略管理相关的非财务信息。传统管理会计提供的信息多数是财务信息,而战略管理会计则提供了大量重要的非财务信息,如产品质量、市场需求量、市场占有率等。例如,市场占有率是反映企业战略地位的主要指标之一,它的变化反映了企业竞争地位的变化,在一定程度上代表了未来的现金流入量。

(3) 战略管理会计运用了新的业绩评价方法。传统财务和会计认为投资收益来源于投资本身,因此,传统管理会计一般以投资报酬率来评价企业的业绩,而忽视了市场相对竞争地位在业绩评价中的作用。实际上,企业利润是否稳定增长在很大程度上取决于与企业相对的市场竞争地位。为增加销售额而进行的生产投资必须能够带来市场竞争地位的变化,这一变化应该是评价投资的重点。战略管理会计将战略管理思想贯穿于企业的业绩评价之中,以竞争地位变化带来的报酬取代传统的投资报酬指标,即在"不采取战略行动"和"采取战略行动"的不同条件下比较企业的竞争地位以及由此带来的报酬变化,并对新的战略方案进行评价与决策。战略管理会计正是通过对竞争对手的分析,运用财务和非财务指标以及战略业绩评价,以增加企业的长期竞争优势。

(4) 战略管理会计提供了更及时、更有效的业绩报告。传统管理会计的业绩报告一般是每月或者每周编报一次,而在制造周期已经大大缩短的今天,多数企业都建立了信息系统,这大大方便了各个职能部门的管理人员,他们可以通过对这些信息系统的操作和控制,来监控各种资源的运用。计算机信息系统为数据的综合性和及时性提供了极大的可能,编制管理会计业绩报告的时间也大为缩短,使得管理会计在问题发生的当时或当天就能提供相关信息。信息技术的发展为改进信息的质量和时效性提供了可能,战略管理会计的理念和技术为会计分析提供了可靠的基础,更易于取得及时性和相关性更高的信息。

三、战略管理会计的应用

鉴于战略管理会计和战略管理之间密不可分的联系,在以下的部分,将结合前述的战略管理的四个部分——企业内外部环境分析、企业战略制定、企业战略实施和企业战略绩效评价来讨论战略管理会计的应用。

(一)企业内外部环境分析

任何企业都是在一定的外部经营环境中利用自身的条件来开展生产经营活动的,因此制定和实施战略首先要深入分析企业的外部环境和企业自身,战略管理会计在环境分析中的作用体现为评价环境中的机会和风险。

1. 外部环境

企业外部环境按照对企业经营的影响和关联性可以分为一般外部环境和特定外部环境。一般外部环境是指那些对企业有潜在影响但其关联性尚不明确的外部环境因素。这些因素大多为宏观层面上的因素,对所有企业都会产生影响,主要有经济、政治、法律、社会文化、自然环境和科学技术等。其中经济因素对企业经营所产生的影响最为直接,宏观经济状况、居民收入水平、通货膨胀走势、利率和汇率的升降和产业政策等诸多方面都会对企业产生较大的影响;政治法律因素从宏观上对企业的生产经营起着规范和导向作用,依法经营是企业必须遵循的基本准则;社会文化因素主要包括文化传统、风俗习惯、宗教信仰以及居民的教育程度和文化素质;分析自然环境因素侧重于企业的地理位置以及周围的资源状况;分析科学技术因素的重点在于人力资源、科技发展状况、专利保护情况与政府的投入等方面。

特定外部环境是指与实现组织战略目标直接相关的那部分外部环境因素,主要有供应商、顾客、竞争者、社会公众等。顾客是企业获得收入和利润以至实现企业目标的根本途径;供应商则与企业的生产和成本密切相关;了解竞争者的情况是企业制定战略的必要过程;企业对社会公众所负担的责任和义务也越来越受到企业的关注。

2. 内部环境

企业的内部环境是企业组织、人力资源、财务资源、企业文化和管理水平等多种因素的结合。如果一个企业组织机构设置合理、运转效率高、资源配置得当、企业凝聚力强、富有创新精神,则企业就能具有较大的优势。

对企业内外部环境进行综合分析所常用的一种方法是 SWOT 分析法。在 SWOT 分析法中,"S"表示企业自身的优势(strength),"W"表示企业自身的劣势(weakness),"O"表示企业外部存在的机会(opportunities),"T"表示企业外部环境的威胁(threats)。也就是说,企业要周密地审视企业的外部环境,确定外部存在的机会和威胁。同时还要审视企业的内部条件,以确定企业的优势和劣势,这些因素是影响企业生存与发展的最重要的因素,对这些因素加以分析、判断是制定企业竞争战略的起点。

3. 产业盈利能力分析

在对企业内外部环境进行分析后,分析产业的盈利能力也是不可或缺的一个步骤。因为决定企业盈利的首要因素是从长期盈利角度看其所在的产业的吸引力。根据迈克尔·波特的竞争理论,一个产业的盈利能力主要取决于以下五个因素。

(1) 产业内现有竞争者的竞争。产业内部业已存在的竞争是企业面临的最直接挑战。了解、分析产业内部竞争对手的信息及其战略，进而决定自身的战略对于企业是十分必要的。产业内的竞争(价格战尤为明显)一方面很可能是由于整个产业的利润率下降，使所有企业受损；而另一方面，广告战却可能扩大需求或提高产品差异水平使得产业中所有公司受益。

影响产业内竞争的因素可能有如下几种：

① 产业发展情况。在一个蓬勃发展具有广阔前景的产业中，每个企业都可能赚得具有吸引力的利润；而一个濒临消亡的产业中，管理人员竭尽全力也难以获得利润。

② 产品的差异化程度。若产业中不同企业提供的产品彼此差异较大、特色鲜明，则企业可能倾向于采取高品质、多功能的战略，采取广告战等形式，维持较高的利润率；反之，若产品同质化现象严重，则价格战一触即发。

③ 固定成本的高低。如果产业中企业的固定成本都处于较高的水平，就会促使企业尽可能扩大生产规模，寻求单位成本的降低。此时，生产的扩大就可能意味着价格的降低和竞争的加剧。

④ 退出障碍。产业内的企业如果经营状况不佳，往往也并不能轻易退出。例如，已有的设备变现价值低、转产困难；高昂的员工安置费用；政府出于对失业和地方经济考虑而做出劝阻；管理层对公司、员工或是自身事业的感情因素等。失败者不愿退出，甚至采取极端的策略，也可能使产业的利润率维持在较低的水平上。

(2) 潜在进入者。潜在进入者是指将来可能进入产业参与竞争的竞争者。一个产业如果长期维持较高的利润率，就会引起潜在进入者的注意，进而进入该产业，其可能的结果便是原有企业的市场占有率、利润率下降，因此企业应该关注潜在进入者的威胁。

潜在进入者进入的可能性主要取决于进入壁垒和现有竞争者的报复反应。进入壁垒高，如需要大量的资金、规模经济效应明显、政策限制、技术优势、顾客转向使用新产品成本高、顾客忠诚度高等，或是预期现有企业反击激烈，则潜在进入者进入的可能性小；反之，进入的可能性较大。

(3) 替代品威胁。广义上，一个产业的所有企业都和生产替代产品的产业竞争。替代品的存在使得企业产品价格或是利润有了一个上限。尤其是新的替代品出现时，可能对原有产业产生较大影响。来自替代品的威胁，其强度主要取决于购买者转换替代品的难易程度，转换成本，替代品的质量、性能是否满足要求以及替代品的价格是否有吸引力。

(4) 客户议价能力。客户的产业竞争手段是压低价格或是要求更高质量，从竞争者彼此对立的状态中获得利润。了解客户的这种议价、谈判能力，是企业制定价格和竞争战略的一个关键因素。

客户的议价能力可以由以下一些因素判断：客户的集中程度高、购买数量大，议价能力较强；客户的采购从一家企业换到另一家企业的转换成本低，议价能力较强；客户采购的产品差异性小、替代产品多，则议价能力较强；客户对产品熟悉、掌握信息多时议价能力较强。另外，如果客户的利润率始终在低水平上，则其可能会要求降低价格。

(5) 供应商议价能力。供应商可能通过提高价格或是降低产品、服务质量等手段来实现自身利益或是对某个产业中的企业施加压力。

如果供应商所在产业竞争程度低，供应的产品具有独特性、替代品少，买方的转换成本高，那么供应商的议价能力就较强；反之，供应商则处于弱势。

(二)企业战略制定

在对企业内外部环境以及企业所处产业进行分析之后，企业战略管理面临的下一个问题便是针对企业自身和竞争者的实际情况制定战略。竞争者分析和战略选择是战略管理会计两个重要的应用领域。

1. 竞争者分析

企业的优势与劣势都是相对于其竞争对手而言的，因此识别企业优势与劣势的过程就是了解竞争对手的情况，并将其与企业自身情况进行对比寻找差异的过程。

进行竞争者分析首先要了解竞争对手，获得有关其经营管理方面的信息。其内容应包括：企业的主要竞争对手是谁，竞争对手的生产成本及成本结构，竞争对手开发新产品的能力，竞争对手内部价值链的组成，竞争对手的目标以及战略等。

第一，获取反映竞争对手经营管理的信息是进行竞争实力分析的基础。虽然获取这样的信息对于非专业的企业调查人员来说是相当困难的，但是利用以下信息来源所提供的数据还是有可能获得分析所需的大部分信息的，如公开财务报告、竞争对手广告、行业分析报告、实地考察、产品技术分析、政府统计公告、行业协会、共同的客户和供应商、新闻报道等。

第二，在获取足够竞争对手信息的基础上，运用价值链分析竞争对手。企业的生产经营可以看作满足顾客需要而设定的"一系列作业"的集合体。作业的进行要占用并消耗一定的资源，而作业的产生又包含该作业的一定价值，并转移到下一个作业，这样价值就在企业内部随着作业逐步积累和转移，最终凝结在产品(或服务)上转移给企业的客户。这一系列创造、积累、传递价值的作业就可以看成一条价值链。

同一产业中，企业往往存在提供相同或类似产品(服务)的竞争者，竞争对手的价值链可能和本企业的价值链是平行的关系，都需要相同的一系列作业来满足顾客需要。但由于企业间战略、历史、文化、作业实施方式等方面存在差异，完成各项作业的成本不同，从而导致企业的成本水平不同。分析企业与竞争对手的价值链结构和各项作业的成本间的差异，可以解释竞争对手的成本水平、分析其竞争战略，同时也可以为企业自身优化价值链结构提供思路，并为企业战略的制定打下基础。

2. 企业战略的选择

确定了企业经营环境的机会和风险以及企业自身的优势与劣势之后，企业要解决的问题就是根据自身的需要，寻找最适合企业发展的战略。以下介绍两种常用的方法。

(1) 迈克尔·波特的三种基本竞争战略。

波特有关企业竞争战略的理论着眼于确立企业竞争优势。按照波特的理论，企业取得竞争优势的基本战略有成本领先战略、差异化战略以及目标集聚战略。

成本领先战略的核心是企业决定在行业中成为低成本生产的企业，从而应用一切可能的方式和手段，如规模经济、专有技术等，使成本低于竞争对手，从而取得超过其他厂家的竞争优势。

差异化战略的核心是企业提供独特的产品，从而和竞争对手区别开来，利用客户的忠诚度和由此产生的对价格敏感性下降使公司避开竞争。采取差异化战略的公司可以收取较高的价格，从而获得超常的收益。

目标集聚战略是指主攻某个特定的顾客群、某产品系列的一个细分区段或是某一个地区市场。其与上述两种战略的区别在于，成本领先战略和差异化战略都是要在全行业实现目标，而目标集聚战略则是服务于某一特定目标，其可能采用低成本或是差异化的手段，甚至二者兼而有之以满足目标需要。

三种战略取向由于所追求的战略优势不同，对施行战略的企业本身的能力和管理机制的要求也有所差异。具体参见表 10-1。

表 10-1 不同战略取向所要求的企业能力和管理机制

战略取向	需要的基本技能和资源	基本管理机制
成本领先	具有持续的资本投资和良好的融资能力 具有较高的制造加工技能 能够对工人严格监督 所设计的产品易于制造 拥有低成本的分销系统	有结构分明的组织和责任 建立了以遵循定量目标为基础的激励机制 严格的成本控制 经常的、详细的控制报告
差异化	有强大的生产营销能力 有较高的产品加工技能 有较强的创新能力 有很强的科研能力 具有技术或质量领先的企业声誉 在产业中有悠久的传统或具有从其他业务中得到的独特的技能组合 得到销售渠道的高度合作	科研产品开发和市场营销部门之间能够密切合作 强调以主观评价为基础的激励机制 有轻松愉快的工作气氛以吸引高技能工人、科学家和创造性人才
目标集聚	针对具体目标，由上述各项组合构成	针对具体目标，由上述各项组合构成

(资料来源：迈克尔·波特. 竞争战略. 陈小悦译，北京：华夏出版社，1997)

(2) 麦肯锡/通用电气矩阵模型。

麦肯锡/通用电气矩阵模型与波特的竞争战略理论不同，其实际上可以看作一种产品与市场战略，即进入市场的进入和退出战略。具体如表 10-2 所示。

表 10-2　麦肯锡/通用电气矩阵

竞争力	行业吸引		
	高	中	低
高	投资及成长	投资及成长	选择性投资
中	投资及成长	选择性投资	收获并退出
低	选择性投资	收获并退出	收获并退出

该方法从企业竞争力和行业吸引力两方面对企业的经营业务进行分类，并给出可能的战略——对于企业竞争力较强而行业吸引力又较大的业务，应该进行投资并保持增长；竞争力弱、行业吸引力小的业务，企业则应该采取收获并退出的战略(收获战略是指短期内尽可能得到最大限度的现金收入)；对于处于两者之间的中间区域的业务，企业应该对其进行判断，选择性地采取投资或其他战略。

应用该模型时，对行业吸引力的评价可以利用波特衡量产业盈利能力的五因素分析法。这里要说明的是对企业竞争力的评价。评价企业竞争力应该建立在分析企业与竞争对手相比所具有的优势和劣势基础上。企业管理者应该认识到，企业某些竞争力是对手难以模仿的，可以在未来依然保持较长时间的领先，如关键技术和专利等，是企业竞争力的核心；而其他的一些优势，如市场份额、资本结构等，则是建立在过去的经营基础上，不一定能够长久维持。在评价企业竞争力时，可以综合应用之前提到的一些战略管理会计方法，如竞争对手分析、价值链分析等。值得注意的是，麦肯锡咨询公司和通用电气反对过分依赖数量化的信息和指标构成的竞争力评价系统，更强调竞争力分析是企业高级管理人员讨论、对话的过程而不是一项精确的计量。

(三)企业战略实施

战略实施就是通过一系列经营行为实现企业的战略目标的过程。战略管理会计在这个阶段主要有两个作用：一是对影响企业战略的各种因素进行反映，也就是对相关的计量指标的计量与报告，为管理者的战术决策提供信息；二是运用战略管理会计的分析方法辅助企业管理者进行战略的执行。

1. 相关因素的计量与反映

相关因素的计量与反映过程是对设定的指标进行记录、计算和揭示，战略管理会计是以支持企业的战略管理为目标，所以它的指标系统主要是为了体现那些对于企业的竞争优势的形成有决定性影响的因素的变化。在这一点上，战略管理会计所要计量与反映的范围比传统管理会计要大得多，而且由于这些因素本身的特殊性，很多相应指标(如生产周期、市场占有率、供货及时性等)的记录、计算与揭示都是以非货币单位为基础的。

2. 战略管理会计分析方法辅助战略执行

(1) 竞争优势动因分析法。

由前可知，企业的竞争优势来自企业的总成本优势和产品的独特性，因此当企业选定某一战略准备付诸实施时，必须先明确要在哪些方面进行改进。竞争优势动因分析给企业提供了这方面的支持。

根据企业竞争优势的来源——总成本优势和产品的独特性,可以将竞争优势动因分为成本动因和歧异动因。这两种动因决定了企业的成本水平和产品的独特程度。

成本动因是指引起产品成本变化的原因,它影响着企业的成本水平。企业基本的成本动因有:企业制造、营销、研究开发等活动的规模;企业与其上游供应商和下游客户间价值链的联结关系或企业垂直一体化的程度;企业的产品结构和标准化程度;生产技术;生产人员能力和经验曲线;生产能力的使用等方面。

选择成本领先战略的企业应该着重在上述方面进行努力,具体来说就是扩大制造、营销规模,降低单位成本,享受规模经济带来的好处;维持好与客户和供应商之间的关系;生产通用或标准化的产品和配件,避免复杂的产品结构;改进生产技术,简化生产工艺;充分利用企业现有的生产能力。

歧异动因是指造成企业的产品具有独特品质的原因。通常,歧异动因包括原材料质量、生产工艺、品牌形象、与客户之间的联系等。

选择差异化战略的企业通常需要做到:选择高质量的原材料,控制最终产品的质量;采用复杂的生产工艺提高产品质量,同时令其他竞争者难以模仿;树立良好的品牌形象;向客户提供与产品相关的人性化的服务等。

(2) 目标成本管理法。

目标成本管理法于 20 世纪 80 年代被日本企业广泛采用,这大大增强了日本企业的国际竞争力。从 90 年代开始,该方法开始被欧美的企业所引进,并引起欧美学者日渐浓厚的研究兴趣。

目标成本管理法从本质上来看,就是一种对企业的未来利润进行战略性管理的技术。其做法就是首先确定待开发产品的生命周期成本,然后由企业在这个水平上开发生产拥有特定功能和质量的,并且若以预计的价格出售就有足够盈利的产品。目标成本管理使得"成本"成为产品开发过程中的积极因素,而不是事后的消极结果。企业只要将待开发产品的预计售价扣除期望边际利润,即可得到目标成本,然后关键就是设计能在目标成本水平上满足顾客需求并可投产制造的产品。

目标成本是新产品的计划、设计和生产准备阶段应该达到的成本,它可以影响产品的性能和规格。其形式可以是产品成本,也可以是其他成本,它是在特定的时点上和产品生命周期内可容许的最大成本。目标成本可能由两方面因素引起,其一与制造活动有关,可以称为生产者成本;其二是由顾客使用商品引起的,如维修、运转成本。

目标成本管理所体现的战略成本管理思想主要表现在以下几个方面:第一,目标成本管理的实施意味着成本管理的范围扩大到产品的整个生命周期;第二,目标成本管理的一个基本特点就是其市场导向性,它根据预计的市场价格倒推产生,按照这种目标成本进行成本控制和业绩评价,有助于提高企业的竞争地位;第三,目标成本管理将成本管理的重点放在产品设计阶段;第四,零部件层次的目标成本管理能够将一部分产品层次的目标成本压力传递给为制造产品所需的零部件提供货源的供应商身上,强迫供应商在一定程度上必须与产品制造商联合找出降低成本的途径;第五,目标成本管理的一个重要战略思想就是必须改变为降低成本而降低成本的传统观念,取而代之的应是战略性成本管理的观念。

总之,目标成本管理从市场的角度考虑成本,指明了成本控制的努力方向。正因如此,战略管理会计运用这一方法就可以提供有利于企业保持和增强竞争能力的信息。

(四)企业战略绩效评价

评价企业战略实施的结果,是总结企业战略实施情况,激励、评价、控制雇员行为进而调整战略和计划的重要工具。战略管理会计对战略实施结果的评价应该以企业是否已经获得了持久的竞争优势为标准。根据企业的战略不同,持久的竞争优势是指企业具有在较长时期内保持低成本的能力,或者具有竞争对手不能模仿或不易模仿的产品独特性。

对企业战略实施结果的评价可通过以下几个步骤实现。

(1) 辨认企业战略,确认取得竞争优势的关键因素。进行战略实施结果评价,首先需要明确企业究竟采取的是何种竞争战略,在此基础上确认哪些因素是取得竞争优势的关键因素。例如,在成本领先战略下,降低产品成本、扩大生产规模和市场占有率等是关键因素;而在差异化战略下,产品质量、功能特色、品牌形象、顾客满意度等因素则可能起到主导作用。确认战略,辨认关键因素是设置指标体系和进行评价的前提。

(2) 根据取胜关键因素设置评价的指标。指标是关键因素的表现形式,其作用在于把某些抽象的概念转化为可以比较或衡量的指标。例如,产品质量较为抽象,可以设置返修率指标从侧面说明。

(3) 选择评价指标进行评价。对于一项指标值,很难说明其是好还是坏,往往需要有一个评价的标准。例如,与历史同时期指标相比、与预算指标相比、与行业平均水平相比等。

(4) 反馈与改进。对企业战略实施的结果进行评价后,还有一项很重要的工作就是将评价的结果反馈给有关人员,作为其调整、改进的依据。

目前在企业业绩评价领域内最有影响力的战略管理会计方法是 Kaplan 和 Norton 提出的平衡计分卡法。平衡计分卡是一个综合评价企业长期战略目标的指标评价系统,由财务、客户、内部经营过程、学习和成长四部分组成。每部分又包含总目标、具体目标和衡量指标三个层次。平衡计分卡把企业为实现长期战略目标而制定的所有目标和指标系统结合在一起,形成了一个企业实现长远目标的规划。现在,平衡计分卡已经不仅仅是一个评价系统,而且是一个企业的战略管理系统。

四、柔性战略管理会计

20 世纪 60 年代以后,特别是 80 年代起,企业管理方式发生了变化,从传统的刚性管理("以规章制度为本"的管理)转变为柔性管理("以人为本"的管理),建立柔性制造系统(Flexible Manufacturing System,FMS),尤其是最近几年出现了更新的灵捷制造系统(Agile Manufacturing System,AMS),强调组织生产的柔性化,从传统的"大量生产"向"顾客化生产"转变。这种生产系统更能适应市场的变化,其小批量多品种的生产能根据顾客需求的变化而迅速变化,从而克服了规模成本为基础的传统生产体系反应迟钝、转换成本高的缺陷,更加适应现代市场经济的要求。

柔性战略管理会计就是为了适应企业柔性化管理的需要,围绕外部市场和竞争对手以及企业自身,有关人员收集与企业柔性化战略相关的内外部信息,通过会计人员运用专门方法,对信息进行加工、分析和整理,向企业管理当局提供与柔性化战略制定、实施以及业绩评价有关的决策信息,以帮助企业通过正确的柔性战略管理获取竞争优势。

(一)柔性战略管理会计的特点

1. 柔性战略管理会计与传统的管理会计有着明显的不同

(1) 长期性。传统的管理会计更加注重战术管理,存在追求短期效益的问题。比如传统的扩大规模降低成本,当市场发生变化的时候,企业就存在需求缩小或者没有需求的风险,可能不会为企业带来长期的收益。柔性战略管理会计就是以企业长期发展的柔性化战略目标为基础,结合企业经营计划,不断扩大市场份额,从长远利益来分析、评价企业的资本投资,并随长期发展战略的改变而改变。例如,成本管理目标不在于降低成本而是获取成本优势。如果提高成本可以增强企业的竞争力,就可以牺牲短期的利润以追求竞争优势。所以,柔性战略管理会计立足于企业长远发展,具有长期性的特点。

(2) 全局性。柔性战略管理会计的对象是以企业全局为对象,包括企业内在的整个价值链的活动和企业所属外在的价值链系统。因此它把企业内部结构和外部环境综合起来,不同于传统管理会计只针对企业内部经营,对象上更具有全局性。

(3) 外向性。柔性战略管理会计跳出了单一会计主体这一狭小的空间范围,将视角更多地投向影响企业经营的外部环境。基于满足顾客需求的战略目标,需要企业密切关注市场和竞争对手的变化,所以柔性战略管理会计已经打破了管理会计对内的局限,具有强烈的市场导向性,即外向性。

(4) 竞争性。柔性战略管理会计的目标是获取持久的竞争优势。因此,与传统管理会计不一样的是企业更加考虑来自外部的竞争。

(5) 提供了更多的非财务信息。柔性战略管理会计克服了传统管理会计的缺点,大量提供诸如质量、需求量、市场份额等非财务信息,借以帮助企业经营管理者在进行战略思考时能从更广阔的视野、更深层次的内容进行分析研究,为企业洞察先机、改善经营和竞争能力、保持和发展长期的竞争优势创造有利条件。

2. 作为战略管理会计的理论分支,柔性战略管理会计具有战略管理会计理论基础未有的一些特点

(1) 灵活性。由于柔性战略管理会计是以柔性化的战略管理适应市场的瞬息万变,无论是从柔性化组织生产还是以人为本的企业文化熏陶,都在强调生产和经营方式的灵活性和适应性,所以相对于战略管理会计而言,柔性战略管理会计更加重视灵活性的运用,以适应复杂多变的内外部环境。

(2) 精神性。"柔性战略管理"强调"人本精神",使柔性战略管理会计带有浓厚的精神色彩,注重从人的精神出发,分析和满足人的各个层次的需求,强调精神的中心地位,都是柔性战略管理会计不同于普通战略管理会计的特点。从"软"的角度(精神性),研究成本效益比,在"硬件"相同的情况下,为如何获取更大的竞争优势提供强有力的决策支持。

(二)柔性战略管理会计的内容

1. 柔性战略投资决策分析

同战略管理会计一样,这一阶段依然分为三个部分:价值链分析、成本动因分析和战略定位分析。但由于柔性战略管理会计更加强调灵活的组织生产和人性化的管理控制,因

此，柔性战略管理会计在这三个部分比战略管理会计更加有所侧重。

(1) 企业内部差异价值分析。这是柔性战略管理会计中寻求顾客满意的一个步骤。顾客满意取决于顾客让渡价值。使顾客获得更大的"顾客让渡价值"的途径之一是增加顾客购买的总价值。增加顾客总价值的差异化策略有五种：优良的产品特性（如 Benz 公司）、良好的行销渠道、强化消费者服务(IBM 公司)、品牌或优良形象策略、各种价格差异化策略。柔性战略管理会计就是要把产生这五种顾客价值的价值链的环节(Value-added activities)分解开来，评估每个环节的成本效益，以确定最佳的差异化策略。

(2) 执行性成本动因分析。从战略的角度看，影响企业成本态势的动因主要来自企业经济结构和企业执行作业程序，这就构成了结构性成本动因(Structural Cost Driver)和执行性成本动因(Executional Cost Driver)。从柔性战略来看，主要应该对执行性成本动因进行分析。执行性成本动因通常包括：①参与(Participation)；②全面质量管理(Total Quality Management，TQM)；③能力利用(Capacity Utilization)；④联系(Linkages with Supplies or Customer)；⑤产品外观(Product Configuration)；⑥厂址布局(Plant Layout Efficiency)。柔性战略管理会计就是要对这些非量化，形成与改变均需要较长时间的成本驱动因素进行分析，尤其是涉及人的因素，应该作为决定性因素考虑。

(3) "差别化—低成本"战略定位分析。柔性战略管理会计的成本管理是建立在时间成本基础上的，因此通过有效的时间控制，柔性化的生产组织系统能降低产品的多样化成本，是可以使企业获得产品差别化的同时兼具成本领先，这是同业竞争中对企业最为有利的一种竞争优势。因此，这一定位分析主要是针对"差别化—低成本"的战略定位制定相应的成本管理策略。

2. 竞争对手分析

竞争对手分析的内容包括：①企业在与谁竞争，包括现存的和潜在的对手；②识别竞争对手的价值链以及它们怎样进行价值活动；③竞争对手的目标；④竞争对手的优势和劣势；⑤面对外部进攻，竞争对手的反应。对于本行业的竞争者，管理会计人员可以帮助企业制定"价值链成本分析表"和"策略性差异与价值链成本差异比较表"进行分析比较。

3. 顾客让渡价值分析

这一项分析也就是分析企业向顾客提供的产品或劳务的总价值与顾客总成本之间的差额。只要这个差额是高于竞争对手的，那么顾客就会对企业更加满意，企业就可能赢得更多的市场份额。因此这里要把成本进行分解，分为"可归于消费者利益的总成本"和"不可归于消费者利益的产品成本"，根据不同的战略选择，对两类成本进行划分，使企业能向顾客提供充足的让渡价值。

4. 非财务手段的业绩评价

这一过程主要是通过绩效评价对企业战略进行修正。柔性战略管理会计在战略业绩评价中更侧重于非财务指标的使用。因为柔性管理强调人的特性，强调顾客满意以及人力资源的优化管理，因此不能大量依靠财务指标进行评价。这一阶段大部分企业采用的是平衡计分卡的方法进行绩效考评。

(三)柔性战略管理会计的研究意义

1. 促进管理会计学科体系的建设和发展

管理会计理论总是落后于实践的。随着环境的变化，企业中越来越多的柔性战略管理被运用，然而管理会计理论中却没有完整的服务于柔性战略管理的柔性战略管理会计理论与之相匹配。柔性战略管理会计强调外部环境的重要性和人本精神，打破了传统管理会计刚性、内向性的局限。它的一些新的会计内容和方法(例如弹性预算、滚动计划、竞争性目标成本法等)是对传统管理会计理论和方法的丰富和完善，具有重要的理论意义。

2. 对企业管理有十分重要的现实意义

柔性战略管理会计对管理当局提供战略高度的决策信息，对内服务于柔性战略管理，为战略制定和实施提供决策支持，确保企业长期目标的实现；对外柔性战略管理会计可以为企业寻求有力的竞争优势，以其灵活应变的特点更加适应复杂多变的外部环境，获取生存发展的动力。

3. 对我国企业参与国际竞争层面的宏观指导意义

中国加入 WTO 以后，企业管理面临的主要问题有：第一，如何提高企业竞争力，抗争来自国内外的竞争者；第二，如何提升企业的管理水平，帮助企业走向国际市场。

柔性战略管理会计终极目的就是为企业寻求核心竞争优势，因此对柔性管理会计进行研究和实施，为企业加强和改善经营管理提供新的思路和方法，有利于帮助企业提高综合竞争力，在激烈的市场竞争中谋求一席之地。

目前国际上发达国家都十分注重柔性化管理以及战略管理会计的研究，柔性战略管理会计尚属崭新领域，因此在我国进行柔性战略管理会计研究对于发展具有国际领先水平的管理机能有极其重要的意义。未来社会是竞争激烈的社会，是全球经济一体化的社会，中国的企业应该树立强烈的竞争意识和国际意识，谋求企业的发展之道。

第三节　平衡计分卡

平衡计分卡(Balanced Score Card)是由哈佛大学教授 Robert Kaplan 与诺朗诺顿研究院(Nolan Norton Institute)执行长 David Norton 于 20 世纪 90 年代提出的一种绩效评价体系，当时，该项研究的目的就是要"找出超越传统财务量度的绩效评价模式"，以使组织的"策略"能够转变为"行动"。平衡计分卡(BSC)从财务、客户、内部运营、学习与成长四个角度将组织战略落实为可衡量的指标和目标值，圆满地达成了这一目标。

一、平衡计分卡的基本内容

经过几十年的发展，平衡计分卡已经发展为全球企业战略管理的通用工具，在战略规划的执行管理方面发挥着重要的作用。设计平衡计分卡的目的就是要建立"战略导向"的管理系统，从而保证战略的有效分解和执行，因此，人们也称平衡计分卡是加强企业战略执行力的有效工具，其模型如图 10-2 所示。

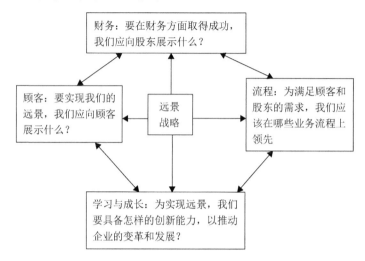

图 10-2　平衡计分卡模型

平衡计分卡的设计包括四个方面：财务角度、客户角度、内部经营流程角度、学习和成长角度，这四个角度分别代表企业三个主要的利益相关者：股东、客户、员工，每个角度的重要性，取决于指标是否与公司战略相一致，各个角度的核心内容包括以下层面。

(一)财务层面

财务层面指标可以显示企业的战略及其实施和执行是否对改善企业盈利有所贡献。财务目标通常与获利能力有关，其衡量指标包括：营业收入、资本报酬率、经济增加值等，也可能是销售额的提高或现金流量等。

(二)客户层面

客户层面指标通常包括客户满意度、客户保持率、客户获得率、客户盈利率、目标市场份额等，业务单位的管理者应当能够清晰阐明客户和市场战略，从而创造出出色的财务回报。

(三)内部流程层面

管理者要确认组织必须擅长的关键流程，这些流程能够帮助企业提供价值，以吸引和留住目标市场的客户，并满足股东对财务回报的期望。

(四)学习与成长层面

学习与成长层面确立了企业要实现长期增长及改善而必需的软实力框架，确立了目前和未来成功的关系。一般来说，企业的实际能力与实现突破性业绩所必需的能力之间往往存在较大的差距，为了弥补这个差距，企业必须鼓励创新、投资于员工的能力提升、投资于技术研发,如此,才能推动企业内部流程的持续改善。

平衡计分卡通过因果关系提供了把战略转化为可操作内容的框架,根据因果关系对企业的战略目标进行划分,可分解为实现企业战略目标的几个子目标,同样,各子目标或评价指标又可以根据因果关系继续细分,直至最终形成可指导个人行动的绩效指标和目标。

二、平衡计分卡的发展历程

(一)平衡计分卡时期

该阶段 Robert Kaplan 与 David Norton 研究的结论"平衡计分卡:驱动绩效的量度"发表在 1992 年《哈佛商业评论》1月与 2月号,基本上,平衡计分卡强调,传统的财务会计模式只能衡量过去发生的事项(落后的结果因素),但无法评估企业前瞻性的投资(领先的驱动因素),因此,必须改用一个将组织的愿景转变为一组由四项观点组成的绩效指标架构来评价组织的绩效。此四项指标分别是:财务(Financial)、客户(Customer)、内部运营(Internal Business Processes)、学习与成长(Learning and Growth)。

借着这四项指标的衡量,组织得以用明确和严谨的手法来诠释其策略,它一方面保留传统上衡量过去绩效的财务指标,并且兼顾了促成财务目标的绩效因素;在支持组织追求业绩之余,也监督组织的行为应兼顾学习与成长的方向,并且透过一连串的互动因果关系,组织得以把产出(Outcome)和绩效驱动因素(Performance Driver)串联起来,以衡量指标与其量度作为语言,把组织的使命和策略转变为一套前后连贯的系统绩效评核量度,把复杂而笼统的概念转化为精确的目标,借以寻求财务与非财务的衡量之间、短期与长期的目标之间、落后的与领先的指标之间,以及外部与内部绩效之间的平衡。

(二)平衡计分卡+战略地图时期

该阶段 Robert Kaplan 与 David Norton 研究的结论所谓"图"主要指的是战略地图,它是对平衡计分卡原先考核功能的扩展,平衡计分卡创始人 Robert Kaplan 与 David Norton 曾经指出:"在盛行的管理思想大师们的智慧中,很难寻找到有关全局框架的帮助。战略教义存在于下列领域:股东价值、客户管理、流程管理、质量、核心能力、创新、人力资源、信息技术、组织设计和学习组织。尽管上述领域都有深刻见解,但是没有一个领域能提出一个全面的、集成观点来描述战略。连迈克尔·波特的竞争优势定位方法都没有提供一个简单、有效的描述战略的通用平台……因此描述战略的公认方法还不存在。想想后果吧!由于无法全面地描述战略,管理者之间以及管理者与员工之间无法轻松地沟通。对战略无法达成共识,管理者也无法使战略协同一致……"

不能描述,就无法评价!而无法评价,就无法进行管理!

当组织规模日益膨胀的中国企业集团,面对大规模、多层次、多地域带来的管控挑战时,如果没有掌握一个简单有效的描述集团战略的工具,必将无法将战略在集团内部各成员之间直观地展现,这将是多么可怕的一件事!而平衡计分卡体系则成功地解决了这个问题,它的主要功能是通过战略地图来实现描述、规划集团战略。

战略地图的构成文件主要是"图、卡、表"。所谓的"图、卡、表"是指《战略地图》

《平衡计分卡》《单项战略行动计划表》，它是运用战略地图来描述战略的三个必备构成文件。

首先，《战略地图》以几张简洁的图表将原本数百页战略规划文件才能描述清楚的集团战略、SBU战略、职能战略直观地展现出来，"一张地图胜似千言万语"，《战略地图》是企业集团战略描述的一个集成平台。其次，与众不同的是，《平衡计分卡》本身是对《战略地图》进行深度解释的表格，它由战略目标与主题、核心衡量指标、战略指标值(3～5年)、单独战略行动计划表(名称)所构成。而《单项战略行动计划表》则是对《平衡计分卡》中罗列出的一个个单项战略行动计划(名称)的进一步演绎，它将那些所谓"务虚的战略"落实为一步一步可操作监控的、具有明确时间节点、责任归属、资源安排的行动计划。

战略地图的核心内容包括：企业通过运用人力资本、信息资本和组织资本等无形资产(学习与成长)，才能创新和建立战略优势和效率(内部流程)，进而使公司把特定价值带给市场(客户)，从而实现股东价值(财务)。

(三)平衡计分卡+战略地图+战略中心组织时期

平衡计分卡+战略地图+战略中心组织是第三代平衡计分卡体系的核心思想，Robert Kaplan与David Norton认为在今天的商业环境中，战略从来没有显得这样重要过。但研究表明，大多数企业仍不能成功地实施战略。在浩繁的记录背后隐藏着一个无法否认的事实：大多数企业仍然继续使用专门为传统组织而设计的管理流程。

第三代平衡计分卡体系"战略中心型组织"和其他一般组织的区别在于，它能够系统地描述、衡量和管理战略。

卡普兰和诺顿阐明了构筑以战略为中心的组织的五项关键原则：
(1) 将战略转变为业务术语；
(2) 使组织与战略一致；
(3) 使战略成为每个人的日常工作；
(4) 使战略成为连续的过程；
(5) 通过果断、有效的领导方式动员变革。

战略包含的重点分析活动有：运用平衡计分卡体系演绎企业集团的战略，需要将传统的战略环境扫描与分析决策支持工具整合到战略地图的绘制中来。对于一个多元化的控股集团来说，描述战略包含以下重点分析活动：
(1) 集团与业务单元战略环境扫描、SWOT分析；
(2) 开发集团的《战略地图》《平衡计分卡》《战略计划表》；
(3) 开发集团各业务单元的《战略地图》《平衡计分卡》《战略计划表》；
(4) 开发集团职能部门的《战略地图》《平衡计分卡》《战略计划表》；
(5) 结合全面预算管理，将图、卡、表与年度目标管理相链接。

三、平衡计分卡的作用

(1) 平衡计分卡的出现，使得传统的绩效管理从人员考核和评估的工具转变成为战略实施的工具。

(2) 平衡计分卡的出现，使得领导者拥有了全面的统筹战略、人员、流程和执行四个关键因素的管理工具。

(3) 平衡计分卡的出现，使得领导者拥有了可以平衡长期和短期、内部和外部，确保持续发展的管理工具。

(4) 平衡计分卡被誉为近75年来世界上最重要的管理工具和方法。

平衡计分卡的引入改变了企业以往只关注财务指标的考核体系的缺陷，仅关注财务指标会使企业过分关注一些短期行为而牺牲一些长期利益，比如员工的培养和开发、客户关系的开拓和维护等。平衡计分卡的最大优点在于，它从企业的四个方面来建立衡量体系：财务、客户、业务管理、人员的培养和开发。这四个方面是相互联系、相互影响的，其他三类指标的实现，最终保证了财务指标的实现。同时，平衡计分卡方法下设立的考核指标既包括对过去业绩的考核，也包括对未来业绩的考核。

四、平衡计分卡的设计流程

(1) 以组织的共同愿景与战略为核心，运用综合与平衡的思想，依据组织结构，将公司的愿景与战略转化为下属各责任部门在财务、客户、内部流程、创新与学习等方面的系列具体目标(即成功因素)，并设置相应的四张计分卡。

(2) 各部门分别对财务、客户、内部流程、创新与学习四种目标设置对应的评价指标体系，这些指标不仅与公司战略目标高度相关，而且以先行与滞后两种形式，同时平衡公司长期和短期目标、内部与外部利益，综合反映战略管理的财务与非财务信息。

(3) 由各主管部门与责任部门共同商定各项指标的具体评分规则。一般是将各项指标的预算值与实际值进行比较，对应不同范围的差异率，设定不同的评分值。以综合评分的形式，定期考核各责任部门在财务、客户、内部流程、创新与学习四个方面的目标执行情况，适时调整战略偏差，或修正原定目标和评价指标，以确保公司战略得以顺利实行。

平衡计分卡管理循环过程，如图10-3所示。

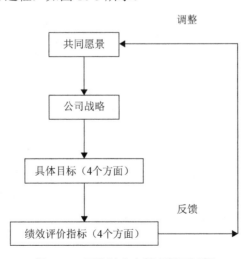

图 10-3 平衡计分卡管理循环过程

五、平衡计分卡与企业战略的关系

平衡计分卡贯穿于战略管理的三个阶段。

(1) 在战略制定阶段，利用平衡计分卡解释战略。

由于企业制定平衡计分卡时要把战略转化为一系列的目标和指标，这就促进了管理者对战略进行重新审视和评估。在制定平衡计分卡时，通过与战略挂钩，实际上起到了"用平衡计分卡解释战略"的作用。一份好的平衡计分卡通过一系列因果关系来展示组织战略。例如，某组织的战略之一是提高收入，则可能有以下支撑性因素，包括增加对雇员销售技能的培训、了解产品性能、促进销售工作、提高收入，等等。BSC 中的每一个衡量指标都是因果关系中的一环，好的平衡计分卡应包括业绩评估手段和业绩推动手段，前者反映某项战略的最终目标及近期的工作是否产生了成果，后者反映实现业绩所做的工作，两者缺一不可。

(2) 在战略实施阶段，利用平衡计分卡宣传战略，把平衡计分卡用于执行战略和计划的过程，将战略转化为行动。

战略实施的重点之一是所有的员工都了解战略，提高其实现战略目标的自觉性。通过定期将平衡计分卡中的评估结果公布，可以使其了解平衡计分卡给企业带来的变化，管理者工作的重点将不再是短期的财务指标，而是组织战略的实施。

在战略实施阶段，平衡计分卡主要体现为一个战略实施管理机制，它把组织的战略和一整套的衡量指标相联系，弥补了制定战略和实施战略间的差距。

第一步，要为战略性的衡量指标制定 3～5 年的目标。

第二步，制订能够实现这一目标的战略性计划。以资本预算为例，传统的资本预算未能把投资和战略相连，而选用了回报率等单纯的财务指标进行投资决策。现在可以用 BSC 来做，通过利用 BSC 来为投资项目打分，名列前茅的并在资本预算范围内的投资项目将被采用。这种投资决策方法使资本预算和组织战略紧密相连。

第三步，为战略计划确定短期计划。管理者根据战略计划、经营过程，按月或季制定短期目标，把第一步"3～5 年目标"中的第 1 年目标转化为平衡计分卡中 4 个方面的目标和衡量指标。

整个过程为组织目标转化为切实的行动提供了途径。

(3) 在战略评估阶段，在运用平衡计分卡对企业各方面的绩效进行评价之后，管理者可以对战略进行检验和调整。

在战略评价和反馈阶段，平衡计分卡中的衡量指标之间存在因果联系。因此，当某项指标未达到预期目标时，便可以根据因果关系层层分析引起这项指标变动的其他指标是否合格。如果不合格，表明是执行不力；如果均已合格，那么管理者就应对组织内外部环境重新分析，检查确定战略的环境因素是否已发生变化，是否需要调整战略。这一反馈分析的过程，对于战略管理有着重要的意义，充分体现了战略管理的动态特征。

六、平衡计分卡的优缺点及应用范围

(一) 平衡计分卡的优点

平衡计分卡不仅是一种管理手段,也体现了一种管理思想,组织愿景的达成要考核多方面的因素,不仅是财务要素,还应包括客户、业务流程、学习与成长等方面的因素。实施平衡计分卡主要有以下优点。

(1) 克服了传统财务评估方法的短期倾向;
(2) 使整个组织行动一致,服务于战略目标;
(3) 能有效地将组织战略转化为各层级的绩效指标和行动;
(4) 有助于各级员工对组织目标和战略的理解;
(5) 有利于组织和员工的学习、成长和核心能力的培养;
(6) 有利于提高组织的整体管理水平,实现组织的长远目标。

(二) 平衡计分卡的缺点

平衡计分卡不适用于战略制定,运用这一方法的前提是企业已经确立了一致认同的战略;平衡计分卡也不是流程改进的方法,并不告诉你如何去做,只是以定量的方式告诉你做得怎样。实施平衡计分卡主要有以下缺点。

(1) 实施难度较高。平衡计分卡的实施要求企业有明确的组织战略,高层管理者应当具备分解和沟通战略的能力和意愿,中高层管理者应当具有指标创新的能力和意愿。因此,管理基础差的企业不适合引入平衡计分卡,实施难度较高。

(2) 指标体系建立较困难。如何建立非财务指标体系、如何确立非财务指标的标准以及如何评价非财务指标,都需要企业长期的探索和总结,且不同的企业面临不同的竞争环境,需要不同的战略和目标设定。

(3) 指标数量过多。平衡计分卡涉及财务、客户、内部业务流程、学习与成长四个方面,这就必然导致指标较多,合适的指标数目是20~25个,其中,财务角度5个,客户角度5个,内部流程角度8~10个,学习与成长角度5个。对于这些指标的筛选、管理有一定的难度。

(4) 各指标权重的分配比较困难。要对企业业绩进行评价,就必然要综合考虑上述四个层面因素,涉及权重分配问题。不但要在不同层面之间分配权重,而且要在同一层面的不同指标之间分配权重。不同的层面及同一层面的不同指标分配的权重不同,将导致不同的评价结果。而且平衡计分卡也没有说明针对不同的发展阶段与战略需要确定指标权重的方法,故而权重的制定并没有一个客观标准,使得权重的分配有一定的主观色彩。

(5) 实施成本高。平衡计分卡要求企业从财务、客户、内部流程、学习与成长四个方面考虑战略目标的实施,并为每个方面制定详细而明确的目标和指标。在对战略的深刻理解外,需要消耗大量精力和时间把它分解到部门,并找出恰当的指标。指标可能会多达15~20个,在考核与数据收集时,也是一个不轻的负担。

(三)平衡计分卡的应用范围

有以下情况的企业,适合引入平衡计分卡方法。
(1) 企业高层管理者有短期行为,或换了几任总经理仍业绩不良;
(2) 企业缺乏有效的员工绩效管理系统;
(3) 企业分公司的业绩管理存在诸多问题,如虚假利润、短期行为等;
(4) 企业希望实现突破性发展,希望业绩有大幅度提升;
(5) 需要转型或变革的国有企业;
(6) 希望实现长期发展、打造百年品牌的企业;
(7) 希望规范化管理,提高整体运营管理效率的企业;
(8) 缺乏战略管理体系,希望提高组织的战略管理能力的企业;
(9) 希望对市场有更快的反应速度的企业。

案例 10-1:管理会计应用指引第 101 号——战略地图

第四节　关键绩效指标

关键绩效指标(Key Performance Indicator,KPI),又称关键业绩指标考核法,是企业绩效考核的方法之一。这种方法的优点是标准比较鲜明,易于作出评估。它的缺点是对简单的工作制定标准难度较大,缺乏一定的定量性。

一、关键绩效指标的概念及其相关概念

企业关键绩效指标是通过对组织内部流程的输入端、输出端的关键参数进行设置、取样、计算、分析,衡量流程绩效的一种目标式量化管理指标,是把企业的战略目标分解为可操作的工作目标的工具,是企业绩效管理的基础。KPI 可以使部门主管明确部门的主要责任,并以此为基础,明确部门人员的业绩衡量指标。建立明确的切实可行的 KPI 体系,是做好绩效管理的关键。关键绩效指标是用于衡量工作人员工作绩效表现的量化指标,是绩效计划的重要组成部分。

KPI 法符合一个重要的管理原理——"八二原理"。在一个企业的价值创造过程中,存在着"80/20"的规律,即 20%的骨干人员创造企业 80%的价值;而且在每一位员工身上"八二原理"同样适用,即 80%的工作任务是由 20%的关键行为完成的。因此,必须抓住 20%的关键行为,对之进行分析和衡量,这样就能抓住业绩评价的重心。

KPA(Key Process Area)意为关键过程领域,这些关键过程领域指出企业需要集中力量改进和解决问题的过程。同时,这些关键过程领域指明为了要达到该能力成熟度等级所需要解决的具体问题。每个 KPA 都明确地列出一个或多个目标(Goal),并且指明一组相关联的关键实践(Key Practices)。实施这些关键实践就能实现这个关键过程领域的目标,从而达到增加过程能力的效果。我们也可以从人力资源管理角度对多个目标进行检查,达到考量的结果。KPA 是做好周计划和日计划的常用工具,通过 KPA 的检查考量统计可以将一个任务的 KPI 梳理出来。

KRA(Key Result Areas)意为关键结果领域，它是为实现企业整体目标，不可或缺的、必须取得满意结果的领域，是企业关键成功要素的聚集地。

每个 KRA 都涵盖几个 KPI。KRA 和 KPI 是把企业的战略目标分解为可操作的工作目标的工具，是企业绩效管理的基础，建立明确的切实可行的 KPI 体系是做好绩效管理的关键。

BSC 是绩效管理中的一种新思路，适用于对部门的团队考核。平衡计分卡的核心思想就是通过财务、客户、内部流程及学习与发展四个方面的指标之间的相互驱动的因果关系展现组织的战略轨迹，是实现绩效考核—绩效改进以及战略实施—战略修正的战略目标过程。它把绩效考核的地位上升到组织的战略层面，使之成为组织战略的实施工具。

我们可以把 KPA、KPI、KRA、BSC 系统地联系起来，就会发现 KPA 是指标量化执行阶段，KPI 是指标量化考核阶段，KRA 是指标必要达成的结构性目标管理阶段，BSC 是指标的"战略管理"阶段，这四个名词是绩效量化管理不断升级的关键词。这也是企业实施绩效量化管理发展的四个阶段。

二、关键绩效指标的特点

关键绩效指标不是由上级强行确定下发的，也不是由本职位自行制定的，它的制定过程由上级与员工共同参与完成，是双方所达成的一致意见的体现。它不是以上压下的工具，而是组织中相关人员对职位工作绩效要求的共同认识。

KPI 所具备的特点，决定了 KPI 在组织中举足轻重的意义。

第一，作为公司战略目标的分解，KPI 的制定有力地推动公司战略在各单位各部门得以执行；

第二，KPI 为上下级对职位工作职责和关键绩效要求有了清晰的共识，确保各层各类人员努力方向的一致性；

第三，KPI 为绩效管理提供了透明、客观、可衡量的基础；

第四，作为关键经营活动的绩效的反映，KPI 帮助各职位员工集中精力处理对公司战略有最大驱动力的方面；

第五，通过定期计算和回顾 KPI 执行结果，管理人员能清晰了解经营领域中的关键绩效参数，并及时诊断存在的问题，采取行动予以改进。

三、关键绩效指标的作用

具体来看，关键绩效指标有助于：
(1) 根据组织的发展规划/目标计划来确定部门/个人的业绩指标；
(2) 监测与业绩目标有关的运作过程；
(3) 及时发现潜在的问题，发现需要改进的领域，并反馈给相应部门/个人；
(4) KPI 输出是绩效评价的基础和依据。

当公司、部门乃至职位确定了明晰的 KPI 体系后，可以：
(1) 把个人和部门的目标与公司整体的目标联系起来；

(2) 对于管理者而言，阶段性地对部门/个人的 KPI 输出进行评价和控制，可引导正确的目标发展；

(3) 集中测量公司所需要的行为；

(4) 定量和定性地对直接创造利润和间接创造利润的贡献作出评估。

四、关键绩效指标的 SMART 原则

确定关键绩效指标有一个重要的 SMART 原则。SMART 是 5 个英文单词首字母的缩写。

"S"代表具体(Specific)，指绩效考核要切中特定的工作指标，不能笼统；

"M"代表可度量(Measurable)，指绩效指标是数量化或者行为化的，验证这些绩效指标的数据或者信息是可以获得的；

"A"代表可实现(Attainable)，指绩效指标在付出努力的情况下可以实现，避免设立过高或过低的目标；

"R"代表关联性(Relevant)，指绩效指标与上级目标具明确的关联性，最终与公司目标相结合；

"T"代表有时限(Time bound)，注重完成绩效指标的特定期限。

五、确定关键绩效指标一般遵循的过程

(一)建立评价指标体系

可按照从宏观到微观的顺序，依次建立各级的指标体系。首先明确企业的战略目标，找出企业的业务重点，并确定这些关键业务领域的关键业绩指标，从而建立企业级 KPI。接下来，各部门的主管需要依据企业级 KPI 建立部门级 KPI。然后，各部门的主管和部门的 KPI 人员一起再将 KPI 进一步分解为更细的 KPI。这些业绩衡量指标就是员工考核的要素和依据。

(二)设定评价标准

一般来说，指标指的是从哪些方面来对工作进行衡量或评价；而标准指的是在各个指标上分别应该达到什么样的水平。指标解决的是我们需要评价"什么"的问题，标准解决的是要求被评价者做得"怎样"、完成"多少"的问题。

(三)审核关键绩效指标

对关键绩效指标进行审核的目的主要是确认这些关键绩效指标是否能够全面、客观地反映被评价对象的工作绩效，以及是否适合于评价操作。

从组织结构的角度来看，KPI 系统是一个纵向的指标体系：先确定公司层面关注的 KPI，再确定部门乃至个人要承担的 KPI，由于 KPI 体系经过层层分解，这样，就在指标体系上把战略落实到"人"。而要把战略具体落实，需要"显性化"，要对每个层面的 KPI 进行赋值，形成一个相对应的纵向的目标体系。所以，在落实战略时有"两条线"：一条是指标体系，即工具；另一条是目标体系，利用指标工具得到。当然，目标体系本身还是一个沟通

与传递的体系,即使使用 KPI 体系这一工具,具体的目标制定还需要各级管理者之间进行沟通:下级管理者必须参与更高一级目标的制定,由此他才能清楚本部门在更大系统中的位置,也能够让上级管理者更明确对其部门的要求,从而保证制定出适当、有效的子目标。这样,通过层层制定出相应的目标,形成一条不发生偏失的"目标线",保障战略有效传递和落实到具体的操作层面。具体到绩效管理的实施上,各部门承担的 KPI 是由战略决定的,但具体到某个年度时,并不需要对其所有承担的 KPI 进行赋值、制定目标。

因为战略目标是相对长期的,而具体到年度时一定会有所偏重,要求在选择全面衡量战略的 KPI 时要根据战略有所取舍。具体的年度目标的制定,是在全面分析企业内外环境、状况的基础上,根据年度战略构想,对本年度确定的 KPI 进行赋值,从而得到的。在其中,KPI 只是一个工具体系;而制定目标的关键还在于"人"与"人"的沟通和理解,需要管理者和自己的上级、同级、下级、外部客户、供应商进行 360 度全方位的沟通。管理,在制定目标、落实战略的时候,就是一个沟通、落实的过程。所谓战略的落实,正是通过这种阶段性目标状态的不断定义和实现而逐步达到的。

六、关键绩效指标设计的基本思路

(一)鱼骨图分析法

运用"鱼骨图"分析法,建立关键绩效指标体系,其主要流程如下。
(1) 根据职责分工,确定哪些个体因素或组织因素与公司整体利益是相关的。
(2) 根据岗位标准,定义成功的关键因素。
(3) 确定关键绩效指标、绩效标准与实际因素的关系。
(4) 关键绩效指标的分解。

(二)工作量化的灵活处理

有些部门工作量化的确有困难,就要从工作要求、时间节点上进行量化。如人力资源管理者、行政事务人员、财务人员,其关键绩效指标的量化难度相对较大,若硬性地从其自身职责上进行量化,逻辑上也说不通,不对其量化,情理上同样也说不过去。实际处理中,可以从考核其工作任务或工作要求来界定,可以通过时间来界定。从实质上讲,被时间所界定的工作任务或工作目标也是定量指标。

(三)PDCA 循环[即计划(Plan)、执行(Do)、检查(Check)、处理(Act)]

运用 PDCA 循环逐步完善和落实,其主要流程有:
(1) 关键绩效指标由专业人员设计。
(2) 设计稿上报公司领导班子审议。
(3) 根据公司领导班子的意见进行修订。
(4) 将修订稿交各职能部门讨论。
(5) 将讨论意见集中再修订。
(6) 上报批准下发。

其中(1)—(5)项，实际工作中会有几个来回。

(四)KPI考核的支持环境

有了关键绩效考核指标体系，也不能保证这些指标就能运用于绩效考核，达到预期效果。要想真正达到效果，还取决于企业是否有关键绩效指标考核的支持环境。建立这种支持环境，同样是关键绩效指标设计时必须考虑的。

(1) 以绩效为导向的企业文化的支持。建立绩效导向的组织氛围，通过企业文化化解绩效考核过程中的矛盾与冲突，形成追求优异绩效的核心价值观的企业文化。

(2) 各级主管人员肩负着绩效管理任务。分解与制定关键绩效指标是各级主管必须承担的责任。专业人员只是起技术支撑作用。

(3) 重视绩效沟通制度建设。在关键绩效指标的分解与制定过程中，关键绩效指标建立与落实是一个自上而下、自下而上的制度化过程。没有良好的沟通制度作保证，关键绩效指标考核就不会具有实效性和挑战性。

(4) 绩效考核结果与价值分配挂钩。实践表明，两者挂钩的程度紧密，以关键绩效指标为核心的绩效考核系统才能真正发挥作用。

本 章 小 结

本章介绍了企业战略的含义及其指导性、全局性、长远性、竞争性、系统性、风险性的特征；传统成本管理轻视生产过程以外的成本管理细节，片面地考虑成本影响因素等方面存在的局限性；战略管理会计的含义与特征；战略管理会计在企业内外部环境分析、企业战略制定、企业战略实施、企业战略绩效评价等方面的应用等相关内容；平衡计分卡以及关键业绩指标绩效考核。

案 例 点 击

华为中基层员工KPI考核方法和原则

华为中基层员工工作的KPI考核，分为本部门工作和跨部门团队的工作。其考核立足于员工的实际工作，强调员工的工作表现与工作要求一致，而不是基于员工在本部门的工作评价。此外，华为绩效考核必须融入部门日常管理工作，这是管理者义不容辞的责任。

1. 中基层员工KPI考核原则

(1) 责任结果导向原则。责任结果导向原则即完成目标的过程中以最终结果为导向，努力采取高效措施，提高自己的执行能力。

(2) 目标承诺原则。目标承诺原则即在充分沟通的基础上，确立绩效目标，员工就所实现的目标作出承诺。

(3) 考核与评价相结合原则。员工的直接管理者是考核者，功能部门是考核评价者，考核与评价相结合，就是结合考核与评价综合意见，作为考核依据，得出考核结果。

(4) 客观性原则。客观性原则即考核以日常管理中的观察、记录为基础，用数据和事实说话，切忌主观臆断。

2. 部门负责人考核内容

(1) 部门量化指标：可以量化的关键业绩指标。

(2) 部门非量化指标：不能量化，但对公司和部门业绩有重要影响的指标。

(3) 追加目标和任务考核：主要是对工作中追加目标和任务的考核。

(4) 工作行为与态度考核。

(5) 管理行为考核。

(6) 不良事故考核。

3. 其他管理职能职位考核内容

(1) 指标性目标：可以定量衡量的考核目标。

(2) 重点工作目标：不能量化，但是对完成工作非常重要的工作目标。

(3) 追加目标任务考核：主要是对工作中追加目标和任务的考核。

(4) 工作行为与态度的考核。

(5) 管理行为考核。

(6) 不良事故考核。

4. 非管理职能职位的考核内容

非管理职能职位的考核内容与其他管理职能职位考核内容几乎相同，除管理行为考核外，其余都是此部分考核的内容。

5. 考核注意事项

在对中基层员工进行考核时，要注意过程记录、绩效辅导和及时反馈。考核者要如实记录下属的工作状况，就存在的问题，或者完成较好的地方记录在"行为指导记录"中，为考评提供基础数据。考核结束后，就考评结果与员工面谈，分析员工绩效目标完成的好的地方和不足的地方，找出原因，总结绩效改进措施，确定下一个考核周期的工作目标。

被考核员工对考核结果不满意的，有权投诉。

华为《绩效管理与绩效考核制度》第二章第十条规定：任何员工对自己的考核结果不满，均可以在一周内向上一级主管投诉，也可以直接向人力资源部投诉。接到投诉的主管或人力资源部，在接到投诉后一周内，组织有关人员对投诉者进行再次评估。如果投诉者对再次评估仍不满意，可以进入劳动争议处理程序。

(资料来源：https://www.sohu.com/a/252349321_466326)

复习思考题

1. 战略管理会计的主要内容有哪些？
2. 简述战略管理会计的特征。
3. 什么是柔性战略管理会计？

案例 10-2：华为的账务集中管理

4. 什么是平衡计分卡？
5. 什么是关键业绩指标？

练 习 题

一、单项选择题

1. 下列各项中，属于战略管理特点的是( )。
   A. 长期性　　　　B. 全面性　　　　C. 层次性　　　　D. 动态性
2. 企业通过避免直接竞争来取得成功，这种战略是( )。
   A. 低成本战略　　B. 差异化战略　　C. 集聚战略　　　D. 竞争优势战略
3. 企业规模超过一定程度，不会导致( )。
   A. 协调的复杂性　B. 成本的降低　　C. 管理效率的降低　D. 生产自然条件恶化
4. 经济订货量模型只考虑了成本因素，没有考虑( )因素。
   A. 质量　　　　　B. 时间　　　　　C. 价格　　　　　D. 资金
5. 贯穿于低成本战略的主体是使成本低于( )。
   A. 预算数　　　　B. 历史水平　　　C. 竞争对手　　　D. 年度计划
6. 战略管理会计对投资方案的评价除了定量分析模型以外，还应用了大量的( )。
   A. 统计方法　　　B. 定性方法　　　C. 数学分析　　　D. 净现值分析
7. 下列哪一项不是平衡计分的战略执行要素( )。
   A. 战略地图　　　B. 平衡计分卡　　C. 目标客户　　　D. 战略中心型组织
8. 下列哪一项不是战略制定的流程( )。
   A. 明晰使命、价值观和愿景　　　　B. 进行战略分析
   C. 制定战略　　　　　　　　　　　D. 战略升级
9. 从平衡计分卡的角度组织SWOT矩阵，其中"W"是指( )。
   A. 优势　　　　　B. 劣势　　　　　C. 机会　　　　　D. 威胁
10. 下列关于关键绩效指标法的说法错误的是( )。
    A. 将价值创造活动与战略规划目标有效联系
    B. 关键绩效指标法可以单独使用，也可以与经济增加值法、平衡计分卡等其他方法结合使用
    C. 关键绩效指标法的应用对象是企业，不能用于企业所属的单位(部门)和员工
    D. 企业的关键绩效指标一般可分为结果类和动因类两类指标

二、多项选择题

1. 对现有产品进行成本管理的主要方法有( )。
   A. 目标成本法　　　　　B. 作业成本法　　　　　C. 价值工程
   D. 生产过程控制　　　　E. 完善成本计划
2. 传统管理会计的局限性主要体现在( )。
   A. 成本管理　　　　　　B. 存货控制　　　　　　C. 投资决策

D. 业绩评价　　　　　　　　　　E. 短期经营决策

3. 在以下内容中，能够揭示战略管理会计明显特征的表述有(　　)。
   A. 提供多样化的会计信息　　　　B. 改进了项目评价的尺度
   C. 改进了业绩评价的尺度　　　　D. 内部管理和控制方法不断创新
   E. 拓宽了传统管理会计的研究范围

4. 下列各项中，属于战略管理会计研究内容的有(　　)。
   A. 企业的经营环境分析　　　　　B. 价值链分析
   C. 竞争努力分析　　　　　　　　D. 竞争战略的选择
   E. 竞争优势的保持

5. 企业价值链分析的对象比较宽泛，会涉及(　　)等内容。
   A. 供应商　　　　　B. 顾客　　　　　C. 企业本身
   D. 行业本身　　　　E. 产业本身

6. 企业价值链分析的内容包括(　　)。
   A. 产品生产合理配合分析　　B. 作业链分析　　　　C. 成本动因分析
   D. 资源动因分析　　　　　　E. 成本优势分析

7. 为了使平衡计分卡同企业战略更好地结合，必须做到(　　)。
   A. 平衡计分卡的四个方面应互为因果，最终结果是实现企业的战略
   B. 平衡计分卡中不能只有具体的业绩衡量指标，还应包括这些具体衡量指标的驱动因素
   C. 平衡计分卡应该最终和非财务指标联系起来，因为企业的最终目标是顾客满意
   D. 有效的平衡计分卡，是各种业绩衡量指标的有机结合

8. 在使用平衡计分卡进行企业业绩评价时，需要处理几个平衡，下列各项中，正确的有(　　)。
   A. 财务评价指标与非财务评价指标的平衡
   B. 外部评价指标与内部评价指标的平衡
   C. 定期评价指标与非定期评价指标的平衡
   D. 成果评价指标与驱动因素评价指标的平衡

9. 下列关于平衡计分卡的说法，正确的有(　　)。
   A. 是先进的绩效衡量工具　　　　B. 适用于政府部门
   C. 是核心的战略管理与执行工具　D. 不适用于行业
   E. 是理念十分先进的"游戏规则"

10. 下列关于平衡计分卡的表述正确的有(　　)。
    A. 企业战略的实施可以通过平衡计分卡的全面管理来完成
    B. 平衡计分卡强调目标管理，鼓励下属创造性地完成目标
    C. 平衡计分卡可以使管理层仅关注少数而又关键的指标
    D. 平衡计分卡可以提高企业整体管理效率

第十章　答案

附　　录

附表一　复利终值系数表

期数/利率	1%	2%	3%	4%	5%	6%	7%	8%	9%	10%	11%	12%	13%	14%	15%
1	1.0100	1.0200	1.0300	1.0400	1.0500	1.0600	1.0700	1.0800	1.0900	1.1000	1.1100	1.1200	1.1300	1.1400	1.1500
2	1.0201	1.0404	1.0609	1.0816	1.1025	1.1236	1.1449	1.1664	1.1881	1.2100	1.2321	1.2544	1.2769	1.2996	1.3225
3	1.0303	1.0612	1.0927	1.1249	1.1576	1.1910	1.2250	1.2597	1.2950	1.3310	1.3676	1.4049	1.4429	1.4815	1.5209
4	1.0406	1.0824	1.1255	1.1699	1.2155	1.2625	1.3108	1.3605	1.4116	1.4641	1.5181	1.5735	1.6305	1.6890	1.7490
5	1.0510	1.1041	1.1593	1.2167	1.2763	1.3382	1.4026	1.4693	1.5386	1.6105	1.6851	1.7623	1.8424	1.9254	2.0114
6	1.0615	1.1262	1.1941	1.2653	1.3401	1.4185	1.5007	1.5869	1.6771	1.7716	1.8704	1.9738	2.0820	2.1950	2.3131
7	1.0721	1.1487	1.2299	1.3159	1.4071	1.5036	1.6058	1.7138	1.8280	1.9487	2.0762	2.2107	2.3526	2.5023	2.6600
8	1.0829	1.1717	1.2668	1.3686	1.4775	1.5938	1.7182	1.8509	1.9926	2.1436	2.3045	2.4760	2.6584	2.8526	3.0590
9	1.0937	1.1951	1.3048	1.4233	1.5513	1.6895	1.8385	1.9990	2.1719	2.3579	2.5580	2.7731	3.0040	3.2519	3.5179
10	1.1046	1.2190	1.3439	1.4802	1.6289	1.7908	1.9672	2.1589	2.3674	2.5937	2.8394	3.1058	3.3946	3.7072	4.0456
11	1.1157	1.2434	1.3842	1.5395	1.7103	1.8983	2.1049	2.3316	2.5804	2.8531	3.1518	3.4785	3.8359	4.2262	4.6524
12	1.1268	1.2682	1.4258	1.6010	1.7959	2.0122	2.2522	2.5182	2.8127	3.1384	3.4985	3.8960	4.3345	4.8179	5.3503
13	1.1381	1.2936	1.4685	1.6651	1.8856	2.1329	2.4098	2.7196	3.0658	3.4523	3.8833	4.3635	4.8980	5.4924	6.1528
14	1.1495	1.3195	1.5126	1.7317	1.9799	2.2609	2.5785	2.9372	3.3417	3.7975	4.3104	4.8871	5.5348	6.2613	7.0757
15	1.1610	1.3459	1.5580	1.8009	2.0789	2.3966	2.7590	3.1722	3.6425	4.1772	4.7846	5.4736	6.2543	7.1379	8.1371
16	1.1726	1.3728	1.6047	1.8730	2.1829	2.5404	2.9522	3.4259	3.9703	4.5950	5.3109	6.1304	7.0673	8.1372	9.3576
17	1.1843	1.4002	1.6528	1.9479	2.2920	2.6928	3.1588	3.7000	4.3276	5.0545	5.8951	6.8660	7.9861	9.2765	10.761
18	1.1961	1.4282	1.7024	2.0258	2.4066	2.8543	3.3799	3.9960	4.7171	5.5599	6.5436	7.6900	9.0243	10.575	12.375
19	1.2081	1.4568	1.7535	2.1068	2.5270	3.0256	3.6165	4.3157	5.1417	6.1159	7.2633	8.6128	10.197	12.056	14.232
20	1.2202	1.4859	1.8061	2.1911	2.6533	3.2071	3.8697	4.6610	5.6044	6.7275	8.0623	9.6463	11.523	13.743	16.367

附表二　复利现值系数表

期数/利率	1%	2%	3%	4%	5%	6%	7%	8%	9%	10%	11%	12%	13%	14%	15%
1	0.9901	0.9804	0.9709	0.9615	0.9524	0.9434	0.9346	0.9259	0.9174	0.9091	0.9009	0.8929	0.8850	0.8772	0.8696
2	0.9803	0.9612	0.9426	0.9246	0.9070	0.8900	0.8734	0.8573	0.8417	0.8264	0.8116	0.7972	0.7831	0.7695	0.7561
3	0.9706	0.9423	0.9151	0.8890	0.8638	0.8396	0.8163	0.7938	0.7722	0.7513	0.7312	0.7118	0.6931	0.6750	0.6575
4	0.9610	0.9238	0.8885	0.8548	0.8227	0.7921	0.7629	0.7350	0.7084	0.6830	0.6587	0.6355	0.6133	0.5921	0.5718
5	0.9515	0.9057	0.8626	0.8219	0.7835	0.7473	0.7130	0.6806	0.6499	0.6209	0.5935	0.5674	0.5428	0.5194	0.4972
6	0.9420	0.8880	0.8375	0.7903	0.7462	0.7050	0.6663	0.6302	0.5963	0.5645	0.5346	0.5066	0.4803	0.4556	0.4323
7	0.9327	0.8706	0.8131	0.7599	0.7107	0.6651	0.6227	0.5835	0.5470	0.5132	0.4817	0.4523	0.4251	0.3996	0.3759
8	0.9235	0.8535	0.7894	0.7307	0.6768	0.6274	0.5820	0.5403	0.5019	0.4665	0.4339	0.4039	0.3762	0.3506	0.3269
9	0.9143	0.8368	0.7664	0.7026	0.6446	0.5919	0.5439	0.5002	0.4604	0.4241	0.3909	0.3606	0.3329	0.3075	0.2843
10	0.9053	0.8203	0.7441	0.6756	0.6139	0.5584	0.5083	0.4632	0.4224	0.3855	0.3522	0.3220	0.2946	0.2697	0.2472
11	0.8963	0.8043	0.7224	0.6496	0.5847	0.5268	0.4751	0.4289	0.3875	0.3505	0.3173	0.2875	0.2607	0.2366	0.2149
12	0.8874	0.7885	0.7014	0.6246	0.5568	0.4970	0.4440	0.3971	0.3555	0.3186	0.2858	0.2567	0.2307	0.2076	0.1869
13	0.8787	0.7730	0.6810	0.6006	0.5303	0.4688	0.4150	0.3677	0.3262	0.2897	0.2575	0.2292	0.2042	0.1821	0.1625
14	0.8700	0.7579	0.6611	0.5775	0.5051	0.4423	0.3878	0.3405	0.2992	0.2633	0.2320	0.2046	0.1807	0.1597	0.1413
15	0.8613	0.7430	0.6419	0.5553	0.4810	0.4173	0.3624	0.3152	0.2745	0.2394	0.2090	0.1827	0.1599	0.1401	0.1229
16	0.8528	0.7284	0.6232	0.5339	0.4581	0.3936	0.3387	0.2919	0.2519	0.2176	0.1883	0.1631	0.1415	0.1229	0.1069
17	0.8444	0.7142	0.6050	0.5134	0.4363	0.3714	0.3166	0.2703	0.2311	0.1978	0.1696	0.1456	0.1252	0.1078	0.0929
18	0.8360	0.7002	0.5874	0.4936	0.4155	0.3503	0.2959	0.2502	0.2120	0.1799	0.1528	0.1300	0.1108	0.0946	0.0808
19	0.8277	0.6864	0.5703	0.4746	0.3957	0.3305	0.2765	0.2317	0.1945	0.1635	0.1377	0.1161	0.0981	0.0829	0.0703
20	0.8195	0.6730	0.5537	0.4564	0.3769	0.3118	0.2584	0.2145	0.1784	0.1486	0.1240	0.1037	0.0868	0.0728	0.0611

附表三 年金终值系数表

期数/利率	1%	2%	3%	4%	5%	6%	7%	8%	9%	10%	11%	12%	13%	14%	15%
1	1.0000	1.0000	1.0000	1.0000	1.0000	1.0000	1.0000	1.0000	1.0000	1.0000	1.0000	1.0000	1.0000	1.0000	1.0000
2	2.0100	2.0200	2.0300	2.0400	2.0500	2.0600	2.0700	2.0800	2.0900	2.1000	2.1100	2.1200	2.1300	2.1400	2.1500
3	3.0301	3.0604	3.0909	3.1216	3.1525	3.1836	3.2149	3.2464	3.2781	3.3100	3.3421	3.3744	3.4069	3.4396	3.4725
4	4.0604	4.1216	4.1836	4.2465	4.3101	4.3746	4.4399	4.5061	4.5731	4.6410	4.7097	4.7793	4.8498	4.9211	4.9934
5	5.1010	5.2040	5.3091	5.4163	5.5256	5.6371	5.7507	5.8666	5.9847	6.1051	6.2278	6.3528	6.4803	6.6101	6.7424
6	6.1520	6.3081	6.4684	6.6330	6.8019	6.9753	7.1533	7.3359	7.5233	7.7156	7.9129	8.1152	8.3227	8.5355	8.7537
7	7.2135	7.4343	7.6625	7.8983	8.1420	8.3938	8.6540	8.9228	9.2004	9.4872	9.7833	10.089	10.405	10.730	11.067
8	8.2857	8.5830	8.8923	9.2142	9.5491	8.8975	10.260	10.637	11.028	11.436	11.859	12.300	12.757	13.233	13.727
9	9.3685	9.7546	10.159	10.583	11.027	11.491	11.978	12.488	13.021	13.579	14.164	14.776	15.416	16.085	16.786
10	10.462	10.950	11.464	12.006	12.578	13.181	13.816	14.487	15.193	15.937	16.722	17.549	18.420	19.337	20.304
11	11.567	12.169	12.808	13.486	14.207	14.972	15.784	16.645	17.560	18.531	19.561	20.655	21.814	23.045	24.349
12	12.683	13.412	14.192	15.026	15.917	16.870	17.888	18.977	20.141	21.384	22.713	24.133	25.650	27.271	29.002
13	13.809	14.680	15.618	16.627	17.713	18.882	20.141	21.495	22.953	24.523	26.212	28.029	29.985	32.089	34.352
14	14.947	15.974	17.086	18.292	19.599	21.015	22.550	24.215	26.019	27.975	30.095	32.393	34.883	37.581	40.505
15	16.097	17.293	18.599	20.024	21.579	23.276	25.129	27.152	29.361	31.772	34.405	37.280	40.417	43.842	47.580
16	17.258	18.639	20.157	21.825	23.657	25.673	27.888	30.324	33.003	35.950	39.190	42.753	46.672	50.980	55.717
17	18.430	20.012	21.762	23.698	25.840	28.213	30.840	33.750	36.974	40.545	44.501	48.884	53.739	59.118	65.075
18	19.615	21.412	23.414	25.645	28.132	30.906	33.999	37.450	41.301	45.599	50.396	55.750	61.725	68.394	75.836
19	20.811	22.841	25.117	27.671	30.539	33.760	37.379	41.446	46.018	51.159	56.939	63.440	70.749	78.969	88.212
20	22.019	24.297	26.870	29.778	33.066	36.786	40.995	45.762	51.160	57.275	64.203	72.052	80.947	91.025	102.44

附表四 年金现值系数表

期数/利率	1%	2%	3%	4%	5%	6%	7%	8%	9%	10%	11%	12%	13%	14%	15%
1	0.9901	0.9804	0.9709	0.9615	0.9524	0.9434	0.9346	0.9259	0.9174	0.9091	0.9009	0.8929	0.8850	0.8772	0.8696
2	1.9704	1.9416	1.9135	1.8861	1.8594	1.8334	1.8080	1.7833	1.7591	1.7355	1.7125	1.6901	1.6681	1.6467	1.6257
3	2.9410	2.8839	2.8286	2.7751	2.7232	2.6730	2.6243	2.5771	2.5313	2.4869	2.4437	2.4018	2.3612	2.3216	2.2832
4	3.9020	3.8077	3.7171	3.6299	3.5460	3.4651	3.3872	3.3121	3.2397	3.1699	3.1024	3.0373	2.9745	2.9137	2.8550
5	4.8534	4.7135	4.5797	4.4518	4.3295	4.2124	4.1002	3.9927	3.8897	3.7908	3.6959	3.6048	3.5172	3.4331	3.3522
6	5.7955	5.6014	5.4172	5.2421	5.0757	4.9173	4.7665	4.6229	4.4859	4.3553	4.2305	4.1114	3.9975	3.8887	3.7845
7	6.7282	6.4720	6.2303	6.0021	5.7864	5.5824	5.3893	5.2064	5.0330	4.8684	4.7122	4.5638	4.4226	4.2883	4.1604
8	7.6517	7.3255	7.0197	6.7327	6.4632	6.2098	5.9713	5.7466	5.5348	5.3349	5.1461	4.9676	4.7988	4.6389	4.4873
9	8.5660	8.1622	7.7861	7.4353	7.1078	6.8017	6.5152	6.2469	5.9952	5.7590	5.5370	5.3282	5.1317	4.9464	4.7716
10	9.4713	8.9826	8.5302	8.1109	7.7217	7.3601	7.0236	6.7101	6.4177	6.1446	5.8892	5.6502	5.4262	5.2161	5.0188
11	10.368	9.7868	9.2526	8.7605	8.3064	7.8869	7.4987	7.1390	6.8052	6.4951	6.2065	5.9377	5.6869	5.4527	5.2337
12	11.255	10.575	9.9540	9.3851	8.8633	8.3838	7.9427	7.5361	7.1607	6.8137	6.4924	6.1944	5.9176	5.6603	5.4206
13	12.134	11.348	10.635	9.9856	9.3936	8.8527	8.3577	7.9038	7.4869	7.1034	6.7499	6.4235	6.1218	5.8424	5.5831
14	13.004	12.106	11.296	10.563	9.8986	9.2950	8.7455	8.2442	7.7862	7.3667	6.9819	6.6282	6.3025	6.0021	5.7245
15	13.865	12.849	11.938	11.118	10.380	9.7122	9.1079	8.5595	8.0607	7.6061	7.1909	6.8109	6.4624	6.1422	5.8474
16	14.718	13.578	12.561	11.652	10.838	10.106	9.4466	8.8514	8.3126	7.8237	7.3792	6.9740	6.6039	6.2651	5.9542
17	15.562	14.292	13.166	12.166	11.274	10.477	9.7632	9.1216	8.5436	8.0216	7.5488	7.1196	6.7291	6.3729	6.0472
18	16.398	14.992	13.754	12.659	11.690	10.828	10.059	9.3719	8.7556	8.2014	7.7016	7.2497	6.8399	6.4674	6.1280
19	17.226	15.678	14.324	13.134	12.085	11.158	10.336	9.6036	8.9501	8.3649	7.8393	7.3658	6.9380	6.5504	6.1982
20	18.046	16.351	14.877	13.590	12.462	11.470	10.594	9.8181	9.1285	8.5136	7.9633	7.4694	7.0248	6.6231	6.2593

参 考 文 献

[1] 宋效中. 现代管理会计[M]. 北京：机械工业出版社，2007.
[2] 张巧良. 管理会计学[M]. 北京：经济科学出版社，2006.
[3] 赵键梅. 管理会计学[M]. 北京：清华大学出版社，2006.
[4] 刘芬芳. 成本会计[M]. 天津：天津大学出版社，2010.
[5] 夏宽云. 战略管理会计[M]. 上海：复旦大学出版社，2007.
[6] 张华伦. 管理会计[M]. 西安：西安交通大学出版社，2009.
[7] 刘兆云. 管理会计[M]. 北京：科学出版社，2009.
[8] 潘飞. 管理会计[M]. 上海：上海财经大学出版社，2009.
[9] 张玉英. 财务管理[M]. 北京：高等教育出版社，2008.
[10] 王海民. 现代管理会计[M]. 西安：西安交通大学出版社，2009.
[11] 徐光华. 财务管理理论、实务案例[M]. 北京：高等教育出版社，2009.
[12] 王文清. 管理会计[M]. 北京：清华大学出版社，2007.
[13] 郭晓梅. 管理会计[M]. 北京：北京师范大学出版社，2007.
[14] 崔仙玉. 管理会计[M]. 上海：上海财经大学出版社，2007.
[15] 王雄元. 管理会计[M]. 大连：东北财经大学出版社，2008.
[16] 阿特金森，等. 管理会计[M]. 3版. 王立彦，等，译. 北京：北京大学出版社，2004.
[17] 乐艳芬. 管理会计[M]. 上海：上海财经大学出版社，2004.
[18] 刘爱东. 管理会计学[M]. 长沙：中南大学出版社，2004.
[19] 吕长江. 管理会计[M]. 上海：复旦大学出版社，2006.
[20] 骆珣. 管理会计教程[M]. 北京：机械工业出版社，2005.
[21] 潘爱香. 管理会计学[M]. 北京：经济科学出版社，2002.
[22] 孙茂竹，姚岳. 管理会计学[M]. 北京：中国人民大学出版社，2003.
[23] 王积田. 管理会计[M]. 哈尔滨：哈尔滨出版社，2001.
[24] 吴大军. 管理会计习题与案例[M]. 大连：东北财经大学出版社，2006.
[25] 余恕莲. 管理会计[M]. 北京：对外经济贸易大学出版社，2000.
[26] 侯晓红. 管理会计[M]. 大连：东北财经大学出版社，2004.
[27] 王平心. 管理会计专题[M]. 西安：西安交通大学出版社，2002.
[28] 邱玉莲. 管理会计学[M]. 北京：经济管理出版社，2006.
[29] 齐殿伟，王秀霞. 管理会计[M]. 3版. 北京：中国农业大学出版社，2009.
[30] 刘智英，田玉兰. 管理会计[M]. 北京：清华大学出版社，2012.
[31] 董莉平. 财务管理[M]. 哈尔滨：哈尔滨工业大学出版社，2010.
[32] 王海民，唐云波. 管理会计[M]. 西安：西安交通大学出版社，2009.
[33] 孙茂竹，文光伟，杨万贵. 管理会计学 [M]. 5版. 北京：中国人民大学出版社，2009.
[34] 孟焰. 管理会计学[M]. 北京：经济科学出版社，2009.
[35] 潘飞. 管理会计学[M]. 2版. 上海：上海财经大学出版社，2009.
[36] 陈兴述，李勇. 管理会计[M]. 北京：高等教育出版社，2014.
[37] 高翠莲. 管理会计基础[M]. 北京：高等教育出版社，2018.

[38] 王福胜. 管理会计学 [M]. 2版. 北京：机械工业出版社，2009.

[39] 张晓燕，王丹. 管理会计[M]. 5版. 大连：大连理工大学出版社，2018.

[40] 玛丽安娜·M. 莫温. 管理会计[M]. 王满，译. 北京：北京大学出版社，2017.

[41] 中国注册会计师协会. 财务成本管理[M]. 北京：中国财政经济出版社，2015.